Reisen in Nepal

Kathmandu und Umgebung

Das Tal von Kathmandu

Das Tal von Pokhara

Terai – Das südliche Tiefland

Trekkingtouren

Serviceteil

Verzeichnis der Karten und Pläne

Nepal – Königreich am Dach der Welt

Landeskunde im Schnelldurchgang

Fläche: 147 181 km^2
Einwohner: 20,8 Mio.
Bevölkerungsdichte: 141 Ew. pro km^2
Bevölkerungswachstum: ca. 2,8 % jährl.
Hauptstadt: Kathmandu (420 000 Ew.)
Amtssprache: Nepali
Währung: Nepalesische Rupie (NRs)

Geographie: Nepal erstreckt sich über eine Länge von etwa 900 km mit Höhenunterschieden von ca. 200 m bis über 8000 m. Kennzeichnend sind parallel verlaufende Gebirgszüge, die das Land in drei große Lebensräume gliedern: das Tiefland des Terai an der indischen Grenze, das etwa ein Fünftel des Staatsgebietes ausmacht, das mittlere Bergland (Höhe 300–4500 m) mit einem ca. 60%igen Anteil und die Hochgebirgsregion (ab 3500 m Höhe), die ebenfalls ein Fünftel Nepals einnimmt.

Geschichte: Die Besiedlung des Kathmandu-Tals reicht in prähistorische Zeit zurück, tritt aber erst mit der Licchavi-Dynastie (5.–9. Jh.) aus dem Dunkel mythischer Erzählungen. Kontakte zu Tibet und Indien förderten den wirtschaftlichen und kulturellen Aufschwung, der sich zunächst auf das Tal von Kathmandu beschränkte. Einen weiteren Impuls erfuhr das Gebiet durch die Zuwanderung des Königs von Karnataka, der durch Muslime aus seiner indischen Heimat vertrieben in Bhaktapur residierte und indischen Buddhisten ein Refugium bot. Am deutlichsten aber hat die Dynastie der Malla (13.–18. Jh.) das Gesicht des Kathmandu-Tals geprägt. Erbstreitigkeiten führten zur Herausbildung der kleinen Stadtstaaten Kathmandu, Bhaktapur und Patan, die miteinander wetteiferten, sich durch großartige Bauvorhaben und künstlerische Meisterleistungen zu übertrumpfen versuchten, sich aber selten mit Waffen bekämpften. Mitte des 18. Jh. wurden die der Dekadenz verfallenen Königtümer durch die kämpferischen, von Westen ins Tal einfallenden Gurkha unter Prithvi Narayan Shah besiegt, der die Dynastie der Shah begründete, die bis heute an der Spitze des Königreichs steht. Durch Eroberungsfeldzüge, bei denen sich die Ghurka auch mit der englischen Kolonialmacht in Indien anlegten, wuchs Nepal zu seiner heutigen Größe heran. Aber bereits der vierte Shah-Herrscher Grivana Juddha Shah geriet Ende des 18. Jh. unter den Einfluß der Rana, einer Adelsfamilie, die bis 1950 die Politik bestimmte. Dann gelang König Tribhuvan Shah die Flucht nach Indien. Mit Unterstützung Indiens und des nepalesischen Volkes kehrte er 1951 nach Kathmandu zurück und entmachtete die Rana. Seinen absolutistischen Herrschaftsstil mußte das Königshaus nach einem Volksaufstand im Jahre 1990 allerdings aufgeben.

Staat und Politik: Nepal ist seit 1990 eine konstitutionelle Monarchie mit König Birendra Bir Bikram Shah Dev an der Spitze. Das Parlament besteht aus dem Repräsentantenhaus mit 205 Mitgliedern, die alle fünf Jahre neu gewählt werden und dem Nationalrat, dessen 60 Sitze nach Wahlen im Sechs-Jahres-Turnus verteilt werden. Stärkste Parteien sind die Vereinigten Marxisten-Leninisten, die 1994 die Wahlen gewannen, 1995 jedoch durch einen Mißtrauensantrag entmachtet wurden, und die Kongreßpartei, die seither die Führung innehat.

Wirtschaft: Nepal ist überwiegend ein Agrarland, 84 % der Bevölkerung sind in der Landwirtschaft tätig. Die wichtigsten Anbaugebiete liegen im Tiefland und mittleren Bergland, wo vor allem Reis, Mais, Weizen, Kartoffeln und Bohnen wachsen. Die Viehhaltung beschränkt sich im wesentlichen auf die Selbstversorgung. Bedeutender Wirtschaftsfaktor ist der Tourismus mit einem Anteil von etwa 18 % an den Deviseneinnahmen. Jährlich besuchen etwa 350 000 Ausländer das Land, davon 100 000 aus dem benachbarten Indien. Die Gesamtausfuhr beläuft sich auf etwa 390 Mio. US-$, die Einfuhr auf nahezu 900 Mio. US-$. Wichtigste Exportartikel sind Teppiche, Textilien und Tierhäute.

Bevölkerung: Die Bevölkerung Nepals ist durch zahlreiche unterschiedliche Volksgruppen gekennzeichnet, die sowohl indoarische als auch tibetobirmanische Einflüsse aufweisen. Zu den wichtigsten Ethnien zählen die Newar im Kathmandu-Tal, die Tharu im Tiefland, die Sherpa im Gebiet des Mount Everest und die Gurung in der Annapurna-Region. Vor allem im Tal von Kathmandu treten tibetische Flüchtlinge stark in Erscheinung und üben teilweise einen bedeutenden religiösen und wirtschaftlichen Einfluß aus. Die Lebenserwartung beträgt 55 Jahre bei den Männern, bei den Frauen ist sie ein Jahr niedriger, die Säuglingssterblichkeit liegt bei fast 10 %.

Religion: Zur Staatsreligion, dem Hinduismus, bekennen sich fast 90 % der Nepali, nur 5 % sind Buddhisten, etwa 4 % Muslime. Die Religionszugehörigkeit ist regionenabhängig, so ist das Hochgebirge, insbesondere die Gebiete von Mustang, Dolpo und Khumbu, ausschließlich vom Tibetischen Buddhismus geprägt, während das an Indien grenzende Terai eine überwiegend hinduistische Bevölkerung aufweist. Aufgrund der zahlreichen Flüchtlinge aus Tibet, aber auch einer buddhistischen Tradition, tritt der Buddhismus auch im Kathmandu-Tal, insbesondere durch seine großartigen Tempelanlagen, deutlich in Erscheinung. Kennzeichnend für ganz Nepal ist die ungewöhnliche Toleranz und die Verschmelzung buddhistischer und hinduistischer Glaubensformen.

Klima und Reisezeit: Nepal liegt im Bereich der Monsune, die sich vor allem an der südlichen Abdachung des Himalayas bemerkbar machen und dort zwischen Juni und September zu ergiebigen Regenfällen führen. Gebiete hinter der Hauptkette bleiben hingegen weitgehend von Niederschlägen verschont. Dazu zählen insbesondere Mustang und Dolpo. Die beste Reisezeit für das Terai und das Tal von Kathmandu sind die Wintermonate zwischen November und Ende März. Für Trekkingtouren eignen sich hingegen die Monate März bis April und Ende September bis Mitte November am besten.

Richtig Reisen *Tip*

Keinesfalls versäumen

- In Kathmandu Bummel über den Durbar Square, den ehemaligen Palastbereich der Malla-Herrscher, und Eintauchen in die quirlige Atmosphäre der verwinkelten Altstadtgassen
- Einen abendlichen Spaziergang zum Stupa von Swayambunath mit großartiger Aussicht auf das Tal von Kathmandu
- Ausflug nach Nargakot: ein phantastischer Sonnenaufgang und der Himalaya zum Greifen nah
- Eines der vielen farbenprächtigen Feste in den Königsstädten Kathmandu, Patan oder Bhaktapur
- Die hinduistischen Tempel von Pashupatinath, Ziel zahlloser Pilger und Sadhus
- Elefantenritt im Royal Chitwan National Park
- Eine Fahrt mit dem Ruderboot über den Fewa-See in Pokhara
- Den Stupa von Bodnath, wichtigstes buddhistisches Heiligtum des Landes
- Einen Flug zu der atemberaubenden Bergwelt des Himalaya
- Bhaktapur mit seinem gut erhaltenen historischen Stadtbild
- Eine Trekkingtour nach Gandruk, einem der schönsten Dörfer des Annapurna-Gebietes

Geographie – Zwischen Dschungel und ewigem Schnee

Nepal umfaßt eine Fläche von 147 181 km^2 mit einer Ost-West-Ausdehnung von fast 900 km und einer durchschnittlichen Breite von 150 km und liegt zwischen 26°22'und 30°27' nördlicher Breite sowie 80°40' und 88°12' östlicher Länge und damit auf gleicher Höhe wie die Zentralsahara. Die Herkunft des Landesnamens ist schwer zu ergründen. Er könnte sich vom Sanskritwort *ne pala* herleiten, zusammengesetzt aus *ne muni* (»der heilige Ne«) und *pala* (»der Hirte«) und in Beziehung zu einem legendären König früherer Zeiten stehen. Im alten Kirant-Dialekt der frühen Zuwanderer wiederum bedeutet *ne pa* nichts anderes als »zentrales Land«, in der Sprache der benachbarten Tibeter hingegen »Heimat der Wolle«.

Bis zum Jahre 1768, als Prithvi Narayan Shah (1723–75) mehrere lokale Herrscherhäuser unter seiner Regentschaft vereinte, bezog sich der Name Nepal ausschließlich auf das Tal von Kathmandu und ging erst dann allmählich auf das übrige Gebiet über. Selbst in unseren Tagen reist die ältere Landbevölkerung noch nach ›Nepal‹, wenn sie die Hauptstadt zum Ziel hat.

Nepal hat einen wesentlichen Anteil an der über 2500 km langen Kette des **Himalaya** und bildet ohne Zweifel das eigentliche ›Herzstück‹ dieses asiatischen Hochgebirges. Nicht weniger als acht der weltweit 14 über 8000 m hohen Gipfel vereint Nepal auf seinem Staatsgebiet, darunter den höchsten Berg der Welt, den 8848 m hohen Mount Everest, von den Einheimischen *Sagarmatha* (»Haupt in den Wolken«) oder *Chomolongma* (»Muttergottheit der Erde«) genannt. Mehr als 100 Gipfel erreichen Höhen von über 7000 m, und auf über 1000 beläuft sich die Zahl der Sechstausender!

Die Region des ewigen Schnees verleiht Nepal zwar seinen einzigartigen Reiz, hat auf die Gesamtfläche bezogen aber doch einen recht geringen Anteil. Nur knapp ein Viertel des Landes liegt mehr als 3000 m hoch, über 40 % hingegen unterhalb der 1000-m-Marke. Dieses Zahlenspiel läßt bereits erkennen, daß große Höhenunterschiede auf kleinem Raum wesentliches Kennzeichen der Landesnatur sind. Und in der Tat hat Nepal auch in dieser Hinsicht einige Superlative aufzuweisen: Auf einer Distanz von nur 60 km Luftlinie fällt beispielsweise das Arun-Tal (s. S. 289f.) vom über 5000 m hoch gelegenen Barun-Gletscher zu Füßen des Makalu (8463 m) bis auf 457 m bei der Ortschaft Tumlingtar. Und berechnet man die Tiefe des Tals von Kali Gandaki von den Gipfeln der angrenzenden, nur 35 km auseinanderliegenden Gebirgsmassive von Dhaulagiri und Annapurna, erreicht man den unglaublichen Wert von 6967 m! Damit ist das Durchbruchtal des Kali Gandaki durch die Haupthimalaya-Kette der bei weitem tiefste Geländeeinschnitt unserer Erde oberhalb des Meeresspiegels, obwohl es beim Durchwandern weit weniger dramatisch erscheint (s. S. 235ff.).

Trotz der Zerklüftung in unzählige Gebirgszüge, abgeschlossene Hochebenen und Flußtäler läßt sich eine recht einfache geographische Grundstruktur erkennen. Sie wird bestimmt von den annähernd parallel verlaufenden Hauptgebirgsketten, die von der indischen

Grenze im Südwesten in mehreren Wellen bis zum Hauptkamm des Himalaya ansteigen und dann im niedrigeren Transhimalaya ihren nördlichen Abschluß finden. In einer groben Untergliederung ergibt sich daraus zunächst eine Dreiteilung in Tiefland, mittleres Bergland und Hochgebirge, wobei sich die einzelnen Landschaftszonen als unterschiedlich breite Streifen von Süd nach Nord aneinanderreihen.

Das **Tiefland,** das noch Teile der Ganges-Ebene umfaßt und **Terai** genannt wird, reicht von 60 m bis etwa 300 m und wird von der Sivalik-Hügelkette durchzogen, den ersten zaghaften Anzeichen des nahen Himalaya. Bis zur Intensivierung der Besiedlung in unserem Jahrhundert war die gewellte Ebene eine weitgehend unzugängliche Urwaldlandschaft, die den deutschen Forscher Wilhelm Filchner noch im Jahre 1939 veranlaßte, seinen Expeditionsbericht mit dem Titel »Durch die Fieberhölle Nepals« zu versehen. Seither haben sich die Verhältnisse grundlegend geändert. Längst ist das Terai aufgrund seiner Fruchtbarkeit in den Vordergrund der Kolonisierung gerückt und beherbergt

Landschaftliche Gliederung

Wasserbüffel im Terai

heute gut 50 % der Gesamtbevölkerung, obwohl es nur ein Fünftel der Fläche Nepals ausmacht.

Auf die sogenannte Hügelregion bzw. das **mittlere Bergland** *(pahar)* mit Höhen zwischen 300 m und 4500 m entfällt mit über 60 % der größte Teil des Landes. Begrenzt wird es im Süden von den zerklüfteten, bis auf 3000 m ansteigenden Gebirgszügen der Mahabharat, bekannt auch als mittlerer Himalaya, im Norden von den Eisriesen der Hochhimalaya-Ketten. Kennzeichen dieser vielgestaltigen Landschaft sind recht flache, von Gebirgszügen umschlossene Hochtäler, in denen der Mensch schon früh einen geschützten Lebensraum fand. Dazu zählt vornehmlich das 1500 m hoch gelegene Tal von Kathmandu, in dem seit alters her das Herz des Landes schlägt, aber auch die Ebene von Pokhara 200 km westlich der Hauptstadt. Ohne Zweifel hat Nepal dieser naturbedingten Unzugänglichkeit seine eigenständige kulturelle Entwicklung zu verdanken.

Einer Mauer gleich grenzen die Ketten des **Hochhimalaya** das Hügelland gegen die sich nördlich anschließende Gebirgsregion ab, die fast ein Fünftel des Staatsgebiets bedeckt. Nur an wenigen Stellen vermag man die Hauptkette

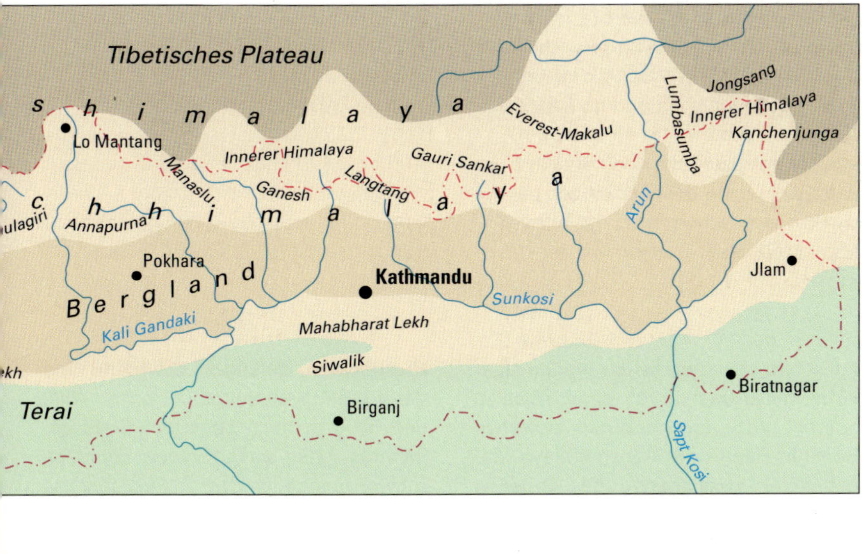

Die Entstehung des Himalaya

Der Himalaya ist, in erdgeschichtlichen Zeiträumen gemessen, ein sehr junges Gebirge, dessen Auffaltung noch immer nicht abgeschlossen ist. In einem weiten Bogen von 2500 km Länge erstreckt sich die Kette der höchsten Berge der Welt vom Tal des Indus im Westen bis zum Brahmaputra im Osten, begrenzt vom Nanga Parbat (8125 m) und Namcha Bharwa (7756 m).

Ursache für die Auffaltung war der Zusammenprall zweier großer Landmassen, der Eurasischen Platte im Norden und der Indo-Australischen Platte im Süden, die einst durch das Meer von Tethys getrennt waren. Allmählich füllte sich Tethys mit Sedimentgestein an, bis deren Mächtigkeit vor etwa 300 Mio. Jahren erste Verwerfungen in der Kruste hervorrief. Diese wiederum waren der Auslöser für eine Driftbewegung, bei der sich die Indo-Australische Platte unter die Eurasische Platte zu schieben begann. Unter dem Druck türmten sich die ersten Gebirge auf, aus denen später der Hochhimalaya entstand. Einige der Flüsse aber, die von der asiatischen Platte ins Tethys-Meer mündeten, konnten mit der Hebung Schritt halten und schufen sich Durchbruchstäler nach Süden, die teilweise bis heute bestehen. So vermochte der oben erwähnte Kali Gandaki seine ursprünglich geschaffene Richtung vom Quellgebiet auf der tibetischen Hochebene nach Süden beizubehalten und die Hauptkette des Himalaya zwischen den heutigen Dhaulagiri und Annapurna zu durchbrechen.

Die zweite Phase der Auffaltung begann vor etwa 65 Mio. Jahren, als sich der Boden des südlich davor liegenden Tethys-Meers ebenfalls zu heben und in Gebirge zu verwandeln begann, woraus sich schließlich der Mittlere Himalaya entwickelte. Auch das tibetische Plateau wurde von der Aufwärtsbewegung erfaßt und gewann bereits damals seine heutige Gestalt. Vor etwa 20 Mio. Jahren, im Erdzeitalter des Miozän, setzte die dritte Epoche der Gebirgsbildung ein, gekennzeichnet durch ein schnelles Anwachsen der bisherigen Formationen und die Entstehung der Mahabharat-Kette. Die Erosionstätigkeit vieler von Norden kommender Flüsse reichte nun nicht mehr aus, die sich immer schneller auftürmenden Gebirgsriegel abzutragen. Und so bildeten sich zwischen

auf meist abenteuerlichen Pfaden über hohe Pässe oder durch enge Täler zu queren, um in die trockenen, zwischen Hochhimalaya und Transhimalaya eingebetteten Hochebenen des **Inneren Himalaya** zu gelangen. Bis heute sind diese dünn besiedelten, zwischen 4000 und 5000 m hoch liegenden *both* genannten Täler auch für den Touristen schwer zugänglich. Nur zu Fuß oder mit

Ama Dablam (6856 m), Everest-Gebiet

den Bergen langgestreckte tektonische Seen, die allmählich durch Ablagerungen zu flachen Senken verlandeten. Die Täler von Kathmandu und Pokhara sind das augenfälligste Ergebnis dieser dritten Faltungsperiode. Noch existierte zu jener Zeit eine schmale wassergefüllte Senke im Süden als Relikt des Tethys-Meers. Weitere Hebungen in dieser Region ließen das Wasser jedoch allmählich verschwinden und statt dessen die recht niedrigen Ketten der Sivalik-Berge entstehen, zu deren Füßen sich das aus Sedimenten aufgeschüttete Ganges-Tiefland bis weit nach Süden erstreckt. Auch für den Nicht-Geologen lassen sich diese erdgeschichtlichen Vorgänge vielerorts nachvollziehen. Vor allem das Tal von Kali Gandaki bietet sich geradezu als geologischer Lehrpfad durch den Himalaya an. Im Angesicht der Achttausender wandert man recht bequem eine Schlucht entlang (s. S. 237ff.), deren Ursprünge vor der Entstehung des Himalayas liegen. Und die als Souvenirs beliebten Ammoniten dieser Region, die sogenannten *saligrame,* sind nichts anderes als die versteinerten Spuren urzeitlicher Lebewesen aus dem Tethys-Meer.

dem Flugzeug lassen sich Manang, Langtang und Khumbu erreichen, während andere Gebiete wie Mustang und weite Teile Dolpos bis in jüngste Zeit noch hermetisch abgeschlossen waren. Gegen Norden werden diese Hochtäler vom Gebirgszug des **Transhimalaya** gesäumt, der nur noch durchschnittliche Höhen von 6000 m aufweist und vielerorts die Landesgrenze zu Tibet bildet.

Klima

Der Lebensrhythmus in Nepal wie auch in Indien wird ganz wesentlich durch die Monsune geprägt. Der Begriff, abgeleitet aus dem arabischen *mausim* (»Jahreszeit«), beschreibt im weiteren Sinne alle jahreszeitlich wechselnden Winde, die besonders im südasiatischen Raum auftreten. Die Entstehung läßt sich aus dem Zusammenwirken des planetaren Windsystems und der thermischen Gegensätze zwischen Land und Meer erklären. Zum einen wird durch Schrägstellung der Erdachse die Oberfläche von der Sonne unterschiedlich stark bestrahlt, wodurch Zonen hohen und niedrigen Drucks entstehen, zwischen denen ein Luftmassenaustausch in Gestalt von Winden stattfindet, die durch die Erddrehung abgelenkt werden. Eingebettet in den Ostwindgürtel des Urpassats zieht sich um den Äquator die Westwindzone der Passate. Das gesamte System wandert im Jahresablauf zwischen den Wendekreisen und läßt somit die dazwischenliegenden Zonen abwechselnd in östliche und westliche Luftströmungen geraten. Andererseits werden durch die unterschiedlich starke Aufwärmung von Land und Wasser ebenfalls Luftbewegungen in Gang gesetzt. Im Sommer erwärmt sich der asiatische Festlandblock schneller als der Indische Ozean, so daß über dem Land ein ausgedehntes Hitzetief entsteht, das die südlich davon verlaufende, hohen Druck aufweisende äquatoriale Westwinddrift gewissermaßen ›ansaugt‹, um sich aufzufüllen. Auf ihrem Weg über den Indischen Ozean reichert sich diese durch die Erddrehung zum Südwestmonsun abgelenkte Westwinddrift mit Feuchtigkeit an und entlädt sich beim Auftreffen auf den Kontinent als ergiebiger Monsunregen. Im Winter kehren sich die Verhältnisse um. Die Luft strömt nun aus dem Kältehoch Innerasiens in die Tiefdruckgebiete des Südens und wird dabei durch die in dieser Jahreszeit vorherrschende Ostströmung des Urpassats in den Nordostmonsun umgelenkt. Da dieser Wind sich im Gebiet des Indischen Subkontinents nur über dem Golf von Bengalen mit Feuchtigkeit anreichern kann, bringt er vornehmlich der Südostküste Indiens Regenfälle.

Dieses grundsätzliche Muster erfährt in Nepal eine leichte Variation, indem der Monsun nicht aus Südwest, sondern aus Südost weht und damit vor allem dem Osten des Landes sintflutartige, lang anhaltende Niederschläge beschert. Er setzt dort um den 21. Juni ein, hat nach etwa einer Woche das gesamte Land überzogen und dauert bis Ende September. Der im Dezember beginnende Nordostmonsun tritt hingegen weniger deutlich in Erscheinung als in Indien, bringt aber vornehmlich dem Westen Nepals noch ergiebige Niederschläge, die in Höhen über 2000 m als Schnee niedergehen.

Die Temperaturen werden von der Lage in der nördlichen Hemisphäre und der jeweiligen Höhe bestimmt. Dadurch folgen die Jahreszeiten unserem Muster mit warmem Frühling, heißem Sommer, gemäßigtem Herbst und kaltem Winter. Durch die Lage nahe dem nördlichen Wendekreis herrschen im Tiefland des Terai allerdings ganz andere Temperaturen als in unseren Breiten. Kurz vor Ausbruch des Monsuns steigt das Thermometer dort nicht selten über 40° C, und auch im Winter fällt es kaum unter die 20° C-Marke. Unseren Verhältnissen näher kommt da schon das 1500 m hoch ge-

Terrassenfelder bei Gandruk, Annapurna-Gebiet

Thamserku-Massiv (Everest-Gebiet) in Monsunwolken

legene Kathmandu-Tal, das sommerliche Werte bis etwa 30° C verzeichnet, im Winter aber auch Frostnächte kennt (s. Klimatabellen Kathmandu und Pokhara S. 127 und S. 179). Extrem ist es natürlich in den Höhenlagen: In Namche Bazar, 3500 m hoch nahe dem Mount Everest gelegen, steigen die Temperaturen auch im Sommer kaum über 14° C und erreichen im Januar Werte von –10° C.

Ein ganz entscheidender lokaler Klimafaktor ist die Himalaya-Kette, die quer zu den vorherrschenden Windrichtungen verläuft und somit als Wetterscheide wirkt, da der Monsun nur bis etwa 7000 m Höhe reicht. Anders als die Alpen, die an beiden Seiten Regen empfangen, trennt der Himalaya das feucht-maritime Monsunklima Südasiens vom trocken-kontinentalen Steppenklima des Tibetischen Hochlands. Dabei wirken die nach Süden gerichteten Gebirgsflanken als Regenfänger, während die zwischen den Ketten liegenden Täler deutlich ge-

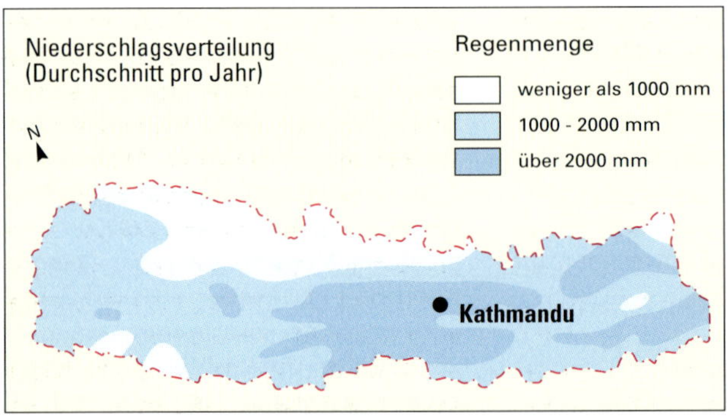

Niederschlagsverteilung

ringere Niederschläge erhalten. Die starken Höhenunterschiede auf kleinstem Raum bewirken auch ein eng begrenztes lokales Wettergeschehen. Schon lange, bevor der Monsun einsetzt, bilden sich vor allem im Annapurna-Gebiet, wo die Höhenunterschiede besonders ausgeprägt sind, jeweils früh am Vormittag riesige Kumulus-Wolken, die sich dann im Laufe des Abends in Gewittern und Hagelschauern entladen.

Eine regionale Besonderheit sind auch die trockenen Fallwinde, die beispielsweise im oberen Tal von Kali Gandaki über 100 km/h erreichen und den Flugbetrieb nach Jomosom nur bis in die Mittagsstunden ermöglichen. Die Sonne hat dann die Gebirgsflanken derart erwärmt, daß die Luftmassen wie in einem Kamin mit großer Geschwindigkeit aufsteigen und in den Tälern ein Vakuum hinterlassen, in das trockene Luft wie durch eine Düse einströmt. Das Ergebnis ist ein unmittelbares Nebeneinander von trockener Wüstenlandschaft im Tal und üppiger Vegetation an den Gebirgsflanken, wo die aufsteigende Luft zu Nebel kondensiert.

Flora und Fauna

Die klimatischen Extreme Nepals haben vor allem eine außergewöhnlich vielfältige und interessante **Flora** zur Folge, die durch das Einwirken des Menschen leider in starkem Maße gefährdet ist, vielerorts sogar schon vernichtet wurde (s. S. 33ff.).

Die Schwemmlandebenen des Terai prägen dichte Wälder im Wechsel mit savannenartiger Graslandschaft. Besonderes Kennzeichen sind die mächtigen Sal-Bäume *(Shorea robusta)*, deren Bestände hin und wieder durch Elefantengras *(Erianthus elephantinus)* aufgelokkert werden. In den etwas höheren Re-

Baumrhododendron

gionen bis 1300 m haben auch uns vertraute Arten wie Erlen, Ahorn und Eichen ihren natürlichen Lebensraum. Hin und wieder leuchten aus dem Grün die weißen Rispen des Zimtbaums *(Cinnamomum glanduliferum)*, vor allem aber die roten Blüten des Rhododendron, der in etwa 500 Arten vertreten ist, besonders eindrucksvoll als Baumrhododendron *(Rhododendron arboreum)*. Dieser abwechslungsreiche Wald, zu dem sich an feuchten Südhängen auch dichte Bambusbestände gesellen, reicht bis über 2000 m Höhe und wird dann von Nadelgehölzen wie Tränenkiefern *(Pinus griffitti)*, Wacholderbäume *(Juniperus wallichiana)*, Tannen und Lärchen abgelöst. In Höhenlagen zwischen 3500 m und 4000 m haben sich kleinwüchsige Rhododendronarten *(Rhododendron setosum/anthopogon)* und krüppelartiger Wacholder *(Juniperus squamata)* angesiedelt. Den Abschluß der bis etwa 5000 m reichenden Vegetationsdecke bilden Matten und Wiesen, die sich im Sommer in prachtvolle Blumenteppiche verwandeln.

Die **Fauna** ist nicht minder vielgestaltig, erschließt sich dem Wanderer allerdings nicht in gleichem Maße. Zur Touristenattraktion sind die Nashörner des Terai *(Rhinoceros unicornis)* geworden, kaum zu Gesicht bekommen wird man hingegen Tiger und Leopard. Auch in den höheren Lagen ist der Anblick größerer wildlebender Säugetiere eine Ausnahme. Die sicherlich vereinzelt noch existierenden Schneeleoparden, Wölfe, Bären und roten Pandas sind in unseren Tagen fast ebenso von Sagen umwoben wie der legendäre Yeti (s. S. 282f.). Im Sagarmatha-Nationalpark stößt man hin und wieder auf die Wildziege *(Hemitragus jemlahicus)*, in den Wäldern des Annapurna-Gebiets auf lärmende Horden von Berg-Rhesusaffen *(Rhesus assamensis pelops)*. Ansonsten richtet sich das Augenmerk des Tierfreundes eher auf handtellergroße Schmetterlinge und zahlreiche Vogelarten. Die für den Reisenden wohl unliebsamsten Bewohner der Bergwälder, die in mehreren Arten vorkommenden Blutegel, zählen zur Gruppe der Ringelwürmer und drängen sich den Menschen regelrecht auf: Unbemerkt lassen sie sich von den Blättern fallen, um den Trekker ›anzuzapfen‹. Lange Zeit blutende Wunden bleiben als Erinnerung.

Nashorn

Staatswesen – Abschied vom Feudalismus

An der Spitze Nepals steht seit 1972 König Birendra Bir Bikram Shah Dev. Das von seinem Vater 1960 eingeführte traditionelle Panchayat-System (s. S. 49) wurde gemäß der neuen Verfassung vom 9. November 1990 abgeschafft. Seitdem ist Nepals Staatsform eine konstitutionelle Monarchie mit einem Parlament, dessen 205 Mitglieder alle fünf Jahre gewählt werden, und einem Oberhaus mit 60 Abgeordneten. Das Land ist in fünf sogenannte Entwicklungsregionen *(development regions)* unterteilt, die sich in 14 Verwaltungszonen untergliedern, die wiederum aus 75 Distrikten bestehen. Die kleinsten, unseren Gemeinden entsprechenden Einheiten bilden die ehemaligen Dorf-Panchayats. Die Befugnisse des Monarchen sind sehr stark beschnitten. Ohne Konsultierung anderer Organe steht ihm nur die Regelung der Thronfolge zu, ansonsten ist er für Ernennungen auf Empfehlung zuständig, z. B. des vom Premierminister vorgeschlagenen militärischen Oberbefehlshabers. Als problematisch wird jedoch die Möglichkeit des Königs angesehen, allein den Notstand auszurufen, der dann innerhalb von drei Monaten der Zustimmung des Parlaments bedarf. Diese Maßnahme wurde 1960 zu einem Staatsstreich von oben genutzt (s. S. 46).

Die heutige Verfassung Nepals orientiert sich stark am britischen Westminster-System. Aus der Erfahrung der Zeit des Panchayat-Systems wurde das Parteienverbot aufgehoben.

Wirtschaft – Terrassenfelder und Touristen

Mehr als die Hälfte des nationalen Budget Nepals wird durch Entwicklungshilfe abgedeckt und über ein Drittel muß für die Begleichung der Staatsverschuldung aufgewandt werden. Mit einem Pro-Kopf-Einkommen von 180 US-$ im Jahr, zählt Nepal zu den ärmsten Ländern der Welt.

Schwierigkeiten bereitet der Wirtschaft die Lage als Binnenland, und die daraus resultierende starke Abhängigkeit zu den Nachbarländern Indien und China. Aufgrund der Entfernung und Straßenverhältnisse kommen nur der indische Hafen von Kalkutta und der von Dhaka in Bangladesh für den nepalesischen Warenumschlag in Betracht. Entsprechende Nutzungsverträge mit Indien sahen schon frühzeitig die Möglichkeit der Kontrolle des Außenhandels von Nepal vor. Als Nepal diesen Forderungen des Nachbarlandes nicht mehr nachkommen wollte, ließ Indiens Ministerpräsident Rajiv Gandhi am 23. 3. 1989 fast alle gemeinsamen Grenzübergänge schließen und stellte den bilateralen Handel zwischen beiden Ländern ein. Von der Erdölversorgung abgeschnitten, sah sich Nepal gezwungen, große Waldgebiete zur Deckung des Eigenbedarfs abzuholzen. Nach Zugeständnissen Nepals, wie die Aufhebung von Steuervergünstigungen für Waren aus China oder die Rücknahme der Ein-

Richtig Reisen *Thema*

Nepals weißes Gold

Nepals Topographie mit steil abfallenden Gebirgen und hohen Schmelzwasserabflüssen stellen dem Land ein schier unerschöpfliches Potential an Wasserkraft zur Verfügung. Zum direkten Antrieb von Wassermühlen nutzen die Bergbewohner die Bäche schon seit Jahrhunderten. Etwa 250 000 sogenannte *ghatta* sind überall im Lande in Betrieb und drehen mit ihren hölzernen Schaufeln knarrend Gebetsmühlen und Mahlsteine für Getreide. Im Gegensatz zu den Straßen hielt die Elektrizität schon recht früh Einzug: Bereits 1911 ließen die herrschenden Rana, vor allem zur Beleuchtung ihre Paläste, ein 500-kW-Kraftwerk bei Parping errichten. Und die Stromerzeugung ist, nicht zuletzt dank deutscher Entwicklungshilfe, seither auch um ein vielfaches auf 220 MW gestiegen. An das Netz angeschlossen sind bisher aber nur die wichtigsten, vornehmlich städtischen Siedlungsgebiete. Die Elektrizität vermag derzeit nur etwa 1 % des tatsächlichen Energiebedarfs zu decken und beschert kaum 10 % der Bevölkerung den Genuß elektrischer Beleuchtung. In einem Land, in dem noch über 90 % der Energie aus Dung und dem wertvollen Holz gewonnen wird, ist sie ein wesentlicher Beitrag zum Umweltschutz. So verwundert es nicht, daß etwa 17 % der öffentlichen Ausgaben in diesen Sektor fließen. Bedenklich ist allerdings, daß der Staat den Bau mehrerer großer Staudämme ins Auge gefaßt hat, die sich wirtschaftlich und ökologisch nur schwer rechtfertigen lassen. Im Mittelpunkt der Debatten steht der Arun-Damm im Osten des Landes, der über 1 Mrd. US-$ verschlingen wird und in seiner dritten Ausbaustufe 10 000 MW Strom liefern soll, weit mehr als Nepal verbrauchen kann. Befürworter des Damms weisen auf die Exportmöglichkeit ins benachbarte Indien hin, wobei allerdings zu bedenken ist, daß Indien als einziger Abnehmer eine Monopolstellung genießt und diese schon vor dem Bau zu nutzen weiß, indem es die Kontrolle beansprucht. Hinzu kommt ein nicht abzuschätzender Eingriff in die Natur, eine hohe Gefährdung durch Erdbeben und nicht zuletzt Betriebskosten, die nach

fuhrzollerhöhung bezüglich indischer Produkte, war Indien im Sommer 1990 bereit, seine Wirtschaftsblockade zu beenden.

Die wirtschaftliche Abhängigkeit von Indien zeigt sich auch in der starken Beeinflussung der nepalesischen Wirtschaft durch indische Manager und durch Kapitalbeteiligung in zahlreichen Unternehmen des Landes. Das gespannte Verhältnis zu Indien erklärt auch die historisch enge Bindung an die britische Kolonialmacht und die spätere Annäherung an China.

Erfahrungen mit ähnlichen Großprojekten nicht einmal zu 50 % vom Stromverkauf gedeckt werden können und so zu einer weiteren Verschuldung des Landes führen. Für die meisten Nepali wäre der Strom eh nicht bezahlbar. So ist es sicherlich zu begrüßen, daß dem heftig umkämpften Projekt die Finanzierungszusagen der Weltbank und des deutschen Entwicklungshilfeministeriums entzogen wurden. Als Alternative bieten sich regionale Kleinkraftwerke an. Zu unterscheiden sind zwei Typen: Dort, wo der Wasserzufluß stark schwankt, sollen kleine Dämme mit Kraftwerken zwischen 12 und 50 MW entstehen. Ein Beispiel ist das 3800 m hoch gelegene Thame (s. S. 273f.), das 500 Haushalte versorgt und nur 6,5 Mio. US-$ gekostet hat. In Gebieten mit ganzjährig gleichmäßigem Wasserfluß wird der Fluß einfach angezapft, das Wasser durch eine Turbine geleitet und wieder dem Hauptstrom zugeführt. Den wichtigsten Beitrag zum Umweltschutz dürfen jedoch die sogenannten *Micro-hydro projects* mit kleinen Turbinen im Fluß liefern, eine Erweiterung der ›ghattas‹ gewissermaßen. Der Strom von 10 bis 900 KW reicht für die Versorgung kleiner Orte aus und macht das Sammeln von Feuerholz überflüssig.

Kali-Gandaki-Schlucht

Landwirtschaft

Daß die Industrialisierung in Nepal bis heute eine untergeordnete Rolle spielt, beweist schon der Blick in die Statistik: 84 % der aktiven Bevölkerung sind im landwirtschaftlichen Sektor tätig. Bedenkt man, daß sich dieser hohe Prozentsatz der Bewohner mit nur 27 000 km² Nutzfläche zufrieden geben muß, wird verständlich, warum das Land nach wie vor zu den ärmsten der Welt zählt.

Der überwiegende Teil der Landwirtschaft konzentriert sich auf die Tiefland-

Frauen bei der Feldarbeit in Chomrong, Annapurna-Gebiet

zone des Terai, wo etwa zwei Drittel der benötigten Nahrungsmittel angebaut werden. Ein Bauer bewirtschaftet hier im Durchschnitt 3–4 ha, wovon er die Hälfte gegen eine Ernteabgabe von 50 % von einem Großgrundbesitzer gepachtet hat. Zu seinem Besitz zählen überdies ein Wasserbüffel und eine Milchkuh, die ihm bei der Arbeit helfen und für die Ernährung seiner Familie sorgen. Etwa ein Viertel der Ernten im Terai dient der Versorgung der Bewohner in den höher liegenden Teilen des Landes (mittleres Bergland), wo Ackerbau und Viehwirtschaft nur unter erschwerten Bedingungen möglich sind. Hier muß der Bauer mit nur $^1/_2$ ha Land auskommen, das zudem noch in viele kleine Terrassenparzellen zerstückelt ist, die weite Wege erfordern. Wer die winzigen Terrassenfelder etwa im Gebiet des Annapurna gesehen hat und die unendliche Mühe, mit der sie beackert werden, kann den Bauern nur tiefsten Respekt entgegenbringen. Von den etwa 1000 kg jährlich benötigten Nahrungsmitteln vermag er nur etwa 700 kg zu erwirtschaften, so daß er und die Mitglieder der Familie zumindest zeitweise andere Arbeit suchen müssen (z. B. als Träger oder Tagelöhner in den Städten oder im Terai).

Durch den Bevölkerungsdruck und die abnehmende Fruchtbarkeit der ausgelaugten Böden sehen sich die Menschen gezwungen, immer neues Land zu kultivieren und dafür die landschaftserhaltenden Wälder abzuholzen. Verheerende Bergrutsche sind nur zu oft die Folge (s. S. 33). Nicht mit den ökologischen Erfordernissen läßt sich auch die intensive Tierhaltung in den Bergregionen vereinbaren. Zum einen konkurrieren die Tiere direkt mit den Menschen um die wertvollen Anbauprodukte, zum anderen führen Überweidung auf den wenigen Grasflächen zur Zerstörung der Bodenkrume.

Nach der Ernte wird das Getreide zum Trocknen ausgebreitet

Ein weiteres Problem für die nepalesische Landwirtschaft sind Entwicklungsprojekte in Form von Food-for-Work-Programmen, bei denen die Bauern für ihre Arbeit mit importierten Nahrungsmitteln ›bezahlt‹ werden. Da ihnen damit kein Einkommen zur Verfügung steht, sind sie gezwungen, die Lebensmittel z. T. wieder zu verkaufen, um andere notwendige Bedürfnisse zu befriedigen, wodurch dann das Preisniveau des lokalen Marktes gedrückt wird. Letzteres hat wiederum Auswirkung auf die eigene landwirtschaftliche Arbeit des Bauern.

Etwa die Hälfte der landwirtschaftlichen Nutzfläche dient dem Reisanbau, der bis zu einer Höhe von etwa 2000 m betrieben wird. Bis in Höhen von 2500 m gedeiht Mais, die zweitwichtigste Nutzpflanze, bis 2800 m findet man Weizenfelder, und noch höher hinauf reicht die Kultivierung der Kartoffel, die erst 1850 durch die Briten eingeführt wurde und heute zu den wichtigsten Grundnahrungsmitteln vor allem in den Bergregionen zählt.

Die Zukunft der Landwirtschaft sieht düster aus. Anfang der fünfziger Jahre erwirtschaftete sie noch Überschüsse, die dann auf dem Rücken zur Grenze nach Indien oder Tibet gebracht und dort meist gegen Salz, das Nepal nicht besitzt, getauscht worden. Heute siedeln sich immer mehr Bauern aus dem Mittelland mit ihren Familien im Terai an, da nur noch dort eine Selbstversorgung gesichert ist, was aber zu einer langsamen Überbevölkerung dieser Landschaft führt, so daß Nepal wohl bald auf Lebensmittelimporte größeren Ausmaßes angewiesen sein wird.

Industrie

Die noch immer sehr bescheidene Industrie, in der 5 % der Bevölkerung tätig sind, konzentriert sich auf wenige Bereiche, wobei hinsichtlich der Zahl der Be-

Ziegelei im Kathmandu-Tal

schäftigten an erster Stelle Öl- und Getreidemühlenherstellung steht, gefolgt von Zement- und Zigarettenfabriken. Die Textil und Leder verarbeitende Industrie erwirtschaftet hingegen die höchsten Exporterlöse, so daß der Anteil der industriellen Produktion am Bruttosozialprodukt trotz geringer Beschäftigungszahl 21 % beträgt. Dabei ist besonders die nepalesische Teppichproduktion hervorzuheben, die zu Beginn der 60er Jahre von tibetischen Flüchtlingen begründet wurde und heutzutage durch die Problematik der Kinderarbeit und der erheblichen Umweltbelastung bekanntgeworden ist. Etwa drei Viertel der Teppichmanufakturen befinden sich im Kathmandu-Tal. Der Exporterlös dieser Industrie betrug 1992 169 Mio. US-$, nimmt aber durch Konkurrenz aus Indien ab. Lebende Tiere, die nach Indien verkauft werden, gegerbte Häute und Kleidung sind weitere wichtige Posten in der Ausfuhrbilanz.

Tourismus

Aus bescheidenen Anfängen in den sechziger Jahren (1966 wurden ganze 200 *trekking permits* ausgestellt!) hat sich der Tourismus heute zu einem der wichtigsten Wirtschaftsfaktoren des

Landes entwickelt und wird trotz ökologischer Bedenken gefördert. Mehr als 250 000 Ausländer, Reisende aus dem benachbarten Indien nicht eingeschlossen, besuchen jedes Jahr den Himalaya-Staat und verhelfen ihm zu etwa 17 % seiner Deviseneinnahmen. Und viele tausend Menschen, vor allem in der landwirtschaftlich nur beschränkt nutzbaren Bergregion, verdanken den Fremden ihre Existenzgrundlage. Überall entlang der Haupttrekkingrouten finden sich kleine Unterkünfte *(lodges)*, die ganz auf die Bedürfnisse der Trekker eingestellt sind, und zahlreiche Träger stehen im Dienst der ausländischen Reisenden. Es gibt allein über 200 Trekkingagenturen im Lande.

Der Preis aber, den das Land dafür zu zahlen hat, ist hoch, zumal sich der Massenansturm auf nur wenige Regionen und eine kurze Saison von vier Monaten konzentriert. Fremde Sitten halten Einzug in die Berge, westliche Bedürfnisse werden geweckt und das fragile ökologische System einer starken Belastung ausgesetzt (s. S. 33ff.). Dennoch hat die Regierung Nepals weitere Regionen für ausländische Touristen freigegeben, insbesondere die noch ganz in der tibetischen Tradition verhafteten Regionen Mustang und Dolpo. Nach dem Vorbild des benachbarten Bhutan hat man mit dem Besuch jedoch eine sehr hohe ›Eintrittsgebühr‹ verbunden und dem Land somit eine lukrative Einnahmequelle erschlossen. Von der anfänglichen Zugangsbeschränkung von 200 Personen jährlich ist man aufgrund der hohen Nachfrage jedoch wieder abgewichen. Es gibt durchaus nicht wenige, die dem alten Isolationismus nachtrauern, auch wenn sich das Rad der Entwicklung nicht mehr zurückdrehen läßt. Die heiligen Berge, die Wohnsitze der Götter, sie sind längst zu profanen Zielen des Massentourismus geworden, und die Erkenntnis des Asienreisenden Hans-Hasso von Veltheim-Ostrau aus dem Jahre 1938 ist nur noch ferne Erinnerung: »Vor diesem Anblick (des Himalaya) begreift man, daß die Nepalesen

ihn so bedingungslos vor Ausländern, besonders Forschungsreisenden und Touristen, abschließen; es muß dem Einzelschicksal und seiner Führung überlassen bleiben, ob und wann man solchen letzten Dingen begegnen darf und soll«. Heute hat jedermann freien Zugang und Nepal seine Unschuld längst verloren.

Infrastruktur

Angesichts der Oberflächengestalt und der Geschichte ist es nicht verwunderlich, daß Nepal bis heute ein Land der Fußwege ist. Ganz bewußt hat man vor der Öffnung des Landes zu Beginn der 50er Jahre auf eine gute Verkehrsanbindung zu den Nachbarn verzichtet. Überdies bestand bei der weitgehend autark lebenden Landbevölkerung kein Bedarf an aufwendigen Straßen, von den hohen Kosten einmal abgesehen. Als Straßenbauer und -finanzierer haben sich vor allem die Anrainer Indien und China hervorgetan, allerdings weniger aus nachbarschaftlicher Fürsorge als aus eigenen militärischen Interessen. Beide sahen in Nepal einen strategisch wichtigen Pufferstaat und ein Aufmarschgebiet im Falle eines kriegerischen Konflikts.

1956 wurde mit dem Tribhuvan Raj Path die erste bedeutende **Straße** ihrer Bestimmung übergeben. Die von Indien gebaute 138 km lange, vom indischen Grenzübergang Raxaul über den 2540 m hohen Daman-Paß nach Kathmandu führende Verbindung löste Nepal endgültig aus seiner Isolation, hat heute allerdings ihre Bedeutung verloren und befindet sich in einem sehr schlechten Zustand. Zur gleichen Zeit arbeiteten die

Hillary-Brücke bei Namche Bazar

Wichtigstes Verkehrsmittel ist das Flugzeug

Chinesen mit Tausenden von Hilfskräften am 104 km langen Kodari Highway, der die nepalesische Hauptstadt mit der Grenze Tibets verbindet. 1974 fügten sie die 200 km lange Kathmandu-Pokhara-Straße hinzu, die heute zu einer der Hauptschlagadern des Verkehrs geworden ist. Von Pokhara aus hatten die Inder schon zuvor eine zweite, militärisch nutzbare Verbindung zur indischen Grenze nach Butwal geschaffen. Als Leitlinie für die Erschließung des Terai kommt heute der über 800 km langen Transversale zwischen Kakarbhitta im Osten und Nepalgunj im Westen eine zentrale Bedeutung zu. Neben diesen großen, überwiegend asphaltierten Verkehrsverbindungen gibt es noch einige Stichstraßen, etwa den für Touristen wichtigen, von der Schweiz gebauten Anschluß an Jiri, Ausgangspunkt des Everest-Treks, die Straße ins Helambu-Gebiet von Dhunche oder die Beni-Road, die von Pokhara aus einmal bis Jomosom führen sollte, nunmehr aber in Baglung endet (s. S. 238). Insgesamt verfügt Nepal heute über ca. 7000 km Überlandstraßen, davon 3000 km mit asphaltiertem Belag.

Dem Wanderer aus Übersee mögen viele der **Fußwege** noch immer beschwerlich erscheinen, aber gerade auf diesem Gebiet hat das Land gewaltige Fortschritte erzielt. Insbesondere Flußüberquerungen, die noch vor 20 Jahren ein Wagnis bedeuteten, sind heute auf den Hauptwegen durch stabile Hängebrücken problemlos und ohne Gefahr zu bewältigen.

Als wichtiges **Verkehrsmittel** hat sich das Flugzeug erwiesen, wobei vor allem kleine Maschinen vom Typ Twin

Bodenerosion im Annapurna-Gebiet

Otter und Dornier (zweimotorig, 18 Passagiere) zum Einsatz kommen, die für kurze Start- und Landebahnen geeignet sind. Insgesamt zählt das Land 43 Flugpisten, von denen die meisten jedoch nur bei Bedarf und in der Trockenzeit angeflogen werden. Die für den Touristen wichtigsten Flugplätze außerhalb Kathmandus sind Pokhara (auch für größere Flugzeuge) und Nepalgunj (Terai) sowie die Pisten von Lukla (Everest-Gebiet) und Jomosom (Annapurna-Gebiet). Als weiteres Transportmittel bieten sich lediglich Busse an, da es nur zwei kurze Eisenbahnstrecken gibt. Derzeit sind in Nepal etwa 130 000 Kraftfahrzeuge registriert, die sich vor allem auf das Tal von Kathmandu konzentrieren und dort zu einer erheblichen Umweltbelastung beitragen.

Ökologische Problematik

Die von einem bewegten Relief geprägte Oberfläche des Landes ist bereits von Natur aus einer starken Erosion unterworfen. Gletscher, Wasser und Wind sind unablässig am Werk, die Bergwelt des Himalaya abzutragen und ihr Gesicht zu verändern. Für das Auge ist dieser Prozeß normalerweise nicht wahrnehmbar, obwohl ihm so spektakuläre Erscheinungen wie das Durchbruchtal des Kali Gandaki oder das Becken von Kathmandu zu verdanken sind. Durch Einwirkung des Menschen hat die Oberflächenveränderung jedoch eine für die Natur- und Kulturlandschaft gleichermaßen bedrohliche Beschleunigung erfahren. Die Hauptursache liegt in der Zerstörung der natürlichen Vegetationsdecke in den Bergregionen, wo die Wälder als regenspeichernder ›Schwamm‹ dienen. Nach ihrer Abholzung ist die dünne Bodenkrume ungeschützt den Monsunen ausgesetzt und wird in kürzester Zeit fortgespült. Dies führt dann zu bedrohlichen Überschwemmungen im Unterlauf der Flüsse mit Hunderten von Todesopfern und Hunderttausende obdachlose Menschen wie im Sommer 1993.

Umfangreiche Rodungen wurden schon im 19. Jh. vorgenommen, da das Königreich ein Interesse an großen Nutzflächen hatte, um diese mit Bodensteuern zu belasten – eine ihrer wichtigsten Einnahmequellen. Heutige Auslöser für diesen Raubbau an der Natur sind zunächst einmal der Holzbedarf der Nepali als Brenn- und Baustoff und die Notwendigkeit, immer neues Land unter den Pflug zu nehmen, um die rasch wachsende Bevölkerung zu ernähren. Außerdem wird das Vieh in der Trockenzeit durch Futterlaub versorgt. 79 % des

In den meisten Lodges wird immer noch mit Holz gekocht

Die Nationalparks

Trotz der zahlreichen Umweltsünden darf sich Nepal rühmen, einige der schönsten Nationalparks der Welt zu besitzen. Zu den insgesamt 12 Schutzgebieten zählen die wichtigsten Trekking-Regionen, aber es gibt auch einige abgelegene, von Fremden kaum besuchte Reservate, in denen sich noch die ganze Ursprünglichkeit der Landschaft erhalten hat. Untergliedern lassen sich die ausgewiesenen Schutzgebiete in Nationalparks (8), Wildreservate (2), die ›Annapurna Conservation Area‹ und das Jagdrevier von Dhorpatan.

Flächenmäßig größter Nationalpark ist der im Norden an Tibet grenzende **Shey Phoksundo** (s. S. 257ff.). Über 3500 km^2 Hochgebirgslandschaft wurden hier 1984 unter Schutz gestellt, waren für den Touristen bis vor kurzem aber nur im südlichen Abschnitt am Shey-Phoksundo-See zugänglich. Das nur schwer erreichbare und dünn besiedelte, zum Distrikt Dolpo zählende Gebiet ist die Heimat der sehr seltenen Wölfe und Bären sowie des fast schon legendären Schneeleoparden. Nicht minder interessant sind die Zeugnisse der noch intakten tibetischen Kultur, allen voran die Klöster von Shey, Yanjir und Samling. 1994 wurden auch diese Gebiete mit Einschränkungen ausländischen Besuchern zugänglich gemacht.

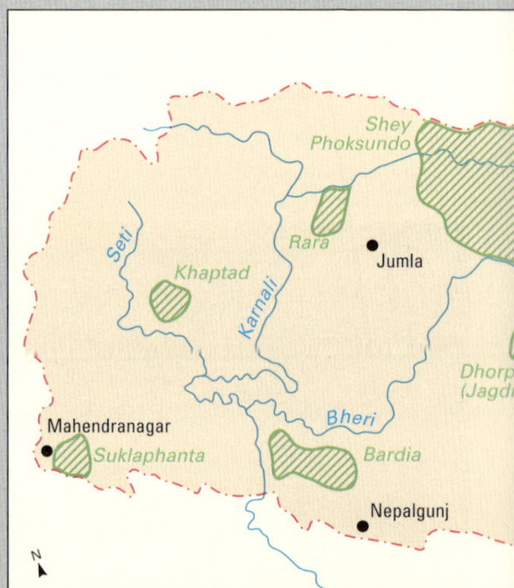

Energiebedarfs werden in Nepal noch immer durch Holz gedeckt, wodurch jährlich ausgedehnte Waldflächen verschwinden. Die zahlreichen Trekker verschärfen die Situation zudem erheblich, denn außerhalb von eng begrenzten Schutzgebieten wird auch für sie noch immer mit Holz gekocht. Nur wenige Touristen sind sich wohl im klaren darüber, daß jede Tasse Tee, jede Pizza und jeder Eimer heißes Badewasser die Himalaya-Täler der Verödung ein Stück näher bringen!

Umzusteigen auf anderes Brennmaterial wäre der geeignete Weg, der Abholzung Einhalt zu gebieten. Der Staat hat

Im Gegensatz dazu ist der seit 1976 weiter östlich vor den Toren Kathmandus ebenfalls in der Hochgebirgsregion liegende **Langtang National Park** für den Touristen bestens erschlossen, der hier Kleine Pandas, Rhesusaffen und verschiedenste Vegetationsarten sehen kann (s. S. 224ff.). Mit einer Fläche von etwa 1700 km^2 nimmt er den zweiten Platz ein. Zu den sicherlich eindrucksvollsten Reservaten gehört der im Osten des Landes liegende, etwa 1200 km^2 messende **Sagarmatha National Park,** umschließt er doch den Mount Everest, den höchsten Berg der Welt (s. S. 260ff.). Verglichen mit anderen Nationalparks, sind in diesem nur wenige Säugetiere zu finden, dafür aber viele Vogelarten. 1992 wurde auch die östlich des Everest liegende Region als **Makalu Barun National Park** unter Naturschutz gestellt. Zusammen mit dem angegliederten Schutzgebiet (Conservation Area) umfaßt er 2330 km^2 und zieht sich vom subtropischen Wald der Niederungen bis zu den Gipfeln der Achttausender (s. S. 289f.). Eine Sonderstellung nimmt das von den Trekkern bevorzugte Annapurna-Gebiet ein. Man schuf hier nicht nur einen Nationalpark, sondern bettete das Gebiet 1986 unter dem Namen **›Annapurna**

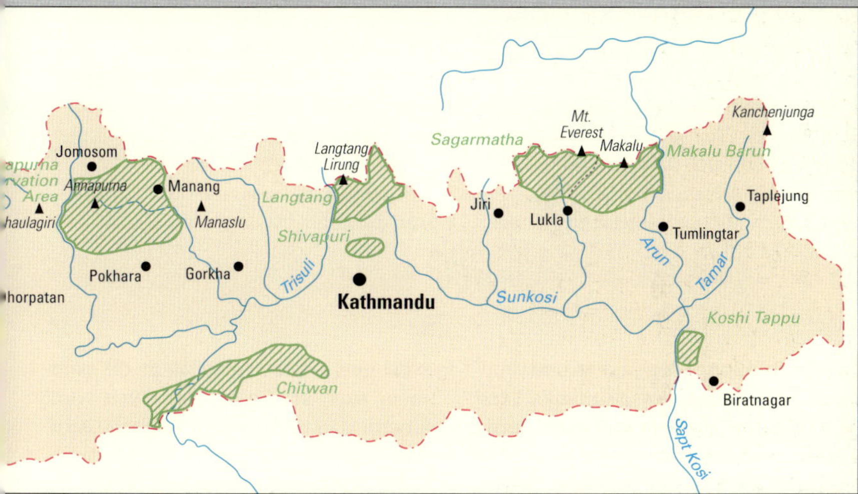

dieses Problem längst erkannt und versucht beispielsweise durch das ›Annapurna Conservation Area Project‹ (s. S. 229) rettend einzugreifen. Im Mittelpunkt steht die Aufklärung der einheimischen Bevölkerung, die sich der ökologischen Problematik in ihrem Lebensraum häufig noch nicht bewußt ist. Erfreulicherweise ist der Einsatz von Solarenergie zur Warmwassererzeugung auf dem Vormarsch, während Strom und Kerosin aus Kostengründen bisher noch eine untergeordnete Rolle spielen.

In erheblichem Maße landschaftszerstörend wirkt auch der Straßenbau. Ohne flankierende Schutzmaßnahmen

Conservation Area Projekt‹ (ACAP) in ein internationales Hilfsprogramm ein (s. S. 229). Reizvoll, aber aufgrund der etwas mühsamen Anreise nur selten besucht, ist der kleine, nur 106 km^2 große, 1976 gegründete **Rara National Park** im Westen des Landes, der den gleichnamigen, 3000 m hoch gelegenen und von dichten Wäldern gesäumten See umschließt und vom 4038 m hohen Chuchemara Danda überragt wird. Der etwas südwestlich davon liegende, nur 225 km^2 umfassende **Khaptad National Park** ist vor allem für die Hindupilger interessant, die hier Khaptad Baba verehren, einen wahrscheinlich aus Kaschmir stammenden, mit dem Königshaus befreundeten Guru, auf dessen Betreiben der Park 1985 gegründet wurde.

Die übrigen Reservate, zumeist aus Jagdrevieren des Adels hervorgegangen, verteilen sich über das Tiefland des Terai und verdanken ihre Anziehung vor allem der exotischen Tierwelt. Am bekanntesten und am besten erschlossen ist der 1440 km^2 große **Royal Chitwan National Park,** in dem die selten gewordenen Nashörner ein Refugium gefunden haben (s. S. 201ff.). Im unmittelbar angrenzenden **Parsa Wildlife Reserve,** das eine Fläche von 499 km^2 erfaßt und 1984 entstand, leben viele wilde Elefanten. Als Geheimtip unter den Naturfreunden gilt der **Royal Bardia National Park** in Westnepal, der erst 1988 diesen Status erhielt und 968 km^2 mißt (s. S. 196f.). Von den nahe der indischen Grenze ganz im Südwesten und Südosten eingerichteten Schutzgebieten hat **Suklaphanta** (s. S. 196), 1976 gegründet, inzwischen den Status eines Nationalparks erhalten, während der im gleichen Jahr errichtete **Koshi Tappu** nach wie vor als *wildlife reserve* ausgewiesen ist (s. S. 211).

Für den Besuch der Nationalparks und Reservate ist eine Eintrittsgebühr von derzeit 650 NRs zu entrichten.

wie Begrünung, Befestigung und Drainage werden die Trassen durchs Land gelegt, so daß die Monsunregen immer wieder verheerende Erdrutsche und Überschwemmungen auslösen. In Verbindung damit ist der um 15–20 % jährlich anwachsende Kraftfahrzeugverkehr zu sehen, der vor allem im Tal von Kathmandu zu einer kaum noch tolerierbaren Luftverschmutzung geführt hat. Eine der Ursachen liegt in der Topographie der Metropole. In dem allseits von Bergen umschlossenen Tal herrschen häufig Windstille und im Winter Inversionswetterlage, bei denen die kalte bodennahe Luft durch warme Schichten überlagert und am Aufsteigen gehindert wird, eine Wetterkonstellation, die allgemein auch als Smog bezeichnet wird. Überdies unterliegt der Abgasausstoß der Fahrzeuge keinerlei Reglementierung. Autos mit Katalysator sind völlig unbekannt. Erst in jüngster Zeit ist sich die Regierung der ernsten Lage bewußt geworden und hatte 1993 ein Forschungsprojekt in Auftrag gegeben (The Kathmandu Valley Vehicular Emission Control Project). Ob und wann die Ergebnisse dieser Studie ihren Niederschlag in der Praxis finden werden, bleibt abzuwarten. Immerhin kann man bereits die ersten elektrogetriebenen Rikschas auf Kathmandus Straßen sehen.

Geschichte – Im Schutz der Täler und Berge

Mythische Urzeit

Die Ursprünge nepalesischer Geschichte verlieren sich im Dunkel der Vorzeit. Vereinzelte prähistorische Funde im Terai, aber auch im Tal von Kathmandu deuten zwar auf eine recht frühe, 30 000 Jahre zurückreichende Besiedlung hin, gesicherte Erkenntnisse über die damaligen Bewohner liegen aber noch nicht vor. Neuere Ausgrabungen in Changu im Kathmandu-Tal haben den Beweis einer Steinzeitkultur erbracht, die etwa 1. Jt. v. Chr. – 5. Jh. n. Chr. zu datieren ist.

Die neolithische Bevölkerung des Hochlandes bestand möglicherweise schon damals aus arischen Zuwanderern aus dem Süden, die sich **Gopala** nannten und etwa im 1. Jt. v. Chr. aus Bihar eingewandert waren. Zur gleichen Zeit, so nimmt man an, sind aus dem Norden auch Gruppen mongolischer Abstammung, die als Magar und Gurung bezeichnet werden, bis ins Kathmandu-Tal vorgestoßen und haben die Urbevölkerung der Kusunda und Rautes Chepang in die Wälder abgedrängt. Bis zu ihrem völligen Verschwinden haben diese als *banamanches,* als »Waldmenschen«, in Stammesgemeinschaften gelebt.

Etwa ab dem 8. Jh. v. Chr. betraten die **Kirata** (Kirati) die politische Bühne und sollen fast ein Jahrtausend die Geschicke des Kathmandu-Tals bestimmt haben, ehe sie sich in ihre Stammheimat nach Ostnepal zurückzogen. Die auch heute noch hier lebenden Rai, Limbu und Newar werden als ihre Nachfahren angesehen.

Im Tiefland des Terai existierten frühen indischen Quellen zufolge bereits im 1. Jt. v. Chr. blühende Hindu-Königreiche, die Namen wie Videha, Koliya und Gupta trugen. Am bekanntesten aber wurde die Dynastie der Shakya, ging aus ihr doch im 6. Jh. v. Chr. einer der großen Religionsstifter hervor: Shakyamuni, der historische Buddha (s. S. 198f.).

Durch Machtkämpfe auf dem Subkontinent wurden noch zu Lebzeiten des Buddha die im heutigen Bundesstaat Bihar ansässigen Licchavi in die Vorberge des Himalaya abgedrängt, um erst wieder im 5. Jh. im Kathmandu-Tal ins Licht der Geschichte zu treten.

Die Licchavi und Thakuri

Die **Licchavi-Dynastie** (450–879) ist die erste, die uns eindeutige Zeichen ihrer Existenz hinterlassen hat. Die Inschrift König Manadevas vor dem Tempel von Changu Narayan (s. S. 153) gilt als älteste zeitgenössische Quelle auf dem Boden des Landes.

Schon sehr bald gelangten die Nachfahren der alteingesessenen Gopala in hohe Regierungsämter und beschnitten den Einfluß der Licchavi-Könige immer mehr. Ende des 6. Jh. lag die Macht in den Händen von Amsurvarma, einem Adeligen aus dem Osten, der den amtierenden Licchavi-Herrscher Shivadeva zu einem Marionettendasein verdammte. Erst mit tibetischer Hilfe vermochten die Licchavi unter König Narendradeva Ende des 7. Jh. ihre Position wieder zu festigen.

Während der Licchavi-Periode erfuhr das Kathmandu-Tal eine erste wirtschaftliche und kulturelle Blütezeit, die wegweisend war für die weitere Entwicklung des Landes, vor allem aber auch das benachbarte Tibet beeinflußte,

Garuda-Skulptur aus dem 6./7. Jh., Changu Narayan

zu dem König Amsurvarma enge Beziehungen pflegte. Über familiäre Bande fand der damals in Nepal vorherrschende Buddhismus seinen Weg nach Tibet, um dort in einer eigenständigen Form zur Staatsreligion aufzusteigen. Die bis heute benutzten Pfade über den Himalaya wurden zu wichtigen Handelsrouten ausgebaut und weiter bis Indien geführt. Ein reger wirtschaftlicher Aufschwung war die Folge der intensiven Kontakte zu den nördlichen und südlichen Nachbarländern. Wolle, Salz, Silber, Kupfer und Moschus, aber auch so kuriose Dinge wie Yakschwänze als Fliegenwedel wurden gehandelt und über große Distanzen transportiert.

Kontakte zum indischen Großreich der Gupta beflügelten die Steinmetzkunst im eigenen Lande, die ersten größeren Bauwerke entstanden, darunter die noch heute wichtigen Anlagen von Swayambunath, Bodnath, Changu Narayan und Pashupatinath, und chinesische Reisende wußten von der verfeinerten Lebensart am Hof des Königs von Ni-po-lo (Nepal) zu berichten. Die Herausbildung einer eigenen Identität dokumentieren auch die Einführung des im 20. Jh. erneut eingerichteten Panchayat-Systems (s. S. 49) und die Ablösung der indischen Zeitrechnung durch eine nepalesische.

Von der sich anschließenden **Thakuri-Epoche** (9.–13. Jh.) wissen wir noch sehr wenig, obwohl wichtige Ereignisse wie die Gründung der Stadt Kathmandu in diese Zeit fielen. Der Begriff *thakuri* (»hoher Herr«) kann wahrscheinlich in Verbindung mit unterschiedlichen Völkern indischer Herkunft gebracht werden, etwa den Pala, Calukya und Maithili, die für gewisse Zeitabschnitte im Kathmandu-Tal die Herrschaft ausübten.

Im Süden regierte währenddessen die Karnataka-Dynastie (1097–1320), beeinflußt durch die mächtigen Pala aus Bengalen und Bihar, die dem Tantrischen Buddhismus anhingen, der später auch in Nepal Fuß fassen sollte. Das Vorrücken des muslimischen Eroberers Gayasuddin Tughlaq auf dem indischen Subkontinent veranlaßte Harisimhadeva, den letzten König der Karnataka, zur Flucht ins Tal von Kathmandu, wo er von der Bevölkerung der Stadt Bhaktapur gastfrei aufgenommen worden sein soll, sich möglicherweise den Zugang aber auch gewaltsam erzwungen hat. Bedeutung erlangte der fremde Herrscher, der schon bald starken politischen Einfluß ausübte, durch Einführung des Taleju-Kults (s. S. 70f.), der bis heute in enger Verbindung mit dem Königshaus steht. Seine Residenz in Bhaktapur wurde überdies zum Hort buddhistischer und hinduistischer Gelehrter, die hier ebenfalls Zuflucht vor den muslimischen Truppen genommen hatten und nun das tantrische Gedankengut ihrer Heimat verbreiteten. Nach Beendigung der islamischen Gefahr soll der König wieder in seine indische Heimat zurückgekehrt sein und somit einer neuen Dynastie den Weg geebnet haben.

Garuda Narayana (Vishnu auf dem fliegenden Garuda) aus dem 8. Jh., Changu Narayan

Die Malla

Die Zeit der Malla-Herrschaft unterteilt sich in zwei Perioden: das ungeteilte Königreich (1200–1482) und das der drei Königreiche (1482–1768). Woher die Malla kamen, ist bis heute nicht eindeutig geklärt. Möglicherweise handelt es sich um Angehörige des mächtigen indischen Malla-Geschlechts, vielleicht verbindet sich mit der Bezeichnung, die »Ringer« bedeutet, auch nur ein allgemeiner Ehrentitel wie bei den Thakuri.

Die erste Periode ist bis Mitte des 14. Jh. gekennzeichnet von fortgesetzten Raubzügen verschiedener Könige aus dem Westen. Die verheerendste Invasion erlebte das Kathmandu-Tal 1349 mit dem Einzug islamischer Moguln unter Shamsuddin Ilyas. Mit strenger Hand begann Jayasthiti Malla (reg. 1366–95) von Bhaktapur aus, das bürgerkriegsähnliche Chaos nach den Regeln des orthodoxen Hinduismus neu zu ordnen und das Kastensystem in die Newar-Gesellschaft einzuführen. Beeinflußt wurde diese hinduistische Restauration sicherlich durch die zahlreichen indischen Gelehrten, die ihrer vom Islam bedrohten Heimat den Rücken gekehrt hatten und nunmehr großen Einfluß an den Fürstenhöfen Nepals ausübten.

Nach dem Tod des Malla-Herrschers übernahmen seine drei Söhne Dharma Malla, Jyotir Malla und Kirti Malla gemeinsam die Herrschaft des Tals, standen zeitweise jedoch im Schatten machthungriger Minister. Nach dem Tod

König Yoganarendra Malla, Patan

König Bhupatindra Malla, Bhaktapur

von Kirti und Dharma Malla regierte Jyotir Malla bis zu seinem Tode 1428 als Alleinherrscher.

Sein Sohn und Nachfolger Yaksha Malla (reg. 1428–82) mochte sich mit dem engen Tal nicht mehr zufriedengeben und dehnte das Territorium auf Eroberungszügen bis zur tibetischen und indischen Grenze aus.

Nach seinem Tode teilten sich wiederum die zwei Söhne die Macht. Diesmal aber verlief die gemeinsame Regentschaft in weniger friedlichen Bahnen, da der ehrgeizige Ratna Malla (reg. 1482–1520) seinen Einflußbereich eigenmächtig ausweitete und sich das autonome Kantipur (heutige Kathmandu) gewaltsam aneignete, um seinen eigenen kleinen Stadtstaat zu schaffen. Er rechtfertigte diesen Schritt mit einer göttlichen Eingebung durch Taleju, die ihm im Traum das geheime Mantra der königlichen Legitimation verraten und den Weg nach Kantipur gewiesen habe. In Kathmandu festsetzen konnte sich Ratna Malla aber erst, nachdem er die 12 Stadtältesten, die *thakur,* während eines Gastmahls hatte vergiften lassen.

Die nicht gerade freundschaftlichen Beziehungen der beiden Brüder nutzten die Feudalherren von Lalitpur (heutige Patan), um die traditionelle Vorherrschaft Kathmandus abzuschütteln und ihrerseits einen eigenen Stadtstaat ins Leben zu rufen. Bhaktapur blieb in der Hand Raya Mallas (reg. 1482–1512), dem Bruder Ranas. Die Epoche der drei Malla-Königreiche war angebrochen (1482–1768).

Politisch hat diese Gewaltenteilung zwar schließlich zum Untergang des mittelalterlichen Nepal geführt, kulturell aber lassen sich die fast dreihundert Jahre durchaus als das ›Goldene Zeitalter‹ bezeichnen. Die Bauten und Kunstwerke, die wir heute in den drei Orten bewundern, gehen fast ausschließlich auf diese Zeit zurück, in der sich die Herrscher mit immer neuen Prachtbauten gegenseitig zu übertrumpfen suchten. Zuweilen verbündeten sich zwei der Städte gegen die dritte, dann wieder herrschte friedliche Koexistenz. Zwar geriet des Kathmandu-Tal in jener Zeit unter den Einfluß der indischen Moguln, blieb aber von einer weiteren Invasion verschont und konnte somit sein hinduistisches und buddhistisches Erbe bewahren. Die Malla-Herrscher ihrerseits übten vorübergehend wirtschaftlichen und politischen Druck auf Tibet aus und profitierten von den Warenströmen, die in den drei Städten zusammenliefen. Sie ertrotzten sich sogar das Münzmonopol für Tibet, verwendeten statt des vom Nachbarland angelieferten Goldes jedoch billige Legierungen, woraus sich ein lang währender Konflikt ergab, der Ende des 18. Jh. unter der Shah-Herrschaft zum Krieg führte (s. u.).

Während die Herrscher der drei Stadtstaaten ihre Eifersüchteleien pflegten, hatten sich gut 100 km weiter westlich im Bezirk von Gorkha indische Zuwanderer zu einer schlagkräftigen Truppe formiert.

Die Shah

Die Herrscher der Shah-Dynastie (1768–1846), nach ihrem damaligen Königreich Gorkha auch Gurkha genannt (s. S. 190f.), entstammten dem Geschlecht der Rajputen, die sich seit dem 13. Jh. in ihrer Heimat todesmutig, wenn auch vergeblich, den aus heutigen Afghanistan und Iran anbrandenden islamischen Heeren entgegengeworfen hatten. Während sich einige Rajputen-Fürsten schließlich als Vasallen der Mogul-Dynastie in Delhi unterwarfen, flohen andere in die Berge und brachten schon bald Teile des westlichen Nepal unter ihre Kontrolle. Aus der sicheren Distanz waren sie dem mächtigen Mogul-Hof in Delhi recht freundschaftlich zugetan und erhielten von dort sogar den islamischen Ehrentitel ›Shah‹.

Im Jahre 1559 schuf Drabya (Dravya) Shah mit der Gründung der Residenz von Gorkha ein neues Machtzentrum innerhalb der 24 kleinen sogenannten Chaubisi-Königtümer. Zunächst pflegten die Gurkha noch recht friedliche Beziehungen zu den drei Städten des Kathmandu-Tals.

Erst Prithvi Narayan Shah (1723–75) wußte geschickt die internen Reibereien zwischen den Malla-Königreichen (Kathmandu, Patan und Bhaktapur) für seine ehrgeizigen Pläne auszunutzen. Durch die Eroberung von Nuwakot begann er den 25jährigen Feldzug gegen die Herren des Kathmandu-Tals. Obwohl Muslime und Briten den Malla-Herrschern zu Hilfe eilten, konnten diese sich nicht auf eine gemeinsame Verteidigung einigen und mußten 1768 in Bhaktapur kapitulieren. Mit der zwangsweisen Vereinigung der kleinen Fürstentümer unter der Führung der Shah-Dynastie gewann das Land in groben Zügen seine heutige Ausdehnung.

Aus Furcht vor europäischer Intervention verwies der neue Machthaber alle christlichen Missionare des Landes und verwehrte Fremden der Zutritt. Die Zeiten freien Gedanken- und Warenaustauschs, Kennzeichen der Malla-Epoche, waren vorbei, Nepal in eine selbstgewählte Isolation gedrängt. Aus heutiger Sicht war dieser Schritt vielleicht sogar ein Segen, blieb dem Land doch dadurch möglicherweise eine Fremdherrschaft erspart, die dem indischen Subkontinent so viel Leid gebracht hat und deren Wunden dort auch heute noch längst nicht verheilt sind.

Die Unabhängigkeit Nepals geriet jedoch ernsthaft in Gefahr, als Rana Bahadur Shah (reg. 1777–99) die Expansion seiner Vorväter fortsetzte. Erfolgreich vermochte er zunächst das Territorium auf das Doppelte der ursprünglichen

Größe auszuweiten. Für einige Jahre erstreckte sich das Land von Sikkim im Osten bis Kaschmir im Westen. Als Rana Bahadur im Siegesrausch jedoch versuchte, auch noch Tibet zu erobern, kam es Ende der 80er Jahre zum Krieg mit diesem Nachbarland. Die dort herrschenden chinesischen Mandschu setzten dem Vormarsch der Gurkha schnell ein Ende. Sie warfen die Nepali nicht nur zurück, sondern verfolgten sie bis ins Tal von Kathmandu. Im Friedensvertrag (1793) verloren die Nepali zwar viele ihrer Privilegien, wie das vorher erwähnte Münzmonopol, und wurden zu Tributzahlungen an China verpflichtet, sicherten sich aber die nördliche Grenze des Landes.

1814 kam es im Terai mit den Briten, genauer der East India Company, zu Grenzstreitigkeiten, die sich zu einem Krieg ausweiteten. Zwar stellten die Gurkha-Krieger erneut ihre schon damals legendäre Tapferkeit unter Beweis, mußten sich schließlich aber der Übermacht geschlagen geben. Im Frieden von Sugauli legten die Sieger 1816 die Grenzen zu ihren Gunsten neu fest, die in etwa den heutigen entsprechen, wobei sie ironischerweise bereits sechs Monate nach Kriegsende den Nepali jenen Landstreifen abtraten, der Anlaß zum Ausbruch der Feindseligkeiten gewesen war. Nepal mußte seine Isolation aufgeben und einen britischen Bevollmächtigten in Kathmandu dulden. Seine Expansionspolitik war damit beendet.

Grivana Juddha und Rajendra Bikram Shah leiten das Ende der Shah-Dynastie ein (s. u.).

Die Rana

Bereits vor Beginn des Krieges gegen die Briten war die Macht den Shah-Herrschern entglitten und Grivana Juddha Shah (reg. 1799–1816) nur eine Marionette auf dem Thron. Die Politik jener Tage lag in Händen des Premierministers Bhimsen Thapa, dem es freilich nicht gelang, Verwaltung und Politik den neuen Erfordernissen anzupassen. Ein Dorn im Auge der Bevölkerung waren insbesondere die freizügigen Landschenkungen (*birta*-Land) durch den König an einflußreiche Politiker. Anders als beim *jagir*-Land, das an verdiente Soldaten als Pension verteilt wurde, handelte es sich hier um Pfründe der Reichen und Mächtigen.

Auch der Nachfolger, Rajendra Bikram Shah (reg. 1816–47) mußte sich dem Willen Bhimsen Thapas beugen, er stand überdies im Schatten seiner beiden Frauen, die aktiv in die Politik eingriffen. Die ältere von ihnen zwang den Premierminister 1837 schließlich durch eine Intrige zum Rücktritt und trieb ihn zwei Jahre später sogar in den Selbstmord. Dies aber war nur der Beginn blutiger Machtkämpfe am Hof. Nach dem Tod der älteren Königin wirkte die jüngere als graue Eminenz und ließ die Köpfe rollen. Der Höhepunkt der Auseinandersetzungen fiel auf den 14. September 1846, als Jung (Jang) Bahadur Rana, ein Neffe des Königs, auf dem Kot-Platz am Durbar Square in Kathmandu mit Hilfe seiner Leibgarde ein Massaker unter seinen möglichen Gegnern veranstaltete, bei dem 32 Menschen ermordet wurden. Nach dem Ort des Geschehens ging es als Kot-Massaker in die Geschichte ein. Noch am selben Tag ernannte ihn die Königin, die eine nie geklärte Rolle bei dem Blutbad gespielt hatte, zum Premierminister. Die Unterzeichnung der Urkunde durch den schwachen König war dann nur noch eine Formsache.

Nach nur sechs Monaten im Amt trieb der neue starke Mann die Königin ins

Jung Bahadur Rana

Exil nach Benares, ließ weitere Mitglieder des Königshauses umbringen und setzte mit Surendra Bikram Shah (reg. 1847–81) einen neuen, ihm völlig ergebenen König auf den Thron.

Für nunmehr 104 Jahre (1846–1950) sollte die Macht in Händen der Rana-Familie liegen, die das Amt des Premierministers in Erbfolge für sich beanspruchte. Die Shah-Familie stellte zwar

Nepalesischer Soldat

weiter den König, der jedoch nur ein Schattendasein führte. Jung Bahadur Rana galt zwar als orientalischer Despot, löste aber das Land durch neue Verordnungen und mit viel Organisationsgeschick aus der noch mittelalterlichen Feudalstruktur. Unterstützt durch einen Besuch in England im Jahre 1850, pflegte er enge Beziehungen zu den Briten, ebenso wie seine Nachfolger. Mitte der 50er Jahre kam es erneut zu einem Krieg mit Tibet, den Nepal am Ende verlor. Nach dem Friedensschluß dankte der Premierminister ab und übergab das Amt seinem Bruder Bam Bahadur, der bereits nach einem Jahr verstarb. Mit nunmehr noch größeren Befugnissen ausgestattet, betrat Jung Bahadur 1857 wieder die politische Bühne. Während des Sepoy-Aufstandes in Indien im gleichen Jahr stellte er seine guten Beziehungen zu den Briten unter Beweis, indem er an der Spitze von 8000 Gurkha-Soldaten den in Lucknow eingeschlossenen Engländern zu Hilfe eilte. Zwar erwies sich die Kolonialmacht großzügig und gab weitere Teile des Terai an Nepal zurück, behandelte den Premierminister ansonsten aber eher mit Distanz und Mißtrauen.

Nach dem Tode Jung Bahadurs 1877 kam es zu Auseinandersetzungen zwischen den Erben, da sich der legitime Nachfolger, sein Bruder Ranoddip auch noch der Ländereien und Titel bemächtigt hatte, die für die Söhne vorgesehen waren. Nach achtjähriger Amtszeit wurde Ranoddip 1885 von seinen Verwandten umgebracht und Bir Shamsher eingesetzt, der 16 Jahre lang die Geschäfte führte, tatkräftig unterstützt von seinem Bruder Chandra. Als man diesen aber beim Tode Birs im Jahre 1901 überging, erzwang er sich den Posten mit der Waffe in der Hand.

Chandra Shamsher (reg. 1901–29) hat das Land zahlreiche soziale Reformen zu verdanken, u. a. die endgültige Abschaffung der Sklaverei (1924). Die enge Bindung an England kostete das Land einen hohen Blutzoll. Ca. 200 000 Gurkha-Krieger stellte Nepal in beiden Weltkriegen unter britischen Befehl, dafür wurde seine Unabhängigkeit garantiert und der zollfreie Warentransit durch Indien gesichert.

Es folgten schwache Premierminister, die sich durch Gandhis Kampf in Indien zunehmend mit nationalen Befreiungsideen auch im eigenen Lande konfrontiert sahen. 1947 konnte sich der Nepali National Congress (heute Nepali Congress) als erste Interessenvertretung der Bevölkerung konstituieren. Mit der Unabhängigkeit Indiens im gleichen Jahr komplizierten sich die nachbarschaftlichen Beziehungen, da die Rana-Herrschaft nun als nicht mehr zeitgemäß angesehen wurde. Es begann die indische Unterstützung von oppositionellen Gruppen. Erschwerend kam noch die Rolle Chinas hinzu: 1950 wurde Tibet besetzt. In dieser Annektion sah Indien eine eigene Gefahr, da die Grenze Nepal – Tibet auch wegen des schwachen Regime der Rana nicht mehr sicher schien. Daher zwang Jawaharlal Nehru den nepalesischen Premierminister Mohan Shamsher (reg. 1948–51) mit dem Versprechen, die Herrschaft der Rana-Familie nicht zu gefährden, zu erheblichen Zugeständnissen. So beanspruchte Indien das Recht, Nepal im Notfall als Verteidigungslinie gegen China zu nutzen und der Regierung in Kathmandu die Steuersätze für importierte Waren vorzuschreiben. Die Uhr der Rana aber war längst abgelaufen.

Die Neuzeit seit 1950

Am 6. November 1950 nutzte König Tribhuvan einen Picknickausflug, um in der indischen Botschaft Asyl zu beantragen. Dies war aufgrund seiner Unterstützung der gegen das Rana-Regime agierenden nepalesischen Oppositionsgruppen notwendig geworden. Einige Tage später flogen die Inder ihn nach Delhi aus, während Premier Mohan den Enkel des Königs zum neuen Regenten proklamierte und damit einen kurzen Bürgerkrieg auslöste. Die Rana mußten jedoch bald einsehen, daß sie kaum eine Chance im Kampf gegen den legitimen Herrscher hatten, zumal dieser tatkräftige Unterstützung durch Nehru erfuhr. Überdies hatten Führer des Nepali Congress im indischen Exil eine beträchtliche Streitmacht hinter sich gebracht, die auf Seiten des rechtmäßigen Königs stand. So konnte Tribhuvan am 15. Februar 1951 im Triumph nach Kathmandu zurückkehren und eine Interimsregierung berufen, deren Ziel die Vorbereitung einer verfassunggebenden Versammlung sein sollte. Als Folge des Ab-

König Birendra Bir Bikram Shah Dev mit Königin Aishwarya Rana

kommens von Delhi war eine Dreiteilung der Macht in Königtum, Regierung und Volksvertretung vorgesehen.

Mangelnde politische Erfahrung der plötzlich mündig gewordenen Bürger und der Versuch des neuen Premierministers B. P. Koirala, den politischen Einfluß des Herrschers wieder zu schwächen, ließen König Mahendra (reg. 1955–72), den Sohn Tribhuvans, zu einem autoritären Regierungsstil zurückkehren. Er ließ im Dezember 1960 alle Kabinettsmitglieder verhaften, nahm die Regierungsgeschäfte selbst in die Hand und führte das Panchayat-System (s. S. 49) ein. Unterstützt wurde der Monarch von den feudalistischen Kräften, die ihren Einfluß durch den Sieg des Nepali Congress bei den ersten freien Wahlen 1959, der deshalb auch den Premierminister stellte, gefährdet sahen. Nicht unbegründet aber war auch die Gefahr eines Bürgerkrieges zwischen den einzelnen Bevölkerungsgruppen aufgrund vorhandener Unruhen.

Als gemeinsame Klammer für die ethnische Vielfalt der Bewohner Nepals wurde deshalb in der Verfassung von 1962 der Religion besondere Bedeutung beigemessen. Der König, so heißt es dort, »ist ein Anhänger der arischen Kultur und des Hinduismus« und weiter: »Die Souveränität Nepals liegt im König begründet und alle Gewalt – Exekutive, Legislative und Rechtsprechung – geht von ihm aus.«

Durch zahlreiche Verordnungen waren die Herrscher Nepals bemüht, das Panchayat-System den sich ändernden Erfordernissen anzupassen. 1979 ließ König Birendra Bir Bikram Shah Dev (reg. ab 1972), Sohn Mahendras, die Be-

Versammlung der Kommunistischen Partei in Junbesi, Everest-Gebiet

Moderne Jugendliche

völkerung sogar durch ein Referendum über dessen Existenzberechtigung abstimmen. Über 55 % der Wahlberechtigten stimmten für die alte Ordnung, 45 % befürworteten ein Mehrparteiensystem. Durch den knappen Wahlausgang verschärften sich einerseits die Spannungen zwischen den beiden Lagern, andererseits zwang er den König zu einer weiteren Demokratisierung der parteilosen Gesellschaft, etwa mit Wahl des Premierministers durch die Mitglieder der Regierung (Rastriya Panchayat). Der Prozeß der Liberalisierung kam aber nur langsam in Gang. Die erste, 1983 für etwa zweieinhalb Jahre gewählte Panchayat-Regierung unter Lokendra Bahadur Chand hat bis auf die Freilassung diverser politischer Gefangener in ihrer Anfangszeit keine wesentlichen Änderungen gebracht. Allmählich aber zeichnete sich eine parteienartige Fraktionsbildung innerhalb des Panchayat ab. Gleichwohl hielt der König die Zügel fest in der Hand, so daß den Regierungsmitgliedern wenig politischer Spielraum blieb, wollten sie nicht ihr Amt riskieren.

Das Referendum hatte aber auch die Befürworter des Mehrparteiensystems bestärkt. Immer deutlicher traten sie nun mit den Forderungen nach einer politischen Neuordnung an die Öffentlichkeit, wieder einmal unterstützt vom benachbarten Indien, das sich als größte Demokratie der Welt versteht. 1985 war es noch möglich, 7000 Mitglieder des Nepali Congress und der Nepal Communist Party ins Gefängnis zu werfen, der Unmut der Bevölkerung eskalierte aber zusehends und ließ sich bald durch staatliche Gewalt nicht mehr zügeln. Die seit 1960 verbotene Partei des Nepali Congress kündigte für Februar 1990 eine Massendemonstration zur Abschaffung des Panchayat-Systems an. Dies wurde von immer mehr Organisationen unterstützt. Die Verhaftung von Führern der Bewegung beantwortete die Bevölkerung mit Generalstreiks, die in einen blutigen Aufstand mündeten. Der König mußte sich schließlich dem Druck beugen und verkündete am 8. April die Einführung des Mehrparteiensystems und eine Woche später die Auflösung des Panchayat-Systems. Am 19. April übernahm ein aus Vertretern des Nepali Congress, der Vereinigten Linken (United Leftist Front) und zwei vom König nominierten Mitgliedern bestehendes Kabinett die Arbeit. Nach Ausarbeitung einer neuen Verfassung, die das Königreich in eine konstitutionelle Monarchie umwandelte und von Birendra im November 1990 bekanntgegeben wurde, konnten im Mai 1991 erstmals seit 32 Jahren wieder freie Wahlen stattfinden. Von den 41 teilnehmenden Parteien hatten nur drei Gruppierungen eine Chance. Neben dem Nepali Congress (NPC) waren es vor allem die United Leftist Front (ULF) und die monarchistischen Parteien Thapa und Chand. Während sich die Wähler in den drei Städten des Kathmandu-Tals eindeutig für die United Marxist Left (UML), die stärkste Fraktion der ULF, entschieden, wählte das übrige Land vorwiegend demokratisch, so daß die Kongreßpartei schließlich 110 der insgesamt 205 Sitze auf sich vereinigen konnte.

Aus den von Unruhen begleiteten, vorgezogenen Wahlen von 1994 gingen mit knapper Mehrheit jedoch die Kommunisten hervor, die sich zur Communist Party of Nepal United Marxist Leninists (CPN-UML) zusammengeschlossen hatten. Trotz ihres Namens bekennt sich diese Partei zum Mehrparteiensystem und zur freien Marktwirtschaft. Einige namhafte Führer sind mehr als Sozialdemokraten, denn Kommunisten anzusehen. Durch einen Mißtrauensantrag verloren sie jedoch Ende 1995 wieder die Macht an die Kongreßpartei.

Außenpolitisch standen die Zeiten nach dem Zweiten Weltkrieg ganz im Zeichen der geopolitischen Spannungen zwischen Indien und China. Nepal vermochte sich bei diesem Drahtseilakt gut zu behaupten, auch wenn es den Plan einer entmilitarisierten Friedenszone gegen Indien nicht durchsetzen konnte. Dafür aber wußte das Land durchaus praktischen Nutzen aus der Konfrontation zwischen den beiden Nachbarn zu ziehen, denn beide waren aus militärischem Interesse eifrig bemüht, die Infrastruktur Nepals durch intensiven Straßenbau zu verbessern (s. S. 30f.). Die Abhängigkeit von Indien dokumentiert sich besonders im Wirtschaftsbereich (s. S. 23f.). Meinungsverschiedenheiten bestehen vor allem auf dem Gebiet der Bevölkerungszuwanderung ins Terai und der Wassernutzungsrechte der vom Himalaya kommenden Flüsse.

Zu erheblichen Spannungen ist es auch mit dem benachbarten Bhutan gekommen. Das kleine Königreich hat Tausende von dort zum Teil seit Jahrhunderten ansässige Nepali durch Repressionen zur Flucht nach Ostnepal veranlaßt, wo etwa 90 000 Angehörige dieser als »Lhotsampas« bezeichneten Bevölkerung in Flüchtlingslagern leben. Da sie beim Verlassen Bhutans automatisch die bhutanische Staatsangehörigkeit verlieren, gelten sie nun als Staatenlose. Nepals Bemühungen um Vermittlung durch Indien sind bisher auf wenig Entgegenkommen gestoßen, da Indien in Darjeeling und Sikkim ebenfalls mit verstärktem Einfluß zugewanderter Nepali konfrontiert wird und somit die Aktionen Bhutans insgeheim befürwortet.

Das Panchayat-System

Das parteilose Panchayat-System, das 1960 von König Mahendra eingeführt wurde und bis 1990 galt, geht in seinen Ursprüngen auf die Licchavi-Herrscher des 5. Jh. zurück. Es handelte sich um eine pyramidenartige Hierarchie, die ihre Basis in etwa 4000 Dorf- und 33 Stadtgemeinschaften hatte. Die Bewohner wählten den *pradhan pancha*, eine Art Bürgermeister, der sich zur Wahl als Oberhaupt einer der 75 Distrikte stellen konnte. Die Distrikte waren in 14 Zonen unterteilt, deren Panchayat-Mitglieder sich aus den Reihen der Distrikt-Panchayats rekrutierten. An der Spitze stand das Parlament *(rastriya panchayat)*, geführt vom Premierminister. Als unangefochtene oberste Instanz hielt der König die Zügel der politischen Willensbildung fest in der Hand. Die direkte Beteiligung der Bevölkerung war nur auf der untersten Ebene geduldet. Das ›demokratische Deckmäntelchen‹ von vier frei gewählten Bürgern legte man schon 1975 wieder ab, da sich hieraus eine Zelle oppositioneller Kräfte zu bilden begann. In zahlreichen Ergänzungen zur Verfassung wußte sich die Elite immer wieder ihren Einfluß gegenüber den unteren Ebenen des Panchayat-Systems zu sichern, so daß es zumindest bis zum Referendum von 1979 eine einheitliche Meinungsbildung im Parlament gab.

Durch Umwandlung in eine konstitutionelle Monarchie und die Einführung des Mehrparteiensystems ist zwar die alte Struktur zerschlagen, das Gedankengut aber lebt weiter in den monarchistisch-nationaldemokratischen Parteien Thapa und Chand, die vor allem auf dem Land noch Zulauf haben.

Dorfvorsteher in Bhaktapur

Zeittafel zur Geschichte

Ab 1. Jt. v. Chr.	**Mythische Urzeit**
1. Jt. v. Chr.– 5. Jh. n. Chr.	Steinzeitkultur der Gopala und Kirata im Tal von Kathmandu
Um 560 v. Chr.	Geburt Gautama Buddhas in Lumbini
268–232 v. Chr.	Kaiser Ashoka herrscht in Indien und verbreitet die Lehre Buddhas in Nepal
450–879	**Licchavi-Dynastie**
464–506	König Manadeva
9.–13. Jh	**Thakuri-Epoche**
10. Jh.	Gründung Kantipurs (Kathmandu unter König Gunakamadeva II. (historisch nicht belegt)
1324	Harisimhadeva, letzter Karnataka-König, lebt einige Zeit in Bhaktapur und führt den Taleju-Kult ein
1200–1768	**Malla-Dynastie**
1200–1482	Erste Malla-Periode
1349	Islamische Invasion durch Shamsuddin Ilyas im Kathmandu-Tal
1366–95	Jayasthiti Malla ordnet die bis dahin chaotischen Zustände im Land
1395–1428	Seine Söhne Dharma, Jyotir und Kirti teilen sich die Herrschaft
1428–82	Yaksha Malla, Sohn von Jyotir, erobert weitere Gebiete
1482–1768	Zweite Malla-Periode, die der drei Königreiche
1482	Nach dem Tod Yakshas geht die Macht auf die Söhne Ratna und Raya über
1482–1520	Ratna Malla beendet die Autonomie Kantipurs (Kathmandu) und gründet dort ein eigenes Stadtkönigreich
1482–1512	Raya Malla residiert weiter in Bhaktapur; die Feudalherren von Lalitpur (Patan) nutzen die Gelegenheit und lösen sich von der Vorherrschaft Kathmandus
1560–79	Mahendra Malla (Kathmandu)
1618–60	Siddhinarashima Malla (Patan)
1641–74	Pratapa Malla (Kathmandu)
1660–84	Srinivas Malla (Patan)
1684–1705	Yoganarendra Malla (Patan)
1696–1722	Bhupatindra Malla (Bhaktapur)
1768–1846	**Shah-Dynastie**
1768	Prithvi Narayan Shah (1723–75) erobert das Kathmandu-Tal und vereint es wieder, Abschottung des Landes nach außen

1777–99	Rana Bahadur Shah, zuerst erfolgreiche Eroberungszüge, Einnahme Tibets 1793 jedoch gescheitert
1799–1816	Machtloser Grivana Juddha Shah
1806–37	Premierminister Bhimsen Thapa gewinnt großen Einfluß am Hof und reformiert das Land. Durch Intrigen kommt es zu seinem Rücktritt und zwei Jahre später zum Selbstmord
1814–16	Nepal verliert Krieg mit den Briten um Gebiete im Terai
1816–47	Rajendra Bikram Shah ist der letzte Vertreter der Shah-Dynastie
1846–1950	**Herrschaft der Rana-Premierminister unter Shah-Königen**
1846	Kot-Massaker, Jung (Jang) Bahadur Rana reißt die Macht an sich
1847–81	Marionettenkönig Surendra Bikram Shah
1855	Kriegerische Auseinandersetzungen mit Tibet
1856	Rana erlassen Erbfolgegesetz zu ihren Gunsten
1877	Tod Jung Bahadur Ranas
1877–85	Ranoddip Rana, Bruder Bahadurs, an der Macht
1885–1901	Bir Shamsher Rana
1901–29	Chandra Shamsher Rana, Bruder Birs, führt soziale Reformen ein; Marionettenkönig Tribhuana Bir Vikram
1914–18 und 1939–45	Unterstützung Englands in beiden Weltkriegen durch Gurkha-Krieger
1947	Gründung des Nepali National Congress
1947–50	Indien unterstützt Nepals Opposition
ab 1950	**Neuzeit**
1950	Flucht König Tribhuvan Bir Bikram Shahs nach Indien, da das Rana-Regime ihm nicht wohlgesonnen ist
1951	Durch Unterstützung der indischen Regierung und der nepalesischen Opposition kehrt König Tribhuvan nach Nepal zurück; Entmachtung der Rana
1955	Tod König Tribhuvans
1955–72	Mahendra Bir Bikram Shah, autoritäre Herrschaft
1960	Einführung des feudalistischen Panchayat-Systems
seit 1972	Regentschaft König Birendra Bir Bikram Shah Dev
1979	Referendum über die Einführung des Mehrparteiensystems, eine knappe Mehrheit stimmt für das bisherige Panchayat-System
1990	Einführung von Mehrparteiensystem und konstitutioneller Monarchie nach blutigem Aufstand
1991	Kongreßpartei gewinnt die Wahlen
1994	Vorgezogene Wahlen, Sieg der Vereinigten Marxisten-Leninisten
1995	Kongreßpartei nach Mißtrauensantrag wieder an der Macht

Bevölkerung – Ethnische Vielfalt

Das Land zählt derzeit etwa 21 Mio. Bewohner, wobei über 40 % unter 15 Jahre alt sind. Die Bevölkerungsdichte liegt bei durchschnittlich 141 Einwohner/km^2, schwankt regional jedoch beträchtlich. Im Kathmandu-Tal leben über 1000 Menschen pro km^2, in den Hochgebirgsgegenden nicht einmal 25. Wie viele Länder der Dritten Welt hat auch Nepal ein hohes Bevölkerungswachstum mit jährlichen Zuwachsraten von ca. 2,8 %. Den nach wie vor ländlichen Charakter spiegelt der sehr geringe Anteil der städtischen Bevölkerung von nur 9 %.

Kennzeichnend für die jüngere Entwicklung ist eine Verschiebung des Hauptsiedlungsraums aus dem mittleren Bergland in die Niederungen des Terai. Von 37 % im Jahre 1952 ist der Anteil auf 46 % im Jahre 1991 gewachsen und dürfte mittlerweile die 50 %-Marke überschritten haben. Ursache ist vor allem die Landnot in den Bergregionen, die wohl auch für die geringer werdende Bevölkerungszahl im Hochgebirge verantwortlich ist: von über 10 % im Jahre 1951 ist ihr Anteil auf nunmehr 7,5 % zurückgegangen.

Die durchschnittliche Lebenserwartung ist in den letzten Jahren stark angestiegen und beträgt für Männer 55 Jahre, für Frauen 54 Jahre. Die Stadtbewohner werden aufgrund der besseren ärztlichen Versorgung etwa sieben Jahre älter als ihre Mitbürger auf dem Lande. Erschreckend hoch ist nach wie vor allerdings die Säuglings- und Kindersterblichkeit. Nur etwa zwei Drittel aller Neugeborenen erreichen das fünfte Lebensjahr!

Sadhu

Ethnische Gruppen

Daß Nepal trotz seiner relativ geringen Größe eine erstaunliche Vielfalt völlig unterschiedlicher Völker aufzuweisen hat, verdankt es wohl vornehmlich seiner Naturgestalt. Durch Gebirgszüge und klimatische Besonderheiten haben sich kleine, voneinander getrennte Lebensräume herausgebildet, in denen die Bewohner über viele Jahrhunderte ihre kulturellen Eigenarten unverfälscht bewahren konnten.

Selbst im Terai, das seit jeher einen engen Kontakt zum benachbarten Indien hatte, siedeln bis heute stammesartig strukturierte Gemeinschaften. Malariaverseuchte Urwälder bewahrten sie lange Zeit vor dem Bevölkerungsdruck der angrenzenden Ganges-Ebene. Neben den Tharu (s. S. 212f.), die den größten Anteil der Terai-Völker ausmachen, existieren noch kleine Gruppen wie die Dhimal, Meche, Kumal und Danuwar. Seit die systematische Erschließung des Terai mit großen Schritten vorangeht, ist deren Eigenständigkeit allerdings gefährdet, und viele der kleineren Gruppen haben sich bereits vollständig der Kultur der Zuwanderer unterworfen.

Besonders ausgeprägt tritt die Bevölkerungsvielfalt nach wie vor im Pahar, dem Hügelland zutage, wo indoarische und tibetische Einflüsse zu einer starken Differenzierung geführt haben. Zu nennen sind hier die Chetri, Gurung (s. S. 252f.), Magar, Newar (s. S. 128f.) und Lepcha.

Im Hochgebirge wiederum dominieren die buddhistischen Bhotia-Völker, zu denen vor allem die Sherpa (s. S. 266f.), Thakali und Dolpo-pa zählen.

Die offizielle Statistik des Landes klassifiziert die Volksgruppen nur anhand der verschiedenen Sprachen, nicht aufgrund ihrer ethnischen Merkmale. 1952 wurden 54 Sprachen verzeichnet, 1981 nur noch 18. Der Rückgang dürfte sich aber nicht allein aus dem kulturellen Verschmelzungsprozeß erklären, sondern auch auf unterschiedliche Erhebungsmethoden zurückzuführen sein. Nicht immer ist es nämlich einfach, zwischen Sprache und Dialekt eindeutig zu unterscheiden. Etwa die Hälfte der Bevölkerung spricht heute Nepali, die offizielle Landessprache, alle anderen Idiome treten weit in den Hintergrund, auch wenn sie regional mancherorts dominieren.

Seit 1990 ist in der Verfassung das Recht auf Pflege der eigenen Sprache und Kultur festgeschrieben. Verschiedene ethnische Gruppen haben deshalb Vereinigungen gegründet.

Das Kastenwesen

Die Aufgliederung der Gesellschaft in Gruppen mit unterschiedlichem sozialen Status *(varna)* ist ein Kennzeichen des hinduistischen Ordnungssystems. Die Kastenzugehörigkeit gibt Auskunft über Eßgewohnheiten, mögliche Arbeitstätigkeiten und Verhaltensweisen, wobei dies in Nepal keineswegs so streng gehandhabt wird, wie man es aus Indien kennt.

Das Wort Kaste ist aus dem portugiesischen *casta* (»etwas nicht Vermischtes«) abgeleitet und wird etwa seit dem 15. Jh. im Sinne von Rasse verwendet, so wie der indische Begriff *varna* (»Farbe«) schon immer. Die Einführung des Kastenwesens wird den indoarischen, hellhäutigen Einwanderern zugeschrieben, die um 1500 v. Chr. den Subkontinent von Norden her besiedelten und eine zunächst viergeteilte Ständeordnung einführten. Den höchsten Rang nahmen die Priester *(brahman)* ein, gefolgt von den Kriegern *(kshatriya)*, der

आ· आफ्नो टोल सरसफा राखु
हामी सबैको कर्तव्य हो
वालकुमारी
ठिमी

tätigen Bevölkerung *(vaishya)* und der Dienerschaft *(shudra).* Außerhalb der Rangordnung, die sich mittlerweile in Tausende von Untergruppen aufgefächert hat, wurden die Unberührbaren, die *paria,* angesiedelt.

Mit dem Hinduismus, zu dem sich heute neun Zehntel der nepalesischen Bevölkerung bekennen, fand die Kastenordnung auch Zugang in Nepal, wo sie vor allem im Terai und im mittleren Bergland die Gesellschaftsstruktur prägt. Da der Hinduismus sich als Staatsreligion erst mit der Gründung Nepals durch Prithvi Narayan Shah (reg. 1768–75) durchzusetzen begann und die Kastenordnung sogar erst durch die Rana-Herrscher 1854 endgültig kodifiziert wurde, kam es zu einer interessanten Verbindung von Kasten und Ethnien. Das Kastensystem ist heute nicht mehr gesetzliche Grundlage, prägt aber weiterhin die Gesellschaftsstruktur.

Die oberste Stelle des viergeteilten Systems nehmen naturgemäß die Herrschenden ein, die Chetri und Thakuri, die zur *tagadhari*-Kaste zählen (die, »welche die heilige Schnur tragen«), die den Brahmanen Indiens entspricht.

Die zweite Gruppe, *matawali* genannt (die, »die Alkohol trinken«), umfaßt den überwiegenden Teil der ethnischen Gruppen wie Newar, Gurung und Magar. In der Kastenordnung von 1854 wurde diese Kaste zweigeteilt, wobei als Kriterium die Möglichkeit zur Versklavung diente. Demnach durften die Gurung nicht verkauft werden, die Tamang hingegen mußten dies sehr wohl befürchten. Offiziell wurde der Menschenhandel im ganzen Lande erst 1924 abgeschafft, war aber bereits seit dem 18. Jh. kaum noch praktiziert worden.

An dritter Stelle stehen die Muslime und Europäer, deren Berührung zwar nicht zur Verunreinigung führt, von denen die höhergestellten Kasten aber kein Wasser annehmen. In abgelegenen Gebieten werden sie sogar als Paria behandelt und dürfen beispielsweise nicht die Häuser der höhergestellten Kasten betreten. Gerade diese Einordnung der Fremden spiegelt sehr deutlich die von kolonialer Vorherrschaft freie Geschichte des Landes und das daraus resultierende Selbstbewußtsein. Man vergleiche nur das bis heute hohe Sozialprestige der Europäer in Indien!

Den untersten Rang nehmen die Unberührbaren ein, die weniger bestimmten Ethnien zugeordnet sind, sondern ihren Status vornehmlich dem Beruf verdanken. Dazu gehören die *kami* (Schmiede), *sarki* (Schuster) und die *gaine* (fahrende Musikanten).

Beim buddhistischen Teil der Newar-Bevölkerung hat sich eine parallele Kastenstruktur herausgebildet, an deren Spitze die *gubaju* stehen, die wie die Brahmanen das Priesteramt ausüben dürfen. Die weiteren Stufen der Hierarchie sind vornehmlich berufsorientiert, wobei Tätigkeiten, die mit der Tötung oder Verarbeitung von Tieren in Verbindung stehen (z. B. Fischer, Metzger, Schuster und Hersteller fellbespannter Trommeln) mit einem niederen Status belegt sind.

Von der Wissenschaft noch nicht geklärt ist die Einordnung hinduistischer Minderheiten in abgelegenen Regionen des Hochlandes. Die meisten von ihnen fühlen sich nicht einer Kaste zugehörig, behandeln aber vermeintlich niedriger stehende Gruppen ihrer Umgebung durchaus als Paria.

Die Rolle der Frau

Über den Status der Frau in der Gesellschaft Nepals läßt sich keine allgemeingültige Aussage machen, ist er doch

ganz entscheidend mit der Zugehörigkeit zu einer bestimmten Bevölkerungsgruppe verknüpft. Legt man das Gesetz zugrunde, so stehen der Frau in Nepal einerseits beträchtliche Rechte zu, die zum Teil über die bei uns geltenden Normen hinausgehen, andererseits aber die traditionellen Ungleichgewichte zwischen Mann und Frau fortschreiben. So erlaubt der *national code (mulki ain)* von 1963 einer Frau die Scheidung, wenn der Mann drei Jahre nichts von sich hat hören lassen, aber auch wenn sie dessen Impotenz beweisen kann! Im Gegensatz zum Mann aber verliert sie bei der Trennung weitgehend ihre materielle Absicherung und erhält das Sorgerecht für die Kinder nur bis zu deren fünftem Lebensjahr. Der Ehebruch der Frau ist Scheidungsgrund per se, der Mann kommt mit einer Geldstrafe davon!

Mit rigiden Vorschriften versucht der Staat, die im hinduistischen Kulturkreis weitverbreitete Kinderehe abzuschaffen. So ist jede Ehe, bei der das Mädchen jünger als 16 Jahre ist, ebenso ungültig wie eine vermittelte Heirat, der beide Partner nicht zugestimmt haben. Das Papier aber ist geduldig. Nur etwa 40 % der Ehen genügen diesen Vorschriften. Vor allem im indisch stark beeinflußten Terai ist die Kinderehe nach wie vor eher die Regel als die Ausnahme, ebenso die so wichtige Mitgift, die trotz entsprechender Vorschriften in der Tradition verankert ist.

Vor allem auf dem Lande ist das Leben der Frau noch immer ganz auf die Familie ausgerichtet. Kein größeres Unglück gibt es für sie, als kinderlos zu bleiben. Nicht nur darf der Mann sich eine zweite Frau nehmen, die kinderlose Gattin sinkt überdies auf den tiefsten sozialen Stand innerhalb des Dorfes und wird von allen Mitbürgern gemieden. Volle Anerkennung in der Familie des Mannes und innerhalb der Gemeinschaft findet eine Frau erst mit der Geburt des ersten Sohnes, denn Mädchen gelten noch immer als Kinder zweiter Klasse. Zum einen ist ihre spätere Verheiratung mit hohen Mitgiftkosten verbunden, zum anderen können sie nicht zur Altersversorgung der Eltern beitragen, da sie nach der Eheschließung in die Wohn- und Lebensgemeinschaft des Mannes überwechseln. Noch wichtiger aber dürfte die Tatsache sein, daß nur Söhne bestimmte, für das zukünftige Seelenheil bedeutsame Opferriten durchführen können.

Nepals Verfassung garantiert zwar Männern und Frauen die gleichen Rechte hinsichtlich Ausbildung und beruflicher Tätigkeit, in der Praxis aber zeigt sich noch immer ein deutlicher Unterschied im Bildungsgrad, obwohl in den

Sherpa-Frau

letzten Jahrzehnten beträchtliche Fortschritte erzielt worden sind. Nach wie vor aber können im Landesdurchschnitt nur etwa 40 % der Bevölkerung lesen und schreiben (18 % der Frauen, 52 % der Männer), in den ländlichen Bereichen des Hochlandes sind 92 % der Frauen Analphabeten, im Terai knapp 88 %.

Die Frauen des Hochlandes führen ein arbeitsreiches, hartes Leben, genießen aber weitaus mehr Rechte als ihre Schwestern im Terai. Die Arbeitsteilung in den Sherpa-Gemeinden hat seit jeher eine lange Trennung der Familien zur Folge. Während die Männer den Sommer mit dem Vieh auf den Hochweiden verbrachten oder weite Handelsreisen unternahmen, lastete auf den Frauen die gesamte Verantwortung für Haus und Hof. Die wirtschaftlich und sozial dominierende Rolle spiegelt sich nicht nur im ausgeprägten Selbstbewußtsein der Sherpa-Frauen, sie erklärt auch die vereinzelt noch immer geübte Polyandrie, das Zusammenleben einer Frau mit mehreren Männern. Diese Form der Lebensgemeinschaft widerspricht zwar dem allgemeingültigen Recht des Landes, wird aber nur bei Anzeige durch den Ehemann geahndet.

Religion – Friedliche Koexistenz der Glaubensrichtungen

Fast 90 % der Bevölkerung Nepals bekennen sich zum Hinduismus, der Staatsreligion. Buddhisten sind etwa 5 % der Nepali, Muslime mit 4 % vertreten. Die in der Verfassung festgeschriebene Religionsfreiheit sieht die Ausübung der eigenen ererbten Religion vor. Religionswechsel oder Konvertierung werden davon nicht erfaßt. Unter Strafe gestellt ist nur noch die aktive Konvertierung von Hindus, nicht mehr der Wechsel der Religion des Konvertierten selbst.

Die an einigen Tempeln befindlichen Schilder, die Nicht-Hindus den Zutritt verwehren, beziehen sich in der Regel nur auf Ausländer. Buddhisten und Hindus benutzen viele Heiligtümer gemeinsam (s. S. 68ff.).

Hinduismus

Abweichend von den anderen großen Weltreligionen läßt sich der Hinduismus nicht auf einen Gründer zurückführen. Er ist im Laufe der Jahrtausende in mehreren Stufen durch die Verschmelzung unterschiedlicher Strömungen zu einem sozio-religiösen Organismus herangewachsen, der Philosophie, Religion und soziale Normen vereint und ständig durch neue Erkenntnisse ergänzt wird. Da der Hinduismus weder Dogma noch oberste religiöse Autorität kennt, vermochte er sich den Zeitläufen immer wieder anzupassen und selbst konkurrierende Glaubensrichtungen zu absorbieren. Wie gut ihm das beim Buddhismus gelungen ist, dafür liefert gerade

Verehrung des Vishnu Narayana in Budhanilkantha

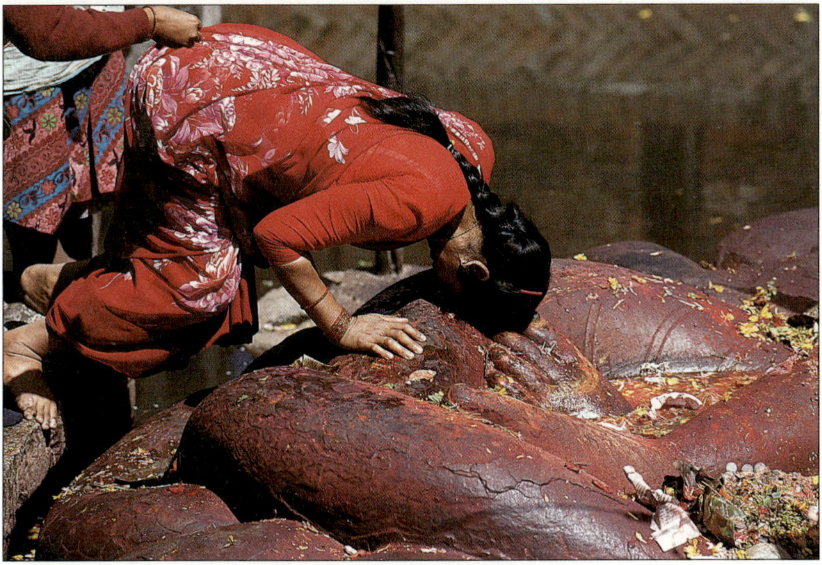

Nepal das beste Beispiel. Die Freiheit im Glauben führte nicht nur zu einem fast unübersehbaren Pantheon von Gottheiten, sondern brachte auch eine Vielfalt von Sekten und Schulen hervor.

Historisch gesehen hat sich der Hinduismus in drei Stufen entwickelt. Der Ur-Hinduismus, der nach den ältesten Schriften, den Veden, den Namen **Vedismus** (ca. 1500–900 v. Chr.) erhalten hat, entstand im Gefolge der arischen Zuwanderung als eine Synthese aus indoarischen und den bis dahin vorherrschenden drawidischen Glaubensvorstellungen. Als wichtigstes Element wurde das Kastenwesen eingeführt.

Die zweite, stark durch Rituale der Priester geprägte Phase, die als **Brahmanismus** (900–500 v. Chr.) bezeichnet wird, ist durch die Ausprägung der bis heute geltenden, oben erwähnten Glaubensgrundsätze gekennzeichnet. Die Macht der Brahmanen gipfelte im Glauben an die Abhängigkeit der Götter von dem durch die Priester vollzogenen Opfer und war begleitet vom Aufstieg Prajapatis, der Personifizierung des Brahmanentums, zur obersten Gottheit. Es ist kein Zufall, daß in diese Zeit die Gründung von Buddhismus und Jainismus fallen, die andere, vom Priestertum unabhängige Wege zur Erlösung aufzeigen. Erst durch Reaktion auf diese (asketische) Entwicklung und die Rückbesinnung auf die Ursprünge der Veden, deren Erkenntnisse mit denen des Brahmanismus verschmolzen wurden, entstand 400–200 v. Chr. der eigentliche, bis heute praktizierte **Hinduismus.**

Es lassen sich einige, für alle Hindus verbindliche Grundsätze aufstellen. Als unumstößliche Wahrheit gilt die Existenz einer ewigen, unveränderlichen Urkraft *(brahman),* die einen fortwährenden Kreislauf von Entstehen und Vergehen ohne Anfang und Ende bewirkt. Dieses **Brahman** manifestiert sich auf der Erde durch die ewige Ordnung **Dharma,** die sowohl die Naturgesetze wie auch die sittliche Ordnung umfaßt. Dadurch ist die gesamte lebendige Welt, die als ein einziger Organismus mit unterschiedlichen, aber verwandten Lebensformen begriffen wird, dem Urprinzip von Schöpfung und Zerstörung unterworfen. Nach fast darwinistischer Auffassung besteht eine auf der Theorie der Evolution beruhende Rangordnung, in der der Mensch zwar einen hohen Stellenwert hat, keineswegs aber die Krone der Schöpfung darstellt. Über ihm türmt sich der fast unendliche Götterhimmel, der wie Bäume, Tiere und Menschen ebenfalls dem Gesetz des zyklischen Prinzips gehorcht. In den ewigen Kreislauf ist auch die Seele eingebunden und damit unvergänglich. Da sie durchgängig zwischen allen Formen des Lebens wandern kann, hat sich eine enge Beziehung zwischen Mensch und Kreatur herausgebildet, die nicht nur ihren Ausdruck in animalischen Göttergestalten wie Hanuman (Affengott) und Ganesh (Elefantengott) findet, sondern auch in einer allgemeinen Achtung des Lebens. In welcher Form die Seele nun eine neue Heimat findet, hängt von den Verdiensten des Lebenden in seiner derzeitigen Existenz ab. Dieser Kausalzusammenhang ist unter dem Begriff **Karma** einer der wichtigsten, tief in der Sozialstruktur verankerten Glaubensgrundsätze des Hinduismus. Eng damit verknüpft ist das **Kastensystem,** das jedem Menschen gemäß seinem Karma eine feste Position in der sozialen Hierarchie zuordnet (s. S. 53f.). Den Kreislauf der Wiedergeburten zu durchbrechen und durch Verschmelzen der individuellen Seele *(atman)* mit der Weltseele *(brahman)* die endgültige Erlösung *(moksha)* zu erlangen, ist höchstes Streben jedes gläubigen Hindu. Die vielen Schulen und Glaubensrichtungen unterscheiden sich nur im Weg, nicht aber im Ziel.

Das hinduistische **Weltbild** sieht unsere Erde als Zentrum des Kosmos, bestehend aus sieben ringförmig angeordneten, durch Meere voneinander getrennten Kontinenten. Im Mittelpunkt der Erde erhebt sich der Berg Meru, der auf dem Kontinent Jambudvipa liegt, auf dem auch wir leben. Unter der Erde breiten sich die Wohnbereiche der Dämonen und die Höllen aus, über der Erde haben die Götter in verschiedenen Himmeln ihren Platz.

Die Götterwelt

Mit Ankunft der Arier fanden auch die indogermanischen Gottheiten Zugang zum drawidischen Götterhimmel und nahmen zunächst eine führende Position ein. Vor allem Naturerscheinungen wie Sonne *(surya)*, Mond *(candra)*, Regen *(parjanya)* und Morgenröte *(ushas)* wurde göttliche Verehrung entgegengebracht. Im Rigveda, dem ältesten Teil der vedischen Schriften, treten bereits zwei Gottheiten auf, die später im Vordergrund des hinduistischen Pantheons stehen sollten: Rudra, ein furchterregender Gott, der sich später zu Shiva wandelte, und Vishnu, der in der Frühzeit vielleicht ein Sonnengott war. Eine bevorzugte Stelle wird von Brahma eingenommen, der zunächst noch ein abstrakter Begriff war, später aber die Züge eines persönlichen Gottes erhielt, um der Vorstellungskraft der Bevölkerung Rechnung zu tragen. Die Verbindung mit den Göttern bildeten die Opfer, meist Sühne- und Bittopfer, von denen das tägliche Feueropfer *(agnihotra)* das wichtigste war. Der Ritus wurde in den Anfängen im eigenen Haus oder auf Opferplätzen vollzogen, erst später

Vishnu, Changu Narayan

in Tempeln. Als Opfergaben dienten Butter, Milch, Fleisch, Getreide und Tiere – zeitweise waren sogar Menschenopfer üblich. Dem Opferkult fiel allmählich die zentrale Rolle in der Religionsausübung zu, wodurch sich die Vorzugsstellung der Priester festigte, die als Brahmanen noch heute den höchsten Rang im Kastenwesen innehaben.

Kommt **Brahma** die Rolle des Schöpfer des Universums zu, so sind die beiden Götter Vishnu und Shiva dem Irdischen enger verbunden. **Vishnu** gilt als der Weltenerhalter, der in vielerlei Gestalt auftritt, um die Erde vor dem Bösen zu bewahren, **Shiva** ist der Weltenzerstörer. Alle drei Gottheiten bilden die Götterdreiheit **Trimurti,** der die Prinzipien Schöpfung (Brahma), Erhaltung (Vishnu) und Zerstörung (Shiva) zugeordnet sind. Während Brahma nur in Ausnahmefällen unmittelbar verehrt wird, trennt die Anbetung von Vishnu und Shiva die Hindus in die großen Glaubensgemeinschaften der **Vishnuiten** und **Shivaiten.** Je nach Zugehörigkeit sehen sie in Vishnu oder Shiva die Personifizierung des Absoluten.

Eine besondere Rolle spielen seit der Frühzeit die Göttinnen, die aus Naturgottheiten des vedischen Pantheons hervorgegangen sind, um dann im Hinduismus eine Aufwertung zu erfahren. Jedem Gott ist eine weibliche Energie *(shakti)* zugeordnet, die es ihm erst ermöglicht, seine Wirkung zu entfalten. Im **Shaktismus,** der dritten wichtigen Glaubensrichtung, wird den Göttinnen sogar der höchste Rang zuerkannt, allen voran Durga oder Kali, die Shakti Shivas, die nunmehr selbst das Absolute verkörpert. Dem Shaktismus, der etwa im 5. Jh. aufkam und sich auf vorderasiatische Muttergottheitskulte zurückführen läßt, werden die sexuellen Riten des Tantra-Kults zugeordnet, der mystischen Ausprägung buddhistischer und hinduistischer Religion, bei der die Gläubigen Erlösung durch bestimmte Rituale und magische Praktiken zu erlangen suchen. Aber auch die Kumari-Verehrung hat im Shaktismus ihre Wurzeln (s. S. 70f.).
Der hinduistische Götterhimmel bietet sich dem Außenstehenden zwar als eine völlig undurchschaubare Vielfalt, hat aber, zumindest für den Hindu, eine klare Grundstruktur. Überdies erleichtert eine streng formalisierte Ikonographie die Identifizierung, da jedem Gott ganz bestimmte Attribute zugeordnet werden.

Ausgestattet mit positiven oder negativen Merkmalen, können die oben erwähnten Gottheiten Shiva und Vishnu in vielerlei Gestalt auftreten. Besonders deutlich wird dies bei Shiva, der 1008 Namen tragen soll. Einmal tritt er als kosmischer Tänzer **Nataraja** auf, dann wieder als schreckenerregender **Bhairava.** Er ist Herr des Yoga, Asket, Töter des Elefantendämonen und soll sogar dem Gott Brahma einen seiner Köpfe abgeschlagen haben. Sein Kennzeichen ist der **Lingam,** der die Schaffenskraft symbolisiert (s. S. 78f.), seine Shakti die Göttin **Parvati,** die Tochter des Himalaya. Sie tritt ihrerseits ebenfalls in freundlichen oder furchterregenden Aspekten in Erscheinung. Als **Annapurna** ist sie die Ernährerin, als **Kali** die grausame Göttin der Zeit, der sogar Menschenopfer dargebracht wurden und die heute im Mittelpunkt der Tieropfer von Dakshinkali steht (s. S. 168).

Auch Vishnu, der andere Hauptgott, manifestiert sich in zahlreichen Inkarnationen, etwa als **Krishna** oder **Rama** und sogar, nach hinduistischem Verständnis, in seiner neunten Inkarnation als **Buddha.** Vishnus Gattin **Lakshmi** verkörpert Reichtum und Schönheit, während **Sita,** die Gemahlin seiner Rama-Inkarnation, als Schutzgottheit des Ackerbaus angesehen wird.

Elefantengott Ganesh, Kathmandu

Eine wichtige eigenständige Gottheit ist auch **Ganesh,** der elefantenköpfige Sohn von Shiva und Parvati, der die

Affengott Hanuman, Kathmandu

Weisheit versinnbildlicht, während seine beiden Gemahlinnen **Buddhi** und **Siddhi** göttliches Wissen und Erfolg darstellen.

Neben diesen Gottheiten bevölkern auch zahlreiche Dämonen, die **Asuras,** das hinduistische Universum, ergänzt durch überirdische Wesen wie Nymphen, himmlische Musikanten und Wächter.

Aufgrund der universalen Auffassung von der Einheit allen Lebens ist auch den Tieren ein fester Platz im Pantheon zugewiesen. Jede Gottheit hat ihr bestimmtes, sie charakterisierendes Tragetier *(vahana):* Shiva etwa den Stier **Nandi,** Vishnu den mythischen Vogel **Garuda,** die furchtbare Göttin Kali den Tiger. Großer Beliebtheit erfreut sich der Affengott **Hanuman,** der aus dem präarischen Animismus übernommen wurde und als Ramas Gehilfe im Ramayana-Epos zu hohem Ansehen gelangte. Die Schlangen wiederum, die **Nagas,** die Unsterblichkeit genießen, dienen als Wächter der Erdschätze, die Kobra auch als Symbol der Fruchtbarkeit. Die Verehrung der Kuh findet ihre Rechtfertigung in **Surabbi,** der »heiligen Kuh des Überflusses«, die als erste von den Göttern bei der ›Quirlung des Milchmeeres‹ geschaffen wurde.

Buddhismus

Wie oben erwähnt, entstand der Buddhismus als eine Reformbewegung zu dem im Ritus erstarrten Brahmanismus, der die Gläubigen durch Vorherrschaft der Priester den Göttern entfremdet hatte. Als eine den Weg zur Erlösung aufzeigende Heilslehre verfolgt der Buddhismus zwar die gleichen Ziele wie der Hinduismus und orientiert sich auch an dessen Grundprinzipien wie dem Karma und den Wiedergeburten. Durch Verzicht auf die Mittlerrolle der Priester und die Aufhebung der Kastenschranken bietet der Buddhismus jedoch wesentliche neue Ansätze, die seine große Popularität erklären.

Die Erlösung liegt im Eingehen der Seele ins **Nirvana** (wörtlich »Verwe-

Bodhisattva-Stele, Kathmandu

Die ›Alles-sehenden Augen Buddhas‹, Swayambunath-Tempel

hen«), das einen Zustand ewiger Seligkeit bedeutet, in dem alles irdische Bewußtsein verloschen und der Kreislauf der Wiedergeburten durchbrochen ist. Im Gegensatz zum Hinduismus ist die individuelle Seele nicht ewig und unveränderlich, sondern formt sich nach dem Gesetz des Karmas beim Tode des Menschen jeweils neu durch Kombination der 70 Daseinselemente *(dharma),* aus denen sich alle Erscheinungsformen der Welt erklären lassen. Der Weg zum höchsten Ziel folgt dem »achtfachen Pfad«: rechte Anschauung, rechte Gesinnung, rechtes Reden, rechtes Tun, rechtes Leben, rechtes Streben, rechtes Überdenken, rechtes Sichversenken.

Ein wichtiger Pfeiler der frühen buddhistischen Lehre, die den Namen **Hinayana** (»kleines Fahrzeug«) trägt, war die Gemeinschaft der Mönche *(sangha),* denn nur sie, so wollte es der Stifter, vermochten den Weg zum Nirvana durch Selbsterlösung zu beschreiten. Erst lange nach dem Tode Buddhas, im 1. Jh. v. Chr., entstand die Richtung des **Mahayana** (»großes Fahrzeug«). Damit wurde der Buddhismus auch dem einfachen Volk geöffnet und fand dadurch seine Verbreitung. Der hinduistischen Glaubenswelt entsprechend konnten mehrere Wege zur Erlösung führen, und auch der Gedanke des Absoluten wurde wieder aufgegriffen. Wichtigste Veränderung dürfte jedoch die Einführung des **Bodhisattva** gewesen sein, eines Wesens, das zwar die Erleuchtung erlangt hat, aber aus Mitleid mit der Welt auf das Eingehen ins Nirvana verzichtet, um den Menschen den Weg zur Erlösung zu zeigen. Da die Mahayana-Richtung den Glauben vertritt, daß der historische Buddha Shakyamuni nur einer von vielen ist, erfolgte auch hier eine Erweiterung des Buddha-Bildes, wobei vor allem der zukünftige Buddha Maitreya eine zentrale Rolle spielt.

Nach dem Tode Buddhas wurde die Entfaltung des Glaubens vor allem durch die positive Einstellung der herrschenden Königshäuser begünstigt. Den wichtigsten Impuls erfuhr die Religion mit der Bekehrung Kaiser Ashokas (reg. 268–232 v. Chr.), der in Indien herrschte. Er gab auch den Anstoß zur Verbreitung über die Landesgrenzen hinaus, indem er Angehörige seiner Familie als Missionare in die benachbarten Länder aussandte. In den Jahrhunderten nach Ashoka konnte sich der Buddhismus zunächst noch weiter ausbreiten und vor allem im Norden des Subkontinents an Einfluß gewinnen, wobei jedoch die Richtung des Mahayana immer mehr in den Vordergrund trat.

Durch Stärkung des Hinduismus wurde der Vormarsch der buddhistischen Religion schließlich aufgehalten und der langsame Verfall in die Wege geleitet. Im 9. Jh. hatte sie auf indischem Boden nur noch in ihrer angestammten Heimat Bihar und in Bengalen eine unangefochtene Stellung. Seinen endgültigen Niedergang auf dem Subkontinent erfuhr der Buddhismus durch das Vordringen des Islam im 12. Jh., der zur Zerstörung der Klöster und Ermordung der Mönche führte. Seither liegen die Hochburgen des Glaubens im südostasiatischen Raum, auf Sri Lanka und im Himalaya, wo der Buddhismus teilweise sogar Staatsreligion ist (Buthan, Tibet).

Lamaismus

Mitte des 1. Jt. entstand der **Vajrayana-Buddhismus** (»diamantenes Fahrzeug«), eine esoterische Schulrichtung, die sich tantrischer Rituale bediente, wie sie auch in einigen Schulen des Hinduismus und Jainismus anzutreffen waren, und daher auch den Namen **Tantraya-**

Buddhistische Mönche feiern das Mani-Rimdu-Fest in Tengboche

na-Buddhismus erhalten hat. Neben dem Studium der Schriften führen Rezitationen heiliger Silben *(mantra)*, die Kontemplation vor symbolischen Bildern *(mandala)* und die Ausführung ritueller Gesten *(mudra)* den Gläubigen zur Erlösung. Diese Form des Buddhismus hat vor allem in China, Japan und Tibet eine große Anhängerschaft gefunden. Aus ihr entwickelte sich schließlich durch eine Verschmelzung mit den alten Mönchsregeln des Hinayana der **Tibetische Buddhismus,** auch Lamaismus genannt. Im Gegensatz zum ›Ur-Buddhismus‹ fand er erst recht spät seinen Weg nach Nepal, wo er vor allem im Khumbu-Gebiet und den abgelegenen Grenzprovinzen von Mustang und Dolpo heimisch wurde, nach der Besetzung Tibets durch China aber auch im Kathmandu-Tal zunehmend an Boden gewann.

Der Lamaismus soll im 7. Jh. vom tibetischen König Sron-tsan-gampo, der mit einer Nepali und einer Chinesin verheiratet war, in Tibet eingeführt worden sein. Die geistigen Grundlagen für den Lamaismus schuf jedoch erst im 8. Jh. der von zahlreichen Legenden umwobene Asket, Heilige und Missionar Padmasambhava (»der aus dem Lotos Geborene«), der in Nepal als Guru Rinpoche fast göttliche Verehrung genießt. Auf seine Lehre gründet sich die in Nepal weitverbreitete **Nyingmapa-Schule** (»die Schule der Alten«), eine der vier großen Richtungen des Lamaismus.

Durch Wiedererstarken des Bön-Glaubens, der animistisch-schamanistischen Ur-Religion der Bergvölker, verlor der Buddhismus im 9. Jh. vorübergehend an Boden, erfuhr dann durch die 1056 begründete **Kadampa-Schule** (»die an die Gebote Gebundenen«) eine Renaissance. Sie blieb als eigenständige Lehrrichtung zwar nicht erhalten, weshalb sie auch nicht zu den vier großen Richtungen des Lamaismus gezählt wird, legte aber den Grundstein für den später entstehenden Orden der Gelbmützen.

Als zweite wichtige Richtung entstand im 11. Jh. die vom tantrischen Yogi Milarepa (»Mila im Baumwollgewand des Asketen«, 1052–1135) ins Leben gerufene **Kagyüpa-Schule** (»Anhänger der übermittelten Gebote«). Während die daraus abgeleitete Drukpa-Schule heute in Bhutan ihr Zentrum hat, vermochte sich die der Karmapa in weiten Teilen des Himalaya, so auch in Nepal, zu behaupten. Dieser Schule zuzurechnen sind auch die nach den Kopfbedekkungen benannten Rotmützen und Schwarzmützen, wobei erstere dem Herrschaftsanspruch der Gelbmützen in Tibet weichen mußten und viele Mönche nach Bhutan auswanderten, wo sie bis heute das religiöse Leben entscheidend prägen.

Die **Sakyapa-Schule** (»graue Erde«), die dritte bedeutsame Richtung des Lamaismus, wurde 1073 gegründet und stieg zu einer der mächtigsten Institutionen in Tibet auf, ehe sie im 14. Jh. ihren Einfluß verlor.

Ihre Bedeutung erlangte die letzte und wichtigste der vier großen, die **Gelugpa-Schule,** bekannter unter dem Namen **Gelbmützen.** Ihr Gründer, der Mönch Tsonghapsa (»Der Mann aus dem Zwiebeltal«, 1357–1419) war vor allem darum bemüht, die weltlichen Lebensformen insbesondere der Nyingmapa-Schule zu reformieren. An der Spitze der hierarchischen Ordnung der Gelbmützen steht der Dalai Lama, der als Inkarnation des Bodhisattva Avalokiteshvara angesehen wird. Die Bezeichnung war zunächst nur ein Ehrentitel, der dem Führer der Gelbmützen im 14. Jh. von dem Mongolenfürsten Altan

Vollendetes gestreutes Kalachakra Mandala

Khan verliehen worden war. Mit politischem Inhalt füllte er sich erst im 17. Jh. unter dem 5. Dalai Lama (Losang Gyatso), der die Herrschaft der Gelbmützen über Tibet festigte. Der heutige, 14. Dalai Lama (Tenzin Gyatso) hat das Amt seit 1940 inne und residiert seit seiner Flucht im Jahre 1959 wegen der chinesischen Okkupation Tibets im indischen Dharamsala. Seit der Zeit des 5. Dalai Lama, dem 17. Jh., wurde ihm als geistliche Autorität der Panchen Lama zur Seite gestellt, der als Inkarnation des Buddha Amitabha gilt und traditionsgemäß vom tibetischen Kloster Tashi Lhünpo aus handelte. Nach der Besetzung Tibets wurde er jedoch nach China gebracht und zum politischen Gegenspieler des Dalai Lama ›aufgebaut‹, vermochte jedoch niemals dessen überragende Position als Führer der tibetischen Buddhisten ernsthaft zu gefährden. Erst 1982 durfte er in sein Stammkloster zurückkehren, wo er 1989 verstarb. 1996 geriet die Wahl des Nachfolgers in das politische Spannungsfeld des Konflikts zwischen China und Tibet. Als der Dalai Lama die Entdeckung einer Inkarnation bekanntgab, entführten die Chinesen den Jungen und besetzten das Amt mit einem Nachfolger ihrer Wahl. Die oben aufgeführten Gebiete des Tibetischen Buddhismus in Nepal entsprechen denen der Gelugpa-Schule.

Durchdringen der Religionen

Nepal darf als eines der seltenen Beispiele für eine viele Jahrhunderte währende friedliche Koexistenz zweier Weltreligionen auf engstem Raum gelten. Wann sich die Aufspaltung der Newar-Bevölkerung des Kathmandu-Tals in eine buddhistische und eine hinduistische Glaubensrichtung vollzogen hat, läßt sich nicht eindeutig bestimmen. Möglicherweise erfolgte die Trennung erst nach der Machtübernahme durch die Malla zu Beginn des 13. Jh. Es konnte nicht ausbleiben, daß die gegenseitige Achtung des Glaubens im Laufe der langen Zeit zu engen Berührungen, ja Durchdringungen führte, zumal beide Religionen aus denselben Quellen schöpfen. Daß der Buddhismus in Nepal stärker vom Hinduismus beeinflußt wurde als umgekehrt, liegt an der Favorisierung der hinduistischen Religion durch das Königshaus.

Schon in seiner Heimat Indien hatte er sich sehr bald nach dem Tode Buddhas von seinen Ursprüngen entfernt und vor allem nach Einführung der Mahayana-Richtung fortwährend Elemente des Hinduismus aufgenommen. Der Adaptierungsprozeß setzte sich fort, als die Buddhisten des Subkontinents durch die im 9. Jh. einsetzende islamische Invasion in Indien nach Nepal abgedrängt wurden, wo auch viele hinduistische Glaubensbrüder, ja ganze Volksgruppen wie die ursprünglich in Rajasthan beheimateten Gurkha Zuflucht nahmen.

Besonders stark wurde der Einfluß des Hinduismus unter den Malla-Herrschern, die bereits im 14. Jh. unter Jayasthiti Malla das Kastenwesen auch auf die buddhistischen Newar des Kathmandu-Tals ausdehnten. Danach nahm der buddhistische Priester, ähnlich dem Brahmanen, den höchsten gesellschaftlichen Rang ein, gefolgt von Adeligen, Beamten, Gewerbetreibenden und Bauern. Hand in Hand damit ging eine allmähliche Verweltlichung der Priesterschaft einher. Die Mönche durften heiraten und lebten fortan mit ihren Familien in den Klöstern, die dadurch den Charakter offener Wohnquartiere annahmen. Diese als *bahal* bezeichneten Innenhöfe mit ihren buddhistischen Tempeln und Stupas sind noch heute über ganz Kathmandu verstreut. Zudem wurde der Priesterstand erblich und festigte dadurch den sozialen Status innerhalb der gesellschaftlichen Hierarchie nach hinduistischem Vorbild. Die Priester nahmen ihre religiösen Aufgaben nur noch ›nebenberuflich‹ wahr und widmeten sich vornehmlich weltlichen Geschäften.

Der Synkretismus wird im Pantheon der verehrten Götter besonders deutlich. In Lokeshvara etwa, »dem Herren der Welt«, sehen die Buddhisten eine Erscheinungsform des Bodhisattva Avalokiteshvara, die Hindus hingegen eine Inkarnation Shivas in Gestalt eines buddhistischen Gottes. Nicht anders verhält es sich mit der Göttin Hariti, die, etwa in der Tempelanlage von Swayambunath, von den Buddhisten als Schutzgöttin der Kinder, von den Hindus als Sitala, die

Der Matsyendranath-Tempel in Kathmandu ist dem Weißen Matsyendranath geweiht, der von den Hindus als Inkarnation Shivas, von den Buddhisten als Verkörperung des Avalokiteshvara verehrt wird

Kult der Muttergottheit

Seit alters her ist die Verehrung weiblicher Gottheiten Kennzeichen des hinduistischen Glaubens. Während die Göttinnen bei den Vishnu- und Shiva-Anhängern den männlichen Gottheiten zugeordnet werden, stehen sie beim Shakti-Kult (s. S. 62) im Mittelpunkt der Betrachtungen.

Auch in der newarischen Gesellschaft Nepals hat sich die Verehrung von Muttergottheiten *(matrka)* in besonders ausgeprägter Form erhalten. Jede der drei großen Städte des Tals wird von acht Muttergottheiten *(astamatrka)* behütet, deren oftmals bescheidene, nur aus Erdmulden bestehende Tempel *(pitha)* nicht nur die jeweilige Stadtgrenze markieren, sondern sich überdies in das Mandala fügen, das den ursprünglichen Bebauungsplänen zugrunde liegt. Einzigartig ist im Zusammenhang mit der besonderen Verehrung weiblicher Gottheiten der Kult der jungfräulichen **Kumari,** die im indischen Bundesstaat Tamil Nadu ihre angestammte Heimat hat und der Südspitze des Subkontinents, Kanyakumari, ihren Namen verliehen hat.

Nach Nepal gelangte die Göttin im 14. Jh. durch Harisimhadeva, einen aus Indien geflohenen Lokalherrscher, der sich in Bhaktapur niederließ und die Göttin Taleju einführte, die als Schutzpatronin der Königswürde an die Spitze des Pantheons gestellt wurde. Erst im 17. Jh. wurde die abstrakte Gottheit durch eine lebende Inkarnation der Bevölkerung des Kathmandu-Tals nahegebracht. In einer Legende ist dieser Akt der ›Vermenschlichung‹ überliefert. Die Göttin, so wird berichtet, besuchte regelmäßig den Herrscher Jayaprakash Malla (reg. 1736–68), um ihm, verborgen hinter einem Vorhang, Ratschläge

Schutzgöttin für Pocken verehrt wird, oder mit der Staatsgottheit Pashupati, einer Inkarnation Shivas, in der die Buddhisten eine Erscheinung Buddhas sehen.

An vielen Heiligtümern findet der Synkretismus denn auch künstlerisch seinen Ausdruck. So stehen in der Tempelanlage von Pashupatinath Yoni- und Lingam-Darstellungen (stilisierte Bildnisse der männlichen und weiblichen Geschlechtsorgane als Symbole der Schöpfung) der shivaitischen Lehre einträchtig neben Figuren von Buddha und Bodhisattva, und nach der geläufigen Meinung repräsentiert der berühmte ›viergesichtige‹ Lingam desselben Tempels Shiva, den ursprünglich vedischen Sonnengott Surya, Vishnu und Buddha. Auch die zahlreichen erotischen Darstellungen an den Dachbalken vieler Tempel sind Gemeingut beider Religionen. Sie entspringen dem hinduistischen Tantrismus, wurden vom Buddhismus bereits in seiner indischen Ur-Heimat adaptiert und in Nepal fortgeführt.

zur Staatsführung zu erteilen. Als der König sie durch Zufall einmal sah und sich in sie verliebte, kehrte Taleju der Welt den Rücken, erschien aber dem Herrscher noch einmal im Traum und prophezeite ihr Erscheinen in der Gestalt eines jungen Mädchens zu einem unbestimmten Zeitpunkt. Als Jahre später Jayaprakash und seine Frau ein siebenjähriges Mädchen aus der Kaste der Goldschmiede trafen, das über sie lachte, statt sich ehrerbietig in den Staub zu werfen, verwiesen sie es mitsamt den Eltern der Stadt. Nachts jedoch wurde die Königin von dem Geist des Mädchens heimgesucht, das sich als Kumari zu erkennen gab. Mit großem Pomp wurde die lebende Inkarnation der Göttin Taleju daraufhin zum Palast geleitet und ihr ein Domizil im Kumari Chowk (s. S. 97ff.) eingerichtet.

Die Institution der lebenden kleinen Gottheit blieb nicht auf Kathmandu beschränkt. Bis heute wird der Kult in zahlreichen Orten, so etwa in Patan und Bhaktapur, praktiziert, auch wenn die Kumari dort nicht ständig ein eigenes Haus bewohnt.

Die Kumari wird nach einem geheimen Ritus aus einem Kreis von Kandidatinnen im Alter zwischen drei und vier Jahren durch Priester ausgewählt. Aussehen spielt dabei ebenso eine Rolle wie Furchtlosigkeit, die die kleinen Mädchen in geheimen Prüfungen zu beweisen haben. Dazu gehört etwa eine einsame Nacht in einem Tempelhof, der mit den abgeschlagenen Köpfen geopferter Tiere bedeckt ist! Nach ihrer Wahl führt die Kumari ein zurückgezogenes Leben außerhalb ihrer Familie im Dienst der Religion. Nur fünf Tage im Jahr darf sie ihr Haus verlassen, darunter zu ihrer wichtigsten Zeremonie, bei der sie im Rahmen des Kumari-Festes die Herrschaft des Königs für ein weiteres Jahr durch Aufdrücken des Tika-Zeichens, Chiffre des Sieges und Symbol des dritten Auges der Weisheit, auf seine Stirn legitimiert.

Sobald die Menstruation einsetzt, verliert die Kumari ihr Amt und kehrt in ihre Familie zurück. Der weitere Lebensweg ist dann weit weniger göttlich. Aus Furcht vor der vielleicht noch immer wirksamen überirdischen Macht wird sich kaum ein Mann zur Heirat bereit erklären. Und da sie als Kumari keinen Schulunterricht genossen hat, hat sie beruflich wenig Möglichkeiten.

Besonders deutlich wird die Durchdringung der beiden Religionen z. B. beim Kult der lebenden Göttin Kumari . Ursprünglich shivaitischer Herkunft, wird die Gottheit von den Buddhisten mit dem weiblichen Bodhisattva Tara identifiziert, der etwa im 6. Jh. Einzug in den Mahayana-Buddhismus hielt. Auch Garuda dient beiden Religionen: Während die Hindus das Mischwesen aus Mensch bzw. Mann und Vogel als Tragetier des Gottes Vishnu sehen, verehren die Buddhisten in ihm einen Begleiter des transzendenten Buddhas Amoghasiddhi.

Noch eindrucksvoller dokumentiert sich die enge Verflechtung während der religiösen Feste. In großen hölzernen Tempelwagen, einer Besonderheit hinduistischer Prozessionen vornehmlich im indischen Orissa, wird die Figur des Matsyendranath, eine Erscheinungsform des Bodhisattva Avalokiteshvara, durch die Gassen Patans gezogen und nach hinduistischem Ritual gebadet und gekleidet.

Kunst und Kultur – Ästhetik im Dienst der Götter

Aufgrund der langen Isolation und der Grenzlage zwischen dem südasiatischen und tibetischen Einflußbereich hat sich in Nepal eine höchst interessante Kultur eigener Prägung entfalten können, die überwiegend in engem Zusammenhang mit den beiden großen Religionen des Hinduismus und Budhismus steht.

Frühe Funde

Unsere Kenntnisse über die Frühzeit des Himalaya-Königreichs sind noch sehr spärlich und lassen sich nur durch wenige Relikte belegen.

Zu den ältesten, bis ins 9. Jh. v. Chr. zurückreichenden Funden zählen Terrakotta-Figuren vornehmlich aus der Umgebung von Lumbini und Tilaurakot im Terai. Verwunderlich ist dies nicht, blühten doch hier in der Ganges-Ebene hochentwickelte Reiche, lange bevor das Tal von Kathmandu zum politischen und kulturellen Zentrum des Landes aufstieg. Allesamt sind diese Stücke denn auch dem indischen Kulturkreis unter den Maurya und Sunga zuzurechnen. Interessant sind die zahlreichen ans Licht gekommenen Figürchen von Muttergottheiten, die eine gewisse Ähnlichkeit mit den viel älteren Funden von Mohenjo Daro und Harappa im Indus-Tal haben und bereits den Weg zu der bis heute bedeutsamen Verehrung weiblicher Gottheiten weisen, wie sie etwa im Kumari-Kult zum Ausdruck kommt (s. S. 70f.).

Vishnu Vikranta, 9. Jh., Changu Narayan

Hinduistische Kunst

Die vom Hinduismus beeinflußte Kunst Nepals dokumentiert sich bis zur Newar-Epoche fast ausschließlich durch figürliche Darstellungen, wobei die frühesten Funde im Kathmandu-Tal aus dem 2. Jh. v. Chr. datieren.

Die **plastische Darstellung** in der hinduistischen Kunst hat ihre wesentlichen Impulse in der Kushan-Epoche (Indien, 1.–4. Jh.) durch die drei regionalen Schulen von Gandhara (Nordwestindien), Mathura (Nordindien) und Amaravati (Zentralindien) empfangen. Vor allem Gandhara wurde dabei ganz wesentlich von Griechenland beeinflußt, das Elemente seiner Kultur durch den Zug Alexander des Großen (327–325 v. Chr.) bis nach Westasien exportierte.

Über den sich daraus entwickelnden Gupta-Stil fand die Kunst des Subkontinents ihren Weg auch ins Hochtal von Kathmandu und beeinflußte die Plastik der dortigen Künstler während der ersten historisch wie künstlerisch wichtigen Epoche der Licchavi (5.–9. Jh.). Im Gegensatz zu Indien jedoch wurden die Figuren weniger in Geschichten erzählende Gesimsfriese eingebettet, sondern überwiegend als Einzelwerke geschaffen. Die Beherrschung des Materials und die Sicherheit in der Form- und Farbgebung sind bereits bei den frühen Kunstwerken erstaunlich und legen die Vermutung nahe, daß eine uns noch unbekannte, durch Funde nicht belegte Entwicklungsphase vorausgegangen ist.

Zu den eindrucksvollsten frühen Zeugnissen der Licchavi-Epoche gehören einige Skulpturen im Tempelhof von Changu Narayan (s. S. 152ff.), der große Vishnu von Budhanilkantha (s. S. 158ff.) und zahlreiche Reliefs in Pashupatinath. Die Plastiken jener Zeit dienten vornehmlich dem damals im Kathmandu-Tal vorherrschenden Vishnu-Kult. Neben den üblichen Standbildern ist die Verbindung des Gottes mit seinem Reittier, dem Garuda, ein beliebtes Motiv, das als *Garudasana Vishnu* bekannt ist. Aber auch in seiner Zwergeninkarnation als *Vishnu Vikranta* begegnet er uns des öfteren. Die Bildnisse des Gottes Shiva bereichern erst einige Jahrhunderte später die Plastik Nepals, darunter als beliebtes Motiv die Darstellung Shivas mit seiner Shakti Parvati auf dem heiligen Berg Kailash sitzend *(Uma-Maheshvara)*. Ein besonders eindrucksvolles Relief dieses Genres findet man versteckt in einer Nische an der vom Bangemudha Square in Richtung Thamel führenden Straße in Kathmandu (s. S. 102). Vermehrt treten in jener Zeit auch Figuren des Sonnengottes Surya auf, einer archaischen, vorvedischen Urgottheit, die vom Hinduismus adaptiert wurde. Breiten Raum in der Skulptur nehmen die niederen Gottheiten des hinduistischen Pantheons ein, darunter die Schlange Naga, die lokale Schutzgottheit Yaksha oder der Gott des Reichtums Kubera.

Waren die Götterbildnisse jener Jahre ausschließlich aus Stein gefertigt, so gewinnen während der Malla-Zeit zunehmend Holzschnitzkunst und Bronzeguß an Bedeutung. Charakteristische Figuren sind nunmehr die schlanken Göttergestalten an den Stützen der Tempeldächer, häufig nach Zweigen greifende Baumnymphen, zu denen sich auch erotische Motive gesellen. Wie in der Architektur versuchen sich die drei Königsstädte des Kathmandu-Tals auch in der Plastik gegenseitig zu übertrumpfen. Das Ergebnis ist eine virtuose Schnitzkunst, die in den üppigen Holzfenstern und -balkons ihre höchste Vollendung erfährt. Hinsichtlich der Götterfiguren vermag sie aber nicht mehr die Aus-

Pagoden-Architektur am Durbar Square, Kathmandu

strahlung zu vermitteln, die den frühen Werken zu eigen ist. Dafür treten als neues Element plastischen Kunstschaffens vergoldete Stifterstatuen der Könige hinzu, die ihren Platz auf steinernen Säulen vor den Haupttempeln der Stadt finden. Mit dem Niedergang der Malla-Königreiche durch die Invasion Prithvi Narayan Shahs (reg. 1768–75) verliert die Plastik vollends an Bedeutung, und die anschließende Rana-Epoche beschränkt sich auf die Darstellung bronzener Reiterstandbilder nach europäischem Muster.

Die sakrale **Baukunst** des Hinduismus findet ihr Betätigungsfeld vor allem im Tempelbau. Die stilistische Entwicklung Indiens, die durch regionale Traditionen, Baumaterialien und klimatische Gegebenheiten in ganz unterschiedlichen Bahnen verlief und grob unterschieden zu einer nördlichen und einer südlichen Tempelform führte, beeinflußte auch das benachbarte Nepal.

Urtypus ist der einfache quadratische, das Kultbild enthaltende Raum mit nur einem Zugang. Er fand seine Verbreitung auf dem Subkontinent in der Zeit des Gupta-Reiches (4.–6. Jh.). Später wurde dieser Raum dann vergrößert und mit vier Zugängen versehen. Diese auf das 7. Jh. zurückgehende Grundform wurde zum wichtigsten Tempeltypus Nepals, aus dem sich im Laufe der Zeit zahlreiche Varianten ableiteten.

Als eigenständige nepalesische Entwicklung hingegen müssen die Dachformen gesehen werden, über deren Herkunft die Gelehrten noch immer streiten. Naheliegend ist die Übertragung der lokalen Hausbautradition auf das Heiligtum. Wie der Kasthamandapa, die große Versammlungshalle in Kathmandu (s. S. 96f.) beweist, waren über-

Kunstvolle Schnitzereien am Degutale-Tempel, Patan

hängende Dächer im Profanbau schon lange üblich, und warum sollte man nicht die Tempel in der bewährten Manier eindecken? Auch die Ursache der Mehrstufigkeit – die Pagodendächer treten von ein- bis fünffacher Staffelung auf – ist dann nicht schwer zu ergründen. Diese diente einfach dazu, das ansonsten unscheinbare Heiligtum gegenüber den Profanbauten hervorzuheben, in deren enger Nachbarschaft es sich häufig befand. Auch in Indien hatte man diesen Weg der Akzentuierung beschritten, dazu allerdings sich verjüngende Steinplatten aufeinandergeschichtet, die schließlich zur Shikhara-Form führten, dem Charakteristikum der nordindischen Stilrichtung. Bezeichnenderweise gibt es aber auch in Indien, im regenreichen Gebirgstal von Kulu, Heiligtümer mit pagodenartig gestaffelten Holzdächern. Es wird aber auch die Ansicht vertreten, die sogenannten Pagodentempel Nepals wären enge Verwandte fernöstlicher Bauwerke. Ein eindeutiger Nachweis für diese auf den ersten Blick recht überzeugende Behauptung konnte bisher allerdings nicht erbracht werden.

Vom quadratischen Grundriß ausgehend, ergibt sich eine außerordentliche Formenvielfalt des Heiligtums *(dega)*, wobei sich durch das äußere Erscheinungsbild zuweilen sogar auf die darin verehrte Gottheit schließen läßt. So dienen die kleinen offenen Heiligtümer mit nur einer festen Wand und vier Stützbalken vorwiegend dem elefantenköpfigen Gott Ganesh; hat das gemauerte Heiligtum nur einen Eingang, befindet sich in der Cella höchstwahrscheinlich eine Narayana-Statue; weist der Sakralraum hingegen vier Öffnungen auf und ist von einer Galerie umschlossen, verbirgt sich im Innern immer eine Shiva-Figur. Liegt das Sanktuarium hingegen im ersten Stock, wie etwa beim Akash-Bhairava-Tempel am Indra Chowk in Kathmandu (s. S. 100), ist das Bauwerk den tantrischen Gottheiten Bhimsen oder Bhairava geweiht. Es gibt auch Tempel mit mehrstöckigem Sockel, die dann Wohnhäusern ähneln *(dyochhen)*. Während religiöser Feste findet in ihnen eine meist tantrische Gottheit vorübergehend Aufnahme.

Die für Nordindien typischen Shikhara-Tempel mit dem sich in einer Kurve verjüngenden hohen Turm über dem Sakralraum, findet man in seiner klassischen Bauweise in Nepal nur sehr selten. In abgewandelter Form ist der Narasimha-Schrein am Durbar Square in Patan aus dem 16. Jh. ein frühes Beispiel dieser indischen Architektur, der Krishna-Tempel Chyasilin Deval, ebenfalls am Durbar in Patan, eine interessante Variante jüngeren Datums (s. S. 133).

Buddhistische Kunst

Diese zweite große Religion Asiens erreichte etwa zeitgleich mit dem Hinduismus das Hochtal von Kathmandu und manifestierte sich bereits sehr früh in sakralen Kunstwerken. Weit spannt sich heute der Bogen von den archaischen Urformen über tibetisch beeinflußte Strömungen bis zu zeitgenössischen Werken in modernen Tempeln.

Zu Beginn, als noch die strenge Richtung des Hinayana vorherrschte, die die Ausübung des rechten Glaubens auf die Gemeinschaft der Mönche beschränkte, waren **Skulpturen** in Form von figürlichen Darstellungen unbekannt. Abstrakte Symbole wie Rad (= Lehre), Schwert (= Zerstörung der Unwissenheit) oder Schirm (= Sieg der Lehre) beschrieben die einzelnen Aspekte und waren jedem Mönch vertraut. Als sich der Buddhismus dem breiten Volk durch die Mahayana-Richtung öffnete, ging dies mit der Hinwendung zur personifizierten, volksnahen Darstellung nach hinduistischem Vorbild einher.

Der wohl wichtigste Impuls zur Entwicklung des anthropomorphen Buddha-Bildnisses kam aus Griechenland. Mit Alexander dem Großen waren auch die künstlerischen Vorstellungen Europas nach Westasien vorgedrungen (327–325 v. Chr.), wo sich unter hellenistisch orientierten Herrschern eine graecobaktrische Kultur entwickelte, die sich mit dem damals in Nordindien bereits vorherrschenden Buddhismus verband. Ergebnis dieser Durchdringung sind unter anderem die frühen, Apollo-Figuren ähnelnden Buddha-Bildnisse aus Afghanistan. Nur am Rande sei hier erwähnt, daß auch die Christus-Darstellungen aus dieser griechischen Quelle schöpften. Mit der Ausbreitung des Buddhismus über weite Gebiete Asiens wurde das Buddha-Bildnis einem zeitlichen wie auch regionalen Wandel unterworfen. Man vergleiche nur die unterschiedliche Gestaltung eines indischen Buddha aus Sanchi, des japanischen aus Kamakura oder eines chinesischen aus Taiwan.

Die frühesten bisher im Tal von Kathmandu entdeckten nepalesischen Buddha-Skulpturen entstammen dem 5. Jh. und sind noch weit entfernt von den Meisterleistungen der Künstler von Gandhara oder Mathura, deren Werke Jahrhunderte zuvor in Indien entstanden waren. Im 7. Jh. hatten aber auch die Bildhauer Nepals ihren Stil gefunden, charakterisiert durch schlanke, geschmeidige Figuren. Leider sind viele gerade der frühen Werke von Kunstdieben entwendet worden. Ein schönes Beispiel buddhistischer Plastik jener Epoche findet sich noch in einer kleinen Nische am Bangemudha in Kathmandu (s. S. 102). Während der Malla-Zeit entstanden unzählige Figuren, die zwar durch den üppigen Zierat die Meisterschaft in der Materialbehandlung beweisen, denen aber wie den hinduistischen Bildnissen auch die tiefe religiöse Ausstrahlung der frühen Werke fehlt. Insbesondere gilt dies für die Bronzen, bei denen die Künstler zwar ihr handwerkliches Geschick besonders eindrucksvoll unter Beweis stellten, den Inhalt aber nicht mehr zu vermitteln mochten.

Die buddhistische Plastik wählte sich nicht nur den historischen Buddha Shakyamuni oder Gautama zum Thema. Die meisten Bildnisse beziehen sich auf andere Buddhas oder auf Bodhisattvas, Anwärter auf die Buddhaschaft, die auf das Eingehen ins Nirvana bisher verzichtet haben, um den Menschen den Weg zur Erlösung aufzuzeigen. Besondere Verehrung genießt in Nepal der Bodhisattva Avalokiteshvara. Die Bedeutung und Funktion der einzelnen Figur läßt sich an den Attributen, der Standposition *(sthana)*, der Sitzhaltung *(asana)* und vor allem den Gesten *(mudra)* ablesen. Wahrscheinlich haben diese ihren Ursprung in den vorbuddhistischen Tänzen, und bis heute bilden sie ja das Kernstück des klassischen indischen Tanzes.

Nicht von ungefähr sind die frühesten noch erhaltenen **Bauwerke** auf nepalesischem Boden buddhistischen Ursprungs. Rings um die Stadt Patan erheben sich die Halbkugeln uralter *stupa*, deren Grundstein Kaiser Ashoka selbst gelegt haben soll. Mag dies auch in den Bereich der Legenden fallen, der Bautypus des Stupa gehört jedoch auf dem ganzen Subkontinent zu den ältesten Zeugnissen der Architektur überhaupt. Mit seiner Einführung vollzog sich im indischen Raum der Übergang von der vergänglichen Holz-Lehmbauweise zum soliden Steinbau, wobei die indoarischen Grabhügel frühgeschichtlicher Zeit als Vorbild dienten.

Der reichverzierte Matsyendranath-Tempel in Patan, Detail

Erotik in der Kunst Nepals

Das Moment der Erotik zieht sich seit frühester Zeit wie ein roter Faden durch die Religionen Südasiens und damit auch durch die Kunst, die ja lange Zeit ausschließlich der Religion diente. Die Ansätze dürften wohl in den altorientalischen Fruchtbarkeitskulten vorarischer Zeit zu suchen sein. Sicherung von Nahrung und Arterhaltung durch Zeugung von Nachfahren standen im Mittelpunkt damaligen Denkens und Handelns. Wie zahlreiche Funde belegen, spielten bei den religiösen Riten Symbole der männlichen und weiblichen Geschlechtsorgane bereits eine wichtige Rolle. Bemerkenswert ist, daß dieser Fruchtbarkeitskult nicht nur in die Hochreligion des Hinduismus Eingang fand, sondern dort sogar zum dominierenden Bestandteil vor allem des Shivaismus wurde. Auch im Buddhismus spielte das erotische Moment zeitweise eine bedeutsame Rolle, wurde jedoch nach außen hin in weitaus subtilerer Form dargestellt, etwa durch den Donnerkeil (= männlich) und die Glocke (= weiblich). Die Betonung der Erotik geht einher mit der Ausbreitung des Tantrismus, einer ursprünglich hinduistischen Glaubensrichtung, die die Schöpfungskraft der Shakti, personifiziert durch die Göttin, in den Mittelpunkt ihrer Betrachtungen stellt.

In dem Maße, in dem die Götterwelt anthropomorphe Gestalt annahm, wurde sie mit menschlichen Eigenschaften ausgestattet. Sehnsüchte und Wünsche wurden auf sie ebenso projiziert wie übernatürliche Fähigkeiten und Schwächen. Und so erscheint es ganz selbstverständlich, daß die alten Riten in der Verehrung göttlicher Lingam und Yoni, den Symbolen der männlichen und weiblichen Geschlechtsteile, ihre Fortführung fanden. Der Lingam wurde schon sehr früh zum Attribut Shivas und tritt überwiegend in Verbindung mit der Yoni, dem weiblichen Gegenstück, als Ausdruck göttlicher Schaffenskraft auf, der alles Leben seinen Ursprung verdankt. Die Paarung von Shiva und Parvati ist Metapher auch für die Verschmelzung von Erde und Himmel und Vorbild für die Paarungsszenen *(mithuna)* auf den Tempelwänden. Im Laufe der Zeit gewann dieses Ritual aber tiefsinnigere und auch vielschichtigere Bedeutungen, die von der Wissenschaft noch immer nicht bis ins letzte Detail ausgelotet sind. Die erotischen Darstellungen sind nämlich nicht ohne den anderen wichtigen Aspekt hinduistischer Glaubensvorstellung zu verstehen: die Askese. Im Spannungsfeld zwischen Begehren *(kama)* und Enthaltsamkeit *(tapa)* spielt sich die Suche nach der endgültigen Erlösung ab, dem Verschmelzen des Atman, der individuellen Seele mit dem Brahman, dem Universum, entsprechend dem Eingehen ins Nirvana bei den Buddhisten. Die Wege dorthin sind je nach Glaubensauffassung ganz unterschiedlich und häufig völlig entgegengesetzt.

Erotische Darstellung am Dattatreya Mandir, Bhaktapur

Im strengen Hinayana-Buddhismus ist Weltentsagung und damit verbunden Keuschheit Voraussetzung. Im Tantrismus wiederum führt die körperliche Vereinigung während des Kults als Nachahmung der Weltschöpfung durch Shiva und Parvati zur Erlösung.

Die plastische Kunst schöpft ihre Themen aus der reichhaltigen Literatur, in der die Erotik einen bedeutsamen Platz einnimmt und auf vielen Ebenen sichtbar wird. Eine spezifische Rolle spielen die weiblichen Gestalten, die als Shakti auftreten. Diese starke Betonung des ewig Weiblichen, dem sich auch die Götter auf Dauer nicht zu entziehen vermögen, da es Teil ihrer Selbst ist, geht in den Ursprüngen möglicherweise auf den altorientalischen Kult der alles beherrschenden Muttergottheit zurück. Für uns schwerer nachvollziehbar ist hingegen die Darstellung sexueller Kontakte mit Tieren, die sicherlich nur im Rahmen geheimer Riten praktiziert wurden. Sie finden ihre Erklärung in der traditionellen Auffassung, daß der Mensch der Tierwelt entstamme und nach wie vor deren Bestandteil ist, vor allem aber im Glauben an die Existenz des Göttlichen auch im Tier. Wie die Ikonographie zeigt, erscheinen die Götter ja zuweilen in deren Gestalt, als Hanuman oder Ganesh etwa, und weisen damit dem Tier einen ganz anderen Platz zu, als es in unserer Kultur einnimmt.

Die Kunst der erotischen Darstellungen in Nepal hat ihre Ursprünge in Indien, fand jedoch zu eigenen Ausdrucksformen, die allerdings nur immer Beiwerk in der Gestaltung der Heiligtümer blieben und nirgends so dominierend in Erscheinung traten wie etwa im indischen Khajuraho. Die erotischen Szenen beschränken sich im Himalaya-Staat vornehmlich auf die hölzernen Friese und Stützbalken der Tempeldächer. Verglichen mit den meisterhaften Skulpturen Indiens, wirken die Darstellungen eher grobschlächtig und erinnern zuweilen an afrikanische oder ozeanische Stammeskunst. Eine den indischen Liebespaaren verwandte, jedoch auf tibetischen Einfluß zurückgehende Sonderform ist die sogenannte *yab-yum*-Darstellung, die das männliche und weibliche Prinzip in der Vereinigung zeigt und im 7. Jh. durch die buddhistische Heruka-Sekte entwickelt wurde.

Chörten oberhalb von Namche Bazar, Everest-Gebiet

Funktional gesehen waren die ersten Stupas Reliquienschreine und Grabanlagen, in denen die Asche und die Gebeine des Erlösers selbst oder anderer Heiliger bestattet wurden. Da mit Ausweitung des Buddhismus und der Zunahme der Stupas bald nicht mehr genügend Reliquien vorhanden waren, erfüllten nach und nach auch heilige Schriften diesen Zweck. Hatte man zunächst die Stupas an Orten errichtet, die im Zusammenhang mit dem Leben Buddhas standen, so setzte vor allem unter Kaiser Ashoka im Rahmen der Missionierung eine rege Bautätigkeit ein. Der Legende nach hat der Herrscher 84 000 derartige Kultstätten in seinem riesigen Reich und den Nachbarländern Nepal und Sri Lanka errichten lassen.

Der Stupa ist aber weit mehr als nur ein Behältnis für Reliquien und Gebeine. Von Beginn an nämlich stand die Kunst vor der schwer zu lösenden Aufgabe, mit dem Bauwerk auch die abstrakte Lehre darzustellen. Statt den Versuch zu machen, das Nirvana selbst abzubilden, wählte sie den indirekten Weg über die Verbindung mit dem Wirken Buddhas, indem sie den Augenblick seines Eingehens in das Nirvana *(parinirvana),* seinen irdischen Tod also, zum Zentrum ihres Schaffens machte. Damit knüpfte sie an die alten Vorstellungen, die in den Grabhügeln geheiligte Orte sahen, an denen die Seelen mit dem Überirdischen in Verbindung traten. Sehr bald aber schon wurde der Symbolgehalt des Stupa zu einem Modell des Kosmos erweitert. Die steinerne Halbkugel stellt das »Weltei« *(anda)* dar, die daraus emporragende Spitze *(kota)* die Weltachse, die eckige Einfriedung, aus der sie emporwächst *(harmika),* den Wohnsitz der Götter und die übereinandergestaffelten Schirme *(chatra)* die Himmel. Zudem sind die Zugänge *(torana)* zum Stupa entsprechend den vier Himmelsrichtungen angeordnet, und die gesamte Anlage war beim Urtypus von einem steinernen Zaun *(vedika)* umgeben, der mit seinen durch Balken verbundenen Pfeilern den Kreislauf der Gestirne symbolisieren sollte. So muß der Gläubige denn auch den Stupa im Uhrzeigersinn, gemäß dem Lauf der Sonne umschreiten.

Durch den Hinayana-Buddhismus sind die Mönchsunterkünfte zum weiteren wichtigen Bestandteil der Sakralarchitektur geworden. Die ersten, *vihara* genannten Klosteranlagen wurden aus dem Felsen geschlagen und sind in Ajanta und Ellora (Indien) noch gut erhalten. Das Grundprinzip der zentralen, von den Zellen umgebenen Gebetshalle hat sich kaum gewandelt und in Nepal seinen Ausdruck in den Bahals gefunden, den Keimzellen der Stadtarchitektur (s. S. 86f.).

Tibetische Einflüsse

Die seit langem enge Beziehung zum benachbarten Tibet wird nicht nur durch verschiedene Volksgruppen (s. S. 53) belegt, sondern auch im Kunst- und Kulturbereich bewiesen. Die Einflüsse des Tibetischen Buddhismus bzw. Lamaismus (s. S. 65ff.) schlugen sich vor allem in den Grenzregionen Dolpo, Mustang, Langtang und Khumbu nieder. Aber auch in Kathmandu selbst, das enge Handelsbeziehungen zu Tibet pflegte, fand der Lamaismus vor allem in den Heiligtümern von Bodnath und Swayambunath einen Hort.

Die Buddha-Bildnisse, aber auch die *thanka* (Meditationsbilder) und die Ausstattung der Gebetshallen der dortigen Klöster, die den Namen *gompa* tragen, entsprechen den tibetischen Vorbildern. Diesem Kulturkreis zuzurechnen sind auch die *chörten,* eine charakteristische Sonderform des Stupa, denen man in den tibetisch beeinflußten Regionen begegnet, sowie die an markanten Stellen angehäuften *mani*-Steine und Gebetsfahnen mit den eingemeißelten beziehungsweise aufgedruckten *mantra*, den heiligen Silben (vor allem »Om mani padme hum«).

Malerei

Über die frühe Malerei Nepals ist nichts bekannt. Es wird vermutet, daß die Wände buddhistischer Klöster bemalt waren. Die heute zu sehenden Wandmalereien in den Palästen stammen mindestens aus der Zeit der Malla.

Entdeckt wurden jedoch nepalesische illuminierte Manuskripte aus dem 11. Jh., deren Bildschmuck sich auf den hölzernen Deckeln und Palmblättern, die bis ins 12. Jh. verwendet und dann von Papier abgelöst wurden, befinden. Für Hindus und Buddhisten waren diese Schriften sowohl religiöse Texte als auch Verehrungsgegenstand, woraus sich die Bildthemen ergaben.

Die ältesten erhaltenen Thankas stammen aus dem 13. Jh. Die nepalesische Rollbildmalerei erlangte zuerst mit dem Buddhismus Bedeutung, hinduistische Thankas folgten später, zu der anfänglichen religiösen Thematik gesellte sich ab dem 15. Jh. die Wiedergabe architektonischer Motive wie Stupa und Tempel. Später beeinflußte der Tantrayana-Kult die Bilder. Der Künstler spannt Baumwollstoff fest auf einen hölzernen Rahmen, trägt eine Grundierung aus Kalk-Lehmgemisch auf, die durch Abschleifen geglättet wird. Dann kann Farbe aufgetragen werden.

Dachträger mit tantrischer Gottheit, Indrayani-Lhutiajima-Tempel, bei Kathmandu ▷

Reisen in Nepal

Kathmandu und Umgebung

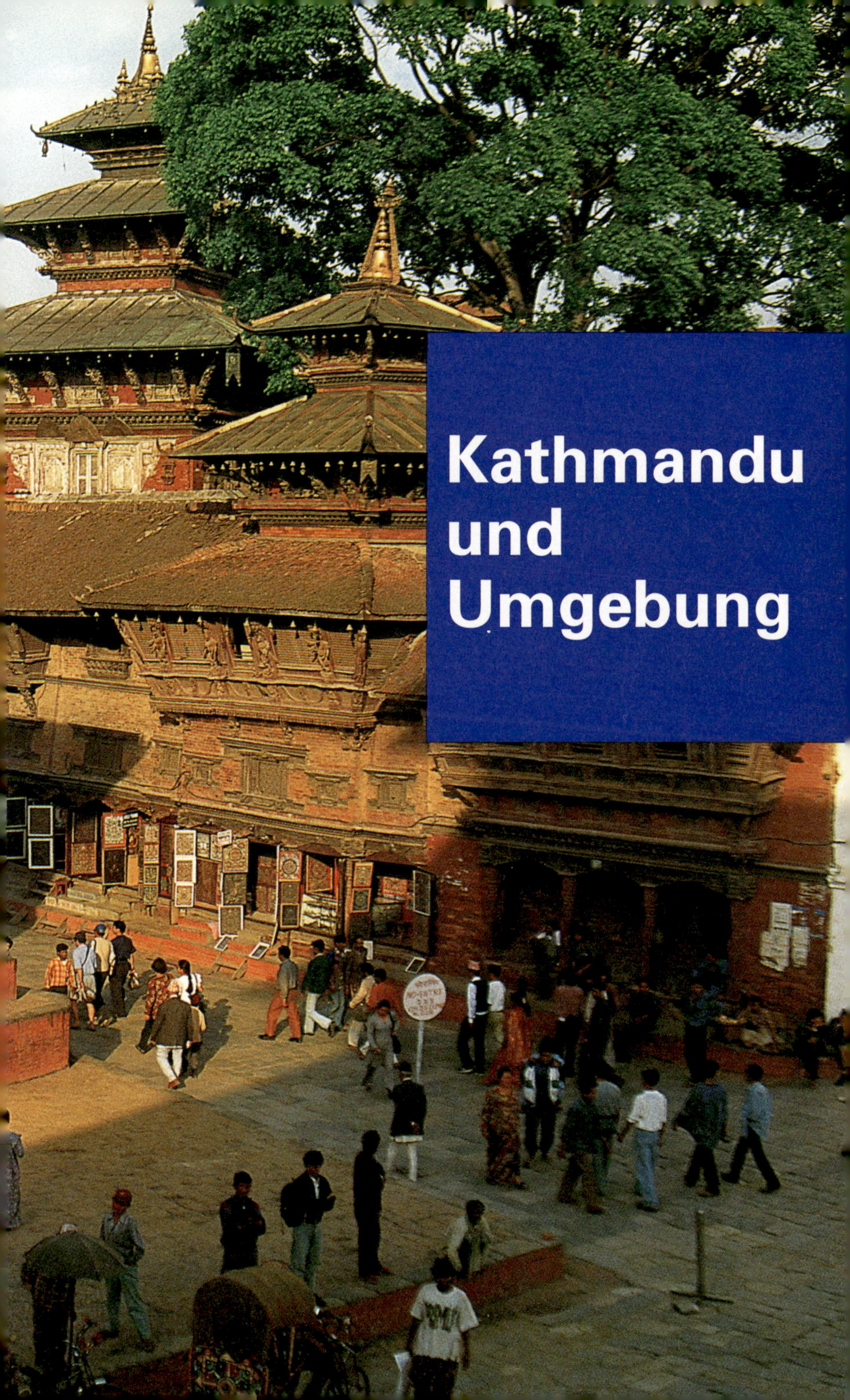

Kathmandu – Metropole im Herzen des Hochlandes

Blick vom Hanuman-Dhoka-Palast auf Kathmandu

Geschichte

(S. 301ff.) Alte Chroniken schreiben die Gründung Kathmandus, das im Sanskrit den Namen Kantipur (»die schöne Stadt«) trägt, dem Herrscher Gunakamadeva II. im 10. Jh. zu. Ein Beweis dafür ist zwar kaum zu erbringen, aber schon lange bevor Kathmandu Herrscherresidenz war, befand sich hier an so bevorzugter Stelle sicherlich eine größere Siedlung. Einige Historiker vermuten sogar, daß bereits während der Licchavi-Herrschaft (ca. 450–879) Kantipur eine zentrale Rolle spielte und sich der in alten Quellen wiederholt erwähnte Palast Dakshin Rajkula in der unmittelbaren Umgebung des heutigen Durbar Square befand und möglicherweise später von König Gunakamadeva II. übernommen wurde. Als Indiz gilt eine im Hanuman-Dhoka-Palast gefundene Stele aus jener Epoche. Die eigentliche Urzelle der Besiedlung, bekannt unter dem Namen Dakshin Koligrama (»südliches Dorf der Koliya«), befand sich wahrscheinlich südwestlich des Hanuman-Dhoka-Palastes am Ufer des Vishnumati (Bisnamati).

Einen Hinweis auf das hohe Alter Kathmandus liefert der Stadtplan selbst. Die Viertel nördlich und südlich des heutigen Stadtkerns zeichnen sich durch einen völlig unregelmäßigen Straßenverlauf aus, der auf ein langsames, planloses Wachstum schließen läßt. Eine wichtige Rolle in diesem Prozeß spielten klosterähnliche Anlagen, die Bahals, die

Durbar Square mit dem
◁ *Shiva Parvati Mandir, Kathmandu*

als Zentren kleiner Siedlungen fungierten und durch Fußpfade miteinander verbunden waren. Durch weitere Zuwanderung füllten sich die Freiflächen unter Beibehaltung der Verbindungswege und konservierten so das Netz der alten Infrastruktur. Mit Aufgabe der Klöster, die mit der Hinwendung zum ›weltlicheren‹ Mahayana-Buddhismus einherging, setzte eine Säkularisierung ein, so daß die vielen noch erhaltenen Bahals im Innenhof zwar religiöse Bauwerke aufweisen, aber schon seit vielen Jahrhunderten als städtischer Wohnraum genutzt werden. Die große Zahl der buddhistischen und hinduistischen Kultstätten, die den Besucher noch heute in Erstaunen versetzt, war nicht nur Ausdruck tiefer Religiosität, sondern auch Zeichen für die starke Zersplitterung in soziale Gruppen, wie sie vor allem für den Hinduismus kennzeichnend ist. Jede Kaste hatte für das tägliche Gebet ihren eigenen Tempel. Die Religion spielte schon damals eine überragende Rolle als prägende Kraft, sowohl auf staatlicher Ebene als auch im privaten Bereich. Daher hat zum Aufschwung Kathmandus sicherlich nicht nur die verkehrsgünstige und geschützte Lage zwischen den Flüssen Bagmati und Vishnumati beigetragen, sondern auch die Nähe zu Swayambunath und Pashupatinath, den beiden wichtigsten Heiligtümern des Tals.

Trotz der Zuwanderung blieb Kathmandu über Jahrhunderte hinweg eine Ansammlung kleiner, in losem Verband lebender Dörfer. Von einer Stadt mit politischer und ökonomischer Bedeutung kann man erst seit dem 12. Jh. sprechen, als mit Errichtung des Kasthamandapa (s. S. 96f.) ein zentrales Bauwerk geschaffen wurde, das als Versammlungsort der Dorfvorsteher auch eine politisch integrierende Funktion besaß.

Als wichtige Leitlinie der weiteren Entwicklung erwies sich die heute diagonal von Südwest nach Nordost durch das Zentrum verlaufende alte Handelsstraße von Indien nach Tibet. Ein planmäßiger Ausbau entlang dieser Achse erfolgte aber erst unter dem Herrscher Mahendra Malla (reg. 1560–79) durch Anlage rechteckiger Viertel *(tol)* mit Nord-Süd-Ausrichtung. In der symbolhaften Darstellung des Mandala gewann Kathmandu dadurch die Gestalt eines Schwertes, Emblem des legendären Bodhisattva Manjushri. So ist es sicherlich kein Zufall, daß die damals in der Stadt geprägten Münzen auf ihrer Rückseite diese Waffe zeigten, die keine martialische Bedeutung besaß, sondern die positive Kraft zum Ausdruck bringen sollte, mit der »die Hülle der Unwissenheit zerschnitten wird«. Dennoch begann der Aufstieg Kathmandus zur Residenzstadt mit einem blutigen Auftakt. Die Ausübung der königlichen Macht im Tal war unabdingbar verknüpft mit der Legitimation durch die Göttin Taleju. Die tantrische Gottheit war 1324 von König Harisimhadeva auf seiner Flucht aus Indien nach Bhaktapur gebracht worden und seither überirdischer Garant und Beschützer der Königswürde. Traditionell war der Herrscher von Bhaktapur im Besitz des heiligen Mantra, der geheimen Silbe, mit der er die Göttin an sich binden konnte. Ratna Malla (reg. 1482 – 1520), der ehrgeizige Sohn König Yaksha Mallas (reg. 1428–82), gelangte in den Besitz des Mantra und fühlte sich berufen, unter dem Schutz der Gottheit ein eigenes Reich aufzubauen. Er ließ die 12 lokalen Gemeindevorsteher Kathmandus ermorden und setzte sich selbst an die Spitze der Stadt. Nach dem Vorbild des heimatlichen Bhaktapur gestaltete er nun auch hier den Durbar als Mittelpunkt städtischen Lebens.

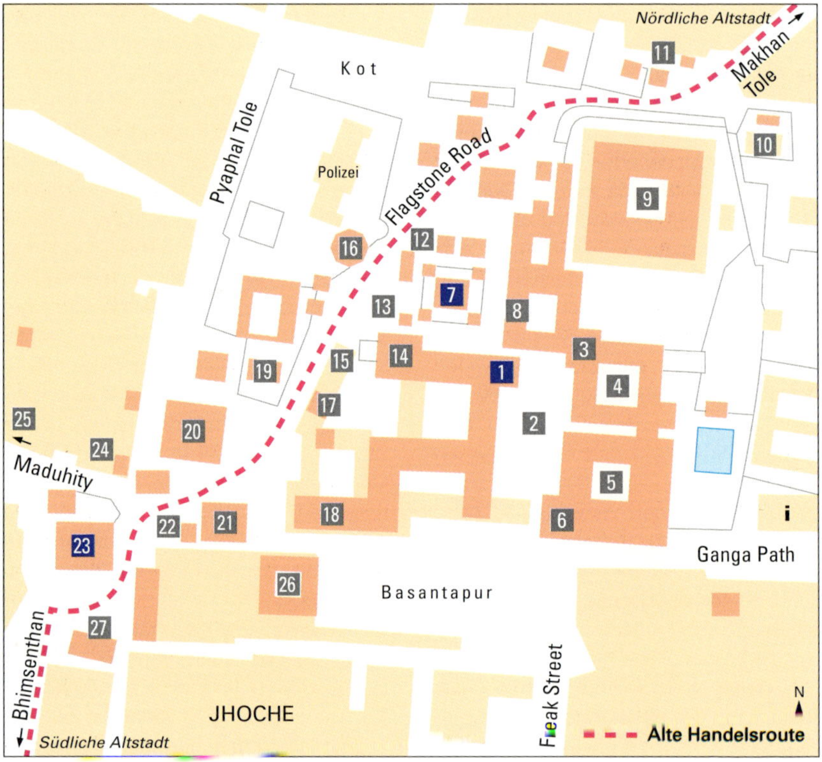

Kathmandu, Durbar Square *1 Hanuman-Dhoka-Portal 2 Nasal Chowk 3 Pancamukhi Hanuman Mandir 4 Mul Chowk 5 Lohan Chowk 6 Basantapur Bhavan 7 Jagannath-Tempel 8 Gebet an Kalika (Inschrift Pratapa Mallas) 9 Taleju-Tempel 10 Tana Deval 11 Garuda-Figur (6. Jh.) 12 Kala Bhairava 13 Stiftersäule (Pratapa Malla) 14 Degutale-Tempel 15 Shveta Bhairava 16 Casdidega-Schrein 17 Bhagvati-Tempel 18 Gaddi Baithak 19 Shiva Parvati Mandir 20 Maju Dega 21 Trailokya Mohan Mandir 22 Garuda-Statue (1690) 23 Kasthamandapa 24 Ashok-Vinayak-Schrein 25 Maduhiti Dhara 26 Kumari Chowk*

Erneut veränderte Kathmandu sein Gesicht unter der Regentschaft der Rana-Herrschaft im 19. Jh., als die weißen, islamisch-europäisch beeinflußten Herrscherpaläste an der Stadtperipherie errichtet wurden. Zwar hat das große Erdbeben vom 15. Januar 1933 einen beträchtlichen Teil des historischen Kathmandu zerstört, im Zentrum rings um den Durbar Square kann man aber bis heute die weit zurückreichende Stadtgeschichte anhand der Straßenführung und Bebauung noch deutlich ablesen.

Leider hat die Hauptstadt durch die zunehmende Motorisierung in den letzten Jahren viel von ihrem Charme eingebüßt, darf aber, verglichen zu anderen Metropolen der Dritten Welt, durchaus als beschauliches Idyll gelten, in dem sich Fußgänger und Radfahrer noch nicht als gehetztes Wild fühlen müssen.

Durbar Square

Der ehemalige Palastbezirk der Malla-Herrscher ist nach wie vor der eigentliche Mittelpunkt der Metropole Nepals. Wie für die Newar-Städte üblich, gruppieren sich hier Palastgebäude und Tempel in enger Verflechtung. Im Gegensatz zu Patan und Bhaktapur, deren Residenzen seit langem nicht mehr genutzt werden, hat der Palast von Kathmandu bis in unser Jahrhundert hinein als Wohnsitz des Königs gedient und somit zahlreiche Änderungen erfahren. Am deutlichsten ist die Anfügung neoklassischer Flügel, die den englisch beeinflußten Geschmack des Herrscherhauses gegen Ende des 19. Jh. widerspiegeln.

Das Herzstück bildet der aus zahlreichen Höfen *(chowk)*, Gebäuden und Tempeln bestehende alte **Palast Hanuman Dhoka,** von dem allerdings nur ein kleiner Teil für die Öffentlichkeit zugänglich ist. Noch vor 150 Jahren umfaßte die Residenz mindestens 35 Höfe und erstreckte sich über den Platz Basantpur hinaus bis zum heutigen Einkaufszentrum Bishal Bazar an der New Road. Der größte Teil fiel dem großen Erdbeben von 1933 und dem anschließenden Ausbau der New Road zum Opfer. Seinen Namen verdankt der Palast dem **Hanuman-Dhoka-Portal** 1, durch das der Besucher noch heute die Anlage betritt. Das reich geschmückte Tor aus dem Jahre 1810 ist wiederum nach der links vom Eingang auf einem Pfeiler stehenden Figur des Affengottes Hanuman benannt. Aufgrund der immer neuen Überzüge aus einer Mischung von Senföl und Zinnober hat die 1672 von König Pratapa Malla (reg. 1641–74) gestiftete Statue ihre Konturen längst eingebüßt. Als Schutzgottheit der Mallas sollte Hanuman die bösen Geister vom Herrscherhaus fernhalten. Flankiert wird das goldbeschlagene Tor von zwei Löwen, auf dem rechten reitet Gott Shiva, auf dem linken seine Shakti Parvati. Pratapa Malla soll sie 1663 als Beute von einem Überfall auf Bhaktapur mitgebracht haben. In der kleinen Galerie über dem Türsturz nimmt Gott Krishna in seiner universellen Manifestation Vishvarupa den zentralen Platz ein. Ihm zu Füßen Arjuna, einer der fünf Pandava-Prinzen, der den Gott gebeten hatte, sich in seiner Allgestaltigkeit zu zeigen. Die Szene entstammt dem Gedicht Bhagavadgita, das als wichtiger ethischer und philosophischer Beitrag in das Epos Mahabharata eingeflossen ist. Der linke Teil der Nische zeigt Krishna mit seinen Gemahlinnen Rukmini und Satya Bhama, die wiederum als Inkarnationen von Lakshmi und Sri, den Gattinnen Vishnus, zu sehen sind. In der rechten Nische hat der auf einer Flöte spielende König Pratapa Malla zusammen mit der Königin seinen Platz.

Die Finanzierung des aufwendigen Portals war einst durch den Verkauf kupferner Platten erfolgt, auf denen wahrscheinlich Landschenkungen verzeichnet waren. Sie hatten sich im Laufe der Jahrhunderte im Palast angehäuft und ihre Aktualität verloren, so daß sie von den Kupferschmieden der Stadt eingeschmolzen wurden. Daß damit eine unschätzbare historische Quelle vernichtet wurde, hatte man damals noch nicht erkannt. Durch das Tor gelangt man in den großen Hof **Nasal Chowk** 2, der seit der Machtübernahme durch die Gurkha (s. S. 41f.) für die Krönungszeremonien vorgesehen ist. Die weißgetünchten, mit großen Fenstern durchbrochenen Wände an der Nord- und Westseite repräsentieren das ästhetische Empfinden der Rana-Zeit im 19. Jh. Im nördlichen Flügel hat man einen Blick in den Au-

dienzsaal Sisa Baithak (Spiegelsaal), der im europäischen Stil gehalten ist und an den Wänden die Porträts der Könige Nepals zeigt. Der Name des Hofes steht in Verbindung mit dem tanzenden Shiva Nataraja, dessen Schrein an der Ostseite liegt. Das Podest in der Mitte deutet darauf hin, daß im Nasal Chowk tatsächlich kultische Tänze stattgefunden haben, wobei auch König Pratapa Malla als Narasimha aufgetreten ist. Um den Gott nicht zu erzürnen, soll er nahe dem Eingang das reich verzierte steinerne Bildnis des Vishnu in Löwengestalt (Narasimha) aufgestellt haben, möglicherweise folgte der Herrscher aber nur dem Vorbild des Palastes von Bhaktapur, wo schon zuvor eine derartige Plastik als Schutzpatron Verwendung gefunden hatte. Sie zeigt, wie die Mensch-Tier-Gestalt Narasimha gerade dabei ist, den Dämon Hiranyakasipu als Strafe dafür

Geschäfte am Durbar Square

zu zerfleischen, daß er und die anderen dunklen Mächte zu übermütig geworden waren. Sie hielten sich nämlich für unverwundbar, seit Gott Brahma ihnen zugesichert hatte, daß sie weder durch Mensch noch Tier, weder bei Tag noch Nacht, weder im Haus noch außerhalb durch irgendeine Waffe besiegbar seien. Vishnu machte diesem Vertrauen ein Ende, indem er als Mischwesen (weder Mensch noch Tier) in der Dämmerung (weder Tag noch Nacht) den Dämon mit seinen Klauen (ohne Waffe) auf der Hausschwelle (weder drinnen noch draußen) vernichtete.

Eine weitere, vergoldete Vishnu-Statue – sie findet sich an der Ostseite neben dem Nataraja-Tempel – stammt ursprünglich aus dem 1933 durch das Erdbeben zerstörten Mahavishnu-Tempel am nördlichen Rand des Durbar-Bezirks.

Der **Pancamukhi Hanuman Mandir** 3, eine der drei Pagoden Nepals mit fünf Dächern, ist in die Nordostecke des Hofs gebaut und fällt überdies durch den runden Grundriß aus dem Rahmen landesüblicher Architektur. Auch das tantrische Kultbild, ein fünfköpfiger Hanuman, ist völlig atypisch für das hinduistische Ritual in Nepal.

Die umliegenden Höfe und Gebäudeflügel dürfen bis auf den Bereich des Lohan Chowk leider nicht betreten werden. Dazu zählt vor allem der überreich dekorierte **Mul Chowk** 4, der als Keimzelle des Palastes bereits durch König Mahendra Malla (reg. 1560–79) für die Göttin Taleju nach dem Vorbild Bhaktapurs angelegt worden ist und auch architektonisch in enger Verbindung zum benachbarten Taleju-Tempel steht. Der sich südlich anschließende **Lohan Chowk** 5 diente ehemals wohl als Regierungskomplex. Auffallend sind seine an den Ecken aufgesetzten Pagoden mit stark indischem Einfluß. Den südwestlichen **Basantapur Bhavan** 6, einen neunstöckigen Pagodenturm, darf der Besucher betreten (Zugang durch eine Tür an der Südfront des Nasal Chowk, schöner Ausblick). Er entstand, wie die drei anderen aufgesetzten Türme (Kirtipur Bhavan, Lalitpur Bhavan und Bhaktapur Bhavan), im Rahmen des Palastbaus durch Prithvi Narayan Shah (reg. 1768–75), gewissermaßen als weit sichtbares Zeichen für den Sieg über die Malla-Herrscher des Tals. Als Wohnturm konzipiert, greift er wieder auf die Urform der Pagoden-Architektur Nepals zurück. An der südlichen Außenfront des Basantapur-Turms lassen sich vom gleichnamigen Platz aus die schönen Holzschnitzereien der Fenster bewundern. Im Westflügel des Hanuman Dhoka ist das **Tribhuvan Memorial Museum** untergebracht, das vor allem Erinnerungsstücke an König Tribhuvan (reg. 1911–55) zeigt (Zugang vom Nasal Chowk).

Verläßt man den Palast wieder durch das Hanuman-Dhoka-Portal, fällt der Blick auf eine Gruppe von Tempeln. Dominierend tritt der **Jagannath-Tempel** 7 hervor, der, wie häufig in der Sakralarchitektur des Tals, sein Vorbild im Heiligtum von Pashupatinath fand. Der ursprüngliche Bau entstand um 1560 gleichzeitig mit dem benachbarten Taleju-Tempel (s. u.) und dem nördlich liegenden Mahendreshvara-Tempel im Rahmen eines von der Ästhetik bestimmten Gesamtkonzepts, das heute durch die zahlreichen Umbauten und Ergänzungen nicht mehr ersichtlich ist. Die kleinen Pagoden auf den Ecken der unteren Plattform weisen das Heiligtum, in dem zunächst Vishnu, später Jagannath (Krishna) residierte, als steingewordenes Mandala und Verkörperung des Weltberges Meru aus und setzen es damit in eine direkte Beziehung zum Taleju-Tempel, dem das gleiche kosmische Prinzip zugrunde liegt. Möglicherweise wollte König Pratapa Malla mit dieser ›Umfunktionierung‹ dem Jagannath-Kult im indischen Orissa seine Reverenz erweisen, wo in Puri noch heute eine große Tempelanlage im Mittelpunkt der Jagannath-Verehrung steht. An den Stützbalken entfaltet sich die hinduistische Götterwelt in all ihrer Vielfalt, wobei auch erotische Szenen nicht ausgespart sind. Die Tore zum Heiligtum tragen reiche Verzierungen. Die Hauptzugänge sind mit dem Dreizack und den drei Augen Shivas in Gestalt des Mahadev bemalt. Gegenüber dem östlichen Treppenaufgang verdient das von dem kunstsinnigen König Pratapa Malla in 15 Sprachen verfaßte, in die Palastwand eingelassene **Gebet an Kalika** 8 Aufmerksamkeit. Wer es nicht entziffern könne, so meinte der König, sei nur ein Tier! Sofern aber jemandem die Deutung gelänge, spräche dies für seine Größe, und es soll Milch aus dem stilisierten Elefantenrüssel in der Mitte des Steins fließen.

Narasimha-Figur am Hanuman-Dhoka-Palast

Eingang zum Taleju-Tempel, Detail

Die kleinen, nördlich angrenzenden Schreine sind Indra und Krishna geweiht. Überragt werden alle Tempel vom mächtigen, auf einer hohen Stufenplattform ruhenden **Taleju-Tempel** 9, aus dem Jahre 1560, dem zentralen Heiligtum des Durbar-Bezirks, das heute den nordöstlichen Abschluß der Palastanlage bildet (nicht zugänglich). Mit diesem ›Tempelberg‹ wollte König Mahendra Malla die überragende Bedeutung der Göttin Taleju auch architektonisch zum Ausdruck bringen. Die Einführung des dritten Daches und die Errichtung hoch auf einer künstlichen Plattform führten die Baukunst in neue Dimensionen, die bald von den anderen Städten des Tals kopiert und, wie der Nyatapola Mandir in Bhaktapur (s. S. 142f.) beweist, sogar übertroffen wurden.

Ihre ursprüngliche Heimstatt hatte Taleju allerdings im viel bescheideneren, an der nordöstlichen Ecke unterhalb des Straßenniveaus liegenden **Tana Deval** 10, der bereits 1501 dort entstand, wo sich wahrscheinlich der erste Palast König Ratna Mallas befand. Der rechteckige Bau, der sicherlich ganz bewußt am alten Handelsweg errichtet worden war, ist reich verziert mit Holzschnitzereien aus dem 18. Jh., ansonsten aber recht verwahrlost. Schräg gegenüber dem Eingang, auf der anderen Seite der Bazarstraße, verdient eine schöne, kniende, von Souvenirständen allerdings häufig verdeckte **Garuda-Figur** 11 aus dem 6. Jh. besondere Beachtung.

Ebenfalls an der ehemaligen Hauptstraße hat unmittelbar neben den Shiva- und Krishna-Schreinen die wohl bekannteste Skulptur der Stadt ihren Platz gefunden. Als überlebensgroßes Relief blickt **Kala Bhairava** 12, die schreckenserregende Manifestation des Gottes Shiva in Gestalt des Rächers, auf die Passanten. Zu Füßen des rot, schwarz und gelb leuchtenden, sechsarmigen Gottes liegt der besiegte Dämon Vetala. Die Überlieferung besagt, daß jeder Blut erbricht und stirbt, der angesichts des

Bildnisses eine Lüge ausspricht. Auch dieses beeindruckende Werk, das wahrscheinlich in Hatapa aus einem Stück gefertigt und mit großem Aufwand nach Kathmandu transportiert wurde, geht auf König Pratapa Malla zurück. Die **Stiftersäule** 13 dieses großen Bauherren findet sich ein Stück weiter südlich. Sie gilt als Prototyp der Säulen, die auch vor den Palästen von Bhaktapur und Patan zu finden sind, und zeigt die Familie des Herrschers – seine vier Söhne an den Ecken, seine beiden Frauen ihm zur Seite sowie den noch unmündigen Sohn zu seinen Füßen – auf einem als Lotos geformten Kapitell. In anbetender Haltung, die den Garuda-Bildnissen entlehnt ist, hat sich die Gruppe dem **Degutale-Tempel** 14 zugewandt. Diese Ausrichtung macht bereits deutlich, daß unter Pratapa Malla neben der Staatsgottheit Taleju die mehr ›familiäre‹ Degutale in den höfischen Kult aufgenommen worden war. Die enge Beziehung spiegelt sich auch in der Architektur. Residiert Taleju entrückt, unzugänglich und verborgen auf ihrem ›Tempelberg‹, so hat Degutale, gewissermaßen als Mitglied der Königsfamilie, ihre ›Wohnung‹ inmitten des Palastes gefunden. Bei Hof eingeführt wurde der in Nepal schon lange praktizierte, aus der Naturreligion hervorgegangene Degutale-Kult durch König Sivasimha Malla (reg. 1579–1620). Mit dem dreistöckigen, hochaufragenden Degutale Mandir erhob er die Gottheit in den höchsten Rang und schuf überdies ein optisches Gleichgewicht zum bis dahin dominierenden Taleju-Tempel.

Dort, wo die Palastfront neben dem Degutale-Tempel zur Bazarstraße hin abknickt, blickt eine weitere, hinter einem Gitter versteckte Bhairava-Figur zornig aus einer Nische auf das Treiben. Es handelt sich hier um **Shveta Bhairava** 15, den Weißen Bhairava, den König Rana Bahadur Shah (reg. 1777–99) zusammen mit der Degutale-Glocke auf der gegenüberliegenden Straßenseite, dem Durbar-Bezirk im Jahre 1796 hinzugefügt hatte. Während des Indra-Yatra-Festes (August/September) wird das Gitter für einige Tage beseitigt und das Bildnis des Bhairava, mit Girlanden geschmückt, in die religiösen Riten einbezogen.

Der eigentümliche achteckige Bau neben der Glocke mit dem Namen **Casdidega** 16 war als Gedenkstätte für die beiden 1649 verstorbenen Frauen Pratapa Mallas gedacht. Das Kultbild zeigt, wie beim Eingang zum Hanuman-Dhoka-Palast, Gott Krishna mit seinen beiden Gemahlinnen Rukmini und Satya Bhama, wobei die Künstler den Gottheiten die Züge des Herrschers und seiner Gattinnen verliehen haben. Die westliche an die Bazarstraße grenzende Palastfront weist sehr schöne Schnitzereien in den oberen Stockwerken auf, während sich im Erdgeschoß Souvenirläden etabliert haben. Das Dach überragt die zweistöckige Pagode des **Bhagvati-Tempels** 17, ursprünglich Narayana geweiht, dann der Göttin Bhagvati.

Der Weg öffnet sich nun zu einem weiträumigen Platz, beherrscht von der weißen, neoklassischen Front des erst 1909 angefügten Palastflügels **Gaddi Baithak** 18, der in eigentümlichem Kontrast zu den alten Tempeln seiner unmittelbaren Nachbarschaft steht und die Beeinflussung des Landes durch europäische Kulturen unübersehbar zum Ausdruck bringt. Die Terrassen und Stufen der umliegenden Tempel gewähren einen hervorragenden Blick auf den Dur-

Kala Bhairava, die schreckenerregende Manifestation des Gottes Shiva

bar-Bezirk und sind nicht von ungefähr zum beliebten Treffpunkt der Einheimischen und Touristen gleichmaßen geworden. Dazu gehört der **Shiva Parvati Mandir** 19 am Beginn der Bazarstraße, ein langgestrecktes Gebäude aus der Shah-Zeit mit fünfteiligem Portal. Aus dem ersten Stock beobachten Shiva und Parvati das Treiben, ganz so wie die Menschen auf den Stufen zu ihren Füßen.

Beherrscht wird der Platz vom **Maju Dega** 20, der 1690 als Kopie des im Süden Kathmandus liegenden Jaisi Deval (s. S. 106f.) errichtet wurde. Daneben erhebt sich der kleine **Trailokya Mohan Mandir** 21, ein Vishnu-Tempel aus dem späten 17. Jh., den König Parthivendra Malla (reg. 1680–87) für seinen Bruder Nripendra Malla (reg. 1674–80) hatte errichten lassen. Große Verdienste hatte er sich damit zumindest für sein Erdendasein wohl nicht erworben, denn auch er starb nach nur kurzer Regierungszeit. Seine Witwe, Königin Riddhi Lakshmi, stiftete zusammen mit dem allmächtigen Minister Lakshmi Narayana Joshi 1690 die **Garuda-Statue** 22 zu Füßen des Heiligtums, die eine genaue Kopie einer aus dem 8. Jh. stammenden Figur aus Narayanhiti darstellt.

Kasthamandapa, Schnitt und Grundriß

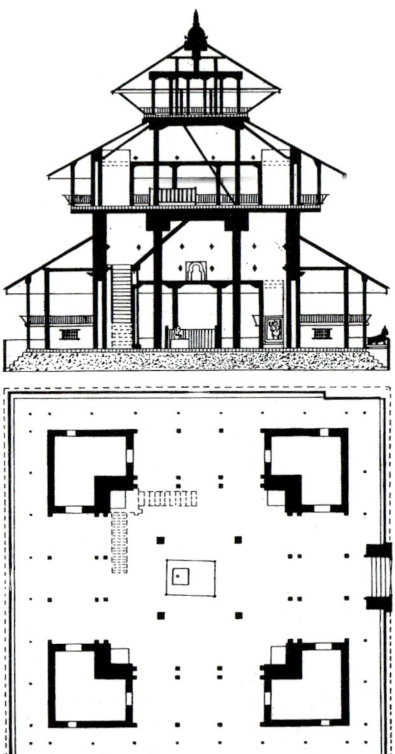

Dem sich an der Südwestecke des Durbar etwas schwerfällig aus dem Gewühl des Marktes emporhebenden **Kasthamandapa** 23 sieht man seine historische und baugeschichtliche Bedeutung gewiß nicht an. Lange bevor die Malla ihre Herrschaft in Kathmandu festigten, stand dieses »Haus aus Holz«, so der Name in der Übersetzung, genau am Schnittpunkt der wichtigsten Handelsrouten, denen die damals noch aus 12 unabhängigen Dörfern bestehende Siedlung ihre Existenz verdankt. So wichtig war dieser vor der Malla-Zeit größte Bau gewesen, daß er der Stadt sogar den Namen verlieh. Mit seinen gestuften Dächern weist er überdies den Weg für die spätere Baukunst der Newar und gilt als Prototyp für die gestuften Tempeldächer. Das im wahrsten Sinne tragende Konstruktionselement des dreistöckigen, auf das 12. Jh. datierten Hallenbaus war ein wohldurchdachtes System hölzerner Pfeiler und Säulen. Einige von ihnen sollen noch aus der Gründungszeit stammen, die meisten sind jedoch im Laufe der Zeit erneuert und mit Figurenschmuck versehen worden. Gleichwohl vermittelt der Kasthamandapa fast unverfälscht das Bild der frühen Architektur Nepals, wobei es sich bei diesem

Markt auf dem Durbar Square, rechts die Garuda-Statue

Bau trotz der Kultobjekte im Innern nicht um einen Tempel, sondern eine Versammlungshalle gehandelt hat, in der sich wahrscheinlich die Dorfvorsteher zu Beratungen zusammenfanden.

Daß der winzige **Ashok-Vinayak-Schrein** 24 gegenüber der Nordostecke des Kasthamandapa zu den populärsten Kultstätten der Stadt gehört und zu den vier wichtigsten Ganesh-Heiligtümern des Tals überhaupt, mag zum einen an seinem hohen Alter liegen, soll der elefantenköpfige Gott hier doch schon seit der legendären Stadtgründung durch König Gunakamedeva II. im 10. Jh. verehrt werden. Es zeigt aber auch, daß sich der Volksglaube keineswegs durch eine besonders repräsentative Bauweise beeindrucken läßt, zumal viele der großen Tempel Nepals eher zum Ruhm der Herrscher als zu dem der Götter errichtet wurden.

Auch der nur wenige Schritte westlich liegende Badetank **Maduhiti Dhara** 25 könnte aus der gleichen Zeit wie der Ganesh-Schrein stammen und hat wie dieser über die Jahrhunderte nichts von seiner Funktion eingebüßt. Nach wie vor leistet er den Bewohnern der umliegenden Häuser gute Dienste bei der Morgentoilette und wird trotz Verbots gelegentlich auch für die kleine Wäsche genutzt. Diskret verdecken dann zum Trocknen aufgehängte Tücher den deutlichen Hinweis.

Das Gebäude, das den Durbar Square im Südosten abschließt und zum angrenzenden Basantapur Square überleitet, stammt zwar erst aus dem 18. Jh., ist aber für die Existenz des Herrscherhauses von größter Bedeutung, hat hinter diesen Mauern doch die lebende Göttin Kumari (s. S. 70f.), eine Personifizierung der Staatsgottheit Taleju, ihr Domizil. Errichtet wurde der mit schönen Fenstern verzierte, dreistöckige **Kumari Chowk** 26 vom letzten Malla-König Jayaprakash Malla (reg. 1736–68), der als

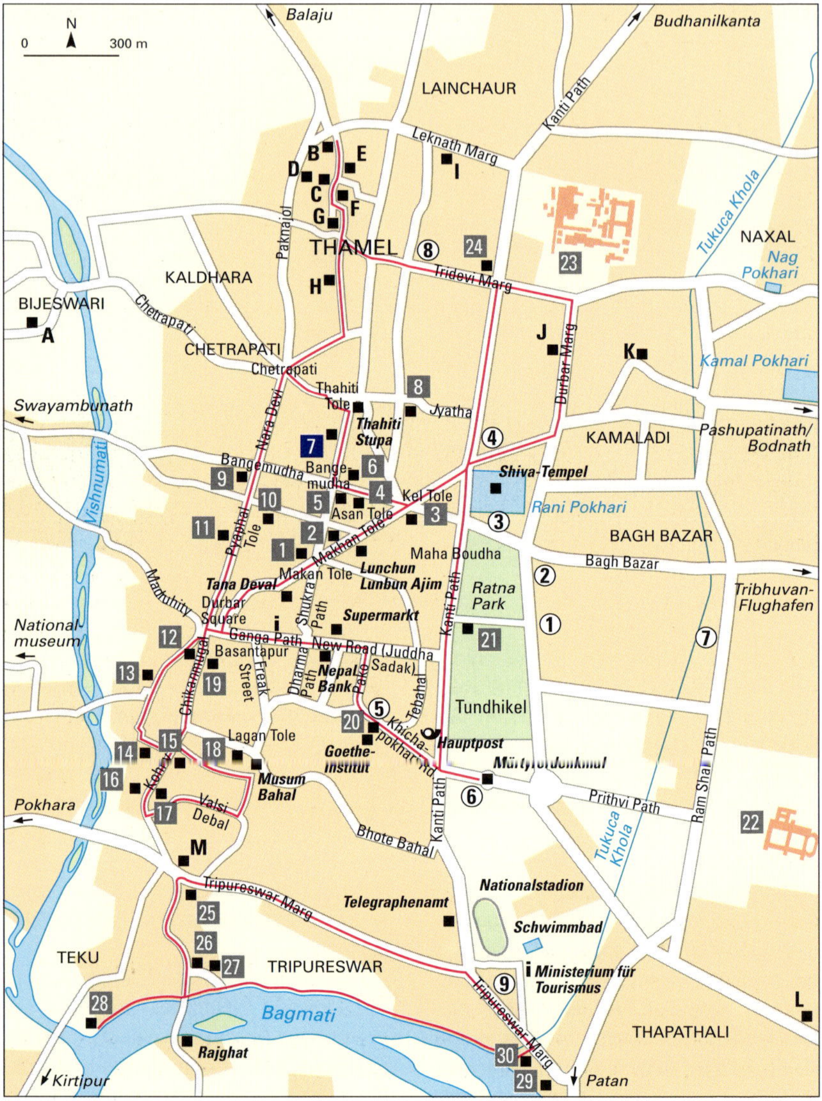

treuer Verehrer der Göttin Taleju galt und den Kumari-Kult in Kathmandu einführte. Denn der Kumari hatte er es seiner Auffassung nach zu verdanken, daß er, wenn auch nur vorübergehend, die Macht in Kathmandu wiedererlangen konnte, als Prithvi Narayan Shah das Tal bedrohte. Zum Indra-Yatra-Fest (August/September), darf die jungfräuliche ›Göttin‹ ihren bescheidenen Palast verlassen und wird dann auf einem Prozessionswagen durch die Stadt gefahren. Es gehört heute leider zur Gewohnheit der Fremdenführer, das Mädchen durch

Kathmandu, Innenstadt, Sehenswürdigkeiten: *1 Akash Bhairava Mandir 2 Matsyendranath-Tempel 3 Annapurna-Tempel 4 Haku Bahal 5 Ikhan Narayan Mandir 6 Shiva-Parvati-Relief 7 Kathesimbhu Stupa 8 Chusya Bahal 9 Shevetakali-Naradevi-Tempel 10 Itum Bahal 11 Yathka Bahal 12 Simhasattal 13 Bhimsen-Tempel 14 Brunnenanlage 15 Jaisi-Deval-Tempel 16 Ram Chandra Mandir 17 Tukan Bahal 18 Matsyendranath-Tempel 19 Adko Narayan Mandir 20 Bhimsen Tower 21 Mahakala-Tempel 22 Singha-Durbar-Palast 23 Königspalast (Royal Palace) 24 Kaisar Library 25 Nava-Durga-Tempel 26 Pachali-Bhairava-Tempel 27 Tindeval-Tempel 28 Teku-Tempel 29 Hema Narayana Mandir 30 Tripureshuar Mandir* ***Hotels:*** *A Vajra B Marshyangdi C Manang D Lily E Iceland F Garuda G Kathmandu Guest House H Earth House I Malla J L'Annapurna K Yak & Yeti L The Everest M Valley View* ***Bushaltestellen:*** *1 Ehem. Central Bus Park 2 Bagh Bazar 3 Ratna Park 4 Rani Pokhari (Jamal) 5 Bhimsen Tower 6 Martyrs' Gate 7 Tukuchapel 8 Tridevi Marg (Thamel) 9 Nationalstadion*

Zurufe und Geldspenden ans Fenster im Innenhof zu locken, um es den Touristen ›vorzuführen‹, ein recht entwürdigendes Indiz mangelnden Einfühlungsvermögens und zunehmender Verwestlichung.

Östlich des Kumari Chowk öffnet sich der **Basantapur,** ein großer weiter Platz, den vor allem tibetische Kunstgewerbehändler mit Beschlag belegt haben. Wie bereits erwähnt, hat man von hier aus einen sehr schönen Blick auf die südliche Fassade des gleichnamigen Palastflügels. Früher einmal war der Platz als Hati Chowk (Elefantenhof) Teil der ursprünglich wesentlich größeren Palastanlage.

Die von der südöstlichen Ecke des Basantapur abzweigende Straße war die Keimzelle des Individualtourismus der Hippie-Generation in den 60er Jahren und trägt seither den inoffiziellen Namen **Freak Street.** Die Zeiten, als sich hier der bunt zusammengewürfelte Haufen europäischer und amerikanischer Aussteiger vor den legalen Haschischgeschäften und in düsteren Kneipen drängte, sind allerdings längst vorbei. Die kleinen Hotels erwecken, sofern sie überlebt haben, allenfalls nostalgische Erinnerungen, verlocken aber kaum zum Verweilen. Die neue Generation der Individualtouristen, die mehr Wert auf eine heiße Dusche und ein gutes Essen als auf einen billigen ›joint‹ legt, verhalf dem nördlichen Viertel Thamel zu einem ungeahnten Aufschwung (s. S. 109f.). Erst in jüngster Zeit lassen sich Ansätze für eine Anpassung an diese Komfort-Ansprüche auch in der Freak Street erkennen, die vor allem ihren Standortvorteil im Herzen der Stadt gelten machen kann.

Der breite, den Platz nach Osten verlassende Ganga Path geht nach einigen hundert Metern in die New Road (s. S. 107) über, um schließlich am Tundhikel Square auf den Kanti Path (s. S. 109) zu stoßen.

Streifzüge durch die nördliche Altstadt

Unser Spaziergang durch Kathmandu soll uns zunächst durch das alte nördliche Viertel führen, das eingebettet zwischen den vom Durbar Square V-förmig auseinanderlaufenden alten Handelsstraßen liegt und noch einen authentischen Eindruck mittelalterlicher Stadtarchitektur und Lebensweise vermittelt.

Man verläßt den Durbar Square in nordöstlicher Richtung am Tana Deval und folgt der Makhan Tole, der historischen Tibet-Route, die heute als Hauptbazarstraße für Einheimische und Touristen gleichermaßen dient. Bis zur Eröffnung der New Road nach dem Erdbeben von 1933 war sie die wichtigste Straße der Stadt und ist noch heute eine der belebtesten. Nach gut 100 m öffnet sie sich zum **Indra Chowk,** einem Verkehrsknotenpunkt, an dem sich Alt- und Neustadt berühren. An der Ecke steht ein kleiner Ganesh-Schrein, daneben erhebt sich der **Akash Bhairava Mandir** 1 über einigen Geschäften im Erdgeschoß. Zwar sind keine Baudaten überliefert, die Lage an der wichtigen Verkehrsachse deutet aber auf ein hohes Alter des Heiligtums hin. Die außergewöhnliche bunte Fliesenverkleidung wurde allerdings erst in neuerer Zeit beim Wiederaufbau nach dem Erdbeben von 1933 angebracht. Über dem dreiteiligen Balkon ein großes Tympanon mit Schutzgottheiten, im Inneren eine riesige Bhairava-Maske, die man von der Straße aus sehen kann.

Unter Beibehaltung der ursprünglichen Richtung überquert man den breiten Shukra Path und taucht wieder in das Gewühl des Bazarlebens, bis man nach einigen Schritten zum Platz **Kel Tole** gelangt. Bei dem kleinen Tempel an der linken Seite handelt es sich um das tantrische Heiligtum **Lunchun Lunbun Ajim.** Daneben befindet sich der Zugang zum überreich vergoldeten **Matsyendranath-Tempel** 2 im Jana Bahal. Die Verehrung, bei den Tibetern bekannt als Jamali-Kult, geht in ihren Ursprüngen auf das 10. Jh. zurück, der heutige Tempel entstand jedoch erst 500 Jahre später. Geweiht ist er dem Weißen Matsyendranath, einer für Nepal typischen Erscheinungsform des transzendenten Bodhisattva Avalokiteshvara. Der ursprünglich nur in Patan und Bungamati beheimatete Kult wurde im 10. Jh. durch König Gunakamadeva II. auch in Kathmandu eingeführt, wo die tönerne Kultfigur zunächst in Yamala gegenüber der heutigen Bot-

Lebhaftes Treiben am Indra Chowk

schaft der USA ihren Platz hatte, bis König Yaksha Malla der Gottheit das Heiligtum am Kel Tole errichten ließ. Das zweistöckige Bauwerk ist fast vollständig mit vergoldeten Kupferplatten beschlagen. Zum Schutz vor Kunstdieben, die dem Heiligtum bereits beträchtlichen Schaden zugefügt haben, mußten bedauerlicherweise große Teile vergittert werden. Dennoch hinterläßt der Tempel mit seinen glänzenden Glocken, Wimpeln und Bronzeplastiken einen bleibenden Eindruck. Das Erdgeschoß umschließen Darstellungen der 108 Erscheinungsformen des Avalokiteshvara, das Sanktuarium beherbergt den nach Osten blickenden Bodhisattva als Padmapani, den »Lotoshaltenden«, der den Menschen aus Mitleid auf der Suche nach der Erlösung beisteht.

Begleitet von schönen alten Häuserfronten führt die diagonale Straße nun weiter zum belebtesten Platz der Stadt, dem **Asan Tole.** Sechs Gassen treffen hier zusammen, und täglich wird Markt im Schatten dreier Tempel abgehalten. Besonderes Augenmerk zieht der etwa 10 m hohe **Annapurna-Tempel** 3 an der Südseite auf sich, obwohl er mit all seinem Zierat und der reichen Vergoldung fast schon überladen wirkt und erst aus dem Jahre 1839 stammt. Fast hat es den Anschein, als habe Annapurna, die »Ernäherin«, das überreiche Warenangebot ringsum bewirkt, entfaltet sich doch der Handel am Asan Tole mit besonderer Intensität. Die Gottheit, eine Inkarnation von Parvati, hat aus Bengalen und Varanasi ihren Weg ins Kathmandu-Tal gefunden und sogar einem der höchsten Berge der Welt ihren Namen gegeben. Trotz dieser Popularität erlangte sie in Nepal aber nie die Vorrangstellung, die sie in der Ganges-Ebene bis heute innehat. Nach tantrischer Tradition wird sie in Gestalt

Baumnymphe, Matsyendranath-Tempel

eines Symbols, hier der mit Silber beschlagenen »Vase des Überflusses« *(kalasa),* verehrt.

Wir folgen nun nicht mehr der alten Hauptstraße, die nach etwa 100 m auf den breiten Kanti Path stößt und damit die Altstadt verläßt, sondern wenden uns nach Westen. Nur einige Meter sind es bis zu einem kleinen Tor auf der linken Seite, das den Weg in den Innenhof des **Haku Bahal** 4 freigibt. Die ehemalige buddhistische Klosteranlage wird wie üblich heute für Wohnzwecke genutzt. An die religiöse Vergangenheit erinnert noch der kleine Votivstupa in der Hofmitte. Wie erläutert, können diese Bahals als die Urzellen der Stadt angesehen werden und sind in den alten Vierteln Kathmandus noch in nahezu unveränderter Form anzutreffen. Besondere Aufmerksamkeit verdient auch der außergewöhnlich schöne holzgeschnitzte Balkon.

Am Kathesimbhu Stupa

Vorbei an zwei Tempeln führt die Straße nun zum **Bangemudha.** Der Platz verdankt seinen Namen »knorriges Holz« dem merkwürdigen Kultobjekt an seiner Südostecke, wo die vom Durbar Square kommende Straße einmündet. Ein in Augenhöhe angebrachtes, rot bemaltes Stück Holz mit einer mundartigen Öffnung verkörpert den lokalen Gott Vashya Dyo, der Zahnschmerzen heilen soll. Durchlöchert der vom Schmerz Geplagte eine Münze und treibt sie zusammen mit einem Nagel tief in das Holz, so wird nach altem Naturglauben der darin wohnende böse Geist gebannt und damit auch das Zahnweh.

An der Ostseite des Platzes erhebt sich der kürzlich restaurierte **Ikhan Narayan Mandir** 5, eine 10 m hohe Ziegel-Holz-Pagode, bewacht von einem Garuda auf einer Säule. In der Cella stehen bemerkenswerte Vishnu-, Lakshmi- und Garuda-Plastiken aus dem 10. Jh. Eine schöne Sarasvati-Figur in einer Nische eines kleinen steinernen Schreins und ein vor der Front der Läden an der Nordseite kaum wahrnehmbarer kleiner Buddha aus dem 6. Jh. vervollständigen das Bild religiöser Vielfalt. Die Buddha-Figur – sie gehört zu den schönsten Arbeiten der frühen Epoche und zeigt Einflüsse der Sarnath-Schule Indiens – wird leider von geschmacklosem Kachelwerk umschlossen.

Eine Kostbarkeit ist auch das aus dem 9. Jh. stammende, in einer mit Gittertür verschließbaren Nische angebrachte **Shiva-Parvati-Relief** 6 neben einer rot bemalten Ganesh-Figur etwa 100 m nördlich des Platzes auf der rechten Straßenseite. Das Steinrelief zeigt Shiva auf dem heiligen Berg Kailash mit Parvati an seiner Seite, eine Thematik, die als Uma-Maheshvara bekannt ist.

Etwa 50 m weiter öffnet sich linker Hand der Zugang zum **Kathesimbhu**

Stupa 7, der inmitten eines recht großen, von Wohnhäusern umschlossenen Platzes liegt, an dem sich vor allem Tibeter angesiedelt haben. Eine Legende berichtet, daß er mit den vom Bau Swayambunaths übriggebliebenen Materialien bereits im 7. Jh. errichtet worden sei und die Reliquien des Buddha Kasyapa umschließe. Nachweislich wurde der Stupa aber erst 1450 als kleine Replik des Swayambunath begonnen und nie fertiggestellt. Möglicherweise sollte der Bau dazu dienen, alten und gebrechlichen Gläubigen den beschwerlichen Weg zum Tempelberg zu ersparen. Der Überlieferung zufolge bewirken Gebete am Kathesimbhu Stupa nämlich die gleichen Verdienste wie vor dem ›großen Bruder‹. Sehenswert ist die durch Gitter geschützte Avalokiteshvara-Figur aus dem 9. Jh., umgeben von zahlreichen Votivstupas. Der kleine Tempel an der Nordwestseite des Platzes ist, wie der in Swayambunath auch, der Göttin Hariti geweiht, die den Schutz der Kinder gewährleisten soll.

Nun ist es nicht mehr weit zum **Thahiti Tole,** einem rechteckigen Platz, der ebenfalls von einem Stupa aus dem 15. Jh. beherrscht wird und zudem an der Nordseite einen kleinen Shiva-Tempel aufweist. Wir haben an dieser Stelle den nördlichsten Punkt des Rundgangs erreicht. Ehe wir unseren Weg nach Nordwesten (links) fortsetzen, empfiehlt sich noch ein kurzer Besuch des **Chusya Bahal** 8, der als eines der besten Beispiele eines ehemaligen buddhistischen Newar-Klosters gilt. Man erreicht diese Anlage, wenn man sich hinter dem Stupa auf dem Thahiti Tole nach rechts wendet (geradeaus geht es nach Thamel) und trifft dann dort, wo die Straße sich zum kleinen Jayatha Tole erweitert, rechter Hand auf den von zwei Löwenfiguren flankierten Hauptzugang. Besonders beeindruckend sind die Holzschnitzereien dieses aus dem Jahre 1648 stammenden Klosters. Sowohl die Tympana über dem Haupteingang und dem Zugang zum Allerheiligsten als auch die Holzstützen der Dächer des um einen zentralen Innenhof gebauten Bahals zeigen Arbeiten in höchster Vollendung, bedauerlicherweise aber auch hier in einem recht vernachlässigten Zustand. Einige Wissenschaftler datieren die Schnitzereien und damit die gesamte Anlage sogar auf das 14. Jh. Sofern das Tor offen ist, kann man den gepflasterten Innenhof betreten. Er enthält Skulpturen der Tara und des Ur-Buddha Vajrasattva sowie einen Votivstupa. Im Tempelinnern begegnet uns Buddha Shakyamuni, auf dem Tympanon über dem Tempelzugang der transzendente Buddha Aksobhya mit drei Köpfen und sechs Armen. Hier befinden sich auch die schönsten Beispiele geschnitzter Dachstützen mit Darstellungen von Kultgottheiten, Schutzgöttern und transzendenten Buddhas. Wir kehren nun auf demselben Weg wieder zum Thahiti Tole zurück und gelangen kurz darauf über eine belebte Straße zum **Chetrapati,** einem wichtigen Knotenpunkt an der Nahtstelle zwischen Thamel und der Altstadt, an dem auch der Fußweg zum Swayambunath abzweigt. Wir nehmen jedoch die breite nach Süden (links) führende Straße, die einem alten Handelsweg folgt. Nach einigen hundert Metern erhebt sich rechter Hand an einer Kreuzung unübersehbar der dreistöckige **Shevetakali-Naradevi-Tempel** 9, der bereits vom Stadtgründer König Gunakamadeva II. zum Schutz der nördlichen Stadtgrenze in Auftrag gegeben worden sein soll. Verehrt wird hier Naradevi, eine Verbindung von Durga in ihrer schreckenerregenden Ausprägung als Chamunda mit einer lokalen Muttergottheit der Newar. Besonderes Interesse verdient das reich ausgestattete Tympanon über dem Hauptzugang, das ebenfalls gegen Kunstdiebe leider mit einem Gitter versehen werden mußte. Der dem Tempel gegenüberliegende, gepflasterte Platz an der Kreuzung ist für religiöse, noch heute alle 12 Jahre stattfindende Maskentänze zu Ehren der Göttin vorgesehen.

Von hier aus lohnt sich ein kurzer Abstecher in die nach Osten (links) führende Straße. Nach gut 100 m gewährt auf der rechten Seite ein Durchgang Einlaß zum langgestreckten **Itum Bahal** 10, einem Vorplatz für vier nebeneinanderliegende Klosteranlagen, die zu den ältesten der Stadt zählen. Am wichtigsten ist der vom Zugang (Norden) her gesehene dritte Klosterhof, der eigentliche Itum Bahal, der durch die Legende mit dem Mahakala-Tempel am Tundhikel (s. S. 108) verbunden ist. Danach soll im Itum Bahal der kinderverschlingende Dämon Guru Mapa gehaust haben, der schließlich vor die Tore der damaligen Stadt, nach Tundhikel, ›umgesiedelt‹ wurde, wobei man das bis heute beachtete Verbot erließ, die Umgebung seines neuen Domizils zu bebauen. Eine Erinnerung an den kannibalisch veranlagten Dämon bewahrt ein Relief an der Nordseite des Hofes (an der Wand im ersten Stock), auf dem er gerade beim Verzehr eines Kindes dargestellt ist.

Das Tympanon über dem Eingang mit einem Bildnis des transzendenten Buddha Vairocana ist von hoher Qualität, gleiches gilt für einige der Figuren im Tempelhof und etliche der hölzernen Dachstützen. Dazu gehören vor allem die teilweise stark verwitterten Darstellungen an der Ostseite mit Baumnymphen *(salabhanjika)*, die auf Köpfen von Zwergen stehen. Die tantrischen Arbeiten stammen bereits aus dem 14. Jh.

Straßenverkäufer am Thahiti Tole

und symbolisieren die Geburt Buddhas durch Maya unter einem Pipal-Baum in Lumbini (s. S. 197ff.). Die Tempelanlage stand in enger Verbindung zur Ortschaft Banepa, deren König Bardhana Ende des 14. Jh. maßgeblich an der Ausgestaltung beteiligt war. Seine Gemahlin wiederum stiftete das Kultbild der »weißen Tara« im angrenzenden Tara-Tempel. Bei der Tara handelt es sich um einen weiblichen Bodhisattva, eine Erscheinungsform, die mit dem volksnahen Mahayana-Buddhismus unter hinduistischem Einfluß aufkam, um dem Verlangen der Bevölkerung nach weiblichen Gottheiten Rechnung zu tragen. Die Restaurierung im Jahre 1981 hat dem Heiligtum bedauerlicherweise viel von seiner Ursprünglichkeit genommen und auch alte Wandmalereien aus dem 17. Jh. durch Kachelverkleidungen zerstört.

Wir kehren nun wieder zur Kreuzung am Shevetakali-Naradevi-Tempel zurück und setzen den Weg nach Süden fort. Nach etwa 150 m erreichen wir auf der rechten Seite den Zugang zu einer weiteren großen Klosteranlage, den **Yathka Bahal** 11. Trotz der aufgemalten Augen und der vergoldeten Schirme kann sich der zentrale Stupa kaum mit dem oben erwähnten Kathesimbhu Stupa messen, zumal der Platz recht verwahrlost wirkt. Der Schrein im westlichen Flügel beherbergt in seiner Cella eine Statue des Gautama Buddha, flankiert von zwei Schülern. Die wertvollen Dachstützen an der Westseite wurden unlängst samt Dach abmontiert. Ob dies nur im Rahmen einer Restaurierung erfolgte oder als endgültige Maßnahme, bleibt abzuwarten.

Nun ist es nicht mehr sehr weit bis zum Durbar Square, dem Ausgangspunkt dieses Rundgangs. Man betritt ihn über den **Kot,** den Paradeplatz, der am 14. September 1846 ein Blutbad sah, dem 32 Mitglieder der führenden Familien und der Regierung durch Soldaten des machthungrigen Jung Bahadur Rana zum Opfer fielen (s. S. 42).

Einer der zahlreichen ›offenen‹ Läden in der Altstadt

Bummel durch die südliche Altstadt

Am Durbar Square beginnt auch der zweite durch die Altstadt führende Rundgang. Ausgangspunkt ist der Kasthamandapa, den wir in südliche Richtung auf der diagonal nach Südwesten führenden alten Handelsstraße verlassen. Letztes Gebäude am Durbar ist der **Simhasattal** 12, ein rechteckiges Bauwerk, dessen Geschichte ungeklärt ist. Die einen bringen es in Verbindung mit dem benachbarten Kasthamandapa, andere halten es für einen ehemaligen Bhimsen- oder Bhairava-Tempel. In

Rikscha-Fahrer

seiner heutigen Form stammt das Gebäude aber erst aus der Mitte des vergangenen Jahrhunderts. Im Erdgeschoß haben sich Läden etabliert, im Obergeschoß wird ein großes, etwa 200 Jahre altes Bild von Vishnu auf einem Garuda aufbewahrt. Dort gibt es auch einen kleinen Shiva-Schrein, der aus den Resten des für den Kasthamandapa verwendeten Baumaterials gefertigt sein soll. Die Bazarstraße führt nun für gut 250 m durch die belebte Altstadt, ehe rechts ein großer **Bhimsen-Tempel** 13 auftaucht, der wahrscheinlich auf König Pratapa Malla zurückgeht. Das Sanktuarium mit zwei Figuren des Schutzgottes der Kaufleute befindet sich im ersten Stock, während das Erdgeschoß mit Geschäften ausgestattet ist. An den Stützbalken des unteren Daches reihen sich die fünf Pandavas aus dem Mahabharata-Epos, darunter natürlich auch Bhima, der Held mit der Keule. Er wird in Nepal als Gottheit Bhimsen verehrt und als eine Inkarnation Shivas gesehen. Neben dem Tempel befindet sich eine große, als Waschplatz genutzte Brunnenanlage *(hiti)* mit einem krokodilartigen Mischwesen (*makara*) als Wasserspeier. Die beim dem Heiligtum nach rechts (Westen) bergab führende Hauptstraße überquert den Vishnumati und führt dann weiter zum Nationalmuseum und zum Swayambunath-Tempel (s. S. 119ff.). Wir bleiben jedoch auf der alten, nun weniger belebten Handelsstraße und biegen an deren Ende nach links (Osten) ab. Kurz bevor wir den Platz mit der großen Pagode erreichen, liegt rechter Hand etwas versteckt eine **Brunnenanlage** 14 mit zahlreichen Votivstupas. Unmittelbar an der Einmündung der Straße in den Platz steht ein naturgewachsener Stein, der als Lingam verehrt wird. Beherrschend jedoch ist der dreistöckige, auf einem siebenstufigen Sockel ruhende **Jaisi-Deval-Tempel** 15, der 1695 in Gedenken an den mächtigen Premierminister Lakshmi Narayana Joshi entstanden ist. Sehenswert sind vor allem die schön geschnitzten hölzernen Dachstützen mit vielarmigen Götterpaaren. Leider sind die meisten von ihnen in einem bedauernswerten Zustand und bedürfen dringend der Renovierung. Die erwähnte alte Brunnenanlage und eine im Osten des Platzes entdeckte Licchavi-Inschrift legen die Vermutung nahe, daß schon lange vor Errichtung des Tempels hier eine kleine Gemeinde existiert hat. An der südöstlichen Ecke des Platzes öffnet sich der Zugang zum **Ram Chandra Mandir** 16, einem bescheidenen, in einem Hof liegenden Tempel mit erotischen Darstellungen an seinen Dachstützen.

Nun setzen wir den Rundgang nach Süden fort, wo wir kurz darauf den **Tukan Bahal** 17 erreichen (links), eine ehemalige Klosteranlage mit einem Stupa im Zentrum, der momentan renoviert wird. Auf seinem Sockel sind noch Reliefs aus dem 8. Jh. zu erkennen.

Wir folgen der Straße weiter nach Süden. Sie biegt nach links ab, passiert den Musum Bahal, umgeben von vier Votivstupas, führt noch an anderen Bahals vorbei und erreicht schließlich den **Lagan Tole,** einen weiträumigen Platz, auf dem sich der unscheinbare weiße **Matsyendranath-Tempel** 18 fast verliert. Nur beim großen Wagenfest zu Ehren dieses Gottes, wenn sein im Heiligtum am Kel Tole (s. S 100f.) beheimatetes Bildnis auch diese Kultstätte besucht, erwacht der Platz zu regem Leben. Von dort führt uns der Weg westwärts zurück zum Jaisi Deval und weiter in nördliche Richtung zum Durbar Square, dem Ausgangsplatz dieses Rundgangs. Am Wege liegt der **Adko Narayan Mandir** 19 (rechts), eines der wichtigsten Vishnu-Heiligtümer der Stadt. Sehr schön der gegossene Tympanon an der Westseite mit einem Bildnis von Vishnu, flankiert von Sarasvati und Lakshmi, abscheulich hingegen die Mosaikverkleidung an der Außenseite.

Neustadt

Der Rundgang endet an der Südseite des Durbar Square, von wo wir uns nach rechts wenden, um über den von Souvenirhändlern besetzten Basantapur den historischen Kern Kathmandus zu verlassen und uns der östlichen Neustadt zuzuwenden.

Nach dem Erdbeben von 1933 wurde die **New Road,** vom Basantapur ausgehend, wo sie noch den Namen Ganga Path trägt, als eine Bresche in die alte Bausubstanz geschlagen. Sie dient heute als recht gesichtslose Einkaufsstraße für den gehobenen Bedarf und führt direkt zum **Tundhikel,** der großen Freifläche an der östlichen Peripherie, um die sich die neueren Verwaltungsgebäude gruppieren. Die fast 2 km lange und etwa 400 m breite, unbebaute Fläche ist der Legende nach dem Dämon Guru Mapa gewissermaßen als ›Freigehege‹ zugewiesen worden. Begrenzt wird der Tundhikel im Westen vom Kanti Path, im Osten vom Durbar Marg, den beiden wichtigsten Straßen der Neustadt. Im Norden dient der Tundhikel als Park (Ratna Park), im Zentrum als Paradeplatz (Tundhikel) und im südlichen Abschnitt als Armeelager. Dort wird er vom minarettartigen **Bhimsen Tower** 20, auch Dharahara genannt, überragt, der 1825 von Premierminister Bhimsen Thapa wahrscheinlich als Beobachtungsturm errichtet wurde, beim oben genannten Erdbeben aber völlig zusammenstürzte und in verkürzter Form wieder aufgebaut wurde. Zu seinen Füßen die dreistufige, dem Garuda Narayana geweihte Brunnenanlage Sundhara aus der gleichen Zeit. Daneben liegt die Hauptpost.

Ein Stück weiter nördlich hat gegenüber dem Militärhospital der **Mahakala-Tempel** 21 seinen Platz. Früher beschützte der im Zusammenhang mit der Verbannung des Dämons stehende Tempel ein buddhistisches Kloster, heute wird hier Shiva in seinem schrecklichen Aspekt als Bhairava verehrt.

Die nördliche Begrenzung des Tundhikel-Viertels bildet der **Teich Rani Pokhari,** den König Pratapa Malla in Gedenken an seine Gemahlin hatte anlegen lassen. Über dem Wasser erhebt sich ein Shiva-Tempel, der in seiner heutigen Form erst nach dem Erdbeben von 1933 entstanden ist. Der Stifter ist auf einem Elefanten reitend an der Südseite als Bronzedenkmal zu bewundern. An zahlreichen anderen Stellen haben sich die Rana-Herrscher nach europäischem Vorbild durch in Indien gegossene Bronzestandbilder verewigt, vor allem an der Südseite des Paradeplatzes entlang der Verbindungsstraße Prithvi Path, die den Kanti Path mit dem Durbar Marg verbindet. Die nördliche Straßenseite an der Kreuzung mit dem Kanti Path überblickt Ranoddip Rana (reg. 1877–85) vom Pferd aus. Ihm gegenüber hat einer seiner Amtsvorgänger, Rana Bahadur Shah, ebenfalls hoch zu Roß seinen Platz gefunden. Wo sich die Verbindungsstraße zu einem Kreisel erweitert, hat das Märtyrerdenkmal aus der Rana-Zeit seinen Standort, während die Kreuzung mit dem Durbar Marg von den Reiterstandbildern des Chandra Shamsher (reg. 1901–29) und Juddha Shamsher (reg. 1932–45) bewacht wird. Hinter dem großen Kreisel, der die Kreuzung mit dem Durbar Marg markiert, ›reitet‹ Prithvi Bir Bikram Shah (reg. 1881–1911) nach Osten auf den alten **Singha-Durbar-Palast** 22 zu, den heutigen Amtssitz des Premierministers. Der 1901 vom Premier Chandra Shamsher Rana errichtete, 1700 Räume umfassende Palast fiel im Juli 1974 bis auf die Fassade einem Brand zum Opfer. Nur ein Teil wurde nach altem Vorbild wieder instandgesetzt.

In ihren nördlichen, zwischen Tundhikel und dem heutigen Königspalast gelegenen Abschnitten haben sich die beiden großen Straßen der Neustadt Kathmandus zum wichtigsten Touristenzentrum für den gehobenen Anspruch entwickelt und bilden damit einen interessanten Kontrast zum westlich angrenzenden, ebenfalls vom Fremdenverkehr geprägten Viertel Thamel (s. u.). Entlang Kanti Path und Durbar Marg reihen sich vornehme Hotels, Botschaften, Flugbüros, Reiseagenturen, und es war hier, wo der Tourismus Nepals mit Ankunft des schon zu Lebzeiten legendären Weißrussen Boris Lissanevitch 1952 seinen Anfang nahm. Der ehemalige Tänzer, Weltbürger und Freund des Königs eröffnete mit dem »Royal« im alten Rana-Palast Bahadur Bhavan am Kanti Path das erste Hotel Nepals. Berühmter noch wurde die Bar »Yak & Yeti«, in der sich Nepalbesucher mit Rang und Namen ein Stelldichein gaben und so manche der großen Himalaya-Expeditionen ihren feuchtfröhlichen Ausklang fand. Den Namen der Bar übertrug Boris auf sein neues Hotel am Durbar Marg, das Teile des Palastes Lal Durbar integrierte und noch heute zu den besten Unterkünften der Stadt zählt. Der kupferne Kamin der alten Bar bekam einen Ehrenplatz im Hotel-Restaurant »Chimney Room«, dessen weithin gerühmtes Borschtsch die Erinnerung an den 1985 verstorbenen Initiator des Fremdenverkehrs wachhält.

Der Durbar Marg endet vor dem Eingangstor des neuen **Königspalastes** 23 (Royal Palace). Die in einen weiträumigen Park eingebettete Residenz des

Herrschers ist einmal pro Woche für Besucher zugänglich.

Wir wenden uns nun nach links und erreichen kurz darauf die Einmündung des **Kanti Path**, der zweiten wichtigen Straße der Neustadt. Wer auf der Suche nach hochwertigen Souvenirs, insbesondere Schmuck ist, dem sei ein kurzer Bummel hier empfohlen.

Auf der gegenüberliegenden Seite der Kreuzung, genau an der Ecke von Tridevi Marg und Kanti Path, sollte man unbedingt das große Zufahrtstor durchschreiten, um in eine Welt einzutauchen, in der die Zeit stehengeblieben zu sein scheint. Wie eine nostalgische Insel mutet der von hohen Mauern umschlossene Komplex der **Kaisar Library** 24 (auch Keshar Library) an. Die im Keshar Mahal, einem Rana-Palast aus dem Jahre 1926 untergebrachte, leider sehr vernachlässigte Bibliothek basiert auf der Sammlung von Keshar Shamsher (1891–1964), eines Schwagers König Tribhuvans, der aus Verehrung für Kaiser Wilhelm II. seinen Namen in Kaiser änderte! Mehr als 28 000 wertvolle Bücher aller Fachrichtungen trug der Gelehrte und weitgereiste Feldmarschall des Königs zusammen. Außer Büchern, deren Thematik sich vom ägyptischen Totenbuch über Napoleon bis zum Dritten Reich erstreckt, findet man Waffen, Atlanten, Globen, Porträts führender Staatsmänner und Bronzen, von denen einige einfach übermalt wurden und ihren wahren Wert verbergen. Heute teilt sich diese bemerkenswerte Bibliothek das Gebäude mit dem Erziehungsministerium.

Einen Blick sollte man auch in den kleinen, verwahrlosten Garten links neben dem Hauptgebäude werfen, dessen überwucherter, von hohen Bäumen gesäumter Teich heute von einer Reiherkolonie bewohnt wird.

Touristenviertel Thamel

Von der Kaiser Library ist es nur noch ein Katzensprung nach Thamel, einem kleinen Stadtviertel, das im Laufe der letzten zwei Jahrzehnte zu einer Enklave der Individualtouristen herangewachsen ist und damit die berühmt-berüchtigte Freak Street (s. S. 99) abgelöst hat. Kleine Hotels, unzählige, teilweise hervorragende Restaurants, Buchläden, Souvenirgeschäfte, Fahrradverleih, Reisebüros und Trekkingagenturen haben hier ihren Standort. Man kann gebrauchte Rücksäcke und Stiefel leihen, Vollkornbrot kaufen, oder an den unzähligen schwarzen Brettern nach Yoga-Kursen, Trekkingpartnern und Busverbindungen in Richtung Indien Ausschau halten. Abends treffen sich die Globetrotter in ihren Lieblingsrestaurants, allen voran im engen, verräucherten »KC's«, das bereits zur Institution geworden ist. In der nicht minder populären Bar »Rum Doodle« feiern Bergsteiger ihren Sieg und fußmüde Trekker die Rückkehr in die Zivilisation. Auf der

Touristenviertel Thamel

»G's Terrace« kann man zu deutschen Rouladen den »Stern« oder »Spiegel« lesen, im »Dolce Vita« gegenüber ist die Pizza fast authentisch, einige Meter weiter lockt im Gartenlokal »Northfield« mexikanische Küche. Wer's tibetisch mag, kommt im »Thaya bhu« hinter dem Palast auf seine Kosten, Liebhaber von Chinasuppen gehen ins »Da Hua«. Aber auch für geistige Nahrung ist ausreichend gesorgt. »Pilgrim's Book House« ist für sein wohlsortiertes, von der Esoterik bis zur Alpinistik reichendes Angebot aus dem asiatischen Kulturkreis über die Grenzen hinaus bekannt. Wem neue Bücher zu teuer sind, findet mehrere Buden, die sich auf den An- und Verkauf gebrauchter Taschenbücher spezialisiert haben. So ist Thamel zu einem kosmopolitischen Babel geworden, das sich ganz auf die Bedürfnisse der meist jungen Globetrotter eingestellt hat, ohne dabei seinen Charme zu verlieren. Die Stadtverwaltung Kathmandus ist sich dieser Goldgrube durchaus bewußt und hat eigens 16 Straßenkehrer für diesen Bezirk abgestellt!

Am Ufer des Bagmati

Den Abschluß der Rundgänge soll ein Bummel entlang des Bagmati bilden, der die südliche Stadtgrenze markiert. Von Touristen werden diese Ghats wenig besucht, obwohl man sie leicht erreicht. Vom großen Kreisel vor dem Stadion, den die Statue König Tribhuvans (reg. 1911–55) ziert, wendet man sich zunächst nach Westen und folgt dem breiten Tripureshwar Marg, um dann schräg gegenüber dem Hotel »Valley View« in eine schmale, zum Bagmati führende Gasse abzubiegen. Zunächst trifft man auf den schlecht erhaltenen **Nava-Durga-Tempel** 25, geweiht den neun Erscheinungsformen der Göttin Durga, die häufig in Verbindung mit bestimmten Pflanzen, wie Reis, Banane und Kurkuma, gesehen werden. Kleine

Heiligtümer geleiten den Besucher zum **Pachali-Bhairava-Tempel** 26, bestimmt für eine der bedeutendsten Gottheiten des Tals, in der die Bewohner eine Inkarnation Shivas sehen. Ein Pipal- und ein Banyan-Baum verleihen dem tantrischen Gebets- und Opferplatz eine romantische Atmosphäre. Wichtigstes Objekt dieses bereits aus dem 12. Jh. stammenden Heiligtums ist ein großer schlafender Shiva. Viele der heiligen Stätten ringsum sind verfallen und werden von Obdachlosen und Einsiedlern als Wohnungen genutzt.

Unmittelbar östlich des Pachali-Bhairava-Tempels erheben sich die drei Shikhara-Türme des **Tindeval-Tempels** 27 oder Vana Vikteshvara Mahadev Mandir, eine Holzsäulenkonstruktion mit Ziegeltürmen. Überquert man den Fluß auf der Brücke, gelangt man zum Raj Ghat, einem relativ neuen Gebets- und Badeplatz am Bagmati. Bleibt man auf der Nordseite und wendet sich nach Westen, erreicht man einen kleinen **Teku-Tempel** 28 an der Einmündung des Vishnumati in den Bagmati. Geht man hingegen flußaufwärts, den Blick auf Patan, passiert man zahlreiche im Zerfall begriffene Tempel mit schönen Details. Weit sichtbar leuchtet die weiße Kuppel des **Hema Narayana Mandir** 29, auch Kalmochan-Tempel genannt. Das Gebäude im indischen Mogul-Stil wurde von Jung Bahadur Rana zum Gedenken an die Kriege gegen Indien und Tibet im Jahre 1852 errichtet. Seine Frau wiederum stiftete den nicht weit entfernt liegenden, klassischen dreistöckigen **Tripureshwar Mahadev** 30, den man auf dem Rückweg zum Stadion besuchen kann. Ihr vergoldetes Bildnis, gekrönt von einer Kobra, steht am südlichen Aufgang, ein Nandi-Bulle im Westen. Die Holzschnitzereien an Türen und Deckenbalken sind zwar gut erhalten, qualitativ jedoch nicht besonders hochwertig. Die Häuser ringsum sind noch bewohnt und verleihen dem Tempel eine lebendige Atmosphäre, ohne daß die Hektik des nahen Stadtzentrums sich bemerkbar macht.

Möhrenwäsche im Bagmati

Die nähere Umgebung Kathmandus

Pashupatinath

1 Der sich beiderseits des Bagmati, 4 km östlich des Zentrums erstreckende ausgedehnte Tempelbereich, der sich gut mit dem Fahrrad erreichen läßt, gilt den Anhängern der hinduistischen Religion als heiligster Ort in ganz Nepal. Er liegt in dem inzwischen mit der Metropole verschmolzenen Ort Deopatan, an dessen einziger Hauptstraße sich noch traditionelle Newar-Häuser reihen. Das genaue Gründungsdatum ist nicht bekannt, soll der Legende nach aber auf die Regierungszeit König Haridattavarmas zurückgehen, der an dieser Stelle im Jahre 365 ein erstes Heiligtum hatte errichten lassen. Selbst aus Indien pilgern die Gläubigen zu dieser uralten Gedenkstätte für den Gott Shiva, dem hier als Pashupati, dem »Herrn der Tiere«, geopfert wird, einer weit in vorhinduistische Zeit zurückreichenden Verbindung von göttlicher Herrschaft über die Kreatur. Die Legende berichtet, daß sich Shiva und Parvati am Ufer in Gazellengestalt vergnügten. Als die Götter Indra, Brahma und Vishnu den einhörnigen Shiva einfingen, um ihn zur Rückkehr in seine ursprüngliche Gestalt zu überreden, zersplitterte das Horn und wurde in einen Lingam transformiert. Bezeichnenderweise gehört das Einhorn zu den weltweit verbreiteten Ursymbolen und wird immer wieder mit der Zeugungskraft in Verbindung gebracht. Während es im europäischen Kulturkreis Pferdegestalt annahm, ähnelt es in Asien, etwa als das mythische *ch'i-lin* der Chinesen, eher einem Hirsch oder einer Gazelle.

Die nähere Umgebung Kathmandus

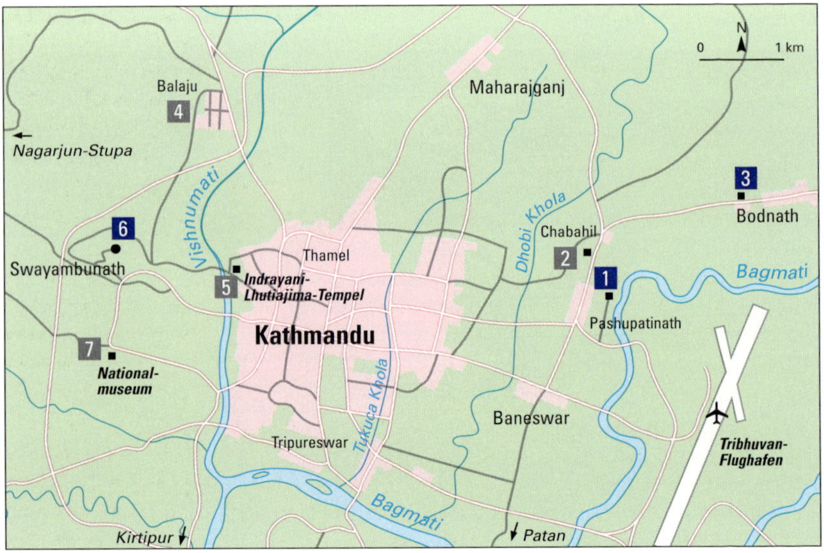

Blick über den Tempelbezirk von Pashupatinath

Bemerkenswerterweise verehren auch die tibetischen Buddhisten diesen Ort unter dem Namen Gu-Lang als einen der 24 bedeutenden Plätze religiöser Ausstrahlung und haben ihm die nördliche Speiche des buddhistischen Rades zugewiesen. Nach tibetischer Interpretation soll der Lingam aus sich selbst heraus entstanden sein, während seine Zersplitterung dem Heiligen Jalandhripa zugeschrieben wird, dem Lehrer des populären Goraknath (s. S. 167). Die Beziehung zum Buddhismus gestaltete sich auch in der Praxis vorübergehend sehr eng, waren doch während der Blütezeit dieser Religion in Nepal buddhistische Priester mit der Leitung des Shiva-Heiligtums betraut, ehe Brahmanen aus Südindien das Amt übernahmen. Diese Tradition besteht bis heute fort. Die Assistenten der vier höchsten Priester müssen wiederum aus der Ortschaft Deopatan stammen und Newari sein. Spätestens seit dem 9. Jh. ist Shiva als Pashupati zur Staatsgottheit erhoben und zum Patron des Herrscherhauses aufgestiegen. Im Jahre 1349 legten die Truppen des Sultans Shamsuddin Ilyas auch Pashupatinath in Schutt und Asche und zertrümmerten das Kultbild. Möglicherweise liegt hierin der historische Kern für die Entstehungsmythen des zersplitterten Lingam.

Die Attribute Shivas und Parvatis, Lingam und Yoni, stehen bis heute im Mittelpunkt der kultischen Handlungen, wobei der zersplitterte Lingam als Objekt höchster Verehrung den zentralen Platz im Hauptheiligtum einnimmt. Nur die vier höchsten drawidischen Priester, die Pashupati Bhattas, dürfen ihn berühren.

Für Nichthindus ist nur ein Teil der Anlage zugänglich. Der **Pashupatinath-Tempel** (Haupttempel) mit seinen vergoldeten Dächern und die davorliegenden, für das Königshaus reservierten Verbrennungsghats bleiben ihnen versperrt. Den besten Blick auf die Gesamtanlage hat man vom terrassierten Hang am jenseitigen Ufer, von wo aus man auch einen Teil des Hauptheiligtums überblicken kann. Im Laufe der Jahrhunderte hat es zahlreiche Änderungen erfahren, die nachhaltigste gegen Ende des 15. Jh., als Königin Ganga Rani (1579–1620) das mittlere Dach des damals noch dreistöckigen Tempels entfernen ließ und das dabei gewonnene Gold für den neuen Mast *(gajur)* verwendete. Im Jahre 1702 fiel der Tempel einem Brand zum Opfer und wurde danach in seiner heutigen Gestalt wieder aufgebaut.

Als Ausgangspunkt des Rundgangs kann man die beiden Steinbrücken wählen. Die kleine, zwischen den beiden Brücken plazierte **Pagode** ist der **Göttin Vatsala** geweiht, einer grausamen tantrischen Gottheit, hinter der sich wahrscheinlich Kali verbirgt. Schöne Schnitzereien im Tympanon und an den Stützbalken zieren dieses kleine Bauwerk, das während des Festes Vatsala Yatra (März/April) im Mittelpunkt religiöser Verehrung steht und mit Reisbier gereinigt wird, das die Gläubigen in Strömen über den Sitz der Gottheit im Heiligtum schütten. Während die flußaufwärts liegenden **Arya Ghats** nicht

Pashupatinath, Tempelanlage *1 Pashupatinath-Tempel 2 Vatsala-Heiligtum 3 Arya Ghats 4 Surya Ghats 5 Pancadeva-Pilgerherbergen 6 Rajrajesvari Mandir 7 Gedenkstätten für Adelige 8 Aussichtsplattform 9 Goraknath-Tempel 10 Pancadeva-Pilgerherbergen 11 Guhyesvari Mandir*

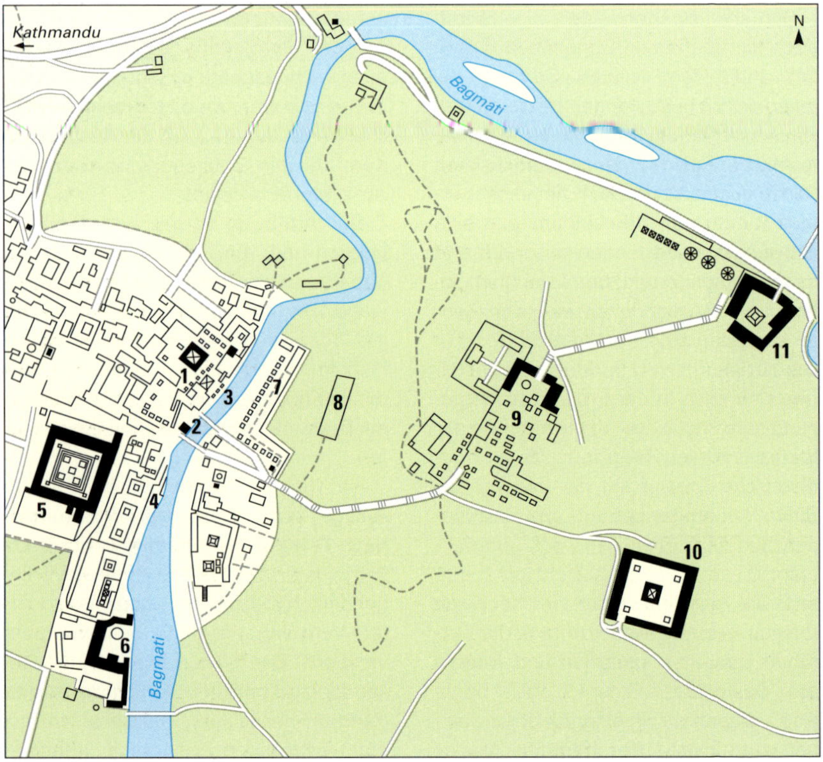

Verbrennung am Bagmati, Pashupatinath

betreten werden dürfen, sind die südlichen **Surya Ghats** für jedermann zugänglich. Auf den Podesten unter dem Wellblechdach werden die Verstorbenen der ärmeren Bevölkerungsschichten eingeäschert. Ein Stück weiter trifft man auf den tantrischen Tempel **Rajrajesvari Mandir.** Nahe dem Eingang kündet eine halb in die Erde versunkene Figur des Shakyamuni von den einst engen Beziehungen zum Buddhismus.

Gesäumt wird das Ufer nun von Pilgerherbergen, die während der großen Feste mit Tausenden von Gläubigen gefüllt sind, ansonsten aber armen Familien als Bleibe dienen. Auch Sadhus und Asketen haben sich auf dem Tempelgelände niedergelassen, darunter die berüchtigten Aghoris, Anhänger einer Shiva-Sekte aus Indien, deren radikale religiöse Praktiken zu mancherlei Spekulationen Anlaß geben. Sie sollen Urin trinken, sich nur von Speiseresten ernähren, Drogen nehmen, tantrische Übungen auf den Verbrennungsplattformen abhalten und sich sogar auf Leichen setzen, um Macht über die Seele des Verstorbenen zu erlangen.

Ein Stück flußabwärts kann man auf einer eisernen Brücke mit schönem Blick auf den Fluß und den Tempel zum anderen Ufer wechseln und von dort zu den beiden Steinbrücken zurückkehren. Ein plattenbelegter Stufenweg führt bergauf zu einem bewaldeten Hain. Die sich linker Hand reihenden Tempel, genannt Pandra Shivalaya oder »die 15 Wohnsitze Shivas«, wurden im 19. Jh. nach dem Kot-Massaker als **Gedenkstätten für verdiente Adelige** angelegt. Etwas höher erstreckt sich die Terrasse (Aussichtsplattform), von der man wie oben erwähnt den besten Blick genießt. Der Treppenweg führt weiter ansteigend zu dem vom Ufer aus nicht sichtbaren **Goraknath-Tempel,** einer Shikhara-

Der Stupa von Bodnath, wichtigstes buddhistisches Heiligtum des Landes

Konstruktion aus dem 18. Jh. mit dem Fußabdruck des Heiligen. Auf einem schmalen Waldweg kann man einen Abstecher zu den etwas südöstlich liegenden **Pilgerherbergen Pancadeva** unternehmen, die gern von Sadhus aufgesucht werden. Der Hauptweg führt hingegen auf der anderen Seite des Berges hinab zu dem ebenfalls nur für Hindus zugänglichen **Guhyesvari Mandir,** in dem Shivas Gattin Parvati als Sati Verehrung findet. Der Tempel soll zu den neben Swayambunath ältesten Kultstätten des Kathmandu-Tals zählen, geht aber in seiner heutigen Gestalt erst auf König Pratapa Malla (reg. 1641–74) zurück. Für den Touristen lohnt sich der Ausflug vor allem wegen des schönen Blicks über den Fluß bis hinüber nach Bodnath. Besonders eindrucksvoll ist der Besuch Pashupatinaths während der großen Feste, insbesondere zum Shiva Ratri (Februar/März), das Tausende von Pilgern und Sadhus selbst aus Indien anlockt, oder zum Balur Chaturdasi, dem nächtlichen Totenfest (November/Dezember), wenn die Anlage in einem Lichtermeer flackernder Opferkerzen versinkt.

Bodnath (Boudha)

Auf dem Weg zu diesem bedeutenden, 7 km von Kathmandu entfernten Zentrum des Buddhismus sollte man zunächst dem Stupa von **Chabahil** 2, 4 km nordöstlich an der Straße von Pashupatinath nach Bodnath gelegen, Beachtung schenken. Das etwas gedrungen wirkende Heiligtum mit seinem gelb bemalten Aufsatz dürfte zu den ältesten der Region zählen. Wie viele der buddhistischen Denkmäler des Tals soll auch dieses Bauwerk direkt auf Kaiser Ashoka zurückgehen und war früher wohl einmal Zentrum eines nicht mehr vorhandenen Klosters. Einige der Figuren zu Füßen des Stupa stammen aus dem 9. und 10. Jh. und beweisen das hohe Alter dieses etwas vernachlässigten Heiligtums.

Der 40 m hohe Stupa von **Bodnath** 3 (S. 299) ist nicht nur der größte des Landes, sondern vor allem für die Tibeter auch das heiligste Bauwerk ihrer Religion auf dem Boden Nepals. Der Grund

liegt wohl darin, daß Bodnath, an der einst wichtigsten Handelsstraße nach Tibet gelegen, zwischen dem 17. und 19. Jh. tibetischer Rechtsprechung unterstellt war und noch heute Sitz des Chini Lama ist, des nach dem Dalai Lama und dem Panchen Lama wichtigsten Repräsentanten des Tibetischen Buddhismus. Zahlreiche Flüchtlinge haben sich in der Umgebung niedergelassen, und immer neue Tempel entstehen im Schatten der weiß leuchtenden Halbkugel.

Es ist kaum verwunderlich, daß sich um diesen großen Stupa, den die Tibeter auch Jarung Khashor nennen, zahlreiche Legenden ranken. Eine davon besagt, daß ihn die Prostituierte Jadzimo zusammen mit ihren vier Söhnen vor langer Zeit mit Billigung des Königs errichtet hätte. Bei der Einweihung wurde der Stupa mit der Kraft von 100 Mio. Buddhas beseelt, so daß jeder Wunsch des Betenden in Erfüllung geht. Der Stupa wird überdies mit einem der acht Verbrennungsplätze der Muttergottheiten (Astamatrkas) in Verbindung gebracht. So erfährt gleichfalls die Muttergottheit Pukashi, eine tantrische Abwandlung der hinduistischen Gottheit Sitala und identisch mit der Göttin Hariti von Swayambunath (s. S. 123), in Bodnath Verehrung.

Auch architektonisch ist der Stupa von Bodnath ein höchst bedeutsamer Beitrag zur buddhistischen Kunst. Im Gegensatz zu Swayambunath oder den anderen Stupas Nepals ruht die Halbkugel hier auf stufenartig ansteigenden Plattformen, wodurch die Anlage Ähnlichkeit mit dem berühmten Borobudur auf der Insel Java hat. Hinter dem Bauwerk verbirgt sich ein vielschichtiges Symbolgefüge, ein bewußt in die Baukunst umgesetztes Mandala, das den Kosmos verkörpert. Von den neun Ebenen, die den Weltberg Meru darstellen, symbolisiert der Sockel die Unterwelt, die Sequenz der drei rechteckigen Terrassen die diesseitige Welt, die Halbkugel mit ihrer Spitze hingegen die Welt der Götter. Aber auch als Abbild der Grundelemente läßt sich das Bauwerk interpretieren. Demzufolge stellt der rechteckige terrassenförmige Unterbau die Erde dar, die Halbkugel das Wasser, der gestufte Turm das Feuer, der Schirm die Luft und die Spitze die Sphäre oder das reine Bewußtsein. Der Hauptaufgang zu den Plattformen befindet sich an der Nordseite, der Himmelsrichtung, die vom transzendenten Buddha Amoghasiddi bewacht wird. In den 108 Nischen am runden Sockel des Stupa sind die 108 Erscheinungsformen des Bodhisattva Avalokiteshvara dargestellt, der in Bodnath besondere Verehrung genießt.

Versäumen sollte man nicht den Besuch der umliegenden Klöster, in denen Fremde gern gesehen sind, sofern sie sich an die Vorschriften halten und nicht gerade zur Gebetszeit auftauchen. Besonders eindrucksvoll ist der Besuch Bodnaths während des Tibetischen Neujahrsfestes Losar (Februar).

Balaju

4 Im industriell geprägten Vorort Balaju, 5 km nordwestlich Kathmandus zu Füßen des Nagarjun-Berges, verdient nur der Mahendra-Garten Beachtung, hat doch hier inmitten eines langgestreckten Wasserbeckens eine der bemerkenswertesten Plastiken der Frühzeit ihren Platz, der **»Schlafende Vishnu«**. Da er im allgemeinen als Kopie der größeren Figur von Budhanilkantha angesehen wird, findet er unverständlicherweise kaum Beachtung. Aber schon 1973 wurde nachgewiesen, daß beide Skulpturen aus der Licchavi-Epoche stammen und im 7. Jh. entstanden sind. Es ist sogar sehr wahrscheinlich, daß der Vishnu von Balaju älteren Datums ist und zunächst nur unter dem Namen Nilkantha bekannt war. Erst als die größere Figur geschaffen wurde, fügte man der kleineren zur Unterscheidung die Bezeichnung *bala* (»Kind«) hinzu, der größeren hingegen *budha* (»alt«), wobei die Größe, nicht das Alter ausschlaggebend waren. Immerhin mißt auch der kleinere Vishnu 4,2 m in der Länge und über 1,4 m in der Breite, ist leider aber wesentlich schlechter erhalten als die Figur von Budhanilkantha.

Einmal im Jahr allerdings, zum Vollmondtag im März/April (Chaitra), der als besonders heilig gilt, versammeln sich Hunderte von Menschen rund um den Nilkantha und baden im heiligen Teich Baisedhera mit seinen 22 steinernen Wasserspendern in Gestalt von Drachenköpfen.

Unmittelbar nördlich beginnt das Naturschutzgebiet **Nagarjun Forest Reserve**, einer der wenigen noch unangetasteten Waldzonen im Kathmandu-Tal. Ein steiler, teilweise sehr schlechter Fahrweg führt bis zum 2100 m hohen Gipfel Jamacho (ca. 10 km), den der von

Gebetsfahnen umflatterte Nagarjun-Stupa krönt. Die großartige Aussicht über das Kathmandu-Tal entschädigt für die Anstrengungen.

Swayambunath

Die große Tempelanlage, eines der Wahrzeichen Kathmandus, liegt weithin sichtbar auf einem Hügel, ca. 45 Fußminuten vom Stadtteil Thamel entfernt. Der Weg beginnt am Rondell Chetrapati und führt zunächst zum Vishnumati-Fluß. Am Ufer steht der kleine, hübsch restaurierte, einer lokalen tantrischen Gottheit geweihte **Indrayani-Lhutia-jima-Tempel** 5 aus dem 18. Jh., der nunmehr sogar erweitert wurde. Die Ursprünge sollen aber bereits auf den Stadtgründer König Gunakamadeva II. zurückgehen, der hier im 10. Jh. ein östliches Schutzheiligtum habe errichten lassen. Auf das hohe Alter deutet die Verehrung der »acht Mütter« (Astamatrkas) hin, deren Heiligtümer vorzugsweise an der Stadtperipherie angesiedelt waren, um die bösen Geister fernzuhalten. Ihre farbig bemalten Darstellungen finden sich an den Stützbalken.

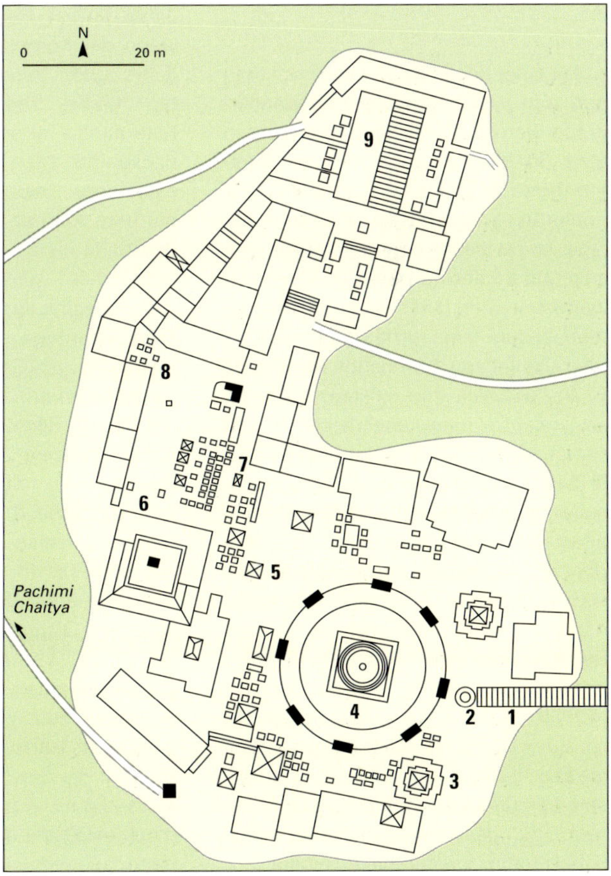

Swayambunath, Tempelanlage
1 Treppenanlage von Osten
2 Vajra
3 Shikhara-Türme
4 Stupa
5 Hariti (Sitala)-Tempel
6 Buddha Shakyamuni
7 Licchavi Stupa
8 Agnipur
9 Shantipur

Buddha-Figur am Treppenaufgang zum Stupa von Swayambunath

Auf einer neuen Brücke wechselt man nun zum jenseitigen Ufer und wandert durch bereits dörfliche Randzonen in etwa 30 Minuten zum Fuß des **Swayambunath** 6. Die auf einem 1400 m hohen Berg liegende buddhistische Anlage ist bis heute eine der bedeutendsten und für den Touristen auch sehenswertesten Kultstätten Nepals, von der man zudem eine großartige Aussicht über das Tal von Kathmandu hat. Bis ins 5. Jh. läßt sich ihre Existenz nachweisen, reicht in den Legenden aber weit zurück in mythische Zeiten. Der Name, er bedeutet »selbstentstanden«, beruht auf dem Glauben, der Stupa sei als Manifestation des Absoluten *(dharmadhatu)* aus einem juwelengekrönten, vom Vorzeitbuddha Vipasyin geschaffenen Lotos erwachsen, der im heiligen See Nag Hrad schwamm, dem Paradies des »reinen Landes«, das mit der »Erlöstheit« *(dharmakaya)* gleichzusetzen ist. Eine andere Überlieferung schreibt die Errichtung des Stupa einem zugereisten bengalischen König namens Shantashri zu, der dem geheiligten Lotos Schutz und Heimstatt bieten wollte.

Historisch fundierter sind hingegen die Daten aus tibetischen Quellen. Demzufolge soll der Stupa von dem Heiligen Santikar Acarya, dem Begründer des Vajrayana-Buddhismus, zu Beginn des 7. Jh. errichtet worden sein. Die früheste Inschrift in Swayambunath selbst datiert aus dem Jahre 460, bezieht sich allerdings nur auf die Gründung eines (hinduistischen) Klosters durch König Manadeva (reg. 464–506).

Mehrfach wurde Swayambunath durch Erdbeben beschädigt und 1349 durch den Moslemeinfall Shamsuddin Ilyas so stark in Mitleidenschaft gezogen, daß der Wiederaufbau fast 30 Jahre dauerte. Seine heutige Gestalt gewann der Komplex allerdings erst 300 Jahre später durch Initiative König Pratapa Mallas (reg. 1641–74), dem das Kathmandu-Tal so viele Bauten zu verdanken hat. Man kann zum Stupa über eine lange Treppe emporsteigen oder mit dem Auto an der gegenüberliegenden Seite bis zu einem dicht unterhalb des Gipfels liegenden Parkplatz fahren.

Den Beginn der 365 Stufen zählenden **Treppenanlage** markiert ein bunt bemaltes Tor, ein Geschenk der buddhistischen Gemeinde von Manang aus unseren Tagen. Rechts davon eine mannshohe, in eine Nische eingelassene Gebetsmühle. Kurz darauf flankieren drei steinerne Buddhas den Treppenweg. Die wenig gelungenen Arbeiten aus dem 18. Jh. stellen den transzendenten Buddha Aksobhya dar, den Herrscher des Ostens. Von den drei Figuren, die ein Stück oberhalb erneut den Pilgerpfad säumen, verkörpert einer den transzendenten Buddha Ratnasambhava, den Herrscher des Südens, der auch für die Gewährung von Wünschen zuständig ist. Ikonographisch wird dies durch die Geste der rechten, geöffneten Hand ausgedrückt. Unmittelbar davor

Gebetsmühlen am Stupa von Swayambunath

ein modernes Relief mit der Darstellung der Mutter des historischen Buddha und dem ›Buddhakind‹. Die Tierskulpturen, die nunmehr den Besucher beiderseits der Treppe erwarten, Elefant, Löwe, Garuda, Pfau und Pferd, sind die Reittiere der fünf transzendenten Buddhas, auf die sich die Verehrung in Swayambunath konzentriert. Die Übernahme der Begleittiere aus dem Hinduismus ist eines der Kennzeichen der tantrischen Ausprägung der buddhistischen Lehre.

Die im letzten Abschnitt sehr steilen Treppen, auf denen recht aggressive Affen die Pilger und Touristen gleichermaßen erschrecken (Taschen und Kameras festhalten, nichts Eßbares zeigen!), enden vor einem großen vergoldeten **Vajra**, einem Geschenk König Pratapa Mallas. Auch dieser »Donnerkeil«, der dem Buddhismus Symbol des ewig Absoluten bedeutet und dem Buddha Akshobhya zugeordnet wird, hat seinen Ursprung im Hinduismus, wo er als Zepter des Gewittergottes Indra gilt. Die zwölf Tiere auf dem steinernen Sockel des Donnerkeils, die den Zyklus des tibetischen Kalenders darstellen, sind hingegen dem chinesischen Tierkreis entlehnt.

Die beiden, auf dem vorderen Teil der Plattform errichteten **Türme** im Shikhara-Stil gehen ebenfalls auf die Initiative König Pratapa Mallas zurück, wobei ihre versetzte Anordnung durchaus kein Zufall ist. Sie wurde gewählt, um beim Blick vom Stadtzentrum aus ein harmonisches Bild des von den beiden Türmen symmetrisch gerahmten Stupa zu erzielen. Zusammen mit der gleichfalls vom Herrscher angeordneten geradlinigen Führung des Pilgerweges vom Fluß zum Tempel erfolgte somit ganz bewußt die architektonische Ausrichtung des Heiligtums auf die Stadt hin und damit ein Abweichen von der ursprünglichen, streng den Himmelsrichtungen unterworfenen Konzeption.

Stupa von Swayambunath

Unübersehbares Zentrum der Kultstätte ist der große **Stupa**, den auch nichtbuddhistische Besucher nur im Uhrzeigersinn umschreiten sollten, um nicht gegen das religiöse Empfinden zu verstoßen. In seine Wände eingelassen finden sich an den Kardinalpunkten die Schreine der fünf transzendenten Buddhas, die ja auch als Herren der Himmelsrichtungen gelten. Direkt hinter dem Donnerkeil der Schrein für den Buddha Akshobhya (Osten). Im Uhrzeigersinn folgen die Schreine von Vairocana (Zentrum), Ratnasambhava (Süden), Amitabha (Westen) und Amoghasiddhi (Norden). Beachtung verdienen die unter den Schreinen angeordneten Nischen mit den Bronzen der den Buddhas zuzuordnenden Reittiere. Die Flachreliefs mit Darstellungen des Rades der Lehre hinter den Figuren zählen nämlich zu den frühesten Kunstwerken Swayambunaths. Sie sind Teil des ursprünglichen, von Pratapa Malla im 17. Jh. überbauten Stupa und dürften aus dem 7. oder 8. Jh. stammen. Recht neuen Datums sind hingegen die Gebetsmühlen und die Gebetsfahnen, die von den Tibetern erst in unserem Jahrhundert eingeführt wurden. Auf sie geht auch der 1949 errichtete Klosterkomplex neben dem Stupa zurück. Besonderes Merkmal des Swayambunath-Stupa ist sein überdimensionierter, vergoldeter quadratischer Aufsatz mit der hoch in den Himmel ragenden Turmspitze. In die vier Himmelsrichtungen blicken die alles sehenden Augen des Buddha, zwischen ihnen das Schriftzeichen für die Eins als Symbol für den einen, wahren Weg zur Erlösung. Die 13 sich verjüngenden Ringe der Spitze repräsentieren die 13 Himmel des buddhistischen Weltbildes, aber auch die 13 Methoden der Verbreitung der Lehre oder die 13 Stufen der Vollendung. Den Abschluß bildet ein Schirm als Zeichen der universellen Regentschaft des Buddha. Stürme haben den recht fragilen Aufbau wiederholt beschädigt und sogar zum Einsturz gebracht. Interessant ist, daß sich sowohl Buddhisten wie Hindus um die Wiederherstellung bemühten und daß die Oberaufsicht bei Lamas aus Tibet lag.

Der kleine frei stehende zweigeschossige **Tempel** im Westen hinter dem Stupa ist eines der bevorzugten Ziele für Buddhisten wie Hindus. Während die Buddhisten im Kultbild des Schreins die populäre **Hariti** verehren, die Schutzgöttin der Kinder, verkörpert es für die Hindus die Pockengöttin **Sitala Devi**. Der ehemaligen Dämonengöttin sind nur drei oder vier Tempel im Kathmadu-Tal geweiht, sie manifestiert sich aber häufig während schamanistischer Riten über das in Trance gefallene Medium. Der heutige Tempel wurde erst 1805 errichtet, nachdem König Rana Bahadur Shah aus tiefem Schmerz über den Selbstmord seiner von Pocken entstellten Lieblingsfrau alle Tempel für diese Gottheit hatte niederreißen lassen. Die Geschichte der Kultstätte für die Muttergottheit dürfte jedoch schon in die Frühzeit des Stupa zurückreichen. An den Tempel grenzt ein Hof mit zahlreichen Votivstupas, die in eigenartigem Kontrast zu den Souvenirläden ringsum stehen. Eine besonders schöne Buddha-Figur steht in der Ecke der buddhistischen Bibliothek. Obwohl sie leuchtend bemalt ist, dürfte sie aus dem 9. oder 10. Jh. stammen. Sie stellt den historischen **Buddha Shakyamuni** mit der Geste der Wunschgewährung *(varadamudra)* dar. Die für Nepal so enge Verschmelzung von Buddhismus und Hinduismus kommt besonders deutlich in dem lingam-ähnlichen kleinen **Licchavi-Stupa** mit den vier Bildnissen des Buddha zum Ausdruck, aber auch in den Basen einiger Votivstupas, die den Yoni-Darstellungen des Shiva-Kults nachempfunden sind (s. S. 78). Der kleine weiße Stein mit einem gemalten Gesicht in der Nordwestecke, der den Namen **Agnipur** trägt, dürfte schon aufgrund seiner Zuordnung zum vedischen Kult für den Feuergott Agni zu den ältesten Zeugnissen religiöser Zeremonie auf dem Swayambunath-Hügel zählen. Verläßt man den Hof durch eine Gasse nach Norden, gelangt man über einige Treppenstufen zum etwas tiefer gelegenen **Shantipur**. Der Legende nach ist es der Aufenthaltsort des Heiligen Shantikacharya, der hier seit Tausenden von Jahren meditiert und König Pratapa Malla hilfreich zur Seite stand, als dieser um Regen bat. Er überreichte dem Herrscher ein mit dem Blut von Schlangen gemaltes Mandala, das die ersehnten Niederschläge auslöste. Möglicherweise belegt diese Geschichte einen weit in die Vergangenheit zurückreichenden Regenkult, mit dem sich beispielsweise auch Matsyendranath, der Stadtgott Patans, in Verbindung bringen läßt (s. S. 138). Von der Südwestecke führt ein Weg zum oben erwähnten Parkplatz, überragt vom kleinen Stupa **Pachimi Chaitya**, und weiter bergauf durch Waldgelände zum Hindu-Tempel **Geeta Mandir**.

Unweit des Swayambunath-Tempels, etwa 3 km westlich von Kathmandu, erreicht man das **National Museum** 7. Das in einem ehemaligen Waffenarsenal untergebrachte, kürzlich renovierte Museum zeigt einen Querschnitt durch die Geschichte des Landes anhand zahlreicher Exponate, darunter auch einige ausgewählte Stücke aus der Licchavi-Epoche, sowie Waffen, Bronzen und Rollbilder.

Das Tal von Kathmandu

Geographie und Besiedlung

Frauen beim Spinnen der Wolle

Das etwa zwischen 1300 m und 1500 m hoch gelegene, vollständig von Gebirgszügen der Mahabharat Lekh im Süden und der Haupthimalaya-Kette im Norden umschlossene Tal ist seit langem das kulturelle, wirtschaftliche und politische Herz des Landes, obwohl es mit einer Ausdehnung von 25 km Länge und 20 km Breite eine recht bescheidene Fläche einnimmt. Gleichwohl dürften heute fast 10 % der Gesamtbevölkerung Nepals im Kathmandu-Tal beheimatet sein, das, abgesehen von den drei großen Städten Kathmandu, Patan und Bhaktapur, noch immer einen durchaus ländlichen Charakter aufweist. Verglichen mit dem übrigen Nepal ist die Verkehrserschließung allerdings außerordentlich gut. Asphaltierte Durchgangsstraßen verbinden das Tal mit Tibet, Indien und Pokhara, dem zweiten Siedlungsschwerpunkt Nepals (s. S. 176ff.), Stichstraßen erschließen die isolierten Orte an den Gebirgsrändern.

Wie die meisten Täler des Landes entstand auch das Kathmandu-Tal im Gefolge der Gebirgsauffaltung. Als sich vor etwa 20 Mio. Jahren die Mahabharat Lekh, die heutigen Mittelgebirge, mit großer Geschwindigkeit auftürmten, stauten sie die von Norden kommenden Flüsse und führten zur Bildung eines 640 m^2 großen Sees. Bei seiner Austrocknung, vor etwa 200 000 Jahren, hinterließ er eine bis zu 200 m dicke Sedimentschicht, von deren Fruchtbarkeit das Tal nach wie vor zehrt.

Die Legenden haben für diesen nüchternen geologischen Vorgang allerdings eine weitaus phantasievollere Erklärung. Manjushri, der Bodhisattva der Weisheit, habe einst mit seinem Schwert eine Bresche in die Berge geschlagen und so dem lotosbedeckten Wasser einen Abfluß durch die Chobar-Schlucht geschaffen. Noch heute nimmt der Bagmati, der Hauptfluß des Tals, seinen Weg zum fer-

◁ *Blick auf Panauti, Kathmandu-Tal*

nen Ganges durch diese geheiligte Klamm (s. S. 165).

Der Ring des Gebirges ermöglicht nur an wenigen Stellen einen leichten Zugang. Im Osten führt der 1500 m hohe Sanga-Paß ins benachbarte Banepa-Tal, im Süden gestattet der 2300 m hohe Daman-Paß die Überquerung der Berge in Richtung Indien, im Westen grenzt an einen Steilabfall das tief eingeschnittene Tal des Trisuli. Den Weg nach Norden versperren die unüberwindlichen Ketten des Hochhimalaya. Nur an wenigen Stellen queren hier schmale Saumpfade die über 5000 m hohen Pässe. Ohne seine naturbedingte Isolation hätte das Tal sicherlich ein anderes kulturelles Gesicht erhalten.

Wie die Funde 30 000 Jahre alter Steinwerkzeuge beweisen, haben trotz der Unzugänglichkeit aber schon sehr früh Menschen den Weg hierhergefunden. Als Träger der ersten Zivilisation gelten nomadisierende Kuhhirten *(gopala)* und Büffelzüchter *(mahisapala)*, die möglicherweise schon im 1. Jt. v. Chr. am Bagmati siedelten. Greifbar wird die Geschichte des Tals allerdings erst mit der Herrschaft Manadevas im 5. Jh., des historischen Begründers der Licchavi-Dynastie. Wo seine Residenz Managriha lag, ist bisher nicht geklärt, möglicherweise auf dem Bergrücken von Gokarna (s. S. 162) mit Blick auf das vom König errichtete Heiligtum von Changu Narayan (s. S. 150ff.).

Monsun und Höhenlage bestimmen das Wettergeschehen im Tal. Aufgrund der Nähe zum Äquator können die Maximaltemperaturen auch im Winter beachtliche Werte annehmen. Kennzeichnend ist der große Temperaturgegensatz zwischen Tag und Nacht in den trockenen Monaten. Während der Regenperiode sinken diese Unterschiede zwar, dafür steigt die Luftfeuchtigkeit auf über 80 %. In den Monaten Juli und August ist täglich mit ausgiebigen Niederschlägen von teilweise über 100 mm zu rechnen, und die Anzahl der Sonnenscheinstunden pro Tag sinkt auf weniger als drei. Beschränkt man seinen Besuch auf das Tal von Kathmandu, sind die Wintermonate November bis Februar am angenehmsten, zumal man dann eine gute Bergsicht erwarten darf.

Klimatabelle Kathmandu

Monat	Temp. max. in °C	Temp. min. in °C	Niederschlag in mm
Januar	25,0	–3,0	15
Februar	28,4	–1,1	40
März	33,5	1,0	23
April	37,0	4,5	58
Mai	37,5	6,5	122
Juni	38,0	13,0	246
Juli	33,0	16,0	373
August	33,5	16,0	345
September	33,5	13,0	155
Oktober	33,5	5,5	38
November	29,5	0,0	8
Dezember	28,5	–3,0	2

Die Newar

Die etwa 500 000 Menschen zählende Bevölkerungsgruppe der Newar, die zum überwiegenden Teil im Tal von Kathmandu beheimatet ist, kann im Gegensatz etwa zu den Tharu, Sherpa oder Gurung nicht als eine ethnisch homogene Gruppe gesehen werden, sondern gewinnt ihren Zusammenhalt vornehmlich durch die gemeinsame Sprache und eine lange kulturelle Tradition, die eng mit dem Tal verknüpft ist. Der Ursprung der Newar wird sich wohl nie mehr ergründen lassen, denn zu ausgeprägt ist die Durchmischung der unterschiedlichen Ethnien. Eine der Keimzellen dürften sicherlich die Kirata gewesen sein, deren Sprache dem heutigen Nepali zugrunde liegt. Aber auch Gurung, Limbu und Magar sowie Zuwanderer aus Indien haben ihren Beitrag geleistet.

Obwohl der Begriff Newar erst seit dem 17. Jh. in Gebrauch ist und wahrscheinlich aus der Landesbezeichnung Nepal abgeleitet wurde, reichen die kulturellen Leistungen dieses Volkes weit zurück. Vor allem während der Malla-Herrschaft zwischen dem 13. Jh. und der Eroberung des Tals durch Prithvi Narayan Shah (reg. 1768–75) waren die Newar die Kulturträger Nepals, das sich damals auf das Tal von Kathmandu beschränkte. Bis ins 12. Jh. reicht ihre Literatur, noch länger zurück die städtische Lebensweise, die ihren Höhepunkt in den drei Malla-Residenzen von Bhaktapur, Kathmandu und Patan fand. Die große Leistung der Newar liegt in der Fähigkeit, die Einflüsse der beiden so unterschiedlichen Nachbarn Indien und Tibet zu neuen Formen verschmolzen und damit eine eigenständige unverwechselbare Kultur geschaffen zu haben. Diese gelungene Synthese wird besonders deutlich auch im religiösen Bereich, der von einem fremdartigen Synkretismus aus hinduistischen, buddhistischen und animistischen Elementen geprägt ist (s. S. 68ff.).

Auch die gesellschaftliche Struktur der Newar spiegelt diese vielfältigen Einflüsse wider. Zunächst teilt sich das Volk in eine buddhistische und eine hinduistische Glaubensrichtung, die ihrerseits wiederum hierarchisch untergliedert sind, wobei der Berufsstand eine wichtige Rolle spielt (s. S. 56). In diesem Zusammenhang hat sich die religiös-wirtschaftliche Vereinigung des *guthi* gebildet, ein Zusammenschluß von Kastenmitgliedern, der interne Fragen regelt, religiöse Zeremonien organisiert, Heiligtümer unterhält, aber auch die ordnungsgemäße Berufsausübung kontrolliert.

Es verwundert nicht, daß die Newar als Begründer einer städtischen Tradition auch in den dörflichen Siedlungen eine geschlossene Bauweise bevorzugen. Dementsprechend herrschen auch mehrstöckige Ziegelhäuser selbst auf dem Lande vor. Das Erdgeschoß dient als Stall oder Geschäft, der erste Stock als Lager- und Wohnraum, der zweite besteht aus Gemeinschaftsraum und einzelnen Zimmern, der dritte schließ-

lich beherbergt die Küche und den Familienaltar.

Zwar ist auch die Newar-Gesellschaft durch die Einflüsse der westlichen Zivilisation, die sich vornehmlich im Kathmandu-Tal bemerkbar machen, einem Wandel unterworfen, der alte Wertvorstellungen und traditionelle Sozialstrukturen in den Hintergrund treten läßt, nach wie vor aber ist die Kultur höchst lebendig und nicht wie manch andere im Lande vom Untergang bedroht.

Patan (Lalitpur)

■ (S. 304f.) Die Gründung der heute fast mit dem benachbarten Kathmandu verschmolzenen Stadt, die auch den Namen Lalitpur trägt, reicht weit in mythologische Urzeit zurück und wird mit folgender Legende in Verbindung gebracht: Einst kam ein leprakranker Bauer namens Lalita über den Bagmati, um Gras für sein Vieh zu schneiden und stieß dabei auf eine magische Quelle, die seine Krankheit heilte. Daraufhin beschloß König Bir Deva, seine Hauptstadt an dieser Stelle zu errichten.

Aber auch dem berühmten indischen Kaiser Ashoka (reg. 268–232 v. Chr.) wird die Gründung Patans zugeschrieben. Er hat zwar Lumbini, den Geburtsort Buddhas im Terai besucht und dort eine seiner bekannten Edikt-Säulen aufgestellt, Beweise für eine Reise ins Kathmandu-Tal aber fehlen. Allerdings bezeugen die Reste vier uralter Stupas vor den Toren der Stadt, daß die Wurzeln Patans sehr wohl in vorchristliche Zeit reichen könnten, zumal die Bauwerke stilistisch dem Stupa von Sanchi in Nordindien (3. Jh. v. Chr.) ähneln. Die vier Kultbauten, heute bis auf den nördlichen nur als grasbewachsene Hügel in der Landschaft erkennbar, waren ohne Zweifel einmal Bestandteil eines ausgedehnten buddhistischen Heiligtums. Sie markierten die vier Himmelsrichtungen und waren auf einen großen zentralen Stupa im Schnittpunkt der Koordinaten orientiert, der heute als Malla Durbar (Durbar Square) das Stadtzentrum bildet. Erst vor etwa 50 Jahren fielen die Reste des zentralen Stupa der Stadtsanierung zum Opfer.

Historisch belegt ist, daß auf dem Stadtgebiet während der Licchavi-Epoche einige Dörfer existierten, von denen das größte mit Namen Yupa-grama um 724 eine zentrale Funktion übernahm und sich zu einer kleinen Stadt entwikkelte, aus der Lalitpur hervorging.

Bis heute ist Patan, mit 100 000 Einwohnern die zweitgrößte Stadt des Tals, diesem uralten buddhistischen Gliederungsprinzip des Mandala unterworfen,

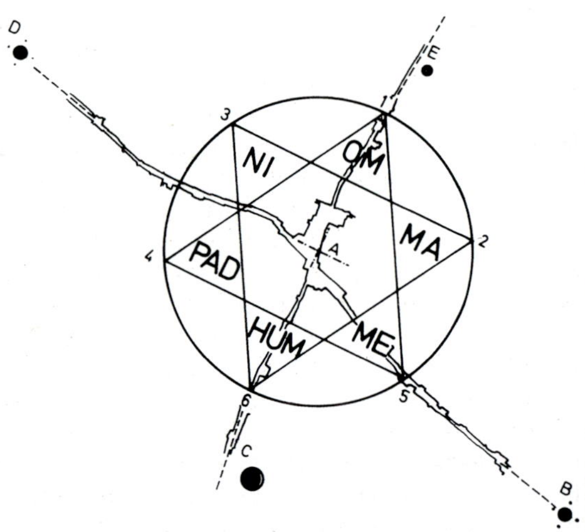

Patan als Mandala
1 Welt der Götter
2 ...der Titanen
3 ...der Menschen
4 ...der Tiere
5 ...der Hungergeister
6 ...der Höllen
Jeder Bereich wird durch eine Silbe des heiligen Mantra Om mani padme hum (»Om Juwel im Lotos hum«) bezeichnet. Das Mandala dient im tantrischen Buddhismus der symbolischen Darstellung der kosmischen Kräfte.
A Ehemaliger, nicht mehr vorhandener Zentralstupa
B Teta Stupa C Lagan Stupa
D Pulchowk Stupa

Der Durbar Square in Patan

wobei die durch die Hauptachsen getrennten Stadtviertel merkwürdigerweise in ihrer gleichmäßigen Anlage dem Schachbrettmuster indischer Siedlungen ähneln. Dieser für Newar-Städte atypische Grundriß ist sehr wahrscheinlich Ergebnis des Neuaufbaus der durch Sultan Shamsuddin Ilyas im Jahre 1349 völlig zerstörten Stadt. Da Patan unter dem Namen Lalitpur zu damaliger Zeit die größte und reichste Niederlassung im Tal darstellte, hatte sie die Zerstörungswut des bengalischen Eroberers naturgemäß in besonderem Maße auf sich gezogen. Ein weiteres Mal hat die Stadt durch den Überfall Prithvi Narayan Shahs und der anschließenden Plünderung im Jahre 1768 ihr Gesicht verändert. Nicht nur wurden die Schätze der damals noch existierenden buddhistischen Klostergemeinschaften geraubt und die Gebäude enteignet, auch das Rückgrat Patans als Handelszentrum war endgültig gebrochen und der Weg Kathmandus zum Mittelpunkt Nepals geebnet.

Der Hinduismus hielt Ende des 14. Jh. mit dem Bau des Shiva-Tempels Kumbheshvara (s. u.) nahe des nördlichen Stupa Einzug. Im 17. Jh. wurde die Nord-Süd-Achse als Teil des wichtigen Handelsweges von Indien nach Tibet mit Errichtung des Matsyendranath-Tempels betont und damit dieser Gottheit eine Vorrangstellung eingeräumt. Nicht von ungefähr liegt das Heiligtum in unmittelbarer Nähe des buddhistischen, bereits aus dem 15. Jh. stammenden Minanath-Schreins, geweiht einer Erscheinungsform des Avalokiteshvara, der sich für die Buddhisten ja auch hinter Matsyendranath verbirgt.

Zum religiösen wie weltlichen Mittelpunkt der Stadt entfaltete sich der zwischen den beiden Heiligtümern gewachsene Durbar mit seiner für die Städte des Kathmandu-Tals charakteristischen Durchdringung von Palästen und Kultstätten. Seine Entwicklung begann mit dem Regierungsantritt König Hariharsimha Malla, der den Kult der Degutale 1600 aus seiner Heimatstadt Kathmandu mitbrachte und den Tempel für die Gottheit als Kristallisationspunkt der Palastanlage errichtete.

Durbar Square

1 Die wichtigsten noch erhaltenen Denkmäler Patans konzentrieren sich um den Durbar, beschränken sich jedoch überwiegend auf religiöse Bauten, da der Palast durch Feuer (1663), Plünderung (1768) und Erdbeben (1933) weitgehend zerstört wurde. Die Vermutung, der Durbar Square, der auch unter dem Namen Mangal Bazar bekannt ist, sei schon in der Licchavi-Zeit Standort eines bescheidenen Palastes gewesen, wird von neueren Forschungsergebnissen nicht gestützt. Seine heutige Gestalt verdankt der Platz bis auf wenige Ausnahmen erst der Bautätigkeit der Malla-Herrscher zwischen den Jahren 1600 und 1768.

Betritt man die beiderseits von den Gebäuden gesäumte Anlage von Süden, so trifft man rechter Hand zunächst auf den **Sundhara Chowk**, die ehemaligen Gemächer des Königs. Den zugemauerten Haupteingang bewachen ein Löwenpaar und Statuen von Narasimha (Vishnu in Löwengestalt), Ganesh und Hanuman. Herz des aus einer Klosteranlage hervorgegangenen Wohnkomplexes bildet ein reich verziertes, in den Boden eingelassenes Badebecken (Tusa Hiti), das auf König Srinivas Malla (reg. 1660–84) zurückgeht. In den Nischen der Wände sieht man Darstellun-

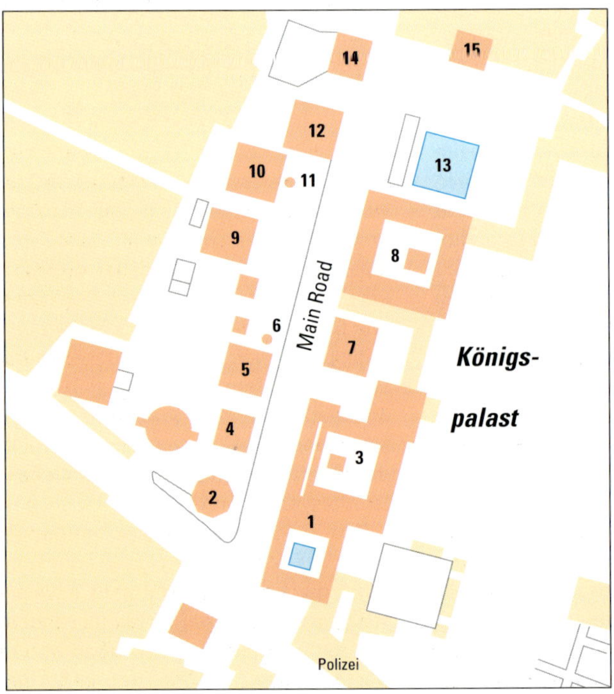

Patan, Durbar Square

1 Sundhara Chowk
2 Chyasilin Deval
3 Mul Chowk
4 Taleju-Glocke
5 Harishankar-Tempel
6 Yoganarendra-Malla-Säule und Narasimha-Schrein
7 Degutale-Tempel
8 Manikeshar Chowk
9 Charnarayan-Tempel
10 Bala Gopala (Krishna-Tempel)
11 Garuda-Säule
12 Vishveshvara-Tempel
13 Mani Dhara Tank
14 Bhimasena Mandir
15 Mani-Ganesh-Tempel

gen tantrischer Gottheiten, umschlossen von zwei Schlangen. Der Wasserspeier ist aus dem Rachen des Fabelwesens Makara (u. a. Fruchtbarkeitssymbol) geformt, darüber Vishnu mit Lakshmi auf einem Garuda.

Auf der gegenüberliegenden Straßenseite erhebt sich der **Chyasilin Deval**, ein achteckiger Tempel, der aufgrund der ihn tragenden Pfeilerhalle und der Pavillons, aus denen der Shikhara-Turm emporwächst, recht elegant wirkt und eine für Nepal ungewöhnliche Architektur verkörpert (ein ähnliches, allerdings hölzernes Bauwerk befindet sich vor dem Palast von Bhaktapur). Die mächtige und grausame Königin Yogamati hat ihn 1723 für ihren im Kindesalter verstorbenen Sohn gestiftet und dem Gott Krishna geweiht. Nach der Zerstörung durch das Erdbeben 1933 wurde der Steinbau völlig erneuert.

Das dem Sundhara Chowk benachbarte, ebenfalls einen Innenhof umschließende Gebäude trägt den Namen **Mul Chowk** und diente gewissermaßen der Göttin Taleju als zweiter Wohnsitz, die eigentlich im angrenzenden Degutale-Tempel beheimatet ist. Sehr wahrscheinlich ist sie es, die sich hinter der geheimen tantrischen Gottheit verbirgt, die in der dreistöckigen Pagode an der Nordwestecke des Mul Chowk ihr Zuhause hat. Beachtenswert sind die Holzschnitzereien der tantrischen Astamatrkas und Astabhairavas an den Dachstützen im Hof. Vor dem Eingangsportal, das erst 1666 hinzugefügt wurde, hat König Vishnu Malla (reg. 1729–45) zu Ehren von Taleju eine große **Glocke** aufhängen lassen. Der angrenzende **Harishankar-Tempel** ist auf Anregung von Königin Yogamati in Gedenken an ihren Vater Yoganarendra Malla (reg. 1684–1705) neben der ihm gewidmeten Säule entstanden und datiert aus dem

Blick vom Sundhara Chowk auf den Chyasilin Deval, Patan

Jahre 1706. Verehrt wird hier Harishankar (Hari-Hara), in dem sich die Verbindung von Vishnu und Shiva als Ausdruck für das Absolute manifestiert. Die Konstruktion der Kultstätte orientiert sich am etwas nördlicher liegenden Vishveshvara-Tempel (s. u.), weist allerdings im Gegensatz zu diesem drei Stockwerke auf. Durch die hölzernen Pfeiler, die das untere Dach stützen, schufen die Baumeister überdies eine harmonische Beziehung zu den ebenfalls auf Pfeilern ruhenden steinernen Krishna- und Chyasilin-Heiligtümern, zwischen denen der Tempel liegt.

In seinem Schatten erhebt sich die **Yoganarendra-Malla-Säule** nach dem Vorbild der Pratapa-Malla-Säule von Kathmandu (s. S. 94). Sie zeigt den

Sadhu vor dem Mul Chowk, Durbar Square, Patan

König mit seinem Sohn, der in frühen Jahren durch einen Fluch des verfeindeten Herrschers von Bhaktapur gestorben sein soll. Auch Yoganarendra Malla fiel dieser Fehde schließlich zum Opfer; Abgesandte des Rivalen vergifteten ihn anläßlich eines Besuchs der Tempelanlage von Changu Narayan (s. S. 150ff.). Zum prunkvollen Staatsakt wurde die Einäscherung, wobei dem toten Herrscher seine 21 Frauen auf den Scheiterhaufen folgten. Eine andere Legende berichtet hingegen, der Herrscher habe aus Kummer über den Tod seines Sohnes den Palast verlassen, um sein Leben als Sadhu fortzuführen. Die Minister ließ er wissen, daß er so lange am Leben sei, wie sein Standbild im hellen Glanz strahle und der Vogel auf der Kobra-Haube über dem Kopf sitze. Hinter der Yoganarendra-Malla-Säule befindet sich der unscheinbare **Narasimha-Schrein** aus dem 16. Jh.

Als herausragendes Bauwerk dominiert der **Degutale-Tempel** die ehemalige Palastfront. Das auf quadratischer Basis ruhende Heiligtum wurde dem alten Palast im Jahre 1600 als eines der ersten Gebäude der Malla-Epoche hinzugefügt. 1663 brannte er zusammen mit dem Palast Manikeshar Chowk ab, entstand jedoch nach den alten Plänen in unveränderter Form. Der dreistöckige Tempel ruht auf einem massiven Unterbau, der durch eine Galerie mit hölzerner Brüstung abgeschlossen wird. Die Stützbalken der weit überkragenden Dächer zeigen neben den üblichen Darstellungen von Matrkas auch die Flußgöttinnen Yamuna und Ganga.

An den Degutale-Tempel grenzt im Norden der **Manikeshar Chowk**, der den Platz des 1663 abgebrannten alten Palastes einnimmt. Man betritt den Innenhof durch das vergoldete, mit einem reich verzierten Tympanon gekrönten

Tor. Ein kleiner Vishnu-Tempel steht im Zentrum des Gevierts, der sein hohes, durch eine Inschrift aus der Licchavi-Zeit (7. Jh.) ausgewiesenes Alter auf den ersten Blick nicht offenbart. Der Platz war nicht nur Teil des ersten Palastes, seine kultische Bedeutung reicht weit in die Vor-Malla-Epoche zurück, vielleicht sogar bis in die buddhistische Frühzeit der Stadt, zumal die Existenz des zentralen Stupa der großen buddhistischen Tempelanlage in unmittelbarer Nähe nachgewiesen ist.

Dem Palast gegenüber liegen, leicht zurückgesetzt, zwei bedeutende Bauwerke. Links erhebt sich auf einer zweistufigen Plattform der **Charnarayan-Tempel**. In seiner äußeren Gestalt orientiert sich dieser älteste Bau des Palastbezirks am Jagannath-Tempel von Kathmandu (s. S. 92), wurde er doch bereits 1565, nur wenige Jahre nach Entstehen des Originals, von König Purandrasimha zum Gedenken an seinen Vater errichtet. Geweiht ist er dem Gott Vishnu, der hier in vierfacher Gestalt auf einem Shiva-Lingam in Erscheinung tritt, wodurch die Einheit der beiden Gottheiten zum Ausdruck gebracht werden soll. Das Bauwerk ist – sonst eher die Ausnahme in Patan – reich mit erotischen Darstellungen geschmückt.

Der benachbarte steinerne Krishna-Tempel **Bala Gopala** entstand 70 Jahre später und gilt als eines der schönsten Beispiele der Malla-Architektur. Erstaunlich, daß er die gleiche Grundfläche bedeckt wie der schräg gegenüberliegende, viel wuchtiger wirkende Degutale-Tempel. Eine Inschrift vergleicht den Krishna-Tempel zwar mit dem hinduistischen Weltberg Meru, die Architektur zeigt hingegen deutlichen Einfluß der islamischen Mogul-Kunst, etwa wie bei den Bauten von Fatehpur Sikri in Indien. Auch der reiche florale Dekor an den Wänden des Arkadenganges deutet auf islamische Vorbilder hin. Die sehr schönen Steinfriese über den Bögen mit Szenen aus den Epen Mahabharata (im 1. Stock) und Ramayana (im 2. Stock) folgen hingegen ganz den hinduistischen Traditionen des Subkontinents. Der Tempel soll ein Abbild eines Heiligtums im indischen Mathura sein, der zwischen Delhi und Agra gelegenen Stadt, in der Gott Krishna geboren wurde und seine Jugend als flötespielender Hirte verbrachte. Der Name, bestehend aus *bala* (»Kind«) und *gopala* (»Hirte«), stellt bewußt diesen Bezug her und erklärt den für Nepal so ungewöhnlichen Stil.

Der Auftraggeber, König Siddhinarashima Malla (reg. 1618–60), war tief im Mystizismus verhaftet und stand unter dem Einfluß eines brahmanischen Gurus, wodurch diese Kaste in Patan bedeutenden Einfluß und Reichtum gewann.

Vor dem Heiligtum kniet auf einer Säule eine vergoldete Bronzefigur von Krishnas Reittier **Garuda**, die 1637 anläßlich der Einweihung des Tempels hier ihren Platz fand.

Auch der angrenzende **Vishveshvara-Tempel** geht auf König Siddhinarashima Malla zurück. Dieses im traditionellen Stil Nepals 1627 entstandene, dem Gott Shiva geweihte Heiligtum zählt aufgrund seines reichhaltigen Figurenschmucks zu den schönsten Bauwerken Patans. Die an Ost- und Westseite hinaufführenden Stufen werden von Löwen, Elefanten und einem Nandi-Bullen bewacht, die Holzstützen der Dächer sind reich verziert. Bewußt wurden die Treppen auf den gegenüberliegenden **Mani Dhara Tank** ausgerichtet, in dem der Priester vor dem Tempelzeremoniell das rituelle Bad vollzog und zu dem, so will es die Legende, die steinernen Elefanten beim Tode des Königs schritten, um das heilige Wasser zu trinken. Der Tank ist in Form eines Lotos gemauert und wird von zwei Pfeilerhallen begrenzt. Den Abschluß des Palastbereichs bildet der **Bhimasena Mandir,** ein dreigeschossiger Bau aus dem Jahre 1681, der allerdings auf den Fundamenten eines aus der Vor-Malla-Zeit stammenden Heiligtums ruht. Verehrt wird hier Bhima, einer der fünf legendären Pandava-Brüder aus dem Mahabharata-Epos, der im Kathmandu-Tal zur lokalen Gottheit Bhimsen aufgestiegen ist. Das im ersten Stockwerk liegende Sanktuarium ist nicht zugänglich. Neben Götterbildnissen in den Toranas zeigen Reliefs an der äußeren Cellawand auch die Heldentaten Bhimas im Kampf gegen die Kaurava, einem legendären Volksstamm aus dem Mahabharata-Epos.

Bereits in die Häuserzeile eingebaut, bildet der unauffällige **Mani-Ganesh-Tempel** den nördlichen Abschluß des Durbar Square.

Weitere Sehenswürdigkeiten

Verläßt man den Durbar Square in nördlicher Richtung, gelangt man nach wenigen hundert Metern zur weißen Kuppel des **Ashoka Stupa** 2, der seit alters her den nördlichen Stadtrand Patans markiert, in seiner heutigen Form jedoch neueren Datums ist. Wendet man sich hier nach Westen, trifft man auf den mächtigen **Kumbheshvara-Tempel** 3, eine der seltenen fünstöckigen Pagoden des Kathmandu-Tals. Der Bau stammt bereits aus dem Jahre 1392 und ist damit das älteste Hindu-Heiligtum der Stadt und überdies in seiner Ursprünglichkeit eines der schönsten im ganzen Tal überhaupt. Zunächst allerdings hatte es nur zwei Stockwerke. Erst im 17. Jh. fügte Srinivas Malla (reg. 1660–84) die drei oberen hinzu. Sicherlich ist es kein Zufall, daß der Tempel auf einer Linie mit dem Durbar Square und dem Matsyendranath-Heiligtum liegt und damit die traditionelle Achsenbetonung buddhistischer Zeit fortsetzt. Der geräumige Hof ist angefüllt mit zahlreichen Schreinen, Statuen und Stelen, von denen einige sogar aus dem 4. Jh. stammen. Hier befindet sich auch ein großer Brunnen, der mit dem heiligen Gosainkund-See (s. S. 227) in Verbindung stehen und die Heilung des leprakranken Bauern Lalita bewirkt haben soll, von dem weiter oben die Rede war. Während des Janai-Purnima-Festes (Juli/August) wird das Kultobjekt, ein vergoldeter, von einer Schlange umwundener Lingam, aus der Cella geholt und zu einer Plattform im heiligen Wasser gebracht. Auf einem schmalen Steg drängen sich die Gläubigen an den kleinen Schrein, um Shiva ihre Reverenz zu erweisen.

Wendet man sich von hier wieder nach Süden in Richtung Durbar Square, trifft man nach einigen Schritten auf das bis ins 15. Jh. zurückreichende Kloster **Kwa Bahal** 4, das einst den Tibet-Handel beherrschte und den dabei erworbenen Reichtum vornehmlich in seine Ausgestaltung steckte. Den Beinamen »Goldener Tempel« verdient die sich in einen engen Hof drängende Anlage

Patan, Innenstadt *1 Durbar Square 2 Ashoka Stupa 3 Kumbheshvara-Tempel 4 Kwa Bahal 5 Minanath-Tempel 6 Matsyendranath-Tempel 7 Woku Bahal und Maha Baudha 8 Maha-Baudha-Tempel 9 Bishwakarma-Tempel 10 Ranakar Mahavihara 11 Pulchowk Stupa*

durchaus, leuchten doch die Dächer im hellen Glanz vergoldeter Kupferplatten. Unzählige Figuren in Gelbguß tragen zu diesem Eindruck noch bei. Besonders prachtvoll ist der glockenförmige Swayambunath-Schrein im Tempelhof. Mit seinen Schlangen- und Dämonenfiguren ruft er chinesische Bauten in Erinnerung. Im Mittelpunkt der Verehrung steht der Shakyamuni-Buddha, dessen Figur im Hauptheiligtum nicht fotografiert werden darf. Interesse verdient die kleine Figur davor, die von einigen Sachverständigen als Balabhadra identifiziert

Terrakotta-Plastiken am Maha-Baudha-Tempel, Patan

wurde, Bruder des Hindu-Gottes Krishna. Der Legende nach soll sie einem lokalen, dem buddhistischen Glauben anhängenden König zu verdanken sein, der dem Kloster eine größere Schenkung machte, zur Besänftigung seiner Frau, einer praktizierenden Hinduistin, aber auch dieses Bildnis hier aufstellen ließ. Die älteste im Kloster aufbewahrte Kultfigur, eine Hariti (Schutzgöttin der Kinder), stammt bereits aus dem 3. Jh., und auch zahlreiche andere Figuren sind nahezu 1000 Jahre alt.

Man folgt der Straße weiter nach Süden, kreuzt westlich des Durbar die geschäftige, von der Ost-West-Achse gebildete Hauptstraße und gelangt in die südlichen Stadtviertel. Die Straße führt direkt zum **Minanath-Tempel** 5, der als ›kleiner Bruder‹ des bedeutenden Matsyendranath-Tempels gilt. Das dem Bodhisattva Lokeshvara, eine der vielen Erscheinungsformen des Avalokiteshvara, geweihte Heiligtum soll in seinen Ursprüngen bereits aus dem 15. Jh. stammen, eine These, die durch die noch älteren Votivstupas in der Umgebung des vorgelagerten Brunnens gestützt wird. Bei der jährlichen Wagenprozession während der Rato Matsyendranath Rath Yatra (April/Mai) wird der Tempel mit in die Festlichkeiten einbezogen. Wichtigste Kultstätte jedoch ist der dreistöckige **Matsyendranath-Tempel** 6, in dem die rote Gottheit gleichen Namens, ebenfalls eine Erscheinungsform des Bodhisattva Avalokiteshvara, verehrt wird, die in Patan und Umgebung so große Bedeutung besitzt. Den Zugang bildet eine schmale Gasse, die gegenüber dem oben erwähnten Brunnen von der Hauptstraße nach rechts abzweigt. Umschlossen wird der Bau von 108 Gebetsmühlen, Symbol für die 108 Erscheinungsformen des Bodhisattva. Löwen in Gelbguß und Stein bewachen die Treppenzugänge, reich verzierte, silberne Toranas krönen den Zugang zum Heiligtum. Interessant die Kapitelle, gestaltet als Tierkreiszeichen des tibetischen Kalenders. Die reiche Ausstattung und gute Erhaltung lassen diesen Tempel zu einem Musterbeispiel für die sakrale Architektur des 17. Jh. werden, obwohl der Tempelhof recht verwahrlost erscheint.

Die buddhistische Vergangenheit dieses südöstlichen Stadtbezirks von Patan wird nicht nur durch den Namen Mahabaudha verdeutlicht, sondern mehr noch durch die benachbarten alten Klöster **Woku Bahal** und **Maha Baudha** 7. Woku Bahal, bekannt auch unter dem Namen Rudra Varna Mahavihara, ist möglicherweise eine Gründung aus dem 5. oder 6. Jh. und damit eines der ältesten Klöster Patans. Überdies hatte es als Stätte für die Krönungsweihe der lokalen Licchavi-Herrscher eine herausragende kultische Bedeutung.

In der Cella des Klostergebäudes genießen die fünf transzendenten Buddhas, die auch auf den Stützbalken des Daches dargestellt sind, besondere Verehrung. Aus dem Rahmen üblicher Tempeldekoration fallen die Pfauenskulpturen, vor allem aber die überlebensgroße Statue des Premierministers Juddha Shamsher (reg. 1932–45) aus der Rana-Epoche.

Einige Schritte nördlich versteckt sich in einem engen Hof der eigentümliche **Maha-Baudha-Tempel** 8 (ausgeschildert). Ende des 16. Jh. wurde er dem Mahabodhi-Heiligtum von Bodh Gaya im indischen Bundesstaat Bihar nachgebildet, wo Buddha seine Erleuchtung erfahren hatte. Sowohl im Stil als auch in der Ausführung fällt er völlig aus dem Rahmen der in Nepal üblichen Architektur. Das etwa 16 m hohe Heiligtum in Gestalt eines Shikhara-Turms ist mit Terrakotta-Plastiken bedeckt, die Buddha in einer Nische sitzend darstellen, aber auch Szenen aus dem Leben des Erleuchteten zeigen. Der Tempel stürzte beim Erdbeben von 1933 zusammen und mußte vollständig wieder aufgebaut werden. Aus den übriggebliebenen Terrakotten entstand der kleine Schrein daneben. Rings um den engen Hof haben sich Souvenirläden etabliert, durch die man auf eine höher liegende Terrasse gelangen kann, die einen guten Gesamteindruck des Baus vermittelt.

Bodenständige Handwerkskunst, insbesondere Gebrauchsgegenstände aus Metall, findet man hingegen in der nahegelegenen, zum Matsyendranath-Tempel führenden Hauptstraße, wo die Handwerker in einer kleinen Seitengasse nahe dem Durbar Square mit dem **Bishwakarma-Tempel** 9 sogar ihr eigenes Heiligtum haben.

Bhaktapur

■ (S. 298f.) Das 15 km östlich von Kathmandu gelegene Bhaktapur (»Stadt der Frommen«), bekannt auch unter dem Sanskritnamen Bhadgaon (»Reisdorf«), ist mit ca. 50 000 Einwohnern die kleinste, zweifelsohne aber die schönste der drei Newar-Städte des Kathmandu-Tals. Zwar begründeten auch hier Handelswege die Existenz, aber verglichen mit den durch Kathmandu und Patan verlaufenden Hauptrouten waren sie nur von untergeordneter Bedeutung. Als Folge konnte Bhaktapur sein historisches Stadtbild, aber auch seine althergebrachte Lebensweise besser bewahren als die beiden Schwesterstädte. Einen nicht unwesentlichen Beitrag zur Erhaltung der traditionellen Strukturen lieferte das 1972 durch die Bundesrepublik Deutschland ins Leben gerufene Sanierungsprogramm.

Die Gründung der Stadt, die in der Newar-Sprache auch Khopa genannt wird, verliert sich im Dunkel der Geschichte, obwohl sich auch hier an die Entstehung einige Legenden knüpfen. Der einen zufolge soll der Grundstein bereits im 9. Jh. von einem Herrscher namens Ananda Dev gelegt worden sein, eine andere wiederum schreibt die Errichtung dem König Ananta Malla im 13. Jh. zu. Ein Nachweis läßt sich für beide Gründungsgeschichten nicht erbringen. Belegt ist hingegen die Ankunft Harisimhadevas – ein lokaler Herrscher aus Bengalen –, der 1324 auf der Flucht vor den islamischen Heeren nach Bhaktapur kam und der Kultur des gesamten Tals neue Impulse verlieh (s. S. 39). Die Nähe zu dem großen Hindu-Heiligtum Changu Narayan (s. S. 150ff.), verbunden mit dem Vorherrschen hinduistischer Bevölkerung, legt die Vermutung nahe, daß auch religiöse Motive bei der Gründung eine Rolle gespielt haben könnten, zumal von den etwa 30 hinduistischen Klöstern *(math)* des Tals allein 12 in und um Bhaktapur ihren Platz gefunden haben.

Der ursprüngliche Siedlungskern liegt im Bezirk Tacapala, wo sich die Handelsrouten nach Tibet und in den Osten gabelten. Kennzeichen dieses alten, sich um den hinduistischen Dattatreya Mandir gruppierenden Stadtteils ist das Gewirr der unregelmäßig angelegten Knickgassen, die aus alten Verbindungswegen zwischen den Häusern hervorgegangen sind. Der südwestlich gelegene Stadtteil Taumadhi ist hingegen jüngeren Datums und zeigt mit den regelmäßig, in gerader Linienführung von der Hauptstraße abzweigenden Gassen bereits die Hand des Städteplaners.

Das Viertel entstand im Rahmen der religiösen Neuorientierung, die 1326 mit dem Einzug der Göttin Taleju begann. Ihr Tempel wurde nicht im alten Zentrum Tacapala errichtet, sondern auf einer damals noch unbesiedelten Fläche

Bhaktapur, Innenstadt *1 Töpfermarkt 2 Taumadhi Tole 3 Durbar Square 4 Tacapala Tole*

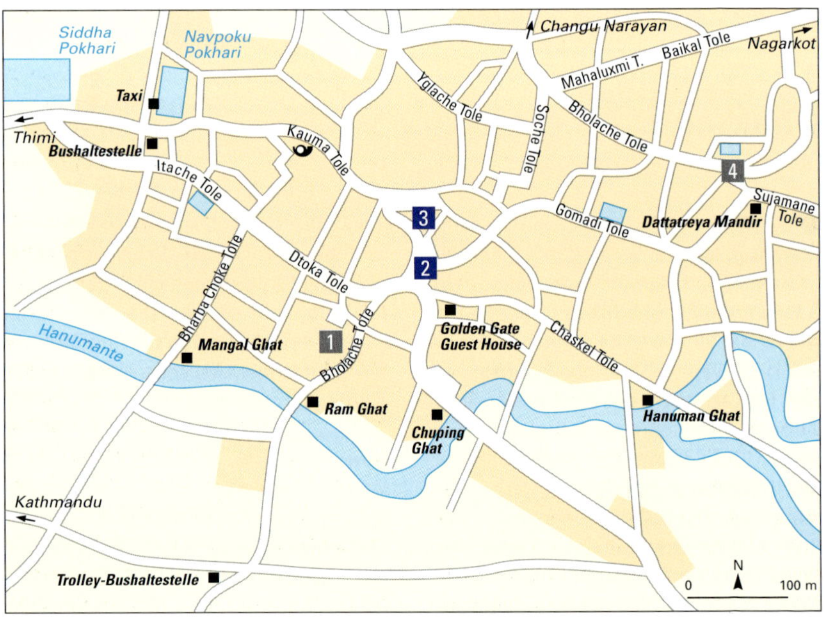

Am Siddha Pokhari, Bhaktapur

im Westen. Durch die traditionelle enge Bindung der Gottheit an das Herrscherhaus der Malla war damit auch der Durbar, der Palastbereich, fixiert. Die im Gegensatz zu Kathmandu und Patan periphere Lage erklärt sich daraus, daß der Wohnbereich des Herrschers zunächst als Festung ausgelegt war. Dennoch läßt sich auch Bhaktapur in seiner Topographie und sozio-religiösen Schichtung als Mandala interpretieren. Sein Zentrum bilden die drei Inkarnationen der Shakti Shivas (Taleju, Kali, Durga), gefolgt von drei Ganeshas, den Abkömmlingen des Götterpaares. In weiteren Kreisen sind die acht Bhairavas angesiedelt und als äußerer Schutzring die acht Matrkas (Muttergottheiten). Im Stadtbild findet diese Kosmologie ihren Ausdruck in der entsprechenden Anordnung der Heiligtümer, aber auch im sozio-religiösen Status der Bewohner. Im Zentrum überwiegen die Brahmanen und Malla als Träger der religiösen und weltlichen Macht, gefolgt vom ›Ring‹ der Handwerker. Am weitesten entfernt, am Rande der Stadt, wohnen die Unreinen. Umschlossen wird das gesamte Siedlungsgefüge von den auf Hügeln liegenden Heiligtümern der acht Muttergottheiten, die zumeist aus einfachen Erdmulden und heiligen Steinen bestehen.

Für den Besuch Bhaktapurs sollte man sich einen ganzen Tag Zeit lassen. Wer mit dem Fahrrad unterwegs ist, kann auf der wenig belebten Straße über Thimi (s. u.) nach Kathmandu zurückkehren, wobei er der alten Handelsroute folgt. Die neue, auch vom Bus benutzte Hauptstraße umgeht die Stadt im Süden. Um in den Genuß der stimmungsvollen Abend- und Morgenstunden zu kommen, empfiehlt sich jedoch mindestens eine Übernachtung vor Ort. Kein Wunder, daß die noch weitgehend vom Verkehrschaos verschonte Stadt sich zunehmender Beliebtheit auch für einen längeren Aufenthalt erfreut und etliche neue Gästehäuser und kleine Hotels diesem Trend bereits Rechnung tragen. Von der Endhaltestelle des Trolley-Busses führt ein Fußweg durch Felder und Gärten auf die Stadt zu. Linker Hand befindet sich der **Töpfermarkt** 1, wo zahlreiche Töpfer ihre Werkstätten und Verkaufsstände haben. Die schmale Straße steigt weiter an und mündet in den Taumadhi, das ehemalige Zentrum des gleichnamigen Stadtbezirks, durch das diagonal die alte Handelsroute nach Tibet verlief.

Taumadhi Tole

2 Dominiert wird der Taumadhi Tole vom hoch aufragenden **Nyatapola Mandir**, dem neben Kumbheshvara Mandir in Patan (s. S. 136) und Pancamukhi Hanuman Mandir in Kathmandu (s. S. 91) einzigen Heiligtum mit fünf Pagodendächern. Der Name (»der Fünfgeschossige«), bezieht sich sowohl auf die Anzahl der Dächer als auch auf die der sich nach oben hin verjüngenden Plattformen, auf denen der Tempel ruht. Das über 30 m hohe Heiligtum, dessen Dächer leider stark in Mitleidenschaft gezo-

Bhaktapur, Taumadhi Tole und Durbar Square *1 Nyatapola Mandir 2 Bhairava Mandir 3 Café Nyatapola 4 Yaksheshvara-Tempel 5 Vatsala Devi Mandir 6 Taleju-Glocke 7 Bhupatindra-Malla-Gedenksäule 8 Sundhoka-Portal 9 55-Fenster-Palast 10 Chyasilin Mandap 11 National Gallery 12 Mul Chowk 13 Eta Chowk 14 Sadashiva Chowk 15 Basantapur Durbar 16 Dvarikanath Mandir 17 Durga Mandir 18 Siddhilakshmi Mandir 19 Phasi Dega Mandir 20 Naga Pokhari*

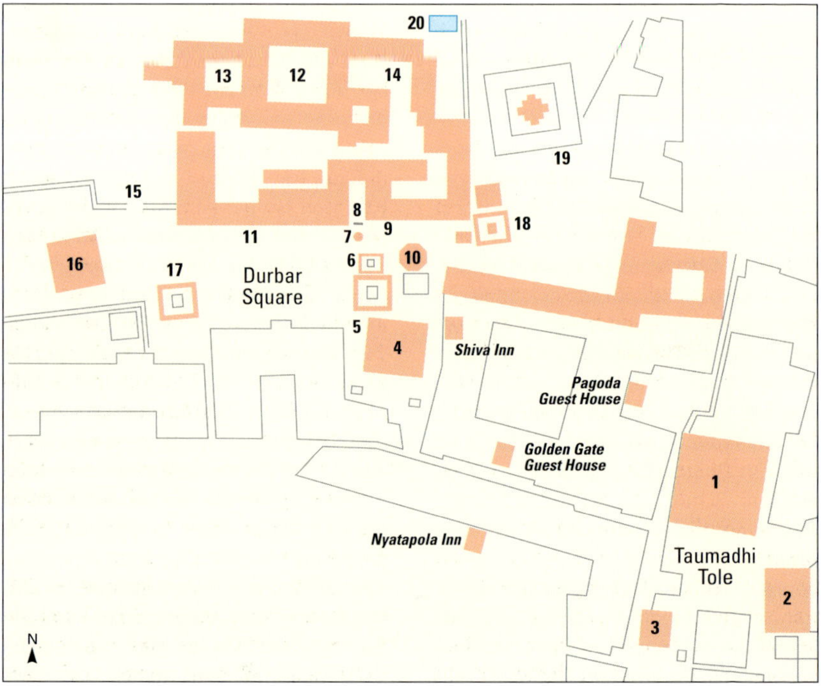

Bhairava Mandir, Taumadhi Tole, Bhaktapur

gen sind und dringend einer Renovierung bedürfen, wurde 1703 durch Bhupatindra Malla (reg. 1696–1722) der in Nepal wichtigen Göttin Durga Mahisamardini (»Besiegerin des Büffeldämons«) geweiht, die volkstümlich unter dem Namen Bhagvati bekannt ist. Die an der Südseite vom Platz aus steil nach oben führende Treppe flankieren fünf Skulpturenpaare, deren Kraft sich aufsteigend jeweils verzehnfachen soll. Den Beginn bilden die populären Ringer Yayamalla und Phatta, zehnmal so stark wie sterbliche Menschen. Über ihnen thronen Elefanten, gefolgt von Löwen und Greifen. Den Abschluß gestalten die beiden tantrischen Gottheiten Simhini und Byaghrini. Der Bau besticht zwar durch seine Eleganz und Harmonie, ihm fehlt aber die religiöse Ausstrahlung, wie sie etwa den frühen Tempeln Patans zu eigen ist. Er entstand auch weniger aus religiöser Überzeugung, als aus dem Wunsch mit den Schwesterstädten zu konkurrieren, ja, sie nach Möglichkeit wenigstens hinsichtlich der Architektur zu übertrumpfen.

Einen ganz anderen Eindruck hinterläßt der schräg gegenüberliegende, **Bhairava Mandir**. Der rechteckige, unmittelbar auf der Erde ruhende Bau ist dem Gott Shiva in seiner furchterregenden Gestalt geweiht. Wahrscheinlich geht das Heiligtum in seinen Ursprüngen auf den Beginn des 17. Jh. zurück und wurde von König Bhupatindra Malla 1717 modifiziert und vergrößert, um mit dem daneben stehenden Nyatapola zu harmonieren und auch das religiöse Gleichgewicht zwischen den beiden so wichtigen Gottheiten zu wahren. Der Bau gibt nicht mehr zu erkennen, daß er nach dem Erdbeben von 1933 vollständig wieder aufgebaut werden mußte und viele neue Teile enthält. 1996 wurden die Dächer renoviert.

Es gibt wohl keinen schöneren Ort, um in die Atmosphäre des Taumadhi Tole einzutauchen, als das in einem historischen Gebäude mitten auf dem

Platz untergebrachte **»Café Nyatapola«**. Durch den immer stärker werdenden Zustrom von Tagesausflüglern haben sich der Platz und die Verbindungsstraße zum Palast allerdings im Laufe der letzten Jahre in eine Art Souvenirmarkt mit zahlreichen fliegenden Händlern und Andenkenläden verwandelt. Erst am späten Nachmittag erhält der Taumadhi Tole wieder sein gewohntes Gesicht.

Durbar Square

3 Den Palastbezirk Bhaktapurs erreicht man von der Nordwestecke des Taumadhi Tole durch eine schmale, von Andenkenläden gesäumte Gasse. Von den Dutzenden von Höfen (Chowks), aus denen die ursprüngliche Anlage bestanden haben soll, sind nur noch drei erhalten, von einigen weiteren ist nur der Grundriß erkennbar. Den größten Schaden hat der Palast durch das Erdbeben von 1933 erlitten, dem auch viele Gebäude auf dem angrenzenden Durbar Square zum Opfer gefallen sind. Überdies wurde bei der Neugestaltung die südliche Begrenzung um einige Meter zurückverlegt, so daß der Platz heute einen weiträumigeren Eindruck macht als früher.

Man trifft zunächst auf den **Yaksheshvara-Tempel**, einen traditionellen Pagoden-Bau, der bereits 1460 von König Yaksha Malla (reg. 1428–82) errichtet wurde, um Pashupati, der wichtigsten Gottheit des Tals, auch in Bhaktapur eine würdige Heimstatt für den Staatskult zu geben. Der Legende nach soll die Gottheit selbst ihn dazu aufgefordert haben, um ihm den täglichen Weg zum großen Heiligtum von Deopatan (Pashupatinath) zu ersparen. So verwundert es nicht, daß der Tempel auch in seiner äußeren Gestalt eine genaue Kopie des Hauptheiligtums in Pashupatinath darstellt. Beim Erdbeben von 1933 stürzte der Bau vollständig ein, wurde dann in der alten Form wieder aufgebaut und 1968 restauriert, wobei die unversehrt gebliebenen Dachstützen mitverwendet wurden. Sie zeigen Shiva in unterschiedlicher Gestalt sowie Szenen aus dem Ramayana-Epos.

Dahinter erhebt sich der **Vatsala Devi Mandir**, ein Steintempel im Shikhara-Stil, der 1637 in Anlehnung an den Bala Gopala Mandir in Patan (s. S. 135) entstand. Die hier verehrte Göttin verkörpert, ähnlich wie Kali, den furchterregenden Aspekt Durgas und wurde früher sogar mit Menschenopfern besänftigt.

Neben dem Heiligtum hat König Ranajita Malla (reg. 1722–68) eine der Göttin **Taleju** geweihte **Glocke** aufstellen lassen. Von ihm stammt auch die benachbarte **Gedenksäule**, die jedoch nicht wie üblich den Gründer zeigt, sondern dessen verstorbenen Vater Bhupatindra Malla. Die Geschichte weiß zu berichten, daß der König für die Arbeit Spezialisten aus Kathmandu heranziehen mußte. Diese kamen auch, hatten aber vom dortigen Herrscher den Auftrag, keineswegs ein der Säule von Kathmandu gleichwertiges Kunstwerk zu schaffen. Zähneknirschend mußte der König von Bhaktapur hinnehmen, daß die Säule beim Aufstellen umstürzte und zerbrach. In verkürzter Form wurde sie dann doch errichtet, und die Arbeiter erhielten Lob von beiden Herrschern.

Die Statue, die König Bhupatindra Malla kniend im Gebet zeigt, steht vor dem prachtvollen **Sundhoka**, dem Portal zum nicht sichtbaren Hauptheiligtum der Taleju. Der Torbau aus vergoldeter Bronze wurde 1753 zwischen den beiden Palastflügeln eingefügt und zählt zu

Souvenirverkäufer in Bhaktapur

den erlesenen Kostbarkeiten der Malla-Zeit. Im oberen Teil des Tympanon erkennt man einen Garuda, das Reittier Vishnus, an den Seiten Nagas (Schlangen) und Makaras (Fabelwesen mit Krokodilköpfen). Im Zentrum ›residiert‹ die achtarmige Taleju, ihr zur Seite die Flußgöttinnen Ganga auf einem Makara stehend, und Yamuna auf einer Schildkröte *(kurma)*. An den Pfeilern begegnen uns weitere Gottheiten wie Bhairava, Bhagvati und Ganesh sowie zwei Weisheit und Unsterblichkeit symbolisierende Vasen.

Der Sundhoka markiert die Nahtstelle zwischen den beiden ganz unterschiedlich gestalteten Palastfronten. Die rechte, östliche Hälfte, der **55-Fenster-Palast**, ist noch im traditionellen Malla-Stil gehalten, gegliedert vor allem durch die hervorragenden Holzschnitzarbeiten. Glücklicherweise konnten sie bei dem großen Erdbeben gerettet und wieder zusammengefügt werden. Bis zum Jahre 1991 dauerte es allerdings, bis der damals ebenfalls zerstörte achteckige **Chyasilin Mandap** vor der östlichen Palastfront wieder den Durbar Square bereicherte. Der Wiederaufbau wurde von der Bundesrepublik Deutschland finanziert und durchgeführt. Eine kleine Tafel erinnert daran.

Der westliche Palastflügel ist in seiner heutigen Form erst im letzten Jahrhundert entstanden und verkörpert den islamisch beeinflußten Rana-Stil, der auch vielen Regierungsgebäuden Kathmandus zu eigen ist. Von dem ursprünglichen Palast sind nur noch die beiden Löwen vor dem ehemaligen Eingangstor erhalten, das heute als Zugang zur **National Gallery** dient. Das Museum zeigt vor allem eine hervorragende Sammlung alter Thankas (Rollbilder), deren lieblose Präsentation den Genuß jedoch trübt.

Durch das Sundhoka führt der Weg zu dem hinter der Palastfront liegenden Haupttempel **Mul Chowk**, geweiht Nepals wichtigster Göttin Taleju. Als ältestes Gebäude der Palastanlage wirkte die Kultstätte als Keimzelle für die Entwicklung des Durbar-Bezirks. Der Legende nach soll das Heiligtum bereits

Statue vor dem Dattatreya Mandir, Tacapala Tole, Bhaktapur

1324 durch König Harisimhadeva errichtet worden sein, als dieser auf der Flucht vor islamischen Heeren in Bhaktapur Aufnahme fand und damit die Malla-Dynastie Nepals ins Leben rief. Möglicherweise entstand der Tempel aber erst Mitte des 15. Jh. im Rahmen des Festungsbaus durch König Yaksha Malla. Nicht-Hindus ist der Zutritt verwehrt, zuweilen kann man aber einen Blick in den reich ausgestatteten Hof werfen. Mit Einführung der Göttin Taleju in Kathmandu und Patan wurde auch die Architektur des Mul Chowk von Bhaktapur in die beiden anderen Städte verpflanzt.

Ein prachtvolles Portal stellt die Verbindung zum westlich angrenzenden, für Touristen ebenfalls unzugänglichen **Eta Chowk** her, in dem die acht Matrkas, hier in Verbindung mit den Kumaris, besondere Verehrung genießen, stehen sie doch traditionsgemäß in enger Beziehung zur Göttin Taleju. Östlich ist an den Mul Chowk der Bhairava-Tempel **Sadashiva Chowk** angebaut, der auf König Naresha Malla (reg. 1637–44) zurückgeht. Auch diesen prachtvollen Hof dürfen Fremde nicht betreten.

Von dem sich früher im Westen an den heutigen Palast anschließenden **Dasantapur Durbar**, ein von Jagatprakash Malla (reg. 1644–73) für die Königin errichteter Komplex, sind nur noch die Statuen der 18armigen Göttin Ugrachandra und des 12armigen Bhairava aus dem frühen 18. Jh. erhalten geblieben.

Den westlichen Abschluß des Durbar Square bildet der **Dvarikanath Mandir**, der, wie der weiter oben beschriebene Yaksheshvara-Tempel, das Heiligtum von Pashupatinath bei Kathmandu zum Vorbild hat. Zunächst wurde Vishnu hier als Narayana verehrt, später als Krishna. Bei dem etwas nach Süden versetzten Tempel davor handelt es sich um den **Durga Mandir**, einen Bau im Shikhara-Stil, dessen Entstehungsjahr unbekannt ist.

Das östliche Ende der Palastfront, wo sich der Platz wieder erweitert, markiert der kleine steinerne Shikhara-Tempel **Siddhilakshmi Mandir** aus dem Jahre

1696. Ein Kuriosum stellen die kostümierten Figuren am Treppenaufgang dar. Die unmittelbar benachbarten Vatsala- und Shiva-Tempel, die man noch auf alten Stichen erkennen kann, wurden nach dem Erdbeben von 1933 nicht wieder aufgebaut. Erhalten ist nur der am nördlichen Ende liegende Unterbau des Shiva-Tempels **Phasi Dega Mandir**, der ehemals beherrschendes Element des Durbar-Bezirks war, heute aber nur von einem bescheidenen weißen Kubus gekrönt wird. Links dahinter liegt der **Naga Pokhari** (Schlangensee), eine Badeanlage, die von einem 11 km langen, unterirdischen Kanal gespeist wird und aus dem 17. Jh. stammt.

Verläßt man den Palastbereich nach Osten, gelangt man nach wenigen Schritten auf die Hauptverkehrsachse Bhaktapurs, den alten nach Tibet führenden Handelsweg. Man folgt ihm nach links (rechts gelangt man zum Taumadhi Tole) und erreicht nach etwa 20 Minuten den Tacapala Tole, das Herzstück des gleichnamigen alten Stadtviertels.

Tacapala Tole

4 Der langgestreckte, leicht nach Westen hin abfallende Platz konnte, nicht zuletzt durch aufwendige Restaurierungsarbeiten, seine Ursprünglichkeit weit besser bewahren als der Durbar Square. Beherrscht wird er von dem wuchtigen, dreistöckigen **Dattatreya Mandir**, der unter König Yaksha Malla für Dattatreya, den Schöpfer der Tantras und Inkarnation der Trinität von Brahma, Shiva und Vishnu *(trimurti)*, errichtet wurde und heute Mittelpunkt des religiösen Lebens der Stadt ist. Zuvor stand an dieser Stelle schon ein kleiner Schrein zum Gedenken an einen hier verstorbenen Guru. Die eigentümliche Architektur mit drei bewohnbaren

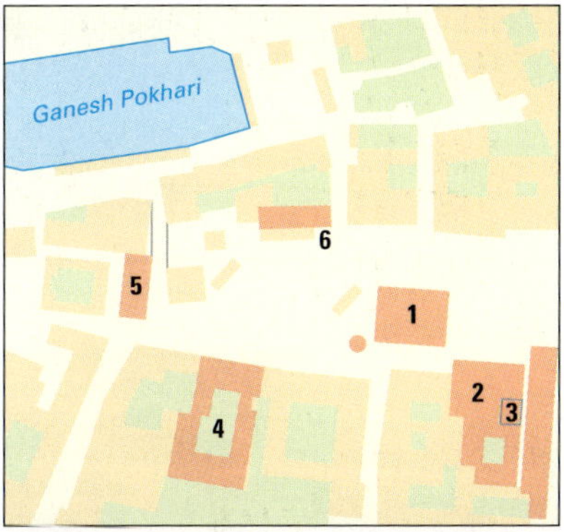

Bhaktapur, Tacapala Tole *1 Dattatreya Mandir 2 Pujahari Math (Woodcarving Museum) 3 Pfauenfenster 4 Handicraft Centre 5 Bhimsen-Tempel 6 Café de Peacock*

Stockwerken, die dem Kasthamandapa in Kathmandu ähnelt (s. S. 96f.), weist das Heiligtum als ehemalige Pilgerherberge aus, der erst später die Idole der drei Gottheiten zugefügt worden sind. Die alte Funktion spiegelt sich sogar im Namen des Stadtviertels wider, ist er doch abgeleitet aus *taha chapahra* (»Große Herberge«). Die Garuda-Säule vor der Hauptfront und die Darstellung von Muschel und Diskus neben dem Eingang weisen das Heiligtum als einen Vishnu-Tempel aus. Eigentümlich sind die beiden überlebensgroßen Statuen der Ringer Yayamalla und Phatta, die wir auch am Nyatapola-Tempel finden, die hier jedoch in atypischer rajputischer Kleidung auftreten und kürzlich bunt bemalt wurden. An der Rückseite des Tempels reihen sich gut erhaltene Reliefs mit erotischen Darstellungen aneinander.

Direkt daneben liegt der herrlich restaurierte Gebäudekomplex **Pujahari Math**, eine ehemalige klosterähnliche Unterkunft hinduistischer Priester mit beträchtlichem Einfluß. Der Überliefe-

Richtig Reisen
Tip

Neujahrsfest

Wer sich Mitte April im Kathmandu-Tal aufhält, sollte keinesfalls das spektakuläre, mehrtägige Bisket Yatra (Newarisches Neujahrsfest) in Bhaktapur versäumen, das zwischen dem 9./10. und 15./16. des Monats stattfindet. Im Mittelpunkt stehen Prozessionen, Opferungen von Hühnern und der abenteuerliche Umzug der Tempelwagen (an ›Silvester‹ und Neujahr) durch die engen steilen Straßen. Da die Aktivitäten sich bis tief in die Nacht erstrecken oder bereits bei Sonnenaufgang beginnen, ist es ratsam, sich für einige Tage in eines der Gästehäuser einzumieten. Eine Voranmeldung ist dann dringend anzuraten.

rung nach soll das Kloster von dem oben erwähnten indischen Guru auf dem Rückweg von Tibet kurz vor seinem Tode gegründet worden sein und steht seither in enger Verbindung mit dem Dattatreya Mandir. Seine heutige Gestalt erhielt es Mitte des 16. Jh., wurde aber durch das Erdbeben von 1933 stark in Mitleidenschaft gezogen. Erst 1971/72 erfolgte die umfassende Renovierung im Rahmen eines deutschen Entwicklungshilfeprojekts, das sich später auf ganz Bhaktapur ausdehnte. Seine alte Funktion allerdings hat das Gebäude verloren. Zunächst beherbergte es das Büro des *Bhaktapur Development Program*, heute hat hier das **Museum für traditionelle Holzschnitzkunst** *(Woodcarving Museum)* seinen Platz gefunden. Biegt man unmittelbar hinter dem Museum rechts ab (Süden), steht man nach wenigen Schritten vor dem berühmten **Pfauenfenster**. Lohnend ist auch der Besuch des an der Südseite des Platzes eingerichteten **Handicraft Centre** mit seiner großen Verkaufsausstellung.

Zur Harmonie des Platzes trägt auch der 1655 gestiftete **Bhimsen-Tempel** mit seinem angegliederten Tank bei, die den Platz im Westen abschließen. Im ehemaligen Jangan Math an der Nordseite des Platzes ist heute das **»Café de Peacock«** untergebracht, von dessen Galerie sich das Treiben auf dem Platz unbeschwert genießen läßt.

Die Umgebung Bhaktapurs

Thimi

1 (S. 308) Drei Kilometer westlich von Bhaktapur liegt an der alten Straße nach Kathmandu das Städtchen Thimi, das trotz seiner beachtlichen Größe von 12 000 Bewohnern noch vieles von seinem ländlichen Charme hat bewahren können. Berühmt ist der Ort vor allem durch seine Töpferwaren und seine bunten Masken. Die von Nord nach Süd verlaufende Hauptstraße verbindet den alten Handelsweg, der den nördlichen Stadtrand bildet, mit der neuen Haupt-

Bal Kumari Yatra in Thimi

Richtig Reisen *Tip*

Bal Kumari Yatra

Besonders farbenprächtig wird der Tag nach dem Newarischen Neujahr (Mitte April) in Thimi begangen, wenn anläßlich der Bal Kumari Yatra 32 geschmückte Götterbildnisse zum Tempel gebracht werden: Mit großem Getöse, Gesang und Musik werden sie von Jugendlichen auf Schreinen durch die Ortschaft getragen, wobei auch an rotem Pulver nicht gespart wird, mit dem Beteiligte und Zuschauer überschüttet werden. Da überdies Reisbier *(chang)* und Schnaps *(rakshi)* reichlich fließen, sollte man möglichst früh am Morgen eintreffen, zumal die Umzüge nur zwischen 7 und 11 Uhr stattfinden. Später am Tage gerät das Fest leicht außer Kontrolle, und Fremde werden zu den bevorzugten Opfern der ›Farborgie‹ (alte Sachen anziehen). Am Nachmittag verlagern sich die Aktivitäten nach Bode, sind aber nicht mehr so spektakulär. Im Mittelpunkt steht die Selbstkasteiung mindestens eines Freiwilligen, der sich dünne Stahlnadeln durch die Zunge sticht.

straße, von der Thimi im Süden berührt wird. Kulturelles Zentrum ist der aus dem 17. Jh. stammende **Bal-Kumari-Tempel**.

Vom nördlich angrenzenden Dorf **Nakdes** (Nade) gelangt man auf einem schönen Treppen-Weg durch ein Tor zum **Ganesh Dyochhen**. Wandert man noch ein Stück weiter nordwärts, erreicht man das Dorf Bode mit dem eindrucksvollen **Mahalakshmi-Tempel** aus dem 17. Jh.

Changu Narayan

2 Der 1450 m hoch auf einem Berg, ca. 7 km nördlich von Bhaktapur gelegene, von einem kleinen Dorf gesäumte Tempel, der sich mit öffentlichen Verkehrsmitteln nicht erreichen läßt, gehört zu den bedeutendsten hinduistischen Heiligtümern des Kathmandu-Tals. Es ist dem Gott Vishnu geweiht, der uns hier in Gestalt des Narayana entgegentritt, als Schöpfergott eines neuen Weltzeitalters (s. S. 158f.). Eine auf König Manadeva (reg. 464–506) bezogene Steininschrift auf einer Garuda-Säule vor dem Haupttempel beweist das hohe Alter dieser Kultstätte, wenn auch die heutigen Bauten jüngeren Datums sind. Möglicherweise wurde die Säule sogar bereits um das Jahr 400 von König Haridatta anläßlich der Festigung des indischen Vishnu-Kults hier aufgestellt. Wie Funde aus Hadigaon und Patan belegen, war die Gottheit bereits seit dem 1. Jh. in Nepal bekannt.

Die Betonung dieser Glaubensrichtung in Verbindung mit dem Garuda kann als Indiz für die damalige politische Vormachtstellung der indischen Gupta-Dynastie gesehen werden, die das mythologische Mensch-Vogel-Wesen zu ihrem Wappentier erhoben hatte. Unterbrochen durch Epochen geringerer Bedeutung konnte sich der Vishnuismus immer wieder eine Vormachtstellung erobern und spielt bis heute vor allem für das Herrscherhaus eine zentrale Rolle, denn noch immer versteht sich der König als eine Inkarnation Narayanas. Wie der im Vergleich zum Shiva-Heiligtum von Pashupatinath geringe Besuch von Gläubigen zeigt, genießt Vishnu heute beim Volk weniger Popularität als Shiva.

Nach einer Chronik des 18. Jh. soll Garuda hier aus einem Juwel entstanden sein und jedes Jahr aus den som-

Changu Narayan, Tempelanlage *1 Garuda-Narayana-Tempel 2 Stifterschrein 3 Garuda-Skulptur 4 Licchavi-Säule 5 Garuda Narayana (8. Jh.) 6 Krishna-Schrein 7 Nateshvara-Schrein 8 Sri-Mahadev-Skulptur 9 Garuda Narayana (16. Jh.) 10 Somalingeshvara-Schrein 11 Skulpturen (Garuda, Avalokiteshvara, Durga, Vishnu) 12 Ganesh-Schrein 13 Bhagvati-Tempel 14 Shiva-Tempel 15 Lakshmi-Narayana-Tempel 16 Vishnu Vikranta 17 Narasimha 18 Vishnu Vishvarupa 19 Bhairava-Schrein 20 Shiva-Tempel*

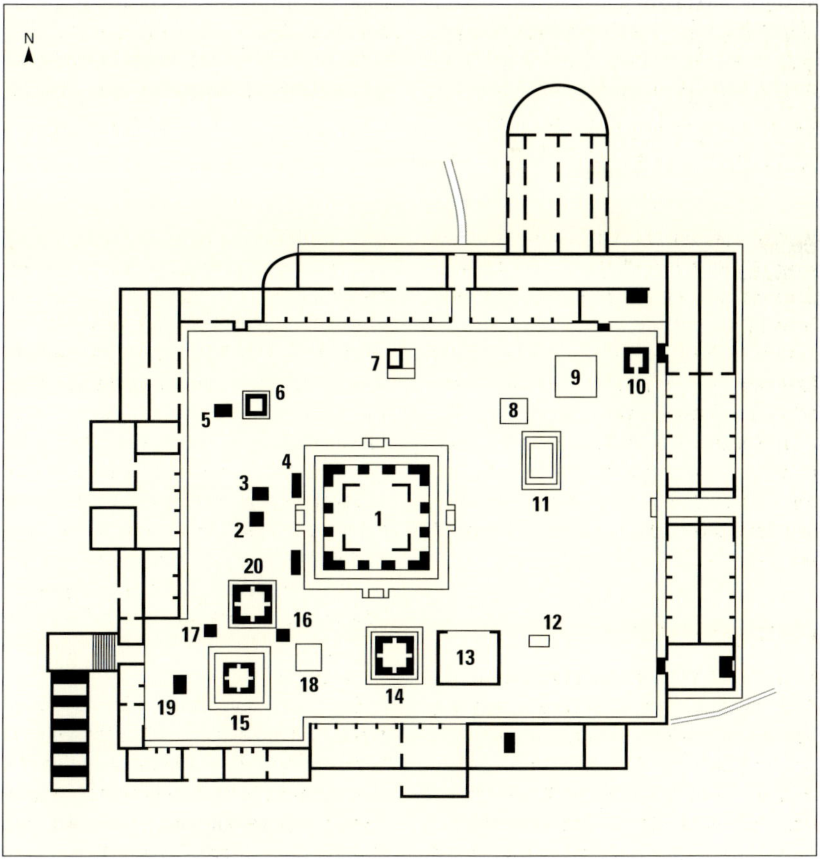

merlichen Monsunwolken herabstoßen, um eine Schlange aus dem Sankhadaha-See zu greifen und zu verschlingen. Eine andere Gründungslegende berichtet von einem Asketen, dessen Kuh heimlich von einem Unbekannten gemolken wurde. Als der Einsiedler den Dieb eines Tages erwischte und ihm den Kopf abschlug, mußte er entsetzt feststellen, daß er sich am Gott Vishnu vergangen hatte. Dieser aber war ganz erleichtert, da er die Enthauptung als Sühne für eine vergangene Missetat ansah, und entschloß sich, fortan auf dem Berg zu wohnen.

Neben der schönen Aussicht über das Tal von Kathmandu bietet die Anlage vor allem eine herausragende Sammlung alter Skulpturen, die sich im Tempelhof verteilen. Das eigentliche Heiligtum, der **Garuda-Narayana-Tempel**, geht in seiner heutigen, dem Pashupatinath-Tempel entlehnten Form erst auf das Jahr 1704 zurück. Wände und Dachstützen sind überreich mit farbig bemalten, oft vierarmigen Holzskulpturen verziert, das obere Dach glänzt weithin sichtbar mit seinen vergoldeten Kupferplatten. Der Tempelhof darf auch von Nicht-Hindus betreten werden, nicht jedoch das Heiligtum im Innern des Bauwerks. An die Stifter des Neubaus, König Bhupalendra Malla von Kathmandu (reg. 1687–1700) und Königin Bhavana Lakshmi, erinnern die beiden vergoldeten Bronzeplastiken in dem kleinen vergitterten **Schrein** vor dem Hauptzugang.

Links daneben steht eine bemerkenswerte **Garuda-Skulptur** aus dem 6.

Die Umgebung Bhaktapurs

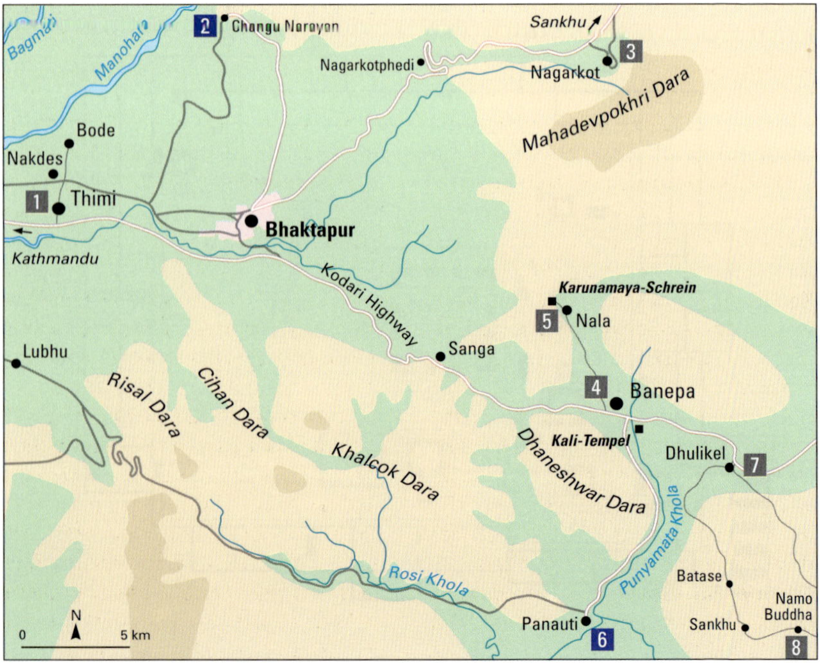

Westfassade des Garuda-Narayana-Tempels in Changu Narayan

oder 7. Jh., die zu den schönsten Beispielen im ganzen Kathmandu-Tal zählt und Züge des Stifters trägt, möglicherweise des Licchavi-Königs Manadeva.

Flankiert wird die Tempelfront von zwei Steinsäulen, gekrönt von Rad und Muschel, den Symbolen Vishnus. Die linke **Säule** trägt die bereits oben erwähnte älteste Inschrift des Landes, wurde bei der Neuaufstellung im Jahre 1860 jedoch teilweise in den Boden eingegraben. Die Zeilen beinhalten einen Dialog zwischen König Manadeva und seiner Mutter Rajyavati, in dem der König seine Mutter davon abhält, dem verstorbenen Vater auf den Scheiterhaufen zu folgen, um Sati zu werden.

Nur wenige Schritte sind es von hier zu einer weiteren Garuda-Skulptur nahe der Nordwestecke des Tempels vor dem kleinen Krishna-Schrein. In einer hochwertigen Arbeit aus der Licchavi-Epoche (8. Jh.) begegnet uns hier Vishnu auf dem fliegenden Garuda, bekannt als **Garuda Narayana** oder Garudasana. Das Kunstwerk wurde ausersehen, den 10-NRs-Geldschein zu zieren.

Aber noch weitere bemerkenswerte Arbeiten birgt das Tempelgeviert. Die meisten von ihnen sind von kleinen, schützenden Backsteinnischen umschlossen (Blitzlicht ratsam) und stehen in einer bestimmten kosmischen Ordnung zueinander. Dazu zählt eine Gruppe mit Vishnu, Garuda, Avalokiteshvara und Durga, vor allem aber das im Süden des Hofs vor dem **Lakshmi-Narayana-Tempel** aufgestellte, durchbrochene Relief des zehnarmigen **Vishnu Vishvarupa** als zehnköpfiger Herr des Weltalls, wie er sich Arjuna, dem Helden des Mahabharata-Epos zeigte, als dieser ihn darum bat, sich in seiner ganzen göttlichen Kraft und Herrlichkeit zu offenbaren. Das teilweise zerstörte Relief stammt bereits aus dem 7. Jh. und ist der gleichen Schule zuzuordnen wie die benachbarte Darstellung des **Vishnu Vikranta** (Trivikrama). Diese illustriert die Legende von Vishnus List gegen den Dämonenkönig Bali, der sich anschickte, die Erde zu erobern. In Zwergengestalt war der Gott am Hofe erschienen, wo der Asura-Herrscher ihm anläßlich des Pferdeopfer-Festes großzügig den Wunsch gewährte, so viel Land in Besitz zu nehmen, wie er mit drei Schritten durchmessen könnte. Daraufhin verwandelte sich Vishnu vom Zwerg Vamanavatara in den Riesen Trivikrama und durcheilte in zwei Schritten Himmel und Erde, während er mit dem dritten Bali in die Unterwelt zurückstieß.

Die unmittelbar benachbarte, auf das 13. Jh. datierte, kraftvolle Arbeit stellt Vishnu als Mannlöwe, als **Narasimha** dar, in dessen Gestalt der Gott einst aus einer Säule hervortrat und den Dämonen Hiranyakasipu tötete, der seinem eigenen Sohn, dem Vishnu-Verehrer Prahlada, nach dem Leben trachtete (s. S. 90f.).

Nagarkot

3 (S. 304) Der ungefähr 14 km nordöstlich von Bhaktapur in 1985 m Höhe gelegene Ort erstreckt sich über einen langgezogenen Grat und besteht fast ausschließlich aus Hotels (meist einfach, ohne Strom und fließendes Wasser), verdankt er doch seine Existenz allein dem großartigen Blick auf die Kette des Himalaya. Vor allem jene Touristen dürfen sich hier den höchsten Bergen der Welt nahe fühlen, denen eine Trekkingtour nicht vergönnt ist. Um die Aussicht richtig würdigen zu können, ist eine Übernachtung dringend anzuraten, zumal der Reisende nur dann in den Genuß des berühmten Sonnenaufgangs kommen kann. Die Bergsicht ist im Winter zwischen November und März, vor allem am Morgen, fast garantiert, während der Monsunzeit hingegen recht selten. Getrübt wird der freie Blick auf die Achttausender jedoch zunehmend durch die immer stärker werdende Luftverschmutzung, die wie eine Glocke über dem Tal von Kathmandu hängt.

Nagarkot ist ein guter Ausgangspunkt für kleine Wanderungen. Ein lohnender Weg führt nach Changu Narayan (s. S. 150ff.). Man kann die Wanderung auf ca. zwei Stunden abkürzen, indem man den Bus bis zur großen Haarnadelkurve nimmt, mit der die von Nagarkot kommende Straße bei Nagarkotphedi die Berge verläßt. Eine andere, etwa vierstündige Wanderung führt entlang der Trasse einer neuen Straße über einen Kamm hinüber nach Sankhu (s. S. 163).

Banepa und Nala

Die Kleinstadt **Banepa** 4 liegt an der nach Tibet führenden Hauptstraße (Kodari Highway) etwa 10 km östlich von Bhaktapur. Die Ortschaft trägt heute ein überwiegend modernes Gesicht und ist für den Touristen von nur geringem Interesse. Etwas ungewöhnlich sind die beiden erhöht liegenden **Narayana-Tempel** aus dem Jahre 1552, bleibt doch ungeklärt, warum zwei derselben Gottheit geweihte Kultstätten an der gleichen Stelle errichtet wurden. Fehlende Vergoldung und Farbgebung werden durch die hohe Qualität der Holzschnitzarbeiten mehr als wettgemacht.

Lohnend ist der Besuch des schön gelegenen **Candesvari Mandir** am östlichen Ortsende. Eine Legende bringt den Tempel in Verbindung mit dem Sieg Parvatis über den Dämonen Cand, eine lokale Variante der bekannten Inkarnation Durgas als Vernichterin des Büffeldämons. Beachtenswert ist das große Bhairava-Fresko an der westlichen Außenwand des Hauptschreins. Der andere Tempel im heiligen Bezirk stammt erst aus dem 19. Jh. und ist Shiva geweiht.

Ein 3 km langer einfacher Fahrweg führt von Banepa in den heute unbedeutenden Weiler **Nala** 5. Der Besuch, den

Brahmayani-Tempel in Panauti

man am besten mit dem Taxi von Bhaktapur aus durchführt, lohnt wegen der ländlichen Umgebung, vor allem aber wegen des **Bhagvati-Heiligtums**, das in seiner heutigen Form auf König Jagatprakash Malla (reg. 1644–73) aus Bhaktapur zurückgeht. Mit seinen vier Stockwerken stellt der Bau eine Ausnahmeerscheinung dar, denn nur noch in Harisiddhi (s. S. 171f.) findet sich eine ähnliche Anlage.

An die buddhistische Vergangenheit gemahnt der etwas außerhalb liegende, dem Bodhisattva Lokeshvara geweihte **Karunamaya-Schrein**, dessen Alter unbekannt ist.

Panauti

6 Der Besuch dieser 8 km südlich von Banepa liegenden traditionellen Newar-Siedlung läßt sich gut mit dem Abstecher nach Nala verbinden. Erreichen kann man Panauti auch auf einer etwa zweistündigen Wanderung von Dhulikel aus (s. S. 156f.). Im Gegensatz zu Nala konnte sich die Ortschaft ihren historischen Kern fast unverfälscht bewahren. Umfangreiche, von Frankreich durchgeführte Restaurierungs- und Sanierungsarbeiten, die noch im Gange sind, dürften Panauti jedoch bald zu einem Anziehungspunkt für Touristen werden lassen. Bisher erwacht das Städtchen nur einmal im Jahr, während des Wagenfestes Ende September, für Stunden aus seiner ländlichen Idylle.

Die Ortschaft liegt am Zusammenfluß von Rosi Khola und Punyamata Khola, wo sich früher auch bedeutende Handelsrouten verzweigten. Vom ehemaligen Glanz der Stadt künden noch einige sehenswerte große Tempel, die so gar nicht zu den bescheidenen Häusern der Umgebung zu passen scheinen. Wie viele Flußmündungen ist auch die von Panauti besonders geheiligt und Ziel der Pilger, vor allem während der alle 12 Jahre stattfindenden Makar Mela, wenn sich Tausende von Hindus hier zum rituellen Bad einfinden (das nächste Mal 1998). Um Panauti rankt sich eine bizarre Legende: Einst begehrte der mächtige vedische Gott Indra die schöne Ahiliya, Gemahlin des jähzornigen Weisen Gautam. Um sein Ziel zu erreichen, nahm der Gott die Gestalt des Weisen an und verführte die ahnungslose Ahiliya. Gautum erwischte die beiden jedoch in flagranti und belegte den Gott mit einem Fluch, der seinen Körper völlig mit weiblichen Geschlechtsteilen (Yoni) bedeckte. Gedemütigt verließ Indra mit seiner Frau Indrayani die Heimat und gelangte nach Panauti, wo er zu Shiva und Parvati betete. Diese hatten schließlich Mitleid und verwandelten zunächst Indrayani in einen unsichtbaren Fluß. Dann manifestierte sich Shiva durch einen steinernen Lingam am Ufer. Als Indra nun ein Bad nahm, gewann er wieder seine alte Gestalt. Die Geschichte ist ein interessanter Beleg für den Niedergang des einst mächtigsten Gottes des vedischen Pantheons. Heute hat der einstige Götterkönig nur noch den bescheidenen Rang eines Himmelswächters, zuständig für den Osten.

Die Straße endet oberhalb einer Hängebrücke, über die man ins Zentrum gelangt, das vom **Indreshvara-Tempel** beherrscht wird, der nach dem Vorbild Pashupatinaths bereits zu Beginn des 15. Jh. über dem legendären Shiva-Lingam errichtet wurde und später ein drittes Dach erhielt. Das Erdbeben von 1988 fügte dem erst 20 Jahre zuvor restaurierten Bauwerk erhebliche Schäden zu, die nunmehr durch die oben erwähnten Arbeiten des französischen Teams beseitigt sind. Aus der Frühzeit stammen noch die hölzernen, mit Skulpturen verzierten Stützbalken der beiden unteren Dächer, die damit die wohl ältesten Holzschnitzarbeiten des Landes bewahrt haben. Die unteren zeigen Figuren aus den Epen Mahabharata und Ramayana, die am zweiten Dach Baumnymphen. Diese aus der indischen Plastik hervorgegangenen Figuren finden sich auch am kleinen Shiva-Schrein in der Nordwestecke des Tempelbezirks.

Die beiden anderen Tempel liegen am Zusammenfluß von Punyamata Khola und Rosi Khola. Auf der Landzunge hat der dreistöckige **Krishna-Tempel** aus dem 17. Jh. seinen Platz gefunden. Hölzerne Pfeiler mit Darstellungen von Krishna, seiner Gemahlin Radha und seiner Gespielinnen *(gopi)* tragen das untere Geschoß des 16 m hohen Heiligtums. Skulpturen eines Nandi-Bullen sowie der Gottheiten Ganesh, Surya und Vishnu sind im Hof aufgestellt.

Auf der anderen Flußseite liegt der ebenfalls dreistöckige **Brahmayani-Tempel** aus dem frühen 17. Jh. Beachtenswert sind das Tympanon mit einem Bildnis der Muttergöttin Brahmayani auf ihrem Reittier, dem Schwan *(hamsa)*, und Reste von Wandmalereien im Heiligtum.

Dhulikel

7 (S. 299f.) Der Besuch dieser kleinen, 5 km östlich von Banepa am Kodari Highway in 1650 m Höhe gelegenen Ortschaft lohnt vor allem wegen der grandiosen Aussicht (besonders im Winter) auf die schneebedeckten Ketten des zentralen Himalaya-Massivs vom Annapurna im Westen bis zu Lhotse und Makalu im Osten. Den bescheidenen Hauptplatz im westlichen Teil der Stadt beleben zwei Tempel und ein Teich. Die Heiligtümer, beide neueren Datums, sind Shiva und Harisiddhi geweiht. Davor knien zwei Garuda-Figuren.

Einen schönen Blick ins Banepa-Tal hat man vom **Bhagvati-Tempel**, einer dreistöckigen Ziegel-Holz-Pagode mit

Landschaft bei Dhulikel

Fliesenschmuck im Erdgeschoß, noch eindrucksvoller vom **Kali-Tempel**, 20 Fußminuten nach Südosten auf dem nach Namo Buddha führenden Weg.

Namo Buddha

8 Den 8 km südöstlich von Dhulikel gelegenen **Stupa** von Namo Buddha erreicht man auf einer etwa sechsstündigen (hin und zurück), sehr schönen einfachen Wanderung von Dhulikel aus. Einen Wegeplan halten die Hotels von Dhulikel bereit.

Das Heiligtum von Namo Buddha wird in Verbindung mit der Geschichte aus den Jatakas (Erzählungen aus den früheren Leben Buddhas) gebracht, in der der Erleuchtete, damals noch als Bodhisattva, aus Mitleid seinen Körper einer hungrigen Tigerin opferte. Die Legende ist auf einer Steintafel vermerkt, die sich ein Stück oberhalb bei einer kleinen Mönchsunterkunft befindet, von der aus man einen herrlichen Blick über die Täler der Umgebung hat. Derzeit wird die Anlage restauriert und mit einem Kloster und einem Tempel erweitert.

In einem Bogen führt der Weg von Namo Buddha durch die Dörfer Sankhu und Batase zurück nach Dhulikel.

Ausflüge im Kathmandu-Tal

Ausgehend von der Hauptstadt Kathmandu bieten sich zahlreiche Möglichkeiten zu Ausflügen nicht nur in die Königsstädte Bhaktapur und Patan, sondern überdies zu teilweise wenig besuchten und dennoch sehenswerten Zielen.

Budhanilkantha

1 Die kleine, ca. 10 km nordöstlich Kathmandus zu Füßen des 2732 m hohen Tare Bir liegende Siedlung erreicht man auf der Verlängerung des Kanti Path, der an der Westseite des Palastes nach Nordosten verläuft, nach 4 km die Ring Road kreuzt und durch einige kleine Dörfer bis zum Gebirgsrand führt. Die erste Silbe des Ortsnamens verweist keineswegs auf Buddha, sondern entspricht dem Sanskritwort »alt« und dient nur zur Unterscheidung von der neueren Anlage von Bala Nilkantha in Balaju (s. S. 118). Interessant ist die Legende über die Herkunft des Namens Nilkantha (»blaue Kehle«), der merkwürdigerweise mit Shiva in Verbindung steht und nicht mit dem hier verehrten Vishnu: Einst quirlten 330 Mio. Gottheiten das Milchmeer, bis ihm das mythische Pferd Uccaihsrava entstieg, gefolgt von der Göttin Lakshmi. Dann aber kam das tödliche Gift Halahala zutage und begann, die Welt zu zerstören. Shiva eilte zu Hilfe, steckte es in den Mund, ohne es jedoch zu verschlucken. Daraufhin färbte sich sein Hals tiefblau und verhalf ihm zu dem Beinamen Nilkantha. Um Abkühlung zu suchen, stieß der Gott im Himalaya seinen Dreizack in den Boden, woraufhin drei Wasserläufe entsprangen, die sich zu dem See Gosainkund (s. S. 227) vereinten, in dem der Gott Erleichterung fand. Der Legende nach sollen die Quellen von Budhanilkantha und Balaju nach wie vor von diesem See gespeist werden. Das von außen unscheinbare, ummauerte Heiligtum liegt an einem großen Platz nahe der Ortseinfahrt. In einem künstlichen Wasserbekken (15 m × 10 m), das ein steinerner Zaun mit nur schmalen Durchblicken umschließt, ruht eine 5 m lange steinerne Skulptur des **Vishnu Narayana**, ausgebreitet auf ineinander verschlungenen Schlangenleibern. Der Zugang über eine kleine Brücke bleibt Hindus und Buddhisten vorbehalten. Sie führt zum Fußende der Figur, wo die Gläubigen ihre Opfergaben darbringen und ihre Gebete verrichten. Nur auserwählte Priester dürfen dem Gott auch am Kopfende ihre Reverenz erweisen. Ständig ist ein Gehilfe damit beschäftigt, die Figur mit frischen Blumen zu schmükken und mit kühlem Wasser zu besprenkeln. Selten wird man das Heiligtum ohne Pilger antreffen, zu denen sowohl Vishnu- wie Shiva-Anhänger, ja sogar Buddhisten zählen. Zu Tausenden strömen die Gläubigen jedoch zum Harishayani-Fest im Frühsommer herbei, wenn der Gott sich zur Ruhe begibt und zum Haribodhini-Fest, wenn er wieder erwacht, um sich der menschlichen Nöte anzunehmen.

Die im Jahre 642 entstandene Skulptur gilt als eines der Meisterwerke der Licchavi-Epoche. Sie symbolisiert Vishnu am Beginn des neuen Zeitalters in kontemplativer Versenkung auf der Weltschlange, die wiederum im uferlosen kosmischen Ozean treibt. Die Dreiheit von Gott, Schlange und Wasser, Naray-

Pilger schmücken die Skulptur des Vishnu Narayana, Budhanilkantha

ana genannt, versinnbildlicht das sich im Mensch manifestierende Göttliche, das alles jemals Gewesene in sich vereint und nun der Schöpfung durch Vishnu harrt. Dem König Nepals, der ja als eine Inkarnation des Gottes gilt, ist der Besuch dieses Heiligtums untersagt, hätte doch der Anblick der Figur, wie man glaubt, den sofortigen Tod zur Folge. Das Verbot geht angeblich auf einen Traum König Pratapa Mallas aus dem 17. Jh. zurück, gilt aber nicht für die beiden anderen Narayana-Skulpturen im Hanuman-Dhoka-Palast in Kathmandu und in Balaju. Eine andere Erklärung für diesen ›Brauch‹ hängt mit dem Auftraggeber des Monumentalwerks zusammen, dem anmaßenden König Vishnugupta, der sich in dem Bildnis ein ei-

Kakani/
Kaulithana
1
Budhanilkantha
Vishnumati
Tokha
Mahadev Khola
Dharamtali
Sangla Khola
R 12
2096 m
R 2
Balaju
Tribeni Khola
Vishnumati
Bodnath
Baralg
Swayambunath
Chabahil
Bagma
Ring Road
R 1
Pashupatinath
Kathmandu
Tribhu
Flugha
Balkhu Khola
R 13
Tribhuvan-
Universität
Daman/Pokhara
R 3
Manohara
Kirtipur
4
R 9
Patan
Jaulakhel
Chobar
5
Jal-Vinayaka-
Tempel
Godav
6
Tau-Daha-See
Sanagau
Neupane Dara
1981 m
Khodu Khola
Harisiddhi
13
Bagmati
Khokna
10
R 4
R 8
Bungamati
9
Thaiba
Caukhel Dara
1779 m
Nakhu Khola
Baregau
Parping
7
Theco
Dakshinkali
8
Chapagaon
11
Godava
Lele
12

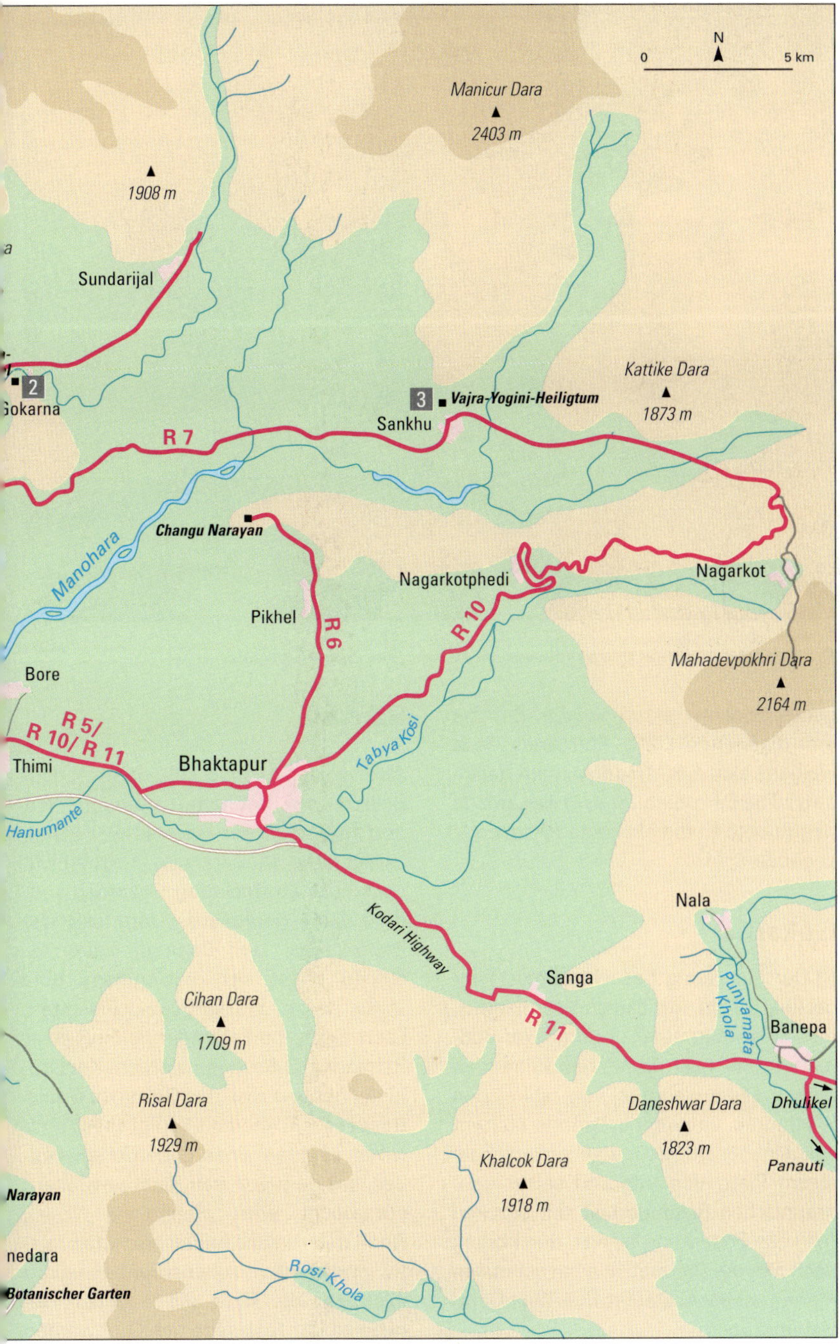
N
0
5 km
Manicur Dara
2403 m
1908 m
Sundarijal
2
Gokarna
3
Vajra-Yogini-Heiligtum
Kattike Dara
1873 m
Sankhu
R 7
Manohara
Changu Narayan
Nagarkotphedi
Nagarkot
Pikhel
R 6
R 10
Mahadevpokhri Dara
2164 m
Bore
R 5/
R 10/ R 11
Tabya Kosi
Thimi
Bhaktapur
Hanumante
Kodari Highway
Nala
Sanga
Punyamata Khola
Cihan Dara
1709 m
R 11
Banepa
Risal Dara
1929 m
Daneshwar Dara
1823 m
Dhulikel
Khalcok Dara
1918 m
Panauti
Narayan
nedara
Botanischer Garten
Rosi Khola

Brahmanisches Ritual der Schnurverteilung vor dem Shiva-Tempel in Gokarna

genes Denkmal setzen wollte. Der mit ihm regierende König Bhimarjunadeva weigerte sich aus Mißgunst, dem Heiligtum seine Ehrerbietung zu erweisen und begründete so die bis heute fortlebende Legende.

Gokarna

2 Der nur wenig besuchte Shiva-Tempel liegt 12 km nordöstlich Kathmandus, nur einige Kilometer entfernt von Bodnath an der nach Sundarijal führenden Straße. Die dreistufige, von zahlreichen Skulpturen umgebene Pagode stammt aus dem 16. Jh., steht aber sicherlich an einem Platz, der aufgrund seiner geographischen Besonderheit seit Urzeiten religiöse Bedeutung besitzt, durchbricht doch hier der Bagmati in einer schmalen Klamm einen Ausläufer des Tana-Dara-Gebirgszuges.

Sankhu

Auch dieser Ausflug läßt sich mit dem Besuch von Bodnath verbinden. Von dort folgt man der Hauptstraße weiter, zweigt aber in Baralgau (1 km) nicht nach links ab (Richtung Gokarna), sondern fährt geradeaus. Unterhalb der Brücke über den Bagmati (nach ca. 500 m) bietet sich nachmittags eine Idylle, wenn Wasserbüffel, Elefanten, Lastwagen und Fahrräder im Fluß einer Reinigung unterzogen werden. Kurz dahinter passiert man das **Gokarna Game Reserve**, ein ehemals königliches Jagdrevier inmitten eines unberührten Waldes, das gern von den Stadtbewohnern aufgesucht wird. Zahlreiche Vögel, Affen und Hirsche haben hier ihren relativ ungestörten Lebensraum, weniger allerdings die Tiger, die in einem Gehege an der Nordseite gehalten werden und natürlich die besondere Aufmerksamkeit der Besucher auf sich ziehen. Zuweilen werden auch Ausritte mit Elefanten angeboten. Die Straße windet sich nun mit kurzen, steilen Passagen durch eine sehr reizvolle Landschaft. Von jenseits des Manohara leuchten die vergoldeten Dächer des Changu-Narayan-Tempels (s. S. 152f.), der sich wegen fehlender Brücken von dieser Seite des Flusses allerdings nur bei Trockenheit zu Fuß erreichen läßt. Nach Durchquerung einiger traditioneller Dörfer gelangt man zu dem Städtchen **Sankhu** 3 (Sakhu) am Fuß der Gebirgskette, die das Tal von Kathmandu abschließt. Bedeutung gewann die Newar-Siedlung durch ihre Lage an einer alten Karawanenroute nach Tibet. Wie die stark vernachlässigte Bausubstanz verdeutlicht, hat das ehemalige Handelszentrum seine Blütezeit längst hinter sich. Größter Anziehungspunkt ist allerdings nach wie vor das 2 km nördlich über der Ortschaft liegende **Vajra-Yogini-Heiligtum**, zu dem ein steiler, im oberen Abschnitt aus Treppen bestehender Weg hinaufführt (1,6 km, 330 m Höhenunterschied). Die tantrische Gottheit Vajra Yogini ist seit alters her eng mit dem Volksglauben des Kathmandu-Tals verbunden und Ergebnis der Verschmelzung buddhistischer und hinduistischer Glaubensvorstellungen. Dieser Synkretismus spiegelt sich auch in der Anlage selbst wider, die in ihren Ursprüngen zu den ältesten Heiligtümern des Tals zählen dürfte. Im Sanktuarium der Kultstätte, das von Andersgläubigen nicht betreten werden darf, befinden sich wertvolle frühe buddhistische Kunstwerke, u. a. ein Buddha-Kopf aus dem 5. und eine Buddha-Statue aus dem 7. Jh., im daneben liegenden Gunivihar-Tempel das Abbild des Stupa von Swayambunath. Ein kleiner Stupa bewacht auch das letzte Stück des Treppenweges. Oberhalb der Tempel reihen sich die Wohngebäude der Mönche. Am Vollmondtag *(chaitra)* im März/April feiern sie das Sankhu Yatra, ein Tempelfest mit Umzug.

Wer zu Fuß, mit dem Mountain Bike oder Geländewagen unterwegs ist, kann von Sankhu auf teilweise steilem Weg nach Nagarkot (s. S. 154) gelangen.

Hanuman-Figur in Sankhu

Kirtipur

4 Schon aufgrund seiner Lage gehört das 5 km südwestlich der Hauptstadt gelegene Kirtipur zu den reizvollsten Newar-Städtchen im Kathmandu-Tal, zumal es trotz der nahen Tribhuvan-Universität sein historisches Bild weitgehend bewahren konnte. Angelegt wurde die sich einen Hügelrücken entlangziehende Siedlung von König Shivadeva (reg. 1099–1126), dürfte in ihren Ursprüngen aber weitaus älter sein. Funde

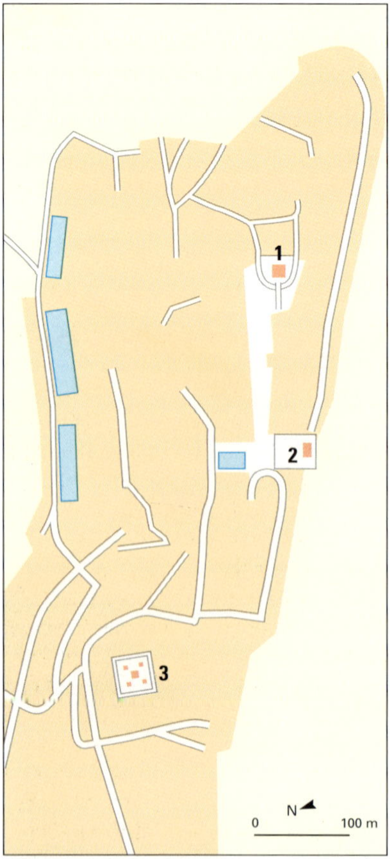

Kirtipur *1 Uma-Maheshvara-Tempel 2 Bagh-Bhairava-Heiligtum 3 Chilandeo Stupa*

von Kultfiguren aus der Vor-Licchavi-Epoche deuten sogar darauf hin, daß Kirtipur zu den frühesten Siedlungsplätzen im Tal von Kathmandu überhaupt gehört. Später spielte der Ort unter den Malla-Herrschern als selbständige Kleinstadt eine recht bedeutsame Rolle, ehe er sich 1482 der Herrschaft des nahegelegenen Patan unterordnen mußte. Die strategisch günstig gelegene, festungsartige und früher von einer Mauer umgebene Stadt widersetzte sich 1757 zunächst erfolgreich den Eroberungszügen Prithvi Narayan Shahs (reg. 1768–75) und seinen Gurkha-Truppen, ehe sich die Bewohner bei einem erneuten Angriff (1766) schließlich der Übermacht des ehrgeizigen Eroberers beugen mußten. Zur Strafe dafür, daß der Bruder des Herrschers beim Angriff ein Auge verloren hatte, wurden den Männern Kirtipurs nach der Kapitulation die Nasen abgeschnitten, was dem Ort den Spitznamen Naskatipur (»Ort der Nasenlosen«) eintrug. Die Unbeugsamkeit der Bewohner scheint sich bis in unsere Tage fortgesetzt zu haben, stand doch Kirtipur bei den Unruhen vom April 1990 zusammen mit Patan und Bhaktapur in vorderster Front des Widerstandes gegen die unumschränkte Herrschaft des Königs.

An höchster Stelle der Ortschaft thront der **Uma-Maheshvara-Tempel**, von dem aus man eine schöne Aussicht auf Kathmandu und die dahinter liegenden Berge hat. Der von Erdbeben stark in Mitleidenschaft gezogene, dreistökkige Bau aus dem 17. Jh. ist Shiva und seiner Gemahlin Parvati geweiht und diente beim Angriff Prithvi Narayan Shahs als letztes Refugium für die Eingeschlossenen. Trotz seines eher unscheinbaren Äußeren kann das Heiligtum mit einigen hervorragenden Steinskulpturen und Holzschnitzereien aufwarten. Die Elefanten am Treppenaufgang stammen aus dem Jahre 1662. Über ihnen wachen Kubera und Bhimsen. Von außergewöhnlicher Qualität sind die Holzschnitzereien, insbesondere beiderseits der Türrahmen. Etwa 200 m südlich liegt der recht ausgedehnte Komplex des **Bagh-Bhairava-Heiligtums**, beherrscht von einem dreistöckigen, in das 16. Jh. datierten Tempel mit rechteckigem Grundriß, der den Platz eines aus der Gründungszeit stammenden Baus einnimmt. Von Hindus und Buddhisten gleichermaßen wird hier Bhairava in Gestalt eines Tigers *(bagh)* verehrt. Er begegnet uns auf dem Tympanon über dem Eingang, aber auch als Kultfigur im Inneren. Beachtung verdienen die schönen Schnitzereien, einige mit erotischen Motiven, und die hölzernen Gitter vor den Öffnungen der einzelnen Stockwerke. An der Vorderseite sind alte Waffen, insbesondere Schwerter und Äxte, aufgehangen, die noch aus dem Kampf gegen die Gurkha-Heere stammen sollen; im Tempelhof finden sich einige alte Steinskulpturen, darunter eine seltene Darstellung des Gottes Shiva aus dem 4. Jh. im kleinen Ganesh-Schrein rechts neben dem Eingang, den man mit Erlaubnis betreten kann. Dort sind in Nischen auch Plastiken der fünf Muttergottheiten eingelassen, die bereits in das 3. Jh. datiert werden und somit das hohe Alter des Tempels belegen. Um sie rankt sich in Verbindung mit dem Tiger eine interessante Legende: Die Bewohner Kirtipurs verehrten die fünf Muttergottheiten einst als Schafe, von denen vier von einem Tiger gefressen wurden. Als die Bewohner des Ortes des Räubers habhaft wurden, entfernten sie ihm zur Strafe die Zunge, die der Kultfigur, dem Bagh, bis heute fehlt. Wahrscheinlich wurde die Verehrung des Tigers als Relikt aus vorhinduistischer Zeit übernommen und in Verbindung mit Bhairava gebracht, als dessen Inkarnation das Tier nunmehr gilt.

Auf einem eingeebneten Hügel inmitten der Häuser liegt am Südrand der Stadt der buddhistische **Chilandeo Stupa**, der zu Beginn des 16. Jh. in seiner heutigen Gestalt errichtet wurde, aber im Vergleich zu den großen Anlagen von Swayambunath und Bodnath verwaist erscheint. Die Überlieferung schreibt den Ursprungsbau dem indischen König Ashoka (reg. 268–232 v. Chr.) zu, unter dessen Herrschaft sich der Buddhismus über den Subkontinent ausbreitete. Der Besuch des großen indischen Herrschers ist jedoch mehr als fraglich und wird durch keinerlei Quellen gestützt.

Entlang der Parping-Straße

Die gut 20 km lange Stichstraße beginnt nahe der Einmündung des Vishnumati in den Bagmati am südwestlichen Stadtrand von Kathmandu, begleitet zunächst den Fluß und endet am berühmten Dakshinkali-Tempel in etwa 1580 m Höhe. Bis Chobar ist die Straße mit einem neuen Asphaltbelag versehen, danach teilweise recht schlecht.

Die ca. 4 km von der Abzweigung entfernt, auf einem Berg liegende Ortschaft **Chobar** 5 bezeichnet einen geographisch wie auch mythisch wichtigen Platz im Kathmandu-Tal, zwängt sich doch unterhalb des Dorfes der Bagmati auf seinem Weg ins Tiefland durch eine Klamm. Der Legende zufolge soll sie der Bodhisattva Manjushri mit seinem sonst für den Kampf gegen die Unwissenheit genutzten Schwert geschlagen haben, um das von einem See bedeckte Tal trockenzulegen (s. S. 126). In und um den Ort finden sich drei wichtige Kultstätten. Etwas tiefer hat in einem Sattel der **Vishnudevi-Tempel** seinen Platz gefunden, ein kleines tantrisches Heiligtum aus dem Jahre 1675. Nicht versäumen sollte der Besucher jedoch die Besichtigung des die Siedlung überragenden buddhistischen **Adinath-Tempels**, zu dem von der Straße ein Treppenweg hinaufführt. Das Heiligtum, im 15. Jh. gegründet und 1640 erneuert, ist Adinath geweiht, einer Erscheinungsform des transzendenten Bodhisattvas Avalo-

Blick auf die Chobar-Schlucht und den Vishnudevi-Tempel

kiteshvara. Im Tympanon über der Tür zum Heiligtum ist der Religionsstifter mit den fünf transzendenten Buddhas (Vairocana, Aksobhya, Ratnasambhava, Amitabha, Amoghasiddhi) dargestellt und im Heiligtum die rotgesichtige Kultfigur des Adinath mit weit aufgerissenen Augen (Fotoverbot). Der sich ebenfalls auf dem Komplex befindliche Schrein im Shikhara-Stil soll den Zugang zu einer Höhle und einem bis zur Bagmati-Schlucht hinunterführenden, unterirdischen Gang markieren, der bei einigen Meditationshöhlen am Westufer endet. Zugeschrieben wird der Tunnel dem Elefantengott Ganesh, der mit der ›Wühlarbeit‹ seinem Ärger über den Ausschluß aus der Versammlung der Götter Luft machen wollte. Südlich unterhalb Chobars (Zufahrt am Zementwerk) liegt unmittelbar am Austritt des Bagmati aus der Klamm der im Jahre 1602 errichtete **Jal-Vinayaka-Tempel**, eines der vier großen, dem Gott Ganesh geweihten Heiligtümer des Tals. Vor der dreistufigen Pagode die Skulptur einer Ratte, Reittier des Elefantengottes. An der Rückseite des quadratischen Tempels befindet sich das eigentliche Kultobjekt, ein bemalter Felsen mit dem eingemeißelten Bildnis des Ganesh. Beachtenswert sind auch die geschnitzten Dachstützen mit Darstellungen der acht Bhairavas und der acht Matrkas, die in Verbindung mit Ganesh die Fruchtbarkeit symbolisieren. Eine bereits aus dem 12. Jh. stammende Shiva-Skulptur an der Tempelbasis zeigt, daß dieser Platz schon viel früher religiöse Verehrung genoß, während das unmittelbar angrenzende Zementwerk eher mangelndes religiöses Einfühlungsvermögen seitens der heutigen Planungsbehörden dokumentiert. Das tatkräftige Mitwirken der Bundesrepublik darf man sicherlich nicht als Glanzleistung deutscher Entwicklungshilfe werten. Etwas oberhalb des Tempels kann man auf einer Hängebrücke die Schlucht überqueren und einem guten Weg zur Straße Patan – Bungamati (s. S. 168) folgen (auch mit dem Fahrrad möglich, etwas Schieben erforderlich).

Die Straße führt nun am **Tau-Daha-See** 6 vorbei, der, wie die zurückliegende Schlucht, seine Existenz Manjushri verdankt. Er hatte das Gewässer den heiligen Schlangen, den Bewohnern des Kathmandu-Sees, nach der Trockenlegung des Tals als neues Refugium zugewiesen. Die Legende will wissen, daß der Schlangengott Karkotaka in der Tiefe, die auch den Zugang zu seinem unterirdischen goldenen Palast bildet, unermeßliche Schätze versenkt habe. Und so ist der Platz noch heute eine wichtige Station der buddhistischen Pilger auf ihrer großen Wallfahrt durch das Kathmandu-Tal. Nach kurvenreicher Fahrt entlang eines Berghangs erreichen wir nach etwa 6 km die 1570 m hoch gelegene Ortschaft **Parping** 7 (Pharphing), deren Namen möglicherweise auf Phamthingpa, einen tantrischen Gelehrten aus dem 11. Jh. zurückgeht. Unmittelbar an der Straße liegt etwas erhöht der **Sekhara-Narayana-Tempel**. Das Heiligtum stammt wohl aus dem 14. oder 15. Jh., auch wenn seine Gründung dem Sohn Krishnas zugeschrieben wird. Zu der Anlage, die sich über zwei Ebenen erstreckt und einst die Südwestecke des Newar-Reiches markierte, gehören vier künstliche Teiche. Aus einem ragen ein Relief und eine Figur des Sonnengottes Surya, der hier allerdings als eine Inkarnation Vishnus gesehen wird. Surya gehört zu den Urgottheiten der vedischen Frühzeit des Hinduismus, verschmolz später jedoch mit anderen Göttern, auf die nunmehr seine Kraft überging. Der Haupttempel mit Kultbildern von Vishnu, dem Paar Vishnu und Lakshmi sowie Gauri, einer Erscheinungsform von Parvati, schmiegt sich an eine steile Felswand, in der sich die eigentliche heilige Höhle befindet. Die Dachstützen des einstöckigen Tempels sind mit erotischen Schnitzereien verziert.

Westlich des Ortes gelangt man über eine Treppe zum schön gelegenen **Vajra-Yogini-Tempel**, geweiht der tantrischen Gottheit, die auch in Sankhu verehrt wird (s. S. 163). Die von Pilgerunterkünften *(dharamsala)* flankierte Anlage stammt erst aus dem 17. Jh., ersetzt aber sehr wahrscheinlich eine Kultstätte weit früheren Datums. Einträchtig auch hier das Nebeneinander buddhistischer und hinduistischer Bildnisse. Im Hof steht der vertraute Hindu-Gott Ganesh, auf dem Türbalken ist Vajrasattva abgebildet, eine wichtige Gottheit des tantrischen Vajrayana-Buddhismus, im Erdgeschoß finden sich Darstellungen vom Buddha Shakyamuni und den Bodhisattvas Avalokiteshvara und Vasundhara.

Vom Tempel führt der Weg weiter bergauf zur **Goraknath-Höhle**, einer von Tibetern häufig aufgesuchten Gebetsstätte. Sie steht zum einen mit dem gleichnamigen Heiligen in Verbindung, der als Schüler Matsyendranaths gilt und von den Buddhisten als Inkarnation des Bodhisattva Avalokiteshvara gesehen wird. Kaum weniger Verehrung genießt an diesem Ort aber auch der bedeutende Missionar Padmasambhava (»der aus dem Lotos Geborene«), der im 8. Jh. lebte und das Fundament zum Tibetischen Buddhismus legte (s. S. 66). Der Legende nach hat auch er in einer Höhle zahlreiche Schätze verborgen, die sich allerdings nur auf dem Wege der Meditation erlangen lassen. Überdies soll der Felsen das magische Mineral

Opferritual im Dakshinkali

jongzhi enthalten, ein Kalzium in halbkristalliner Form, das in der ayurvedischen Medizin Verwendung findet. Neben der Höhle ist eine größere Klosteranlage entstanden, die weit über das Tal blickt.

Die Straße endet in **Dakshinkali** 8 (S. 299), einer Kultstätte, die zu den wichtigsten des Kathmandu-Tals zählt und vor allem aufgrund der blutigen Opferriten ein bevorzugtes Ziel auch für Touristen ist. Tierfreunden und zartbesaiteten Gemütern sei allerdings vom Besuch abgeraten, insbesondere an den Hauptopfertagen Samstag und Dienstag, wenn unzählige Hühner und Ziegen ihr Leben lassen müssen und die ganze Anlage in Blut getaucht ist. Seit einiger Zeit ist Fremden der Zutritt zum Tempelhof, in dem die Opfer vollzogen werden, verwehrt.

Die Düsternis der bewaldeten, schluchtartigen Umgebung bildet den rechten Rahmen für diese, der blutdürstigen Göttin Kali geweihte Stätte. Der archaisch anmutende Opferplatz bietet sich als ein vertieftes Geviert am Zusammenfluß zweier Bäche, die ein Stück weiter in den Bagmati münden. Heilige Plätze dieser Art, Pitha genannt, finden sich rings um die Städte des Kathmandu-Tals, errichtet als ›Abwehrposten‹ gegen böse Einflüsse von außen. Wie in Dakshinkali manifestiert sich auch in ihnen eine Inkarnation der großen Göttin Durga, sei es als Kumari, Mahakali, Indrayani Mahalakshmi oder in Gestalt der Astamatrkas.

In einem aus Schlangenleibern geformten Tor nimmt das schwarze Bildnis der Dakshin Kali (»südliche Kali«) den zentralen Platz ein. Sie wird hier als Bewacherin des südlichen Zugangs zum Kathmandu-Tal bereits seit dem 14. Jh. verehrt und steht zusammen mit Durga, als deren grausame Erscheinungsform sie gilt, bis heute im Mittelpunkt des Dasain-Festes im Oktober (S. 314). Etwas oberhalb des Kali-Schreins liegt ein kleiner, der Mutter Kalis geweihter Tempel.

Bungamati und Khokna

Auch diese beiden Orte lassen sich über eine teilweise asphaltierte Stichstraße vom südlichen Abschnitt der Ring Road leicht erreichen, zumal sie kaum 5 km von Patan entfernt liegen. Das malerisch an einen Hang geschmiegte **Bungamati** 9 (S. 299) führt seinen Namen auf Bunga Deo zurück, einen lokalen Fruchtbarkeits- und Regengott, hinter dem sich jedoch der Rote Matsyendranath verbirgt, die zur zentralen Gottheit des Kathmandu-Tals aufgestiegene mythische Figur. Die Hindus sehen in ihm

Ein Mandala wird gezeichnet

einen der 84 großen *siddha* (mit magischen Kräften ausgestattete Heilige), die Buddhisten hingegen eine Inkarnation des Bodhisattva Avalokiteshvara (s. S. 100f.).

Beherrscht wird Bungamati von dem vor allem durch seine Größe beeindruckenden **Matsyendranath-Tempel** im traditionellen Shikhara-Stil. Es ist eine verwirrende Komposition aus Türmen, Nischen und Arkaden, die ihr heutiges Aussehen erst im letzten Jahrhundert erhalten hat, auch wenn sich die Ursprünge bis ins 16. Jh. zurückverfolgen lassen. Durch einen Prozessionsweg ist das in einem weiträumigen Hof liegende Heiligtum seit alters her mit dem etwa 5 km entfernten Matsyendranath-Tempel in Patan verbunden (s. S. 138). Alle 12 Jahre stattet der rote Gott von Patan anläßlich des großen Wagenfestes auch der Ortschaft Bungamati einen Besuch ab. So recht zu Herzen geht eine daran geknüpfte Legende: Eine bei einem Geldverleiher hochverschuldete männliche Schlange wagte sich einst zu dem Festumzug, wurde allerdings durch Unvorsichtigkeit seiner zu Hause gebliebenen Frau durch den Gläubiger ausfindig gemacht und zur Rede gestellt. Da der ›Schlangenmann‹ zahlungsunfähig war, legte er sein Schicksal in die Hände des Verleihers, der ihn der Gottheit darbot. Als die ›Schlangenfrau‹ zum Tempel eilte, um ihren Mann zu befreien, wollte dieser gar nicht mehr nach Hause und meinte sogar, es reiche, wenn seine Frau ihn alle 12 Jahre anläßlich des Festes kurz besuche. Seither vernehmen die Bewohner in dunkler Nacht zuweilen das Schluchzen der einsamen ›Schlangenfrau‹ irgendwoher aus der Tiefe einer Höhle im Nakhu-Tal.

Dorfleben in Chapagaon

Der Tempel selbst hinterläßt zwar keinen bleibenden Eindruck, um so mehr dagegen die kleine, idyllische, autofreie Ortschaft mit ihrem beschaulichen Leben.

Von Bungamati bietet sich ein kurzer Abstecher an, hinüber nach **Khokna** 10 (Khokana) mit einem sehenswerten dreistöckigen Tempel für die Göttin Rudrayani, der Verursacherin von Krankheiten. Auf halbem Wege führt ein Pfad hinauf zu dem einsam gelegenen Ganesh-Tempel von **Karya Binayak** mit schöner Aussicht.

Chapagaon und Lele

Im Gegensatz zur Parping-Straße und der weiter unten beschriebenen Verbindung nach Godavari ist diese, zu den Ortschaften Chapagaon und Lele führende, etwa 10 km lange, ebenfalls an der Ring Road beginnende Stichstraße noch nicht asphaltiert. Da Busse nur sehr selten fahren, empfiehlt sich der Ausflug mit dem Taxi oder Fahrrad. Die Straße steigt zunächst allmählich an. Erst wer bis zum Endpunkt Lele fahren möchte, muß sich auf eine starke Steigung während der letzten Kilometer einstellen.

Wichtigste Sehenswürdigkeit **Chapagaons** 11 ist das etwas außerhalb im Wald liegende eigentümliche Heiligtum der Göttin **Vajra Varahi**, die als eine der Astamatrkas mit Vishnu in Ebergestalt *(varaha)* verbunden ist. Der von Hindus und Buddhisten gleichermaßen aufgesuchte tantrische Tempel entstand zwar erst im 17. Jh., seine Anlage in einer Vertiefung (Pitha), wie sie für archaische Opferplätze kennzeichnend ist, deutet jedoch ebenso auf ein weit höheres Alter der Kultstätte hin wie die Verehrung der Gottheiten in Gestalt von Natursteinen. Außergewöhnlich sind das weit überragende Dach sowie das Fehlen einer gestuften Plattform (der Tempel steht direkt auf der Erde) und einer Spitze, wodurch der Bau ein fernöstliches Flair erhält.

Hinter Chapagaon steigt die Straße an und überwindet einen 1626 m hohen Paß, ehe sie steil zum kleinen Weiler **Lele** 12 hinabführt. Abgesehen von der beschaulichen, von Touristen kaum ge-

störten Atmosphäre, bietet der Ort zwei kleine sehenswerte Tempel, **Saraswati Kunda** und **Tileshvar Mahadev**.

Beiderseits der Godavari-Straße

Diese etwa 12 km lange, asphaltierte Straße führt in leichter Steigung vom Süden Patans in südöstliche Richtung bis zum Botanischen Garten zu Füßen des 2762 m hohen Pulchoki. Am Wege liegen in hügeliger Landschaft interessante Tempelanlagen, die man zum Teil nur auf schmalen Pfaden erreichen kann. Auch für diesen Ausflug empfiehlt sich das Fahrrad. Nachdem man von der Ring Road abgebogen ist (beschildert), durchfährt man eine Senke mit qualmenden Ziegeleien und überquert den Khodu Khola, ehe man nach leichtem Anstieg **Harisiddhi** 13 erreicht. Am Ortseingang führt rechter Hand ein mit Treppenstufen versehener Weg durch ein Tor hinauf zum Tempel der Göttin Harisiddhi. Sie verkörpert einen Aspekt

der siegreichen Natur Durgas als Überwinderin des Büffeldämons. Der außer dem Bhagvati-Tempel in Nala (s. S. 154f.) einzige vierstöckige Sakralbau im Kathmandu-Tal entstand im 17. Jh. unter der Regentschaft des kunstsinnigen Pratapa Malla (reg. 1641–74). Die hölzernen Stützbalken zeigen die Astamatrkas, die vor allem im Tantrismus eine wichtige Rolle spielen.

Die Straße führt weiterhin leicht ansteigend durch eine intensiv genutzte Agrarlandschaft mit schönen Ausblikken über das Bagmati-Tal. Im Weiler Baregau, 2,5 km hinter Harisiddhi, zweigt nach Südwesten ein Fußpfad ab, auf dem man das etwa 3 km entfernte Chapagaon (s. o.) erreichen kann. Ein anderer Feldweg führt von Baregau zum etwa 2,5 km südöstlich liegenden Tempel von **Bisanku Narayan** 14. Eine steile Treppe geleitet den Besucher hinauf zu einer kleinen Kulthöhle. In ihr soll sich Shiva auf der Flucht vor dem Dämon Bhasmasura versteckt haben, der die übernatürliche Kraft besaß, durch Berührung alle Lebewesen in Asche zu verwandeln. Erst als Vishnu ihn später dazu brachte, die eigene Stirn zu berühren, entmaterialisierte sich der Dämon und verfiel selbst zu einem Aschehaufen, der durch einen kleinen Hügel hinter der Weihestätte symbolisiert wird. Statt kultischer Figuren beherbergt auch diese, mit einem Gitter verschlossene Höhle nur einige Steine. So lohnt sich der Ausflug vor allem wegen der schönen Aussicht und der Einblicke in das bäuerliche Leben der Umgebung.

Wer nicht zur Hauptstraße zurückkehren will, kann auf einem Fußpfad zum Weiler Manedara hinabsteigen und von dort weiter nach Godavari gelangen, eine Strecke von insgesamt etwa 2,5 km. Die Straße endet in der kleinen Ortschaft **Godavari** 15 zu Füßen des noch immer dicht bewaldeten Pulchoki. In einem recht romantischen Hain hat die Jesuitenschule von **San Xavier** ihren Platz, ein Stück außerhalb liegt der **Botani-**

sche Garten mit seiner sehenswerten, in einem Gewächshaus untergebrachten Orchideensammlung. Ansonsten aber vermittelt die Anlage eher den Eindruck eines gepflegten Parks, wobei leider versäumt wurde, dem Besucher die Flora durch entsprechende Erläuterungen nahezubringen.

Vom Ort aus führt ein langer, gewundener und einsamer, bei Trockenheit sogar mit einem robusten Wagen zu befahrender Weg hinauf zum Gipfel. Bedauerlicherweise hat ein Marmorsteinbruch eine tiefe Narbe in die sonst noch ursprüngliche Landschaft geschlagen, und auch der neue Fernsehmast auf der Bergspitze beeinträchtigt trotz oftmals großartiger Fernsicht den ungetrübten Naturgenuß. Zu Beginn des Aufstieges berührt der Weg einen kleinen tantrischen Tempel für die Waldgottheit Pulchoki Mai, der überdies mit einem weiteren Heiligtum auf der Bergspitze gedacht wird.

Unterwegs mit dem Mountain Bike

Vornehmlich für Ausflüge im Kathmandu-Tal bietet sich das Mountain Bike als geradezu ideales Verkehrsmittel für den Individualtouristen mit etwas sportlichen Ambitionen an. Erfreulicherweise ist der Straßenverkehr außerhalb der Stadt bis auf wenige Ausnahmen sehr gering. Wer das recht hektische innerstädtische Gewühl scheut, der kann auf der rings um Kathmandu führenden, wenig befahrenen Ring Road das Zentrum bequem umgehen. Spezialisten mit masochistischen Anwandlungen wagen sich sogar auf die Trekkingrouten, zweckentfremden ihr Gefährt dann aber überwiegend zum ›Tragerad‹. Helambu und Everest wurden für Fahrräder bereits gesperrt! Beliebter Zeitvertreib ist es derzeit, sein Fahrrad um den Annapurna zu ›tragen‹, aber auch Langtang ist unter Insidern gefragt, soll man doch hier tatsächlich einige Kilometer fahren können! Sehr interessant, wenn auch anstrengend und von der Unterkunft her problematisch – man benötigt ein Zelt –, ist die Fahrt von Kathmandu über den Daman-Paß hinab in das Terai und dort entlang der großen Ost-West-Verbindung (Mahendra Highway) zu den Nationalparks von Chitwan und Bardia. Von Butwal aus kann man auf guter Bergstraße wieder ins Hochland zurückkehren und erreicht Pokhara. Die 200 km lange Verbindung zwischen Kathmandu und Pokhara ist aufgrund des starken Verkehrsaufkommens zwischen Kathmandu und Mugling und des sich anschließenden schlechten Streckenab-

Mountainbiker im Annapurna-Gebiet

schnitts für eine Fahrradtour kaum zu empfehlen.

Wer sich nicht allein auf die Straße traut, kann auch organisiert ins Pedal treten (S. 320). Vor der Miete eines Fahrrads sollte man eine Proberunde drehen, Schaltung, Bremsen und Sattel prüfen und gegebenenfalls einstellen lassen. Wer längere Ausflüge plant, ist gut beraten, bereits von zu Hause Flickzeug, Werkzeug (Knochen), Pumpe und Gepäckspinne mitzubringen. Für größere Touren ist es sogar empfehlenswert, Gepäckträger, Taschen, Helm und nach Möglichkeit den eigenen Sattel im Rucksack zu haben, wenn nicht gar das ganze Fahrrad mitzunehmen. Gerade die Sättel der meisten angebotenen Mountain Bikes sind wahre Marterinstrumente. Bei der Ortsbeschreibung wurde vereinzelt bereits auf die Möglichkeit zur Anreise mit dem Fahrrad hingewiesen. Im Buchhandel in Kathmandu ist ein guter Spezialführer zu diesem Thema erhältlich (»Kathmandu Bikes & Hikes«, APA Inside Pocket Guide).

Kurze Tagesausflüge

Pashupatinath – Bodnath (Route 1)
Fahrt über recht verkehrsreiche innerstädtische Straßen, kurze steile Steigung auf Hin- und Rückfahrt. Von Bodnath kann man auf der verkehrsarmen, aber längeren Ring Road nach Kathmandu zurückkehren.

Budhanilkantha (Route 2)
Bis zur Kreuzung mit der Ring Road verkehrsreich mit kurzer Steigung. Nach der Kreuzung allmählich ansteigend, wenig Verkehr.

Patan (Route 3)
Kurzer Weg durch verkehrsreiche Innenstadt, längere, aber schönere Fahrt über die verkehrsarme Ring Road, keine nen-

nenswerten Steigungen. Möglichkeit zum Abstecher nach Kirtipur (steiler Aufstieg).

Längere Tagesausflüge

Dakshinkali (Route 4)
Anstrengende Fahrt, wenig Verkehr, stetig steigend. Wer die Tieropfer sehen will, muß früh aufbrechen.

Thimi – Bhaktapur (Route 5)
Bis hinter den Flughafen durch teilweise verkehrsreiche Innenstadt. Unmittelbar hinter der Landebahn links abbiegen auf wenig befahrene ländliche Nebenstraße mit einigen kurzen Steigungen, die mitten durch Thimi führt und im Zentrum Bhaktapurs am Durbar Square endet.

Changu Narayan (Route 6)
Abzweigung hinter Bhaktapur auf kaum befahrene Stichstraße durch ländliche Region, steiler langer Anstieg vor dem Ziel. Verpflegung ratsam. In der Trockenzeit kann man steil bergab nach Sankhu gelangen.

Sankhu (Route 7)
Von Bodnath weiterführende Straße ohne viel Verkehr mit einigen kurzen Steigungen auf Hin- und Rückfahrt. Verpflegung ratsam. Verbindung nach Nagarkot oder Changu Narayan (steiler Anstieg).

Godavari-Straße (Route 8)
Schöner Ausflug in ländliche Region. Bis zur Abzweigung von der Ring Road beim Flughafen verkehrsreich, danach kaum befahren, allmählich steigend. Verpflegung ratsam.

Bungamati (Route 9)
Ab Ring Road kaum Verkehr, einige längere Steigungen. Verpflegung ratsam. Querverbindungen zur Chapagaon- und Dakshinkali-Straße.

Längere Touren mit Übernachtung

Nagarkot (Route 10)
(S. 304) Beliebte Route. Anfahrt nach Bhaktapur wie oben, danach lange starke Steigung. Rückfahrt über Sankhu möglich (s. Route 7).

Dhulikel (Route 11)
(S. 299f.) Anfahrt nach Bhaktapur wie oben, dann weiter auf stärker befahrener Hauptstraße (Kodari Highway). Längere Steigungen vor Banepa und Dhulikel. Möglichkeit zu Abstechern nach Panauti und Namo Buddha.

Kakani (Route 12)
(S. 300) Sehr schöne, allerdings anstrengende, überwiegend bergauf führende Tour (ca. 50 km hin und zurück). Sie beginnt im Weiler Balaju an der Ring Road in der Nähe des Touristenviertels Thamel und führt zunächst am bewaldeten Naturschutzgebiet des Rani Ban in stetigem Anstieg nach Nordwesten. In der Ortschaft Kaulithana (1860 m) zweigt von der Hauptstraße ein steiler Anstieg nach Kakani ab (Unterkunftsmöglichkeit).

Daman (Route 13)
(S. 299) Anstrengende Tour (ca. 160 km hin und zurück) mit zwei langen Steigungen von insgesamt 1600 Höhenmetern. Erstes Stück bis Naubise (25 km) auf der Straße nach Pokhara (starker Verkehr), danach wenig befahren. Unterkunftsmöglichkeit in Daman (2322 m). Vor allem frühmorgens großartiger Panoramablick auf die Himalaya-Kette. Weiterfahrt nach Chitwan über Hetauda möglich.

Das Tal von Pokhara

Geographie und Besiedlung

Die etwa 120 km^2 große Talsenke von Pokhara liegt ungefähr im Zentrum des Landes, 200 Straßenkilometer westlich von Kathmandu in einer Höhe von 950 m. Ähnlich wie das Becken von Kathmandu verdankt auch diese Ebene ihre Entstehung einem ausgetrockneten See, der hier allerdings in Resten noch vorhanden ist und zusammen mit der Kulisse der nahen Berge den Reiz des Ortes ausmacht. Neben dem relativ großen Fewa-See verteilen sich fünf kleinere Gewässer über das Tal (Begnas, Rupa, Khaste, Dipang und Khamal Pokhari). So verwundert es nicht, daß auch der Name Bezug auf diese regionale Besonderheit nimmt, verbirgt sich doch hinter Pokhara nichts anderes als das Wort »Teich« *(pokhari)*.

Umschlossen wird das Tal von den Hügelketten Begnas, Kahun, Kanindanda, Arva und Sarankot, die sich als Nahausflugsziele mit schönem Ausblick anbieten (s. S. 184ff.). Dominierend jedoch ist die dahinter liegende, vom Dhaulagiri-Massiv im Westen bis zum Lamjung Himal im Osten sichtbare Haupthimalaya-Kette mit dem heiligen Berg Macchapuchare im Zentrum.

Klimatisch zählt Pokhara zur subtropischen Zone und verspricht vor allem in den Wintermonaten einen angenehmen Aufenthalt. Selbst im Januar sinkt das Thermometer selten unter 10 °C. Kaum empfehlen kann man den Besuch hingegen im Sommer, gehört doch die Region mit mehr als 4000 mm Jahresniederschlag und 156 Regentagen zu den feuchtesten Gebieten des Landes.

Schon früh war das Tal Schmelztiegel der von Süden und Norden eingewanderten Bevölkerungsgruppen. Wer zuerst im fruchtbaren Tal siedelte, ist nicht geklärt. Möglicherweise waren es Hindus niederer Kasten, die im Auftrag von Brahmanen die Felder in den sump-

Blick über Pokhara auf
◁ *Annapurna und Macchapuchare*

Klimatabelle Pokhara			
Monat	Temp. max. in °C	Temp. min. in °C	Niederschlag in mm
Januar	20,6	6,8	18
Februar	22,5	8,8	27
März	26,1	12,5	65
April	29,7	16,3	125
Mai	29,7	18,7	253
Juni	30,2	21,3	671
Juli	29,8	21,8	1061
August	30,0	22,2	671
September	28,7	20,7	796
Oktober	27,3	16,5	573
November	24,6	11,5	24
Dezember	20,8	7,8	45

figen Niederungen bestellten. Aber auch die Muslime nehmen für sich in Anspruch, die Pioniere gewesen zu sein. Wahrscheinlich jedoch wanderten sie erst im Gefolge der islamischen Invasion des Shamsuddin Ilyas im Jahre 1349 in dieses Gebiet und widmeten sich vornehmlich dem Handel mit den Bergvölkern.

Zu dieser Zeit befand sich das Tal von Pokhara bereits unter der Herrschaft der Khas-Dynastie, die zu Beginn des 12. Jh. gegründet worden war und von Sinja aus regierte. Durch ständige Kleinkriege mit Nachbarn im Süden und Osten konnte sie ihren Einfluß zu Beginn des 14. Jh. bis Gorkha ausdehnen, von wo aus König Aditya Malla im Jahre 1327 sogar das Kathmandu-Tal überfiel. Als das Khas-Königreich bald darauf in die 24 Chaubisi-Königstümer zerfiel, wurde das Pokhara-Tal durch rajputische Zuwanderer von Kaski aus regiert und allmählich besiedelt. Dem Machthunger der Herrscher von Gorkha konnte Kaski auf Dauer nicht widerstehen und ging 1785 in dem neuen Großreich auf, das ja bereits 1768 die Herrschaft über das Kathmandu-Tal gewonnen und die Shah-Dynastie etabliert hatte (s. S. 41f.).

Pokhara

■ (S. 305f.) Hinsichtlich der Sehenswürdigkeiten kann sich Pokhara keineswegs mit Kathmandu, Patan oder Bhaktapur messen. Weder kunsthistorische Kostbarkeiten noch verwinkelte Gassen verlocken zum Stadtbummel. Allein der Fewa-See mit seinem ›Ferienambiente‹, eingerahmt von den Schneebergen des Himalaya, macht den Reiz aus. Bis in die Mitte unseres Jahrhunderts war Pokhara ein völlig unbekanntes und deshalb um so verlockenderes Ziel. Noch 1939 vermerkte der große Asienreisende Hans-Hasso von Veltheim-Ostrau in seinen »Tagebüchern aus Asien«: »Noch nie soll bisher das Auge eines weißen Menschen diesen See und Pokhara erblickt haben, obwohl viele Versuche, besonders von englischer Seite, gemacht wurden … Aus Erzählungen weiß man, wie es aussieht, und man kennt seine nach Kathmandu gebrachten Früchte und Erzeugnisse … Der See und die Stadt liegen nur etwa

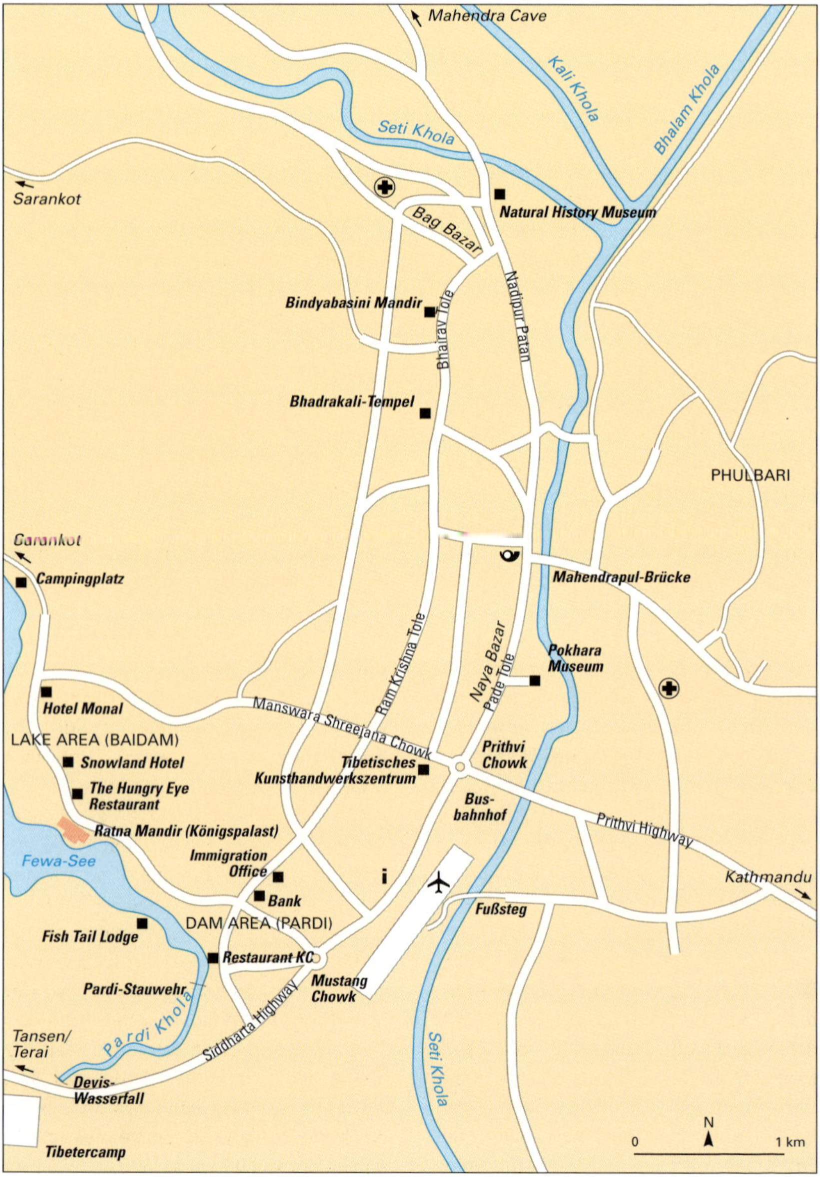

700 m über dem Meeresspiegel, das kleine Tal wird aber unmittelbar umschlossen von 7000 m hohen, schneebedeckten Bergen, deren Wände steil aus dem See heraufsteigen sollen. Wer die göttlichen Himalayas in ihren Zentralmassiven gesehen hat, kann sich auch dann nur ein unzureichendes Bild von Pokhara machen. Man versuche sich vorzustellen: ein Tal, einen See, eine Stadt mit Tropen-Vegetation und -Klima unten in einem 6000 m tiefen Felsenkessel.« Nun, ganz so dramatisch ist die Realität nicht, gleichwohl gehört Pokhara mit seiner Bergkulisse zu den besuchenswertesten Zielen in Nepal.

Neustadt

Die eigentliche Stadt, bestehend aus mehreren kleinen Kernen, zieht sich vom Flugplatz als relativ schmales Band etwa 3 km nach Norden. Eine recht aufgelockerte Bebauung mit neueren, kaum mehr als drei Stockwerke hohen Häusern verleiht diesem Teil Pokharas einen eher gesichtslosen Charakter. Nur in den historischen Bazaren, etwa denen von Naya und Bag, verdichtet sich das fremdartige Leben. Hier liegen auch die wichtigsten Tempel, allen voran der auf einem Hügel errichtete **Bindyabasini-Tempel**, der zu den ältesten der Stadt zählt. Folgende Legende gibt es über seine Entstehung zu berichten: Als Kaski noch Hauptstadt der Region war, wollte einer der Könige das Idol der Durga Bhagvati von Vindyanchal nach Kaski überführen. Als die in Pokhara rastenden Träger bei ihrem Aufbruch die Figur nicht mehr fortbewegen konnten, ließ der König den Tempel an der Stelle bauen, den sich die Gottheit offensichtlich selbst erkoren hatte. Die im Sanktuarium aufbewahrte Figur der Göttin Durga ist aus versteinerten Ammoniten (Saligrame), gefertigt, Relikten aus der Jura-Epoche, als Teile der Berge noch den Boden des Tethys-Meers bildeten (s. S. 16f.). Auch der etwas südlich im alten Stadtbezirk Kundahar liegende **Bhadrakali-Tempel** hat seinen Platz auf einer Erhebung gefunden. Er ist der allgegenwärtigen Göttin Kali geweiht, die an Feiertagen mit Tieropfern besänftigt wird.

Wer viel Zeit hat, kann auch einen Blick in die beiden Museen werfen. Im **Pokhara Museum**, ein Stück nördlich des Flughafens, werden Exponate aus der Geschichte der Stadt und der Region gezeigt, darunter Bilder einer neu entdeckten prähistorischen Siedlung aus Mustang, während sich das **Natural History Museum** auf dem Universitätscampus der Flora und Fauna widmet und eine umfangreiche Sammlung ausgestopfter Vögel und präparierter Schmetterlinge vorzuweisen hat.

Fewa-See

Einen völlig anderen Charakter bietet der westlich des Flugplatzes liegende Fewa-See mit den Vierteln Dam Area und Lake Area.

Der etwa 800 m hoch gelegene malerische See bedeckt eine Fläche von annähernd 4 km^2. Während sein östliches Ufer besiedelt ist, steht das steil aufsteigende, nur mit dem Boot zugängliche, dicht bewaldete Westufer unter Naturschutz. Geologisch gesehen ist der Fewa-See einer jener intermontanen Gewässer, die sich durch die Auffaltung der Bergketten bildeten, als den von Norden kommenden Flüssen der Weg in das indische Tiefland verwehrt wurde. In der Legende freilich stellt sich die Ent-

Fewa-See, Pokhara

stehung weitaus dramatischer dar: Als Bettler verkleidet besuchte einst Shiva die Bewohner des Tals, fand aber nirgends Aufnahme. Im Zorn sandte er eine Flutwelle und löschte die ungastliche Bevölkerung aus. Das drastische Strafgericht ist wohl bis heute nicht vergessen, denn nun bemüht man sich, vornehmlich entlang des Seeufers, mit größter Intensität um die Fremden, wovon indirekt natürlich auch zahlreiche Bettler profitieren. Der touristische Aufschwung, den Pokhara in den letzten 20 Jahren genommen hat, kann nur als explosionsartig bezeichnet werden. 1962 besuchten ganze 681 Ausländer die Stadt, damals ohne Licht und Straßen und mit nur drei Hotels. Mit Öffnung der Straßenverbindung nach Kathmandu im Jahre 1969 erfolgte ein sprunghafter Anstieg vornehmlich durch jugendliche Rucksack-Touristen. Heute finden alljährlich mehr als 60 000 Fremde den Weg hierher.

Zentrum des Tourismus ist der langgestreckte nordöstliche Uferstreifen mit Namen **Lake Area** (Baidam). Bis auf den versteckt hinter Mauern und Bäumen liegenden Ratna Mandir, den Winterpalast des Königs, wird das Bild der Lake Area denn auch von der ›Tourismuskultur‹ bestimmt. Hotels, Restaurants, Reisebüros und Souvenirläden werben marktschreierisch für ihre Produkte. An einigen Stellen führen Wege zum Ufer, wo man Ruderboote für einen beschaulichen Ausflug mit unvergeßlichem Blick auf die Bergwelt mieten kann. Eine kleine Personenfähre bringt den Besucher zur »Fish Tail Lodge« am jenseitigen Ufer, einer Luxus-Bungalow-Anlage inmitten üppiger Vegetation. Der Name bezieht sich im übrigen auf den Macchapuchare, den dominierenden Berg des Panoramas. Seine Fischschwanzform offenbart er allerdings erst nach einigen Trekkingtagen in Richtung Jomosom. Mit einem Boot kann man auch zum kleinen, auf einer Insel liegenden Varaha-Tempel übersetzen (die Anlegestelle befindet sich gegenüber dem Hotel »Hungry Eye«). Der

Tempel ist Vishnu in seiner Inkarnation als Eber geweiht. In dieser Tiergestalt hatte Vishnu einst die Erdgöttin Prithvi aus der Tiefe der Fluten befreit, wo sie vom Dämon Hiranyaksa gefangengehalten worden war.

Nahe dem nördlichen Ende der ›Uferpromenade‹ liegt der weiträumige Campingplatz, Treffpunkt der Globetrotter, die den langen Weg von Europa mit dem Auto gekommen sind. Die Straße mündet schließlich in einen Pfad, der vom See wegführt und steil zum Weiler Sarankot aufsteigt, dessen Häuser man hoch oben auf einem Grat schon von weitem ausmachen kann.

Die nach dem Abschlußdamm benannte **Dam Area** (Pardi) besteht fast ausschließlich aus kleineren Hotels, die mit einem schönen Blick auf die Gebirgskette aufwarten. Der von Postkarten und Postern her vertraute Blick über den See mit dem sich darin spiegelnden Macchapuchare läßt sich am besten von dem kleinen Park am Stauwehr (Zugang neben dem Restaurant »KC«) genießen.

Von der Dam Area aus kann man zu Fuß oder mit dem Fahrrad recht bequem den **Devis-Wasserfall** (Patala Chhango) erreichen, über den der Fewa-See abfließt. Er liegt abseits der ins Terai nach Nepalgunj führenden Straße (Siddharta Highway) in Höhe des Tibetercamps (Besuchsmöglichkeit, Souvenirs). Die in einem Loch verschwindenden Kaskaden sollen ihren Namen einer Miss Devis (oder einem Mr. Davis) verdanken, die hier 1961 ertrank, als während eines Bades das Wehr am Fewa-See geöffnet wurde und die Fluten sie fortrissen. Der unterirdische Wasserlauf tritt etwa 200 m weiter wieder zutage und vereinigt sich mit dem Seti. Einen guten Blick auf diesen, sich zeitweise durch einen schmalen Cañon zwängenden Fluß hat man von einigen Brücken in der Stadt und einem Fußsteg jenseits der Startbahn. Man kann diese neben dem Abfertigungsgebäude zu Fuß kreuzen, sofern nicht gerade ein Sirenenton die Landung eines Flugzeuges ankündigt.

Lake Area, Pokhara

Die nähere Umgebung Pokharas

Von Pokhara bieten sich einige lohnende Ausflüge in die Umgebung an. Der Aufstieg zu dem am gegenüberliegenden Ufer des Fewa-Sees liegenden, dicht bewaldeten Gebirgszug **Anadu** 1 läßt sich als erholsamer Halbtagesausflug durchführen. Zunächst läßt man sich mit dem Ruderboot vom Anlegesteg gegenüber dem Hotel »Hungry Eye« zum Restaurant »Typical« übersetzen, wobei man die Gelegenheit zum Besuch der oben erwähnten Insel mit dem Varaha-Tempel hat. Vom Restaurant führt ein steiler schmaler Pfad in etwa 30 Minuten durch üppigen Wald bis zu einem Grat mit einer kleinen Pagode *(World Peace Pagoda)*, von wo aus man einen weiten Blick über den See und die angrenzenden Berge hat. Man geht nun auf dem Grat nach rechts bergab, passiert einige traditionelle Gehöfte und gelangt nach Kopila am See-

Die nähere Umgebung Pokharas

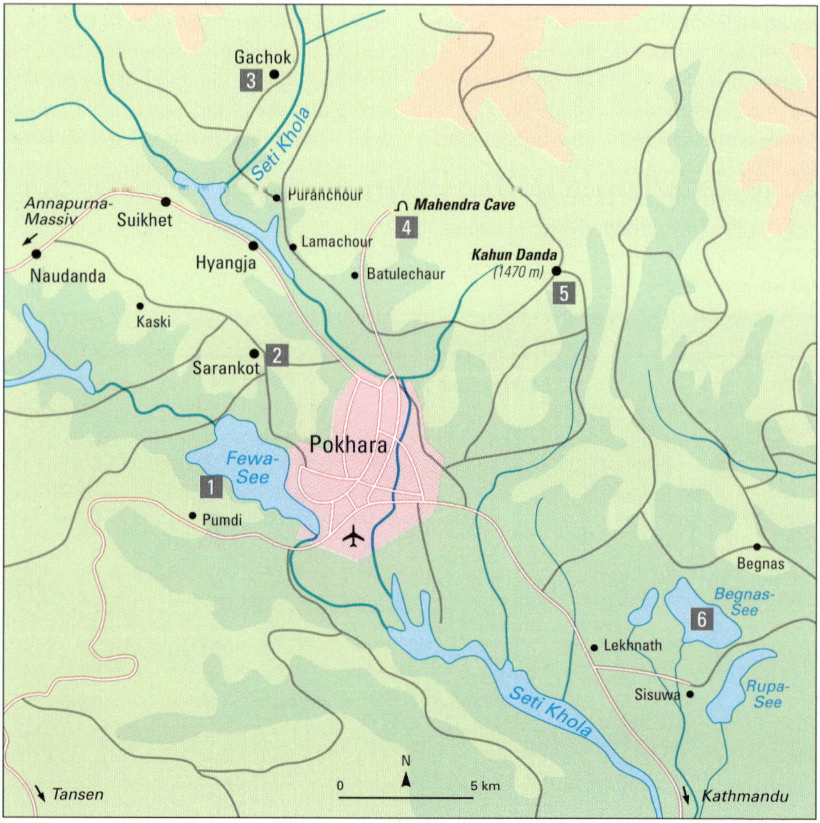

Landschaft bei Pokhara mit Blick auf den Annapurna Himal

ufer, von wo aus ebenfalls eine Rückfahrmöglichkeit mit dem Ruderboot besteht, allerdings weniger häufig und teurer als vom Restaurant »Typical«. Wer noch nicht fußmüde ist, kann von der Pagode aus auch weiter bergauf steigen und über den Bergrücken des Pumdi zur Straße nach Tansen gelangen, von wo eine Rückfahrmöglichkeit mit dem Bus nach Pokhara besteht. Wer diese Verlängerung der Wanderung wählt, sollte aber insgesamt einen ganzen Tag ansetzen und Verpflegung und Getränke mitnehmen.

Der im Nordwesten gut 900 m höher gelegene und von der Stadt aus gut sichtbare Bergsporn **Saranko** 2 gewährt einen ausgezeichneten Blick über den Fewa-See, das Tal von Pokhara und das Annapurna-Massiv. Man kann die kleine Siedlung (einige einfache Unterkünfte, Wasserknappheit) entweder vom Bindyabasini-Tempel aus erreichen (breiter Fahrweg bis Silingbot), oder von der Lake Area, indem man der Uferstraße bis zu derem Ende folgt und sich dann landeinwärts wendet, wo alsbald ein sehr steiler Aufstieg beginnt (empfehlenswert für den Rückweg). Die Straße soll demnächst bis Sarankot befahrbar sein. Einen besonders schönen Blick hat man von den oberhalb des Ortes liegenden Resten der alten Festung. Beide Routen nehmen etwa bis vier Stunden in Anspruch.

Von Sarankot aus führt ein lohnender Weg nach **Kaski** (2 Std., Lodge). Man sieht dem kleinen Dorf nicht mehr an, daß von hier aus einmal die gesamte Region regiert wurde. Erinnerung an diese große Zeit bieten allein die Reste des über dem Weiler liegenden Forts *(kot)*. Zum Dasain-Fest (Oktober) ist der Ort Schauplatz ausgelassener Feierlichkeiten und blutiger Tieropfer im Tempel der alten Befestigungsanlage.

Von Kaski führt der Weg auf dem Kamm weiter nach Naudanda (ca. 1 Std.), von wo aus man mit dem Bus nach Pokhara zurückkehren kann (ca.

15 km). Bis **Naudanda** ist kein Trekking Permit erforderlich, erst dort befindet sich am Ortsausgang ein Kontrollposten für all jene, die weiter ins Annapurna-Gebiet wandern wollen.

Das am Nordufer des Seti liegende Gurung-Dorf **Ghachok** 3 gilt als eines der ältesten und schönsten in der Umgebung von Pokhara. Beeindruckend ist der Blick auf den Macchapuchare. Am einfachsten erreicht man den Ort von Hyangja aus (Tibetercamp an der neuen Straße nach Kusma und Beni, Bus- und Taxiverbindung), wo man den Fluß kreuzt und dann etwa zwei Stunden im Seti-Tal marschiert. Lodges gibt es nicht, möglicherweise findet man jedoch einfache Unterkunft in einem Privathaus. Den Rückweg kann man über die Dörfer Puranchour und Lamachour wählen. Offiziell ist für diesen Ausflug ein Trekking Permit notwendig.

Leicht erreichbar mit dem Taxi liegt etwa 7 km nördlich von Pokhara bei der Ortschaft Batulechaur die **Mahendra Cave** 4, eine Kalksteingrotte mit einigen Stalagmiten und Stalaktiten. Taschenlampe nicht vergessen!

Eine dreistündige Wanderung führt zum **Kahun Danda** 5, einem Berg (1470 m) östlich der Stadt, von dem aus man einen besonders schönen Blick auf das Tal von Pokhara und die Himalaya-Kette zwischen Dhaulagiri und Ganesh Himal hat. Auch dieser Bergrücken ist mit Resten einer alten Festungsanlage bedeckt. Sie soll durch einen Angriff des Herrschers von Kaski zerstört worden sein.

Der **Begnas-See** 6, mit 3 km^2 zweitgrößte See des Tals, liegt zu Füßen des gleichnamigen Gebirgszuges etwa 15 km östlich der Stadt. Zur Ortschaft Begnas Bazar führt eine Stichstraße, die von der Route Pokhara–Kathmandu nach etwa 10 km abzweigt (Busverbindung). Ein Weg führt durch Waldgebiet den Pachbhaiya-Hügel empor, der den Begnas-See vom kleineren Rupa-See trennt. Von dem Aussichtspunkt Sundaridanda, der auch ein beliebter Picknickplatz ist, hat man beide Seen gleichzeitig im Blick. Am Begnas haben die Chinesen einen Staudamm errichtet, der zu einer Vergrößerung der Oberfläche geführt hat.

Ziele in der weiteren Umgebung Pokharas

Gandruk (Ghandrung)

1 Die Wanderung nach Gandruk gehört strenggenommen zwar schon zu den Trekkingtouren, denen ein eigenes Hauptkapitel gewidmet ist (s. S. 216ff.), da sich der Ort nunmehr jedoch durch den Ausbau der Straße nach Baglung leichter erreichen läßt als noch vor wenigen Jahren, wird er zunehmend von Touristen ohne Trekkingambitionen in Form eines etwas längeren Ausflugs von Pokhara aus aufgesucht, zumal der Weg sehr einfach ist und nur eine Höhe von knapp 2000 m erreicht. An Ausrüstung benötigt man nicht mehr als einen Schlafsack und eine Wasserflasche. Allerdings ist ein Trekking Permit nötig, verbunden mit der Zahlung der Eintrittsgebühr in den Annapurna-Nationalpark.

Mit einem Bus oder Taxi fährt man zunächst 42 km bis New Bridge (nicht zu

Terrassenfelder in der Umgebung Pokharas, Annapurna-Gebiet

verwechseln mit dem gleichnamigen Weiler am Oberlauf des Modi Khola) und wandert von dort in 20 Minuten bis zur Ortschaft Birethanti, in der zahlreiche Unterkünfte zur Verfügung stehen.

Von hier führt ein breiter, zunächst nur leicht ansteigender Weg am rechten Ufer des Modi Khola entlang nach Nordosten, wobei man bereits den ersten Blick auf das Annapurna-Massiv genießen kann. Der Weg berührt zunächst den Weiler Syauli Bazar (einfache Unterkunft) und führt dann steil empor nach Kimche (einfache Unterkunft). Von hier aus geht es wieder allmählich ansteigend zum Zielort Gandruk, den man am Nachmittag erreicht, sofern man früh in Pokhara oder Birethanti aufgebrochen ist. Gandruk ist eines der schönsten Gurung-Dörfer in der Annapurna-Region. Fast zum Greifen nahe entfaltet sich vor dem Betrachter das Panorama von Annapurna-Süd, Macchapuchare und Himalchuli. Unterkünfte gibt es reichlich. Wer ›Blut geleckt hat‹, kann von hier aus seine Wanderung zum Annapurna Base Camp (s. S. 242) oder ins Kali-Gandaki-Tal (s. S. 244) fortsetzen.

Als Rückweg bietet sich eine zweitägige Route über Landrung und Dhampus an (s. S. 240f.), wobei man zunächst steil ins Modi-Khola-Tal absteigen muß, den

Fluß kreuzt und dann ebenso steil nach Landrung (Unterkünfte) emporsteigt. Von hier aus geht es ohne größere Höhenunterschiede durch Terrassenfelder und später durch schattigen Wald über den Weiler Photana (Unterkünfte) nach Dhampus (Unterkünfte) und von dort steil bergab durch dichten Wald nach Phedi an der Straße Pokhara – Baglung.

Tansen (Palpa)

2 (S. 308) Das recht hübsch gelegene, 18 000 Einwohner zählende, etwa 110 km von Pokhara entfernte Städtchen erreicht man mit dem Bus auf dem ins Terai führenden Siddhartha Highway. In 1600 m Höhe bietet sich hier Gelegenheit, abseits der Touristenwege zu ent-

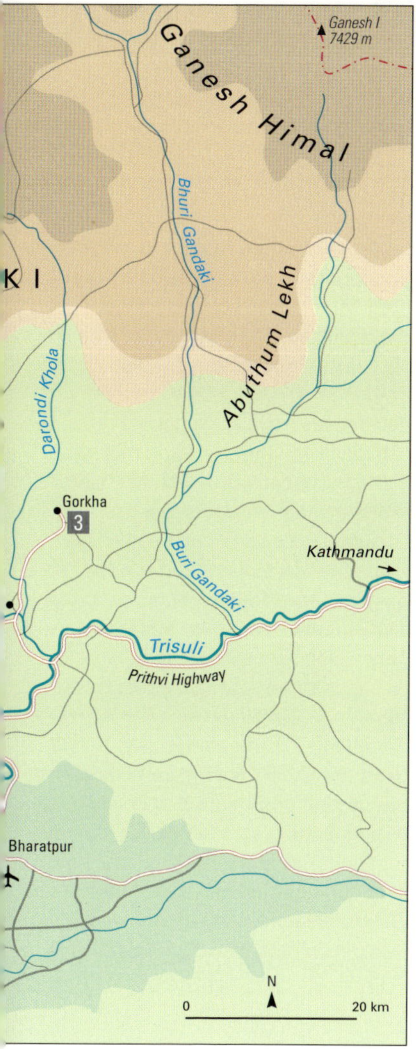

spannen und beschauliche Spaziergänge mit großartigem Blick auf die Himalaya-Kette und das Tal von Tinau zu unternehmen. Das Gebirgspanorama erstreckt sich über eine Länge von 160 km vom Dhaulagiri im Westen bis zur Kette des Himalchuli, offenbart seine ganze Pracht aber nur im Herbst und Winter. Die sich über einen Gebirgsgrat ausbreitende Stadt war bis ins 19. Jh. Sitz des kleinen Palpa-Königreichs. 1814 erlitten die Briten nahebei eine Niederlage gegen die Gurkha, woran der **Ranamjeshwari-Tempel** neben dem Durbar Square erinnert. Aufgrund des geringen Autoverkehrs und der noch immer vorherrschenden traditionellen Bauweise, hinterläßt der Gang durch die steilen Gassen und Straßen der Altstadt einen bleibenden Eindruck. Beherrschend erhebt sich im Zentrum das **Mul Dhoka**, das zwischen 1892 und 1897 errichtete, größte Stadttor Nepals. Ein Stück unterhalb liegt der **Amar-Narayan-Tempel** aus dem Jahre 1806, bekannt für seine erotischen Schnitzereien.

Ein schöner Trek (hin und zurück ca. 5 Std.) läßt sich nach **Raneghat** am Kali Gandaki unternehmen, wo über dem Fluß ein verlassener Rana-Palast thront. In 2 Stunden kann man von dort in den pittoresken Ort **Ridi Bazar** gelangen, der Straßenanschluß hat. Organisieren lassen sich diese Exkursionen durch das Hotel Srinagar in Tansen.

Gorkha

3 (S. 300) Die 100 km östlich, etwa auf halber Strecke zwischen Pokhara und Kathmandu liegende Ortschaft hat zwar in der Geschichte des Landes eine große Rolle gespielt und auch den berühmten Gurkha-Soldaten ihren Namen gegeben, ist heute jedoch in ein beschauliches Dasein zurückgesunken und wurde von Fremden bisher nur selten besucht. Schuld daran dürfte die relativ lange Anfahrt sein. Zudem liegt Gorkha etwa 20 km abseits der Hauptroute am

Richtig Reisen *Thema*

Die Gurkha

Im Gegensatz zu Sherpa, Newar, Gurung oder Tharu handelt es sich bei den Gurkha nicht um einen Volksstamm mit bestimmten ethnischen Merkmalen, sondern eher um eine militärische Namensgebung ähnlich dem Begriff »Fremdenlegionär«.

Die Bezeichnung geht auf das 18. Jh. zurück, als Prithvi Narayan Shah (reg. 1768–75) aus den Bewohnern seines Staatsgebietes, dessen Hauptstadt Ghorka war, eine schlagkräftige Armee aufbaute, mit der er das Kathmandu-Tal belagerte und schließlich auch eroberte. Geprägt wurde der Name wohl von den Engländern, die mehrfach unliebsame Erfahrungen mit den gut ausgebildeten und todesmutigen Kriegern aus Nepal machen mußten. Eine erste Niederlage haben sie bereits beim Vormarsch Prithvi Narayan Shahs auf Kathmandu hinnehmen müssen, als sie den bedrängten Malla-Königen zu Hilfe eilen wollten, von den Gurkha-Kriegern aber bereits an der Grenze zurückgeschlagen wurden. Noch schmerzlichere Erinnerungen dürften die damaligen Kolonialherren allerdings an den Weihnachtstag des Jahres 1814 haben, als Nepali-Truppen die gut befestigten Stellungen in Dehra Dun überrannten, das damals noch zu Nepal gehörte und das die Briten ihnen streitig machten.

Die Europäer waren von der Tapferkeit der Nepali derart beeindruckt, daß General Ochterlony den feindlichen Truppen nach seinem hart erkämpften Sieg im Jahre 1815 nicht nur erlaubte, sich ehrenvoll mit ihren Waffen zu ergeben, sondern sofort damit begann, Nepali in seine eigenen Verbände aufzunehmen. Nachdem sich die Nepali-Soldaten im großen indischen Aufstand des Jahres 1857 auf die Seite ihrer Herren gestellt und damit ihre Loyalität bewiesen hatten, schufen die Engländer rein nepalesische Eliteverbände, bekannt und gefürchtet unter dem Namen *Gurkha Regiments*. Dem nepalesischen König kam eine derartige Abwerbung

Ende einer landschaftlich allerdings sehr schönen Stichstraße. Erst seit Öffnung der Manaslu-Region für Bergwanderer treffen vermehrt Touristen ein, die von hier aus die neue Route in Angriff nehmen (s. S. 249ff.).

Als sich die drei Malla-Städte des Kathmandu-Tals befehdeten, bauten die aus Rajasthan zugewanderten Herrscher der Shah-Dynastie Gorkha zum Machtzentrum Westnepals aus, um schließlich Mitte des 18. Jh. von hier aus die Eroberung des gesamten Landes in die Wege zu leiten (s. S. 41f.). Die Häuser staffeln sich, von Terrassenfeldern umgeben, an einem Berghang mit weitem Blick nach Süden. Das kleine Zentrum wird vom alten Palast beherrscht, einem etwas erhöht liegenden Bau in klassischem Newar-Stil, der zur Zeit renoviert

nicht ungelegen. Einerseits waren ihm als Verlierer ohnehin die Hände gebunden, andererseits bedeutete dieser ›Militärexport‹ eine nicht unerhebliche Devisenquelle. Die Einheimischen kamen freiwillig in die Rekrutierungslager der Briten an der indisch-nepalesischen Grenze. Materielle Absicherung und Abenteuerlust waren die vorrangigen Motive, die Schrecken der großen Kriege, in denen sie meist an vorderster Front eingesetzt wurden, konnten sich die einfachen Bauern aus den Bergen wohl kaum ausmalen. Dennoch kämpften sie mit Heldenmut für die Ziele ihrer Herren auf den Schlachtfeldern der beiden Weltkriege und in den vielen kleinen Kolonialabenteuern bis in unsere Tage.

Daß die Gurkha nicht nur als Söldner im Dienst der Engländer stehen, sondern auch den harten Kern der eigenen Truppen bilden, versteht sich von selbst. Unnahbar und stolz bewachen sie in ihren typischen Uniformen mit den breitrandigen Hüten die wichtigsten öffentlichen Gebäude des Landes. Denn, ganz eingebettet in das Kastenwesen, dürfen sich die Gurkha-Soldaten als die Elite der Ksatriyas fühlen, der traditionellen Kriegerkaste des hinduistischen Kulturkreises.

wird. Von hier führt ein steiler Treppenweg in etwa 45 Minuten zur wichtigsten Sehenswürdigkeit, dem 300 m über dem Ort auf einem Grat thronenden Gorkha Durbar, einem Palast im Stile der Mallas, der erst nach der Machtübernahme der Shah-Dynastie im 18. Jh. entstand. Die Anlage wird heute vor allem als Heiligtum für die Göttin Kalika in Ehren gehalten. Im Inneren darf nicht fotografiert, auch müssen alle Ledergegenstände am Eingang deponiert werden. Der Besuch des Gebäudes ist weniger lohnend, entschädigt wird der Besucher für den anstrengenden Aufstieg jedoch durch die herrliche Fernsicht auf die Bergketten von Ganesh Himal und Himalchuli, die er, wie so häufig in Nepal, aber nur im Herbst und Winter genießen kann.

Terai – Das südliche Tiefland

Geographie und Besiedlung

Das als Terai (»Sumpf«) bezeichnete Tiefland unter 300 m Höhe erstreckt sich als ein relativ schmaler Streifen entlang der indisch-nepalesischen Grenze und nimmt etwa 20 % der Landesfläche ein. Geologisch handelt es sich um einen Teil der indischen Schwemmlandebene des Ganges, der im Laufe der Zeit zusammen mit seinen Nebenflüssen eine über 2400 m dicke Sedimentschicht abgelagert und damit den Graben des ehemaligen Tethys-Meers aufgefüllt hat.

Weiter untergliedern läßt sich die Region in die Terai-Ebene, den Bhabar-Gürtel und den Inneren Terai. Die bis zu 200 m hohe und 25 bis 30 km breite **Terai-Ebene** bildet den nördlichen Ausläufer des indischen Ganges-Schwemmlandes. Diese von dem deutschen Forscher Wilhelm Filchner 1939 noch als »Fieberhölle Nepals« bezeichnete Region hat nach der Öffnung des Landes aufgrund der fruchtbaren Böden einen gewaltigen Aufschwung erfahren, der noch immer nicht abgeschlossen ist. Davon betroffen ist auch der nördlich angrenzende, zwischen 10 und 15 km breite **Bhabar-Gürtel**, der die Hänge der Sivalik-Hügelkette umfaßt, die in Nepal den Namen *Churia* trägt. Die ehemals dichte Waldbedeckung ist bereits weitgehend der Siedlungstätigkeit zum Opfer gefallen. Die bis 600 m ansteigenden Vorberge der Churia-Kette sind bogenförmig angeordnet, wodurch sich eine natürliche Untergliederung des Tieflandes in einen westlichen, mittleren (zentralen) und östlichen Terai ergibt.

Elefantenritt im Royal
◁ *Chitwan National Park*

Die an einigen Stellen zwischen der Churia-Kette und der nördlich davon verlaufenden, wesentlich höheren Mahabharat-Kette eingelagerten sogenannten Doon-Täler werden unter dem Begriff **Innerer Terai** zusammengefaßt. Sie sind 15 bis 30 km breit und erstrekken sich über eine Länge zwischen 25 und 100 km.

Der Anteil indischer Bürger ist im Terai besonders groß. Durch die Überbevölkerung der Ganges-Ebene haben viele den Weg ins Nachbarland genommen, wo sie aufgrund des indo-nepalesischen Abkommens von 1950 uneingeschränktes Wohnrecht genießen. Dieser unkontrollierte Zuzug bildet einen der Hauptstreitpunkte zwischen den beiden benachbarten Ländern (s. S. 48). So tragen denn auch die Ortschaften den für das indische Tiefland typischen Charakter einer eher gesichtslosen Ansammlung planlos aneinandergereihter Bauwerke. Bis auf Janakpur sind sie für den Touristen allenfalls als Stationen auf dem Landweg von Nepal nach Indien von Bedeutung. Sofern nicht gerade nachbarschaftliche Konflikte die vorübergehende Einschränkung des Transits mit sich bringen, kann man die Grenze zwischen Nepal und Indien an mehreren Stellen überqueren. Bei der Einreise nach Indien ist ein gültiges Visum erforderlich.

Angesichts der herausragenden wirtschaftlichen Bedeutung dieses Raums ist es nicht verwunderlich, daß der Infrastruktur besondere Aufmerksamkeit geschenkt wird. Leitlinie der Entwicklung ist der durch den gesamten Terai verlaufende Mahendra Highway, der bisher allerdings nur teilweise fertiggestellt ist.

Das letzte größere Stück zwischen Nepalgunj und der an der westlichen Grenze liegenden Stadt Mahendranagar soll demnächst geschlossen werden. Die Trasse wird zwar schon von Bussen befahren, gilt aber als die übelste ›Straße‹ im ganzen Land, so daß die Besucher Mahendranagars lieber den Umweg über Indien in Kauf nehmen. Nepal hat aber ehrgeizige Pläne für die noch immer sehr ursprüngliche Region entwickelt. Am Karnali-Fluß steht bei Chisapani nicht nur die längste Kabelbrücke der Welt vor der Vollendung, geplant ist hier auch ein riesiger Staudamm, gegen den nicht nur die Umweltschützer Sturm laufen: Auch die Geologen haben wegen der akuten Erdbebengefährdung ernsthafte Bedenken geltend gemacht, so daß sich der Baubeginn bisher verzögert hat. Ein anderes, nicht minder umstrittenes Staudamm-Projekt befindet sich im Osten, im Tal des Arun (s. S. 24f.).

Tharu-Frauen mit Holzbündeln

Westliches Terai

Der westliche Terai zwischen der indischen Grenze bei Mahendranagar und Butwal ist bisher noch am wenigsten erschlossen und auf dem Landweg teilweise nur schwer zugänglich. Die touristische Infrastruktur beschränkt sich auf einige wenige Punkte.

Royal Suklaphanta National Park

1 (S. 307) Dieses nur etwa 150 km² große Schutzgebiet liegt an der Südwestecke Nepals nahe dem Grenzort Mahendranagar und ist für den Individualtouristen recht schwierig zu besuchen, obwohl der Mahendra Highway mitten durch den Park verläuft. Vorherrschend ist eine Savannenlandschaft mit hohem Elefantengras, im Westen vom breiten Mahakali-Fluß gesäumt, der an der Südecke des Parks die Grenze mit Indien bildet. Zu sehen gibt es vor allem den Zakkenhirsch Barasingha *(Cervus duvauceli)* und wilde Elefantenherden. Auch der Tiger hat hier ein Rückzugsgebiet. Zur besseren Beobachtung hat die Regierung Aussichtstürme errichten lassen, von denen aus sich ein weiter Blick über das Grasland *(phanta)* eröffnet. Leider nutzen Wilderer aus Indien die Nähe der Grenze immer wieder zu illegalen Jagdausflügen.

Royal Bardia National Park

2 (S. 306) Das fast 1000 km² umfassende Schutzgebiet liegt unweit der Grenzstadt Nepalgunj inmitten der größten geschlossenen Waldregion des Terai. Verglichen zu Chitwan (s. u.), ist es bisher kaum erschlossen, obwohl sich erste Infrastrukturmaßnahmen erkennen lassen. Es wird wohl nicht mehr lange dauern, bis auch Bardia einen festen Platz auf der Liste der von Reisebüros angebotenen Ausflugsziele hat. Derzeit findet man es nur bei einer großen Agentur als teures Pauschalarrangement, aber auch auf eigene Faust ist

Westliches Terai

der Besuch, wenn auch etwas mühsam, durchaus möglich.

Der 1976 eröffnete und 1985 erweiterte Park ist aus einem königlichen Jagdgebiet der Rana-Herrschaft hervorgegangen. Gesäumt wird er an seiner Westgrenze vom mächtigen Karnali-Fluß, in dessen Nähe auch die Straße Nepalgunj–Birendranagar einen Teil des Parks durchquert. Das Schutzgebiet liegt in der Übergangszone zwischen den Churia-Bergen und der Ebene des Terai und hat damit eine recht vielfältige Oberflächengestalt von hügeligem Bergland bis hin zu sumpfigen Grasebenen. Zu den Bewohnern zählen wilde Elefanten, Tiger, Sambar-Hirsche, die gewaltige Nilgau-Antilope und der seltene Zackenhirsch Barasingha. Vor kurzem wurden auch etliche Nashörner aus dem Chitwan-Nationalpark hier angesiedelt. Die noch urtümliche Wildnis wird vor allem dem ernsthaften Naturfreund als wahres Paradies erscheinen.

Lumbini

3 (S. 303) Verbindet der Naturfreund mit dem Begriff Terai in erster Linie die Tierparks, so denkt der an asiatischer Religion interessierte Reisende zunächst an Buddha.

Lumbini, die Geburtsstätte des Religionsstifters, liegt 23 km südwestlich von Bhairahawa (s. u.) und nur wenige Kilometer entfernt von der indischen Grenze recht einsam abseits der Hauptstraße im Buschwald. Die archäologischen Funde konzentrieren sich auf das kleine Areal des »Heiligen Gartens«. Angeregt durch Berichte früher chinesischer Reisender, u. a. des berühmten Fa-Hsien aus dem 5. Jh. n. Chr., begannen die Briten bereits 1832 mit der Erkundung der Region, wobei sich die Suche auch auf Kapilavastu konzentrierte, die Residenz der Shakya-Dynastie, der Buddha entstammte.

Erst 1893 entdeckte ein nepalesischer Offizier eine Inschriftensäule im Wald, die auf die Spur der Geburtsstätte Buddhas führte. Es handelt sich um eine jener berühmten Ashoka-Säulen aus dem 3. Jh. v. Chr., die der große indische Herrscher (reg. 268–232 v. Chr.) und Patron des Buddhismus mit eingemeißelten Edikten versehen über sein Großreich zu verteilen pflegte. Die aus dem Jahre 249 v. Chr. stammende Säule von Lumbini kündet von einem Besuch des Herrschers und liefert mit der Inschrift »Ich habe veranlaßt, daß eine Säule errichtet wird, in dem Gedanken: Hier ist der Herr geboren« den Beweis für die Geburtsstätte des Buddha. Im Dezember 1895 beseitigten Grabungen auch den letzten Zweifel. In der Cella des erst später entstandenen Maya-Devi-Tempels (Maha Mandir) fand man 1897 ein stark verwittertes Relief mit der Geburtsszene, das bis zur Identifizierung von den Hindus als Bildnis einer Fruchtbarkeitsgöttin verehrt wurde. Eine 1956 von einem nepalesischen Künstler gefertigte Marmor-Kopie vermittelt einen besseren Eindruck als das Original. Die ehemals hinduistische Nutzung des Tempels dokumentieren kleine Ganesh- und Durga-Figuren in einer der Nischen.

Im angrenzenden, erst 1933 freigelegten Stauteich *(tank)* soll Maya, die Mutter des Erleuchteten, nach der Niederkunft unter einem Pipal-Baum gebadet haben. Neueren Datums sind die benachbarten Stupa und Klöster. Die Regierung Nepals plante, das verschlafene Lumbini durch Ausbau zu einer großen Pilgerstätte aus seiner Beschaulichkeit zu reißen, ein zwar verständliches, aber doch fragwürdiges Unterfangen, das sicherlich nicht dazu beigetragen hätte, die heilige Atmosphäre der Stätte greif-

Das Leben Buddhas

Der Religionsstifter Gautama Buddha wurde um das Jahr 560 v. Chr. in Lumbini als Sohn des Königs Suddhodana von Kapilavastu und der Königin Maya Devi geboren. Obwohl kein Zweifel an seiner historischen Existenz besteht, ist sein Lebensweg derart mit Mythen und Legenden durchwoben, daß sich die einzelnen Stationen nicht mehr zweifelsfrei nachvollziehen lassen. Der Erleuchtete ist unter zahlreichen Namen bekannt geworden. Ursprünglich hieß er wohl Siddharta (»der, der das Ziel erreicht hat«), aber auch die Bezeichnungen Gautama (nach einem vedischen Ahnen namens Gotama) und Shakyamuni (»der Weise aus dem Geschlecht der Shakya«) sind gebräuchlich. Er selbst gab sich den Namen Tathagata (»der ebenso Gegangene«), wobei er Bezug auf seine Vorgänger nahm. Der Lehre gemäß ist Buddha nämlich nur einer von vielen in einer aus bisher 24 Vorzeit-Buddhas bestehenden Reihe, die durch die Zukunft-Buddhas ihre Fortsetzung findet. Als nächster wird Maitreya die Lehre des Buddhismus auf der Erde neu erwecken.

Im Alter von 16 Jahren wurde der historische Gautama mit Yasodhara verheiratet, die ihm den Sohn Rahula gebar. Die Begegnung mit einem Kranken, einem Alten und einem Toten führten dem Prinzen die Fragwürdigkeit diesseitiger Freuden vor Augen und veranlaßten ihn, mit 29 Jahren dem luxuriösen Leben am Hof seines Vaters zu entsagen, um als Asket die Erlösung zu suchen. Durch Kasteiungen dem Tode nahe, erkannte er die Sinnlosigkeit dieser selbstquälerischen Übungen und

Buddha-Schrein in Lumbini, der Geburtsstätte Buddhas

entschloß sich zum »Weg der rechten Mitte«, zur Versenkung als einziger Möglichkeit zur Lösung von der Welt. Sieben Jahre dauerte das Ringen, ehe er im Alter von 36 Jahren unter einem Feigenbaum in Bodh Gaya die Erleuchtung durch die Erkenntnis der vier heiligen Wahrheiten erfuhr. Damit hatte er sich aus dem ewigen Kreislauf der Wiedergeburten gelöst und war zum Buddha geworden, zu einem, dem die Erlösung zuteil geworden ist. Statt sofort diesen Weg einzuschlagen, entschloß sich der Buddha, noch auf der Erde zu verweilen, um der Menschheit diese Erkenntnisse zu vermitteln. Mit seiner berühmten ersten Predigt im Gazellenhain von Sarnath bei Varanasi (Benares) setzte er das »Rad der Lehre« in Bewegung, indem er erstmals die vier Wahrheiten verkündete, die den Kern der Lehre ausmachen: Umfang des Leidens, Ursache des Leidens, Überwindung des Leidens und Weg zur Überwindung des Leidens. Etwa 40 Jahre zog Buddha dann als Wanderprediger durchs Land, eine immer größer werdende Anhängerschaft um sich scharend, bis er im Alter von etwa 80 Jahren bei Kusinara verstarb und seine Seele, vom Kreislauf der Wiedergeburten befreit, die Erlösung erfuhr.

barer zu machen. Glücklicherweise sind die Pläne wieder in der Schublade verschwunden. Derzeit lohnt der Besuch Lumbinis allerdings nur für den besonders am Buddhismus interessierten Reisenden, da der Maya-Devi-Tempel, das einzig bedeutsame architektonische Relikt, mit Planen verhängt und wegen Grabungsarbeiten unzugänglich ist.

Bhairahawa

4 (S. 298) Die indisch anmutende, geruhsame Kleinstadt mit ihrem lebhaften Markttreiben und den staubigen Straßen bietet zwar keinerlei Sehenswürdigkeiten, ist jedoch aufgrund ihrer Infrastruktur der geeignete Ausgangspunkt für den Besuch Lumbinis und Durchgangsort auf dem Landweg nach Indien.

Die eigentliche Grenzstation, das nur 4 km entfernte Sunauli, sollte man als Übernachtungsort besser meiden. Schlepper und Nepper bedrängen den Reisenden, die Unterkünfte unmittelbar an der Grenze sind äußerst schmutzig und überdies diebstahlgefährdet. Auch das Essen läßt sehr zu wünschen übrig.

Mittleres Terai

Diese Region zwischen den Ortschaften Butwal und Hetauda umfaßt vor allem den touristisch gut erschlossenen Royal Chitwan National Park.

Narayanghat-Bharatpur

1 (S. 304) Die Doppelortschaft liegt als Knotenpunkt an der Abzweigung der ins Hochland nach Mugling und Kathmandu führenden Straße, die heute die wichtigste Verkehrsverbindung vom Tiefland ins Kathmandu-Tal darstellt. Es handelt sich um eine laute, vom Marktgeschrei und Verkehrslärm durchflutete Kleinstadt indischer Ausprägung, in der die Reisenden höchstens eine kurze Erfrischungs- oder Umsteigepause einlegen.

Von touristischem Interesse ist allenfalls das etwa 8 km nördlich liegende **Devghat**, das seine religiöse Bedeutung aus der Einmündung des Kali Gandaki in den Narayani bezieht und vor allem am ersten Tag des Monats *magh* (Januar/Februar) im Mittelpunkt des großen Badefestes Magh Sankranti steht, das den Übergang vom Winter- zum Sommerhalbjahr markiert und Tausende von Pilgern anzieht.

Royal Chitwan National Park

2 (S. 306f.) Das 1440 km^2 große Naturschutzgebiet nahe der indischen Grenze im mittleren Terai hat sich im Laufe der Jahre zu einem der beliebtesten Touristenziele Nepals entwickelt. Am einfachsten, wenn auch am teuersten, ist die Buchung einer zweitägigen Pauschaltour, die von zahlreichen Reisebüros in Kathmandu und Pokhara angeboten wird. Da der Nationalpark etwa auf halbem Weg zwischen den beiden Städten liegt, läßt sich der Abstecher recht bequem mit dem Besuch des Annapurna-Gebietes verbinden.

Der Name Chitwan soll »Herz des Dschungels« bedeuten, eine Bezeichnung, die, falls sie zutrifft, nicht besser gewählt sein könnte. Hervorgegangen ist das Schutzgebiet aus einem königli-

Mittleres Terai

chen Jagdreservat der Rana-Herrscher. Als 1950 die Freigabe für die Besiedlung erfolgte, begleitet von intensiver Malaria-Bekämpfung, setzte die Wilderei im großen Stil ein. Auf der Abschußliste stand vor allem das hier heimische Rhinozeros, dessen Horn bei den Ostasiaten als Aphrodisiakum Höchstpreise erzielt. Innerhalb von zehn Jahren sank die Zahl der Tiere von etwa 2000 auf nur 100. Deshalb wurde 1962 ein Nashorn-Schutzgebiet eingerichtet, das 1973 in

Royal Chitwan National Park

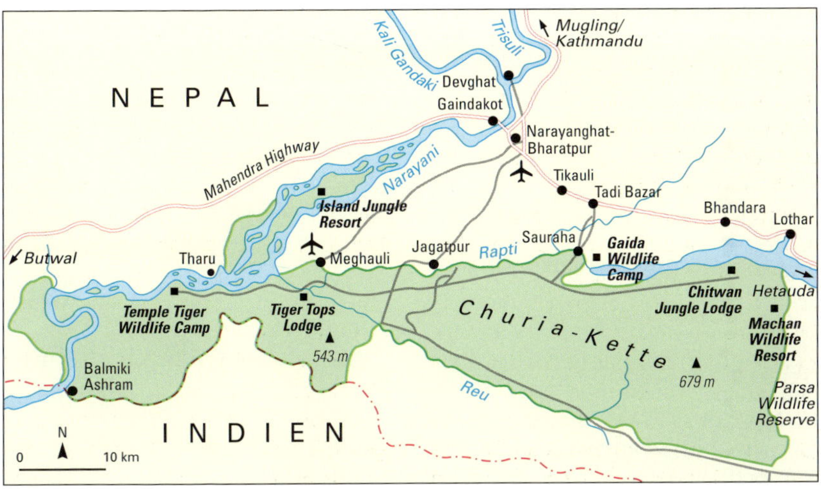

einen Nationalpark umgewandelt wurde. Es bedurfte zunächst eines starken Armeeaufgebots, die Wilderei zu unterbinden und den Tieren einen sicheren Lebensraum zu garantieren. Später schuf man eine Spezialtruppe (Rhino-Patrol), die aufgrund ihrer mangelhaften Ausrüstung jedoch in den Feuergefechten oft den kürzeren zog. Seit die Armee wieder als Ordnungshüter fungiert, haben die Wilderer mehr Respekt, zumal die Soldaten sofort scharf schießen und gefangene Wilderer 25 Jahre hinter Gittern verschwinden. Für einige Tierarten allerdings, etwa den Zackenhirsch Barasingha *(Cervus duvauceli)* und den wilden Büffel *(Bubalus bubalis)*, kamen die Maßnahmen bereits zu spät, sie wurden zumindest in dieser Region ausgerottet.

Der Park liegt eingebettet zwischen den Gebirgsketten der Mahabharats im Norden und der Churias im Süden. Ein Teil des Parks wird von den Schwemmlandniederungen der Flüsse Narayani, Rapti und Reu eingenommen, ein anderer Teil liegt an der Nordabdachung der Churia-Berge, die hier bis 600 m ansteigen. Dementsprechend lassen sich zwei Vegetationstypen unterscheiden. In den häufig überfluteten Ebenen wächst meterhohes Elefantengras, durchsetzt mit Bauminseln. Zahlreiche exotische Pflanzen mit oftmals herrlichen Blüten, wie etwa das »Feuer des Waldes« *(Butea monosperma)* oder die leuchtend weiße Bhanti *(Clerodendron viscosum)*, verstecken sich im Unterholz. An den gut entwässerten Hängen hat hingegen ein Wald mit bis zu 40 m hohen Sal-Bäumen *(Shorea robusta)* seinen Standort.

Auch die Tierwelt zeigt ungewöhnliche Vielfalt. Neben der Hauptattraktion, dem indischen Rhinozeros *(Rhinoceros unicornis)*, sind auch Tiger und Leoparden im Park heimisch. Während man diese Großkatzen nur mit sehr viel Glück zu Gesicht bekommt, sind die Nashörner eine erfreulicherweise recht alltägliche Erscheinung, ist doch ihre Zahl wieder auf mehr als 500 Köpfe angewachsen. Zu den selteneren Tieren zählen hingegen der Gavial *(Gavialis gangeticus)*, das durch seine lange, spitz zulaufende Schnauze gekennzeichnete harmlose Schnabelkrokodil, und der Gangesdelphin *(Platanista gangetica)*, dessen Vorfahren möglicherweise im Tethys-Meer lebten und dann vom Ozean abgeschnitten wurden. Die bis zu

Im Royal Chitwan National Park

2 m langen, ebenfalls mit einer schmalen Schnauze versehenen Säuger kann man vor allem während der Monsunzeit (Juli – September) in den dann mächtig angeschwollenen Flüssen beobachten. Bei Niedrigwasser im Winter ziehen sich die Tiere hingegen weiter nach Süden zurück. Weitaus vielfältiger, wenn auch weniger auffällig als Säuger und Reptilien, ist die mit über 400 Arten vertretene Vogelwelt. Für nicht wenige Ornithologen liegt gerade hierin der Reiz des Chitwan-Parks. Besonders gute Beobachtungsmöglichkeiten bestehen gegen Ende des Winters (Februar/März), wenn die Zugvögel aus den innerasiatischen Steppenregionen noch zu Gast sind und die ›Sommerbesucher‹ bereits eintreffen. Riesige Kolonien von Enten wird man zu Gesicht bekommen, vielleicht auch den recht seltenen Indischen Riesenstorch *(Xenorhynchus asiaticus)*, mit viel Glück sogar den grauköpfigen Fischadler *(Ichthyophaga ichthyaetus)*.

Den Besuch des Chitwan-Parks sollte man aus klimatischen Gründen in die Monate November bis Februar legen, zumal während der Monsunzeit die meisten Unterkünfte geschlossen und viele Wege unpassierbar sind. Eine Malariaprophylaxe ist zu jeder Jahreszeit erforderlich (S. 317f.). Der Ausflug läßt sich über ein Reisebüro buchen (s. o.) oder weitaus preiswerter auf eigene Faust durchführen. Die preislichen Unterschiede resultieren vor allem aus der Art der Unterkunft, wobei die preiswerteren nicht im Park liegen. Innerhalb des Parks gibt es eine beschränkte Zahl von Bungalowanlagen und komfortablen, naturnahen Zeltcamps. Wer sich für eine organisierte Tour entscheidet, sollte genaue Preisvergleiche anstellen, da die kleinen Reisebüros nur als Agenturen für das Hauptbüro des jeweiligen Hotels tätig sind. Den günstigsten Preis erhält man meist bei der Hauptfiliale. Hinsichtlich der Leistungen unterscheiden sich die einzelnen Veranstalter nur unwesentlich. Das Standardprogramm umfaßt zwei Übernachtungen mit voller Verpflegung, die Eintrittsgebühr, ein oder zwei mehrstündige Ausritte auf Elefanten, eine Bootsfahrt, einen Jeepausflug und einen Fußmarsch. Begleitet werden die Wildnistouren von oftmals außergewöhnlich sachkundigen Führern. Am abenteuerlichsten sind ohne Zweifel die Elefantenritte, bei denen sich die Mahuts bemühen, ihre Tiere möglichst nahe an die im hohen Gras versteckten Rhinozerosse heranzuführen. Diese ›Jagd‹ erscheint zwar aufregend, ist jedoch gefahrlos, da die Nashörner größten Respekt vor den Elefanten haben und die darauf sitzenden, ängstlich blickenden Touristen nicht wahrnehmen. Wer es sich leisten kann, sollte innerhalb des Parks übernachten, um die einzigartige Stimmung einer tropischen Urwaldnacht zu erleben. Die Dunkelheit ist voll fremdartiger Geräusche, die uns Stadtmenschen gleichermaßen faszinieren wie ängstigen.

Sauraha

3 (S. 307f.) Wer den Chitwan-Park auf eigene Faust besuchen möchte, dem bietet sich nur der kleine Ort Sauraha als Ausgangspunkt. Er liegt am Nordrand des Naturschutzgebietes, etwa 6 km von der Hauptverbindungsroute Narayanghat – Hetauda entfernt. Schon die Anfahrt ist recht abenteuerlich. Von dem Weiler Tadi Bazar, etwa 12 km östlich von Narayanghat, verläuft eine sandige Piste durch bescheidene Tharu- und Tamang-Siedlungen nach Süden. Etwa auf halbem Weg versperrt ein kleiner Fluß die Weiterfahrt. Bei Niedrigwasser kann man ihn mit einem Jeep durchfahren, sonst bleibt nur die Fußgängerbrücke und die Hoffnung, auf der anderen Seite eine Gelegenheit zur Weiterfahrt zu finden. Sauraha besteht nur aus zwei sandigen, T-förmig angeordneten Wegen, an denen sich einfache Bauernhäuser mit Touristenunterkünften und Restaurants zu einem merkwürdigen Ensemble zusammenfinden. So ist es durchaus normal, daß man mit einem kühlen Bier in der Hand von der Empore eines rustikalen Restaurants, das marktschreierisch mit der »happy hour« wirbt, hinabblickt auf die bäuerliche Idylle eines Tharu-Gehöfts, in dem Wasserbüffel gemolken und Reis gedroschen wird. Autos gibt es wenige, dafür begegnet man Elefanten, mit denen die Touristen ihre Ausritte unternehmen.

Der Besuch des Chitwan-Parks steht natürlich im Mittelpunkt des Interesses der Besucher Saurahas. Bevor man sich für eines der zahlreichen Quartiere entscheidet, die zumeist ein komplettes Besuchsprogramm anbieten, sollte man sich jedoch vergewissern, welche Leistungen im Pauschalarrangement eingeschlossen sind, insbesondere ob die angepriesenen Elefantenausritte auch in den Park führen und ob das Eintrittsgeld für das Schutzgebiet inbegriffen ist.

Wenig bekannt ist, daß es außerhalb des Naturparks einen 400 ha großen Gemeindewald gibt, in dem 25 Nashörner leben. Der Eintritt beträgt 100 NRs und kommt der Bevölkerung als Kompensation für Wildschäden zugute, die die Nashörner in den Maisfeldern anrichten. Die Tiere sind durchaus nicht scheu und ›weiden‹ zuweilen nachts in Sichtweite der Lodges. Theoretisch kann man den Wald, er liegt in der Nähe des Elefantencamps, auch zu Fuß betreten, sollte aber aus Sicherheitsgründen lieber einen Elefanten mieten. Da die normalen Touren diesen Abstecher nicht beinhalten, muß man gezielt nach dieser Ausflugsmöglichkeit fragen (Informationen und eventuell einen Führer erhält man u. a. in der Lodge »Jungle Lagoon Safari«). Es bestehen allerdings Pläne, das Gebiet dem Park zuzuschlagen.

Richtig Reisen *Tip*

Im Elefantencamp

Ein lohnender Ausflug (ca. 1,5 Std.) führt von der Kreuzung beim Hotel »Jungle Camp«, vorbei an Dörfern der Tamang und Tharu, zu Fuß zum Elefantencamp *(elefant breeding camp)* jenseits eines Nebenflusses des Rapti, den man mit dem Boot überquert (Eintritt). Über 30 Dickhäuter werden hier zur Aufzucht gehalten. Trotz ihres beschaulichen Lebens ohne schwere Arbeit halten sich die Zuchterfolge in Grenzen.

Östliches Terai

Auch das östliche Tiefland ist, außer mit dem Flugzeug, nur auf einer langen ermüdenden Busfahrt zu erreichen und wird von Touristen eher als Durchgangsstation auf dem Weg ins indische Darjeeling oder zu den Ausgangspunkten der Trekkingregionen Makalu und Kanchenjunga betrachtet, obwohl es durchaus Sehenswertes abseits der ausgetretenen Pfade zu bieten hat.

Janakpur

■1 (S. 300) Hat Lumbini eine enge Beziehung zur buddhistischen Lehre, so bezieht die etwa 240 km östlich des Chitwan-Parks liegende Stadt Janakpur ihre Bedeutung aus der hinduistischen Überzeugung, daß sich hier der Geburtsort der Göttin Sita befindet, einer der Hauptfiguren des Ramayana-Epos. Im Gegensatz zu den anderen Orten des Terai hat sich Janakpur seinen Charme bewahren können und vermittelt einen guten Einblick in den religiösen Alltag der Hindu-Gemeinschaft. Die Geschichte Janakpurs reicht weit zurück, lag doch hier Mithila, die Hauptstadt des alten Reiches Videha, die unter der Herrschaft des legendären Königs Janaka um 800 v. Chr. eine Blüte erlebte, dann jedoch unter der Licchavi-Dynastie an Einfluß verlor, um erst im 16. Jh. wieder an Bedeutung zu gewinnen. Bis heute ist Janakpur Zentrum der Maithila-Kultur, die eine eigene Sprache und Kunsttradition umfaßt. Ihren Ausdruck findet sie vor allem in der frühen Dichtung, aber auch im typischen Malstil. Um die vom Untergang bedrohte Tradition wiederzubeleben, entstand mit deutscher Hilfe im Dorf Kuwa, nahe dem Flughafen, das *women's development centre*, in dem vor allem die Malerei im Maithila-Stil gepflegt wird.

Bereits in der Frühzeit war Mithila ein Zentrum des Shaktismus, der Verehrung des weiblichen Aspekts göttlicher Kraft, wobei zunächst die Heirat zwischen Shiva und Parvati im Mittelpunkt stand,

Östliches Terai

Die einzige Eisenbahnlinie Nepals führt von Janakpur nach Jaynagar in Indien

später dann die Verbindung zwischen Rama, der siebten Inkarnation von Vishnu, und Sita.

Den Mittelpunkt bildet der **Janaki-Tempel**, der seit 1912 an der Stelle des Palastes König Janakas stehen soll, in dem Sita der Legende nach gelebt hatte. Die barock anmutende Mogul-Architektur läßt unschwer die indische Initiative erkennen. Und in der Tat geht das Heilig-

Rama und Sita
Treue und Eifersucht

Die Geschichte von Rama und Sita bildet den Mittelpunkt des bis heute populären Ramayana-Epos, das sich in Indien selbst als Fernsehserie größter Beliebtheit erfreut und in immer neuen Variationen die Literatur beeinflußt.

Rama, eine Inkarnation Vishnus als Sohn des Dasaratha, Herrscher auf dem Thron Ayodhya, gewinnt die Gunst von Sita, Pflegetochter Königs Janakas von Videha und Verkörperung der Fruchtbarkeitsgöttin, indem es ihm gelingt, den Bogen Shivas zu spannen, den König Janaka von Shiva erhalten hatte. Ein friedliches Leben am Hofe war den beiden nach ihrer Hochzeit jedoch nicht beschieden. Aufgrund einer Intrige werden Rama, Sita und Ramas Bruder Lakshmana verbannt. Gefahr ist im Verzug, als sich die Riesin Surphanaka in Rama verliebt, dieser sie aber zurückweist und auch Lakshmana kein Interesse an ihr zeigt. Gedemütigt wendet sich die Dämonin an ihren Bruder, den Dämonenfürsten Ravana von Sri Lanka, und bringt ihn durch Schilderung der Schönheit Sitas dazu, diese auf die Insel zu entführen. Als Bettelmönch verkleidet, gelingt es Ravana auch tatsächlich, seinen schändlichen Plan in die Tat umzusetzen, wobei er Sitas Beschützer, den Geier Jatayus, schwer verletzt. Bevor dieser stirbt, kann er aber Rama noch auf die richtige Spur lenken.

Die gefangene Sita, ihrem Gatten in Liebe verbunden, widersetzt sich mittlerweile energisch den Heiratsabsichten Ravanas und wird deshalb unter der Drohung, nach zwölf Monaten verspeist zu werden, in eine Höhle gesperrt. Durch Vermittlung eines befreiten Ungeheuers kommen Rama und Lakshmana in Kontakt mit dem Affengott Hanuman, der ebenfalls sein Reich verloren hatte. Man beschließt eine Waffenbrüderschaft. Zunächst hilft Rama Hanuman, seine Herrschaft wiederzugewinnen, dann macht sich der Affenkönig mit seinem Affenheer auf die Suche nach Sita und findet sie in einem Hain.

Rama landet mit einem Heer, tötet den Rivalen Ravana und befreit seine Gattin, verstößt sie aber anschließend, da er von ihrer Untreue überzeugt ist. Sita bittet um ein Gottesurteil und besteigt den Scheiterhaufen. Der Feuergott Agni rettet sie aus den Flammen und erbringt damit den Beweis der ehelichen Treue.

In einem späteren Buch wird der Gedanke der Treue nochmals aufgegriffen. Rama, durch den Druck des Volkes erneut an der Treue seiner Frau zweifelnd, verbannt sie in einen Wald, wo sie, mittlerweile schwanger, die Zwillinge Kusa und Lava gebiert. Diese geben sich später dem König als dessen Söhne zu erkennen, woraufhin Rama Sita herbeibringen läßt und von

Rama und Sita im Wald, Kangra-Stil, um 1780

ihr abermals einen Treueschwur fordert, damit jedoch den Bogen überspannt. Denn als Sita die Erdgöttin als Zeugin aufruft, öffnet sich die Erde und die Gottheit, Beschützerin Sitas, nimmt sie hinab in ihr Reich. Das flehentliche Bitten Ramas und seine Reue kommen zu spät.

tum auf Königin Brishavanu, der Herrscherin des indischen Regionalreichs Tikamgarh, zurück. Auch die mit Inbrunst verehrte Statue der Göttin Sita stammt aus dem Nachbarland und soll dort in einem Flußbett bei Ayodhya gefunden worden sein.

An der Nordseite des Tempels wurde kürzlich der **Vivaha Mandir** errichtet, eine auf Marmorsäulen ruhende Halle mit nepalesischem Dach, in dem die Hochzeit zwischen Rama und Sita figürlich dargestellt ist.

Die Heiligkeit des Ortes bringt es mit sich, daß zahlreiche andere Hindu-Tempel in Janakpur ihren Platz haben. Erwähnt seien der im Zentrum liegende **Ram Mandir**, ein Pagodentempel im nepalischen Stil aus dem Jahre 1882, der kleine **Janaka-Tempel** im Zentrum und der dem Affengott Hanuman geweihte **Samkatamochan-Schrein** im

In Janakpur

Nordwesten, der dem gleichnamigen Tempel in Varanasi (Indien) ähnelt. Eine Auflockerung erfährt das Stadtbild auch durch die vielen künstlichen, dem rituellen Bad dienenden Wasserreservoirs (Tanks). Als heiligste gelten die hinter dem Ram Mandir angeordneten Becken **Danush Sagar** und **Ganga Sagar.**

Als religiöses Zentrum der Hindus im Terai kann Janakpur natürlich besonders farbenfrohe Feste vorweisen. Als wichtigstes gilt das Vivaha Panchami im November/Dezember, das die Hochzeit zwischen Rama und Sita mit Umzügen und Nachstellungen des Hochzeitsrituals zelebriert und Tausende von Pilgern anzieht.

Eine Kuriosität ist die über die Grenze nach Jaynagar in Indien führende 50 km lange Eisenbahnlinie, die 1930 angelegt wurde und die einzige Bahnlinie Nepals darstellt. Bedauerlicherweise hat man die altehrwürdigen Dampfloks vor kurzem durch moderne Dieselloks ersetzt, dennoch ist die Fahrt in den alten Waggons ein Erlebnis besonderer Art. Die indische Grenze dürfen Ausländer hier allerdings selbst mit gültigem Visum nicht überschreiten.

Koshi Tappu Wildlife Reserve

2 Dieser kaum 175 km^2 große Tierpark liegt beiderseits des Sapt Kosi, ein Stück nördlich des Mahendra Highways, der hier auf einem großen Wehr den aufgestauten Fluß kreuzt. Spektakuläres Großwild hat die überwiegend aus Grasland und Sandbänken bestehende Landschaft zwar nicht aufzuweisen, dafür aber eine um so reichere Vogelwelt, die den Park zum Geheimtip unter den Ornithologen hat werden lassen. Einzigartig ist auch die große Herde wilder Wasserbüffel, die allerdings durch Vermischung mit den regelmäßig ›zu Besuch‹ kommenden, domestizierten Artgenossen aus den angrenzenden Dörfern allmählich den Urcharakter verliert. Als weiteres größeres Säugetier ist noch die Nilgau-Antilope anzutreffen. Im Fluß leben einige Süßwasserdelphine und ausgesetzte Gaviale.

Die Tharu

Die etwa 600 000 Mitglieder zählenden Tharu sind nicht nur das wichtigste Stammesvolk des Terai, sondern überdies die viertgrößte Sprachgruppe in ganz Nepal. Vor allem in den Distrikten Nawalpur, Chitwan und Bardia haben sie ihre traditionelle Lebensform noch weitgehend erhalten können, während in anderen Regionen bereits eine starke Hinduisierung erkennbar ist. Die Herkunft des Begriffs Tharu ist nicht ganz eindeutig. Die in Westnepal lebenden Rana-Tharu führen ihn auf die Wüste Thar in Rajasthan zurück, aus der die Vorfahren vor den Muslimen geflohen sein sollen, im Dialekt der Dangaura-Tharu verbirgt sich hinter dem Namen hingegen einfach das Wort »Mann«.

Die Volksgruppe untergliedert sich in zahlreiche Stämme mit zuweilen völlig unterschiedlichen Sprachen und endogamen Heiratsvorschriften. Den engen Zusammenhalt dokumentieren auch die Siedlungen, die sich als kleine geschlossene Haufendörfer präsentieren. Zahlreiche Arbeiten, etwa der Bau der Häuser oder die Instandhaltung der Bewässerungsleitungen und Wege werden durch den Dorfvorsteher geplant und von der Gemeinschaft als kollektive Aufgabe durchgeführt.

Charakteristische Organisationsformen der Tharu-Gesellschaft sind neben der Dorfgemeinschaft Clan und Großfamilie. Die Mitglieder eines Clans, die untereinander nicht heiraten dürfen, leben über das gesamte Siedlungsgebiet verteilt und halten nur sehr losen Kontakt. Bisher ist nicht einmal bekannt, wie viele Clans die Tharu überhaupt zählen. Allein die Zahl der priesterlichen Clans ist mit fünf fest umrissen.

Unverrückbaren Mittelpunkt des sozialen Lebens bildet jedoch die Großfamilie, die aus über 50 Personen bestehen kann und einen gemeinsamen Haushalt führt, der sich zuweilen auf unterschiedliche Höfe verteilt. Die Führung liegt in der Hand des Oberhaupts oder seines ältesten Sohnes, wobei die Entscheidungen, etwa über die Verteilung von Feldarbeit oder die geplanten Ausgaben, in Absprache mit den ältesten Familienmitgliedern erfolgen. Eine parallele Hierarchie besteht unter den Frauen, die autonom über die im Haus anfallenden Aufgaben bestimmen.

Die traditionellen Gebäude sind sehr einfache, einstöckige Lehm-Konstruktionen mit weit überragenden Strohdächern. Die Größe des rechteckigen Grundrisses wird im wesentlichen von der Zahl der unter einem Dach zusammenlebenden Familienmitglieder bestimmt. Im Innern sind die Häuser dreigeteilt. Etwa ein Viertel dient als Stallung für Schafe und Geflügel, der mittlere, durch zwei Türen zugängliche Raum hat die Funktion des Wohn-, Arbeits- und Empfangsraums. Abgetrennt davon nimmt die Privatsphäre der Familie den nördlichen Teil des Hauses ein, bestehend aus Küche,

Tanz der Tharu

Schlafräumen und einer Nische für religiöse Kulthandlungen. Als Trennwände zur Küche dienen viereckige, übermannshohe Lehm-Vorratsbehälter, gewissermaßen die ›Wandschränke‹ der Tharu.

Die Religion kann als eine Synthese von animistischem Geisterglauben und hinduistischer Götterverehrung gesehen werden. Während die Geister im allgemeinen das Böse verkörpern und als Ursache des Unglücks angesehen werden, hofft man, durch geeignete Rituale das Wohlwollen der überwiegend gutmütigen Götter auf sich zu ziehen. Interessanterweise wird die Hauptgottheit Patan Debi in enge Verbindung mit der Besessenheit gebracht, ein deutliches Anzeichen für schamanistische Praktiken. Die besonders enge, fast persönliche Beziehung zur Welt der Götter wird zudem durch die Bindung einzelner Gottheiten an einen bestimmten Haushalt erreicht. Überdies weisen selbst kleinere Dörfer mehr als ein Dutzend Schutz- und Fruchtbarkeits-Gottheiten auf, die in bescheidenen Heiligtümern verehrt werden.

Die Welt der Tharu wird zunehmend von indischen Zuwanderern bedrängt, die im Terai einen neuen Lebensraum suchen und damit das Kulturgut ihrer hinduistischen Heimat importieren. Bereits jetzt befindet sich der Grundbesitz größtenteils in Händen reicher Hindus und wird von den Tharu als Pachtland gegen hohe Abgaben bearbeitet. Für den Eigenbedarf produzieren die Tharu vorwiegend Reis, Mais und Weizen. Als *cash crops,* mit denen sich Bargeld erzielen läßt, bauen die Tharu nach Möglichkeit auch Senf und Leinsamen an und verkaufen das daraus gewonnene Öl.

Trekking-touren

Der Weg ist das Ziel

Nepal darf sich ohne Übertreibung zu den schönsten Bergwandergebieten der Erde zählen und hat aus dieser Tatsache kräftig Kapital geschlagen. Viele tausend Trekker, so die internationale Bezeichnung für den Wanderer im Hochgebirge, suchen jedes Jahr das Naturerlebnis im höchsten Gebirge der Welt. Daß diese verständliche Sehnsucht nicht ohne ökologische Folgen geblieben ist, darauf wurde bereits mehrfach hingewiesen. »Du bist nicht da, den Himalaya zu ändern, der Himalaya soll Dich verändern« – dieser Slogan trifft durchaus den Kern und sollte jedem als Leitmotiv mit ins Gepäck gegeben werden.

Nicht verschwiegen werden soll auch, daß die Berge Nepals gewisse Gefahren bergen. Abstürze, wie sie in den Alpen an der Tagesordnung sind, gibt es glücklicherweise selten, da die Wege zumindest entlang der Hauptrouten gut ausgebaut sind. Dafür wird der Wanderer in einigen Regionen mit der Höhenkrankheit konfrontiert, die bei Nichtbeachtung der Symptome (S. 325f.) durchaus tödliche Folgen haben kann. Aufgrund der großen Höhe stellen auch Schlechtwettereinbrüche eine gewisse Gefahrenquelle dar. Eine Katastrophe allerdings wie im November 1995 ist bisher einmalig. Damals starben im Annapurna- und Everest-Gebiet an einem einzigen Tag über 60 Trekker und Einheimische in einem 36 Stunden währenden Sturm, die meisten durch Lawinen. 600 Personen wurden in einer beispiellosen Rettungsaktion durch Hubschrauber ausgeflogen.

◁ *Blick auf den Ama Dablam, Everest-Gebiet*

Formen des Trekking

Hält man sich an die wichtigsten, für den Tourismus bereits erschlossenen Routen, kann man die Wanderung durch die Berge Nepals ohne fremde Hilfe oder Organisation durchführen. Eine Grenze setzt allerdings die eigene Leistungsfähigkeit, denn es ist nicht jedermanns Sache, seinen Rucksack auf den oft recht anstrengenden Etappen selbst zu tragen. Da Unterkünfte und Restaurants entlang dieser Route zur Genüge vorhanden sind, läßt sich das Gepäck aber auf ein Minimum reduzieren. So verwundert es nicht, daß die meisten jüngeren Trekker ihre Rucksäcke selbst tragen, wohl weniger als Bekenntnis zum Individualismus denn aus finanziellen Erwägungen. In der Hauptsaison kann es allerdings bezüglich der Unterkunft zu Engpässen kommen, da zunehmend auch organisierte Touren die Bequemlichkeit der Hütten zu schätzen wissen. Mit einem Zelt im Gepäck ist der Einzelwanderer gegen böse Überraschungen am Ende eines langen Trekkingtages gewappnet.

Als Alternative bietet sich die Wanderung in organisierter Form an, wobei auf den Hauptrouten zwischen ›Hüttenwanderung‹ und ›Zeltwanderung‹ unterschieden werden kann. Der Nachteil liegt in fest vorgegebenen Etappen und im recht hohen Preis. Zudem kann man bei der Wahl der falschen Agentur böse Überraschungen vor allem hinsichtlich der Verpflegung erleben. Spätere Reklamationen bleiben zumeist erfolglos. Selbst die einfachste Tour läßt sich über eine Trekkingagentur in Kathmandu oder Pokhara organisieren.

Weg durch das Dudh-Kosi-Tal, Everest-Gebiet

Bei der Hüttenwanderung nutzt der Trekker die gleichen Unterkünfte wie der Individualtourist, ist freilich der Sorge um den gesicherten Schlafplatz enthoben. Er wird entweder über die Hütte verpflegt oder von einer eigenen Küchenmannschaft, deren Kochkünste nicht unbedingt besser sind. Ein empfehlenswerter, vom Autor wiederholt praktizierter Kompromiß liegt in der eigenen Organisation verbunden mit dem Anwerben eines zuverlässigen Trägers. Diese preisgünstige Alternative bewahrt die Flexibilität individueller Etappenplanung und macht es möglich, sich den Anforderungen und Wetterverhältnissen optimal anzupassen. An den Ausgangspunkten fast aller Trekkingrouten ist es leicht, einen oder zwei Träger anzuheuern, die auch mit dem Weg vertraut sind. Allerdings ist man auch hier vor negativen Überraschungen nicht sicher. Auf alle Fälle sollte man sich vor dem Abmarsch, etwa durch Nachfragen in der Lodge, vergewissern, ob man eine gute Wahl getroffen hat und ob die Träger bekannt sind. Vorsicht ist vor Unbekannten geboten, die zuweilen unterwegs an steilen Passagen ihre Hilfe anbieten. So mancher Rucksack ist nie wiederaufgetaucht!

Der Reiz abgelegener Regionen erschließt sich erst durch die gut organisierte Zeltwanderung. Je nach Aufwand begleitet und umsorgt den Wanderer eine mehr oder minder große Schar einheimischer Träger. Daß derartige bis zur Expedition reichende Touren ihren Preis haben, versteht sich von selbst. Sich hier den billigsten Anbieter auszusuchen, kann später fatale Folgen haben und sogar zum verfrühten Abbruch der Tour führen.

Wer unter Zeitdruck steht, sollte sich an deutsche Reiseveranstalter wenden, deren Touren sich in vielen Jahren bewährt haben und die auf beträchtliche Erfahrungen zurückgreifen können. Nicht unerwähnt bleiben soll, daß diese internationalen Veranstalter vor allem bei

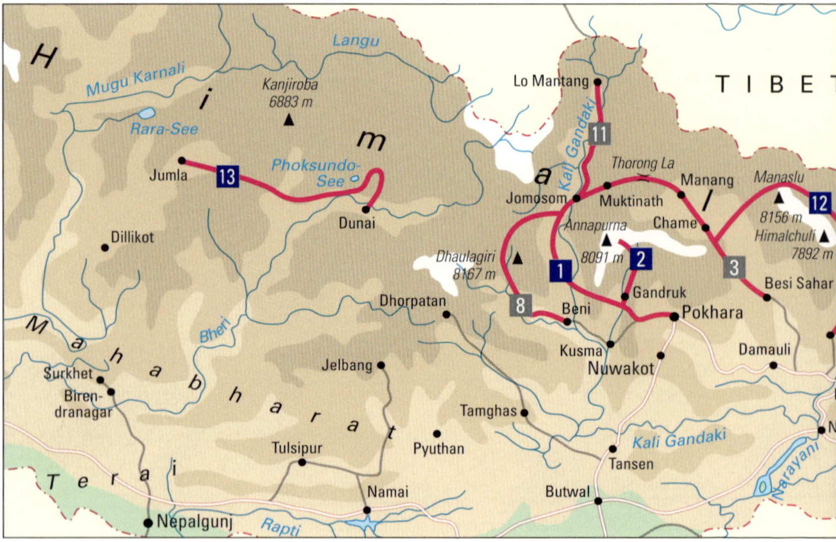

Übersicht der Routen

den häufig knappen Flügen nach Jomosom oder ins Everest-Gebiet bevorzugt behandelt werden!

Die wichtigsten Routen

Obwohl das Land von unzähligen Gebirgspfaden durchzogen ist, konzentriert sich der Trekkingtourismus auf einige ausgewählte Routen. Am beliebtesten und deshalb auch am überlaufendsten ist die von Pokhara aus durch das **Kali-Gandaki-Tal** bis **Muktinath** 1 verlaufende Route, die keine großen Anforderungen stellt, obwohl sie durch eine der großartigsten Landschaften Nepals führt. Der Ansturm der Trekker (über 20 000 pro Jahr) hat zum Ausbau einer sehr guten Infrastruktur (Unterkunft, Verpflegung) geführt, die der unserer Alpen kaum nachsteht. Als lohnender Abstecher bietet sich die Route zum **Annapurna Base Camp** 2 an. Diese etwa 14tägige Wanderung durch das Kali-Gandaki-Tal läßt sich zu einer **Umrundung des Annapurna-Massivs** 3 ausdehnen, wobei allerdings ein über 5000 m hoher Paß gequert werden muß.

Kaum minder populär, allerdings wesentlich länger und anstrengender, ist der Marsch zum **Mount Everest Base Camp** 4. Auch hier erleichtert eine gute Infrastruktur die Wanderung erheblich. Durch mehrere Abstecher unterschiedlicher Anforderung kann man die Welt der höchsten Berge hautnah erleben.

Am leichtesten von Kathmandu aus erreichbar sind die Täler von **Helambu** 5 und **Langtang** 6. Die Treks sind relativ einfach und von kurzer Dauer und eignen sich daher besonders für den Einstieg in das Trekking. Auch hier sorgen Lodges für Unterkunft und Verpflegung. Sehr lohnend, aber nicht ganz einfach ist die über das Seenplateau von **Gosainkund** 7 führende Verbindungsroute zwischen den beiden Tälern. Die Beliebtheit der oben angeführten Tou-

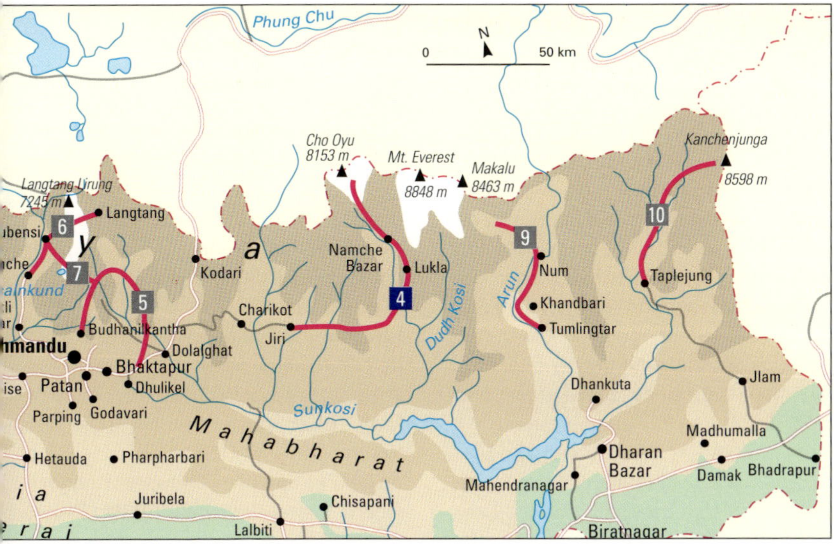

ren hat ihre Ursache nicht zuletzt darin, daß jeder Tourist sie ohne große Kosten allein in Angriff nehmen kann. Als einzige Ausrüstung sind Schlafsack und Wasserflasche unverzichtbar.

Abseits der Hauptrouten

Neben den oben aufgeführten populären Routen gibt es noch zahlreiche weitere, nicht minder eindrucksvolle Treks, deren Durchführung jedoch größerer Vorbereitung bedarf, da Unterkunft und Verpflegung nicht mehr selbstverständlich sind, Orientierungsprobleme auftreten können oder extrem hohe Eintrittsgebühren den Geldbeutel zusätzlich belasten. Zuverlässige Führer und Träger sind Voraussetzung für derartige Unternehmungen weit abseits ausgetretener Pfade, bei einigen Touren sogar vorgeschrieben. Damit verbunden ist naturgemäß auch ein erheblich höherer finanzieller Aufwand, der durch das Erlebnis einer noch ursprünglichen Bergwelt jedoch mehr als belohnt wird. Wer sich Ärger, Enttäuschungen und beträchtlichen Zeitaufwand bei der Vorbereitung ersparen möchte, sollte sich an eine der großen Trekkingagenturen wenden (S. 327f.).

Zu den herausragenden, teilweise aber auch sehr schwierigen und zuweilen sogar gefährlichen Touren gehören die **Umrundung des Dhaulagiri** 8 sowie die Wege zum **Makalu** 9 und **Kanchenjunga** 10. Anfang 1992 wurden fast alle bisher geschlossenen Regionen für den Touristen geöffnet. Dazu zählen so interessante Gebiete wie **Mustang** 11, **Manaslu** 12 und **Dolpo** 13. Es bestehen jedoch zahlreiche Reglementierungen, insbesondere Einschränkungen hinsichtlich des Individualtourismus. Aus ökologischen Erwägungen muß man sich den Zugang zu einigen Regionen mit einer sehr hohen Eintrittsgebühr erkaufen.

Routen in der Umgebung Kathmandus

Fast unmittelbar vor der Haustür Kathmandus beginnen zwei lohnende, im Gegensatz zu Everest und Annapurna nicht so überlaufene Trekkingrouten, die durch die Täler von Helambu und Langtang führen. Zwei Pässe verbinden beide Regionen und ermöglichen damit bei guten Wetterbedingungen eine etwa 16tägige Rundwanderung, wobei man die Wahl hat, einen schwierigen oder einen leichteren Paß zu überqueren.

Vor allem im oberen Langtang-Tal, der Heimat tibetstämmiger Tamang, befindet man sich bereits in unmittelbarer Nähe eindrucksvoller Bergriesen und weit ins Tal reichender Gletscher. Die Region von Helambu wiederum kann zu jeder Jahreszeit besucht werden und bietet ein abwechslungsreiches Bild einer von Sherpa geprägten Kulturlandschaft, verbunden mit guter Fernsicht auf die Berge des Jugal und Langtang-Massivs.

Helambu

5 (S. 328) In früheren Zeiten galt das nördlich von Kathmandu liegende Tal von Helambu als geweihter Ort, soll doch hier Milarepa (1052–1135), der berühmteste Heilige Tibets, einige Jahre seines Lebens in Meditation verbracht haben. Daß vor allem der Nordosten des Tals, der Distrikt von Sindhu-Palachok um die Ortschaft Tharke Gyang, von Tibet aus besiedelt wurde, ist unbestritten. Durch die bis vor kurzem noch sehr strengen endogamen Heiratsvorschriften läßt sich die Herkunft der Bevölkerung, die sich Sherpa nennt, sogar auf das Gebiet von Kyirong in Südtibet eingrenzen.

Obwohl mittlerweile eine Piste zwischen **Sundarijal** und **Pati Bhanjyang** existiert, beginnen die meisten Trekker die Tour nach wie vor in Sundarijal (1400 m) mit einem langen Treppenaufstieg entlang einer Wasserleitung.

Der Weg berührt das Dorf **Mulkharka** und bringt uns in etwa 2 Stunden mühsamen, weil ungewohnten Aufstiegs zum etwa 2500 m hohen Paß **Borlang Bhanjyang**, der die Täler von Kathmandu und Helambu trennt. Bergab geht es nun über Chisapani zu dem in einem Sattel liegenden **Pati Bhanjyang** (1770 m; ca. 2 Std., Checkpost, Lodges).

Ohne größere Steigungen zieht sich der Weg zunächst in nördliche Richtung unterhalb einer Gebirgsflanke hin, um sich dann in Serpentinen steil zum Weiler **Chipling** (2165 m; 2,5 Std.) emporzuwinden. Teilweise über Treppen führt der Pfad weiter bergauf bis zum Grat der Jhogin-Danda-Kette auf etwa 2450 m. In schattigem Wald geht es nun bergab durch **Thodang Betini** (2100 m; Lodge) nach **Gul Bhanjyang**, einem schön gelegenen Bergdorf (2140 m; ca. 2 Std. von Chipling, einige Lodges). Etwa zwei weitere Stunden benötigt man, um die einen Paß beherrschende Ortschaft **Kutumsang** (2470 m; zahlreiche Lodges) zu erreichen, wo man die Eintrittsgebühr (650 NRs) für den Langtang National Park zu entrichten hat, sofern dies nicht bereits beim Erwerb des Trekking Permit geschehen ist.

Bis zur nächsten Siedlung Tharapati führt der Weg nun durch fast menschen-

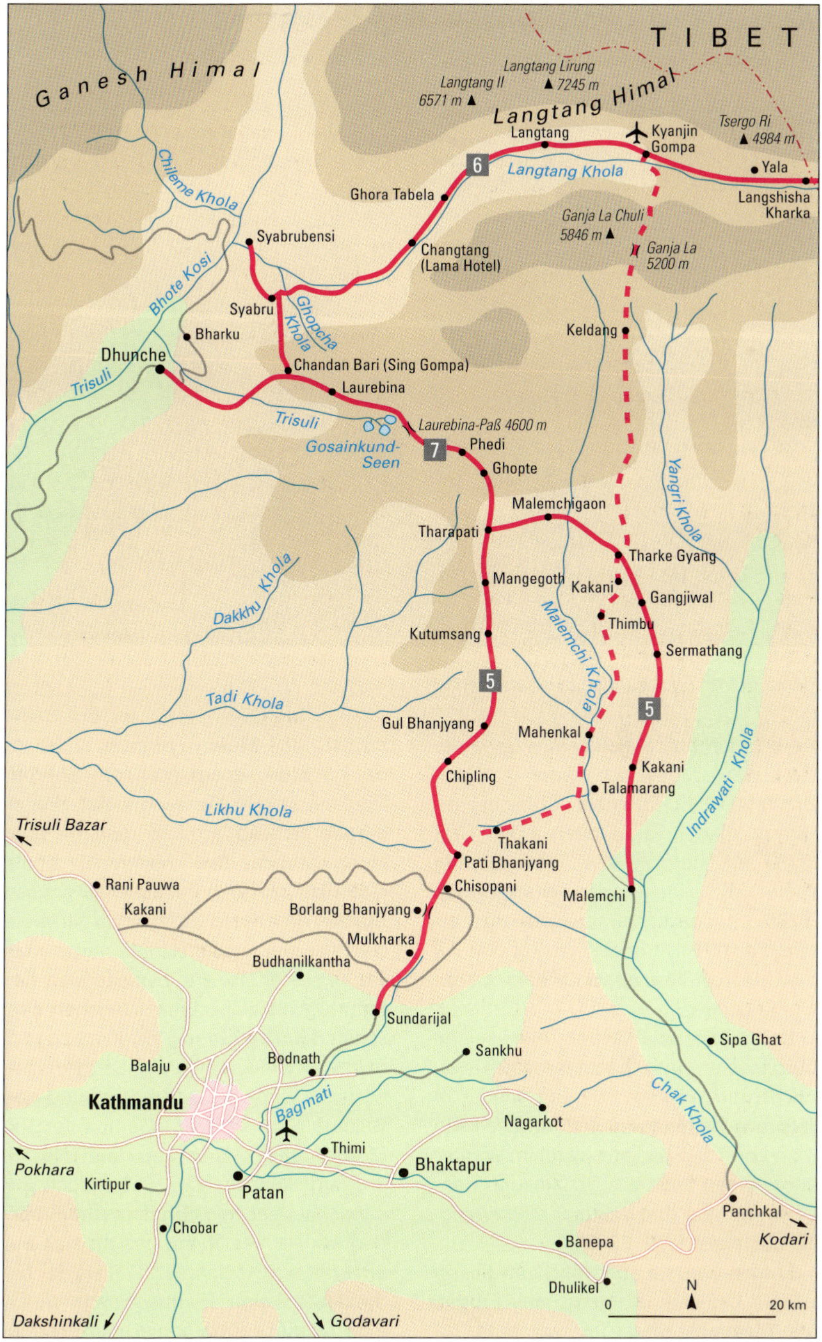

TIBET
Ganesh Himal
Langtang Lirung
7245 m
Langtang II
6571 m
Langtang Himal
Langtang
Kyanjin Gompa
Tsergo Ri
4984 m
Yala
Langshisha Kharka
6
Langtang Khola
Chileme Khola
Ghora Tabela
Ganja La Chuli
5846 m
Ganja La
5200 m
Syabrubensi
Changtang (Lama Hotel)
Bhote Kosi
Syabru
Ghopcha Khola
Bharku
Keldang
Dhunche
Chandan Bari (Sing Gompa)
Trisuli
Laurebina
Trisuli
Laurebina-Paß 4600 m
Gosainkund-Seen
7
Phedi
Ghopte
Yangri Khola
Malemchigaon
Tharapati
Tharke Gyang
Dakkhu Khola
Mangegoth
Kakani
Gangjiwal
Malemchi Khola
Thimbu
Kutumsang
Sermathang
5
Tadi Khola
5
Gul Bhanjyang
Mahenkal
Indrawati Khola
Kakani
Chipling
Talamarang
Likhu Khola
Trisuli Bazar
Thakani
Pati Bhanjyang
Rani Pauwa
Chisopani
Malemchi
Kakani
Borlang Bhanjyang
Mulkharka
Budhanilkantha
Sundarijal
Sipa Ghat
Sankhu
Balaju
Bodnath
Kathmandu
Bagmati
Chak Khola
Nagarkot
Thimi
Pokhara
Bhaktapur
Kirtipur
Patan
Panchkal
Chobar
Kodari
Banepa
Dhulikel
N
0
20 km
Dakshinkali
Godavari

Helambu mit Blick auf den Langtang Himal

leere Landschaft entlang eines bewaldeten Gebirgszuges, der später in alpine Graslandschaft übergeht. Zunächst erklimmt man in 3 Stunden einen Grat (3280 m), berührt etwa eine Stunde später die Häuser von **Mangegoth** (3285 m; Checkpost, Lodges) und erreicht schließlich in stetem Auf und Ab die Ortschaft **Tharapati** (3490 m; 3 Std., einige Lodges).

Der Helambu-Trek hat hier seinen nördlichsten und höchsten Punkt erreicht und wendet sich nun wieder in Richtung Kathmandu. Statt dessen kann man von Tharapati aus (nicht im Winter) auch zu den Seen von Gosainkund wandern und von dort weiter ins Langtang-Tal absteigen (s. S. 226f.).

Die Hauptroute aber führt von Tharapati in östlicher Richtung steil bergab ins Malemchi-Khola-Tal, wo man zunächst nach **Malemchigaon** (2530 m; ca. 2,5 Std.), einem größeren Sherpa-Dorf mit neuem Kloster gelangt. Weiter bergab gehend erreicht man in etwa einer Stunde den Malemchi Khola (1890 m) und quert ihn auf einer großen Brücke. An einigen Chörten vorbei steigt der Pfad nun wieder steil an zu dem das Tal an seiner Ostseite begleitenden Gebirgszug bis zur schön gelegenen Ortschaft **Tharke Gyang** (2600 m; ca. 2,5 Std. vom Fluß, zahlreiche Lodges). Beherrscht wird die größte Siedlung des Helambu-Tals von der »Gompa der 100 Pferde«, deren Ursprünge auf das 18. Jh. zurückgehen, die 1969 jedoch ein neues Gesicht nach bhutanischem Vorbild erhielt. Der Name bezieht sich auf ein Ereignis des Jahres 1723, als der bedeutende Lama Nyama Senge durch eine religiöse Zeremonie eine Pestepi-

Helambu-Trek

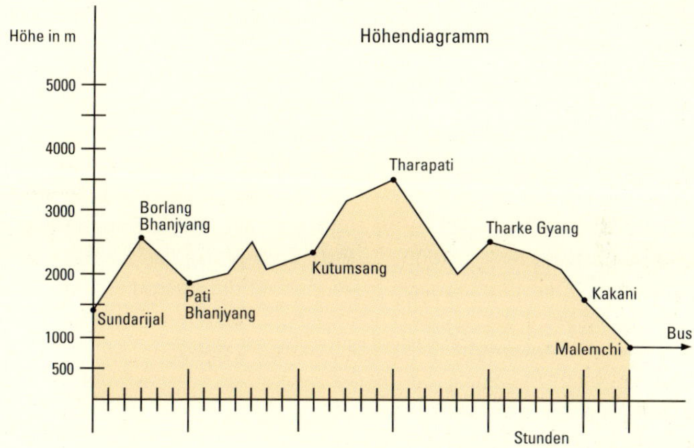

Tagesetappen

1. Tag Bus bis Sundarijal, Wanderung bis Pati Bhanjyang (5-6 Std.)
2. Tag Pati Bhanjyang - Kutumsang (6-7 Std.)
3. Tag Kutumsang - Tharapati (6 Std.)
4. Tag Tharapati - Tharke Gyang (6 Std.)
5. Tag Tharke Gyang - Kakani (6-7 Std.)
6. Tag Kakani - Malemchi (3 Std.), Rückfahrt nach Kathmandu

demie in Kathmandu beendete und dafür 100 Pferde erhielt, die er in seine Heimat Helambu bringen ließ. Viele der sich malerisch eng zusammendrängenden Häuser, die auf ein hohes Alter des Ortes schließen lassen, wurden von geschäftstüchtigen Sherpa in Lodges umgewandelt, in dem der müde Trekker nicht nur Unterkunft und Verpflegung erhält. Ohne Zweifel wird der Besitzer sehr bald die eine oder andere in Lumpen gewickelte, rauchgeschwärzte Holzfigur aus einer Truhe ziehen, ein »seltenes uraltes Erbstück«, das natürlich seinen Preis hat. Diese Antiquitäten sind allerdings meist nicht älter als vier Wochen, wurden irgendwo in einem Hinterhof in Kathmandu geschnitzt und erhielten dann ihre Patina über dem qualmenden Herdfeuer der Lodge.

Von Tharke Gyang führt eine sehr schwierige Route über den 5200 m hohen **Ganja La** ins obere Langtang-Tal. Eisausrüstung, Führer, Träger und Verpflegung sind für dieses Unternehmen erforderlich. Ein anderer Abstecher läßt sich ostwärts zu den Seen von **Panch Pokhari** unternehmen, einem nur selten von Touristen besuchten Pilgerziel. Auch für diese nicht einfache Route sind Zelt und Verpflegung nötig.

Der Hauptweg folgt hingegen dem Malemchi-Khola-Tal nach Süden, wobei mehrere Varianten möglich sind. Die am meisten begangene und landschaftlich schönere führt von Tharke Gyang zunächst durch Terrassenfelder und Wald über **Gangjiwal** (ca. 2400 m; 2 Std., Lodge) und **Sermathang** (ca. 2200 m; 2 Std., Lodges) nach **Kakani** (ca. 1600 m; 2 Std., Lodges). Die Wanderung schließt mit einem steilen Abstieg zum wenig einladenden Ort **Malemchi** (846 m; 3 Std., Lodges) auch Pul Bazar genannt, am Zusammenfluß von Malemchi Khola und Indrawati Khola. Von hier verkehren regelmäßig Busse nach Banepa am Kodari Highway (3 Std. Fahrzeit), wo Anschluß nach Kathmandu besteht.

Wer lieber zum Ausgangspunkt Sundarijal zurückkehren möchte, muß die Entscheidung bereits in Tharke Gyang treffen. Steil geht es von hier zunächst durch Rhododendron-Wald hinab zum Fluß, wobei die letzten beiden Sherpa-Dörfer **Kakani** (2070 m; ca. 1 Std.) und **Thimbu** (1580 m; ca. 1,5 Std. von Kakani) durchquert werden, ehe man das Siedlungsgebiet der Newar in der Schwemmebene erreicht. Man folgt dem Fluß und überquert ihn auf der zweiten Brücke. Kurz darauf trifft man bei der Ortschaft Mahenkal (1130 m) auf die Straße, der man bis **Talamarang** folgt (940 m; ca. 4 Std. von Thimbu, Unterkunft). Von hier aus besteht gelegentlich eine Verkehrsverbindung mit Kathmandu über Malemchi nach Banepa. Auf dem Fahrweg kann man aber auch in etwa zwei Stunden zu Fuß nach Malemchi gelangen.

Das Ziel Pati Bhanjyang erreicht man von Talamarang in einer, allerdings recht langen Tagesetappe. Dazu überquert man die Hängebrücke über den Talamarang Khola und folgt diesem entlang seines südlichen Ufers auf nicht immer gut markiertem Pfad. Nach etwa drei Stunden steigt der Weg, nunmehr besser ausgebaut, steil an und führt hinauf zu einem Grat mit der Ortschaft **Thakani** (1890 m; ca. 2 Std.). Man wechselt hinüber auf die Südseite des Gebirgszuges und wandert durch Felder hinab nach **Pati Bhanjyang** (ca. 1,5 Std.), wo man wieder auf die Ausgangsroute trifft und in einem weiteren Tagesmarsch nach Sundarijal gelangt.

Langtang

6 (S. 328f.) Diese, bis über 4000 m führende Wanderung ist die einfachste und schnellste Möglichkeit, von Kathmandu aus in die Welt der hohen Berge vorzudringen. Bewohnt wird die noch immer recht abgeschiedene Region vom Volk der Tamang, deren Vorfahren von Tibet zugewandert sind. Wie die Sherpa sind auch sie Anhänger der buddhistischen Religion und leben vornehmlich von Landwirtschaft und Viehzucht. Der Name des Tals (»dem Yak folgend«) soll von einem Yak-Bullen herrühren, der aus Tibet in das Tal geflüchtet und dort nahe dem Langtang-Gletscher verendet war.

Der weiter fortschreitende Ausbau der Straße ermöglicht es, die Wanderung erst in **Syabrubensi** (2050 m; mehrere Lodges) zu beginnen. Die kleine Ortschaft am Zusammenfluß von Trisuli Khola und Langtang Khola liegt etwa 120 Straßenkilometer von Kathmandu entfernt (Fahrzeit ca. 9–12 Std.). Der Hauptweg ins Langtang-Tal führt zunächst zum Langtang Khola, kreuzt die-

Langtang-Trek

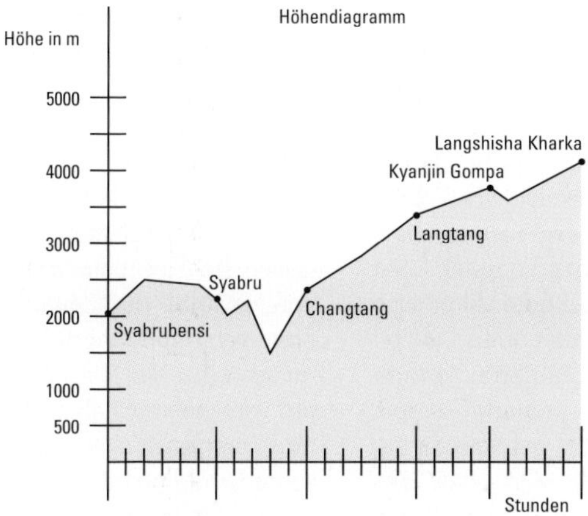

Tagesetappen

1. Tag Kathmandu - Syabrubensi (Bus, 9-12 Std.)
2. Tag Syabrubensi - Syabru (5-6 Std.)
3. Tag Syabru - Changtang (4-5 Std.)
4. Tag Changtang - Langtang (6 Std.)
5. Tag Langtang - Kyanjin Gompa (3-4 Std.)

sen und windet sich durch Terrassenfelder und Rhododendron-Wald zum Grat der Phulung-Danda-Kette hinauf (2400 m; ca. 3–4 Std.). Bei klarem Wetter hat man eine gute Sicht auf den Ganesh Himal (7102 m) im Nordwesten. Nach der Überquerung des Passes führt der Weg durch Bambuswald hinab zum schön gelegenen Weiler **Syabru** (2230 m; ca. 1 Std., mehrere Lodges).

Terrassenfelder und Wald begleiten nun den Pfad weiter bergab zum Ghopcha Khola, den man auf einer Betonbrücke überquert, um dann zu einem Grat emporzusteigen. Von dort geht es steil bergab ins Langtang-Khola-Tal, wobei man einen gewaltigen Bergrutsch queren muß, an dessen Fuß ein Rasthaus wartet (Landslide Lodge).

Der Weg nach Langtang gewinnt nun wieder an Höhe und folgt dem Fluß an dessen Südufer durch dicht bewaldetes Gelände (einige Rasthäuser), bis er schließlich den Langtang Khola auf einer großen Hängebrücke quert. Steil geht es wieder bergauf am wesentlich trockneren nördlichen Ufer, vorbei an einigen auseinanderliegenden Lodges

(»Langtang View«, »Namaste Tibetan«, »Namaste«) zur Ortschaft **Changtang**, die in Karten auch als **Lama Hotel** eingezeichnet ist (2380 m; ca. 4 Std., einige Lodges, u. a. »Lama Hotel«).

Durch Wald führt der zuweilen am steilen Hang hoch über dem Trisuli-Khola-Tal ›klebende‹ Weg weiter bergauf mit schönem Blick auf Langtang Lirung (7245 m), berührt den Weiler **Gumnachok** (Lodge) und erreicht schließlich den Armeeposten **Ghora Tabela** (2880 m; ca. 3 Std., Checkpost, Lodges). Über Weideland steigt die Route allmählich immer weiter an, durchquert einige Streusiedlungen der Tamang, kommt am schön gelegenen »Langtang-Gompa-Hotel« vorbei und stößt schließlich auf **Langtang**, die größte Ortschaft des oberen Talabschnitts (3500 m; ca. 3 Std. von Ghora Tabela, einige Lodges).

Über einen kleinen Hügel mit langer Mani-Wand und großartiger Aussicht auf die Berge am Ende des Tals führt der Weg über Moränengeröll in das sich nun U-förmig weitende Gletschertal. Nach etwa 3 Stunden hat man die letzte Unterkunftsmöglichkeit in **Kyanjin Gompa** erreicht (3840 m; mehrere Lodges). Man sollte sich auf alle Fälle einige Zeit hier aufhalten, um die lohnenden Tagesausflüge in die Umgebung nicht zu versäumen. Wer mit dem Zelt unterwegs ist, kann bis zum Basislager des Morimoto (6750 m) und weiter zu den Gletschern des Langtang und Langshisha aufsteigen und wird dafür mit einer grandiosen Sicht auf Langtang Ri (7205 m) und Dorje Lakpa (6966 m) belohnt.

Als Tagesausflug von Kyanjin empfiehlt sich **Langshisha Kharka** (4200 m) mit Blick auf die Sechstausender Langshisha Ri, Gang Chenpo und Penthang Karpo Ri. Auch der Aussichtsberg **Tsergo Ri** (Yala Peak, 4984 m) läßt sich von Kyanjin Gompa aus innerhalb eines Tages besuchen. Der Weg führt zunächst in 3–4 Stunden bergauf zur Alm von Yala (4600 m) und von dort in weiteren zwei Stunden zum Gipfel (Eisausrüstung erforderlich).

Gosainkund

7 Durch diese sehr schöne, aber auch anstrengende viertägige Wanderung über das Seenplateau von Gosainkund lassen sich die beiden Trekkinggebiete von Helambu und Langtang verbinden, ohne nach Kathmandu zurückkehren zu müssen. Da ein fast 4600 m hoher, oft tief verschneiter Paß überquert werden muß, empfiehlt sich der Ausflug für den späten Frühling oder frühen Herbst.

Der Aufstieg zu den Seen beginnt auf der Langtang-Seite in **Dhunche** oder einen Tagesmarsch talaufwärts in Syabru (s. o.). Der von Dhunche ausgehende Weg verläßt den Ort, wo die Straße eine erste Schleife macht, folgt zunächst dem linken Ufer des Trisuli Khola, um dann den Fluß zu überqueren und steil aufzusteigen. Durch ein kleines Dorf und bewaldete Hänge zieht sich der Pfad zu einem Grat empor und erreicht schließlich nach etwa 5 Stunden **Sing Gompa** (3254 m) und die dazugehörige Ortschaft **Chandan Bari** (Unterkunft). Durch schüttere Buschvegetation geht es bergauf zu einem Grat, dem der Weg eine Weile folgt, um dann durch dichten Wald an der Nordseite nach Chalang Pati (3375 m; Tea Shop) zu verlaufen und weiterhin ansteigend nach **Laurebina** (3900 m; ca. 2 Std. von Sing Gompa, Lodges). Bei gutem Wetter hat man einen großartigen Blick auf Ganesh Himal (7102 m) und Manaslu (8156 m) im Nordwesten sowie Langtang Lirung (7245 m) im Nordosten. Weiter aufsteigend kreuzt der Weg in etwa 4150 m

Am Gosainkund-See

Höhe erneut einen Grat, von dem aus man den ersten See erblickt (Saraswati Kund), und wechselt hinüber ins Trisuli-Khola-Tal, wo er als schmaler Höhenweg weiterführt. Kurz darauf kommt der zweite See in Sicht (Bhairab Kund), etwa eine Stunde später steht man am Ufer des Hauptsees **Gosainkund** (4380 m; Lodge). Der See gilt als heiligstes Gewässer Nepals und ist jedes Jahr während des Vollmondes im August/September Ziel unzähliger Pilger. Folgender Legende verdankt er seine religiöse Kraft: Als die ›Quirlung des Milchmeeres‹ durch die Götter nicht nur Amrta, den Trank der Unsterblichkeit hervorbrachte, sondern auch das tödliche Gift Kalakuta, verschlang Shiva das Gift und hielt es in seiner Kehle gefangen, die daraufhin blau anlief. Um Kühlung zu suchen, ging der Gott, der in dieser Gestalt den Namen Nilkantha (»Blauhals«) trägt, in den Himalaya und stieß seinen Dreizack bei Gosainkund in die Erde, woraufhin kühles Wasser entströmte, in dem der Gott Erleichterung fand. Seither soll der See unterirdisch mit dem Teich Budhanilkantha bei Kathmandu in Verbindung stehen (s. S. 158ff.).

Von der Nordseite des Sees steigt der Weg allmählich zum **Laurebina-Paß** (Surya-Paß, 4600 m; ca. 1 Std.). Nach etwa einer weiteren Stunde gabelt er sich bei einer Hütte. Eine neue, aber sehr exponierte Höhenroute führt direkt nach **Tharapati** (3490 m; Unterkunft), die längere alte und bis heute übliche Route erreicht diesen Ort hingegen nach anstrengenden 5–6 Stunden über Phedi (3558 m; Tea Shop) und Ghopte (3258 m; Lodges). Bei Tharapati stößt der Weg auf die Helambu-Route (s. S. 222).

Routen in der Umgebung von Pokhara

Blick auf den Dhaulagiri, Annapurna-Gebiet

Die Bergwelt zwischen Dhaulagiri und Annapurna zählt zu den schönsten Wandergebieten des Landes und wird von Trekkern entsprechend häufig besucht. Leitlinie ist der Kali Gandaki, der sich vom tibetischen Hochplateau kommend tief zwischen die Gebirgsmassive eingegraben hat. Sein Quellgebiet jenseits des Hauptkamms der Himalaya-Kette deutet bereits auf sein hohes Alter. Lange bevor sich die Berge aufzufalten begannen, sandte der Fluß sein Wasser in das damals noch existierende Thetys-Meer, das die Geosynklinale (Erdfalte) zwischen der sibirischen Platte im Norden und der Indo-Australischen Platte im Süden füllte. Seine Wassermassen reichten aus, dem in geologischen Zeiträumen gemessen schnellen Anwachsen der Berge durch entsprechende Abtragung zu begegnen und sich so den Weg nach Süden freizuhalten. In kaum 1200 m Höhe bahnt sich der Fluß seinen Weg zwischen den beiden nur 35 km auseinanderliegenden Achttausendern Dhaulagiri (8167 m) und Annapurna (8091 m) und schuf damit eines der spektakulärsten Durchbruchtäler unserer Erde (s. S. 13).

So verwundert es nicht, daß der Mensch schon seit frühester Zeit diese naturgegebene Verbindung zwischen dem indischen Tiefland und den Hochflächen Tibets nutzte und zu einem vielbegangenen Karawanenweg ausbaute, auf dem nicht nur Handelswaren ausgetauscht wurden, sondern auch religiöse und kulturelle ›Güter‹. Von Norden her drangen tibetische, dem Buddhismus anhängende Bhotia-Völker vor, die bis

Richtig Reisen
Thema

Das ACAP-Projekt

Auch in Nepal hat man längst erkannt, daß Massentourismus zwar die lokale Wirtschaft stärkt, dafür aber in ökologischer Hinsicht kaum noch zu vertretende Opfer fordert. In besonderem Maße trifft dies auf die von jährlich mehr als 25 000 Trekkern besuchte Annapurna-Region zu.

Als bedeutender Schritt zur Bewahrung der Landschaft wurde 1986 das »Annapurna Conservation Area Projekt« mit internationaler Hilfe des *World Wildlife Found*, des *Deutschen Alpenvereins* und des einheimischen *Mahendra Trust* ins Leben gerufen, um geeignete Methoden zu entwickeln, das ökologische Gleichgewicht des 2600 km² umfassenden Schutzgebietes zu bewahren. Die wichtigsten Aktivitäten der ACAP, deren Zentrale (mit informativer Ausstellung) im Ort Gandruk (s. S. 186f.) liegt, umfassen Maßnahmen zur ökologischen Waldbewirtschaftung und Wiederaufforstung, zur Einführung alternativer Energien durch Anlage von Kerosindepots, Propagierung von Solarenergie und Sparöfen, aber auch Wege- und Brückenbau. Im Mittelpunkt steht eine allgemeine Bildungskampagne unter der einheimischen Bevölkerung, um sie auf die ökologische Problematik in ihrer Region aufmerksam zu machen. Noch immer nämlich werden die Ersparnisse bevorzugt in prestigeträchtige Viehherden investiert, die ein gut Teil zur Erosion beitragen. Zu den Aufgaben der ACAP zählt auch die Senkung der Analphabetenrate, die Verbesserung der ärztlichen Versorgung und die Hebung des Hygienestandards. Merkwürdigerweise wendet sich der Katalog nur ganz am Rande auch an die Touristen, obwohl diese durchaus als Mitverantwortliche der Problematik gesehen werden können. Vielleicht hat man Bedenken, der ›heiligen Kuh‹ zu nahe zu treten. Darum sei an dieser Stelle nochmals ausdrücklich auf die Ausführungen im Kapitel »Verhalten« (S. 326f.) hingewiesen. Daß sich die Aktivitäten der ACAP nicht nur auf Absichtserklärungen beschränken, zeigt die deutliche Zunahme der Solarenergie. Viele Lodges verfügen heute bereits über fortschrittliche Sonnenkollektoren für die von Touristen so begehrte *hot shower*, und oberhalb der Ortschaft Chomrong hat sich das Kochen mit Kerosin bereits durchgesetzt.

heute das ethnische und kulturelle Bild der an Tibet grenzenden Provinzen Mustang und Dolpo bestimmen. Die weiter im Süden des Kali-Gandaki-Tals lebenden Thakali waren hingegen sowohl buddhistischen wie auch hinduistischen Einflüssen ausgesetzt und haben dadurch eine völlig anders geartete Kultur entwickelt als ihre nördlichen Nachbarn. Lange Zeit dominierten sie, ähnlich wie die Sherpa in Khumbu, den Warenaustausch – insbesondere mit Salz und

Wolle – zwischen dem Tiefland und Tibet und häuften beachtlichen Reichtum an. Ihrer Geschäftstüchtigkeit ist es wohl auch zu verdanken, daß sie sich nach dem Niedergang des Handels infolge der Annektion Tibets durch China mit Engagement auf den neu erblühenden Wirtschaftszweig Tourismus stürzten.

Auch politisch war das Kali-Gandaki-Tal wechselnden Einflüssen ausgesetzt, die einmal vom Königreich Mustang ausgingen, dann wieder von Jumla oder während der Regentschaft der Mallas sogar von Kathmandu.

Die Trekkingroute folgt heute im wesentlichen dem traditionellen Handelsweg, wobei das letzte Stück nach Mustang hinein aber nur mit Sondergenehmigung bereist werden darf (s. u.).

Der Hauptweg führt über Birethanti und Ghorepani nach Tatopani, eine westliche Route über Baglung und Beni den Kali Gandaki entlang; eine sehr abwechslungsreiche Strecke beginnt bereits in Phedi, an der Straße nach Baglung und führt über Dhampus, Landrung und Gandruk nach Ghorepani, wo sie wieder auf die Hauptroute trifft. Von Landrung aus hat man überdies die Möglichkeit, einen Abstecher zum Annapurna-Basislager zu unternehmen (s. S. 239ff.).

Von Muktinath aus kann der konditionsstarke Wanderer über den Thorong La (5400 m) in das parallele, östlich des Annapurna-Massivs verlaufende Marsyangdi-Tal wechseln und somit auf anderem Weg zum Ausgangspunkt Pokhara zurückkehren. Ratsamer ist es jedoch, die Runde um den Annapurna gegen den Uhrzeigersinn zu unternehmen und somit das Kali-Gandaki-Tal erst auf dem Rückweg zu durchqueren. Die beiden Abschnitte werden hier getrennt, jeweils von Pokhara ausgehend, beschrieben.

Eine Eigentümlichkeit der Route nach Jomosom sind die langen, von Muktinath kommenden Maultierkarawanen, die sich durch ihre Glocken schon von weitem ankündigen. Bei der Begegnung ist Vorsicht geboten. Um nicht von den Tieren und ihrer Ladung in den Abgrund gestoßen zu werden, muß man immer zur Bergseite hin ausweichen, niemals zum Hang!

Pokhara – Jomosom – Muktinath

1 (S. 328) Bis zur Ortschaft Tatopani hat man die Wahl unter mehreren Möglichkeiten, so daß sich eine abwechslungsreiche Rundwanderung unternehmen läßt. Die Benutzung der neuen Straße nach Baglung ermöglicht eine erhebliche Verkürzung der Wanderzeit.

Die meisten beginnen den Trek seither in **New Bridge**, 42 km entfernt von Pokhara. Von dort führt ein leichter Fußweg zur Ortschaft Birethanti (s. u.). Wanderer mit mehr Zeit können aber bereits unmittelbar in Pokhara starten und als erstes Ziel das hoch oben auf einem Bergsporn gelegene Sarankot ansteuern (1680 m; 3–4 Std., vier kleine Lodges, Wasserknappheit, s. S. 185). Ohne größere Höhenunterschiede führt der Weg nun weiter nach Nordosten mit einem ersten Blick auf den noch fernen Dhaulagiri. Nach etwa zweieinhalb Stunden gelangt man in den Weiler **Kashi Deurali** (Lodge, Restaurant), eine Stunde später in den größeren Ort Naudanda (1463 m; mehrere Lodges). Das nicht sehr ansehnliche Dorf mit allerdings recht schönem Blick auf Macchapuchare und Annapurna liegt an der neuen Straße nach Baglung und hat dadurch für Trekker zunehmend an Bedeutung verloren und verkommt langsam.

Pokhara - Muktinath

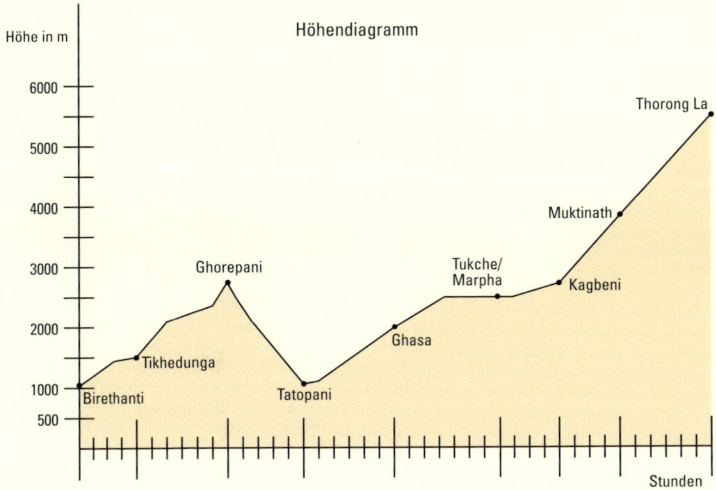

Tagesetappen

1. Tag Pokhara - New Bridge (42 km Bus) - Birethanti -Tikhedunga (4 Std.)
2. Tag Tikhedunga - Ghorepani (6 Std.)
3. Tag Ghorepani - Tatopani (5 Std.)
4. Tag Tatopani - Ghasa (6 Std.)
5. Tag Ghasa - Tukche/Marpha (7 Std.)
6. Tag Marpha - Kagbeni (4 Std.)
7. Tag Kagbeni - Muktinath (4 Std.)

Unterbrechungen lohnen sich vor allem in Tatopani und Marpha.

Leicht bergaufführend folgt die Route von Naudanda aus der Straße, kürzt dann über den Hauptgebirgskamm ab und verläuft weiter der Straße entlang bis **Khare** (1646 m; 1,5 Std.) und **Lumle** (1615 m; 30 Min., Lodges). Der Ort vermittelt mit seinen traditionellen Häusern den Eindruck eines wohlhabenden Gurung-Dorfes.

Die Straße verläßt nun den Hang und windet sich tief hinunter ins Tal in Richtung Kusma. Die teilweise plattenbelegte Wanderroute folgt hingegen dem Hang, bis sie nach etwa 45 Minuten die auf einem Sporn liegende Ortschaft **Chandrakot** erreicht (1563 m; zahlreiche Lodges). Vom Ortsende hat man bei gutem Wetter einen phantastischen Blick ins Modi-Khola-Tal hinüber zur Annapurna-Kette. Wer sich das Annapurna Base Camp zum Ziel gesetzt hat, kann von Chandrakot aus das Tal nach **Lan-**

Annapurna-Gebiet

drung hinaufwandern (ca. 6 Std.), wo er auf die direktere Route zum Basislager stößt (s. S. 241ff.).

Für die Trekker in Richtung Jomosom und Muktinath folgt statt dessen ein steiler Abstieg zum 600 m tiefer liegenden Modi Khola, der auf einer Hängebrücke in der erwähnten Ortschaft **Birethanti** gequert wird (1050 m; 1,5 Std., zahlreiche Lodges, die besten an der Brücke, u. a. die luxuriöse »Laxmi Lodge« und das populäre »Riverside«). Der im engen Tal an der Einmündung des Bhurungdi Khola in den Modi Khola lie-

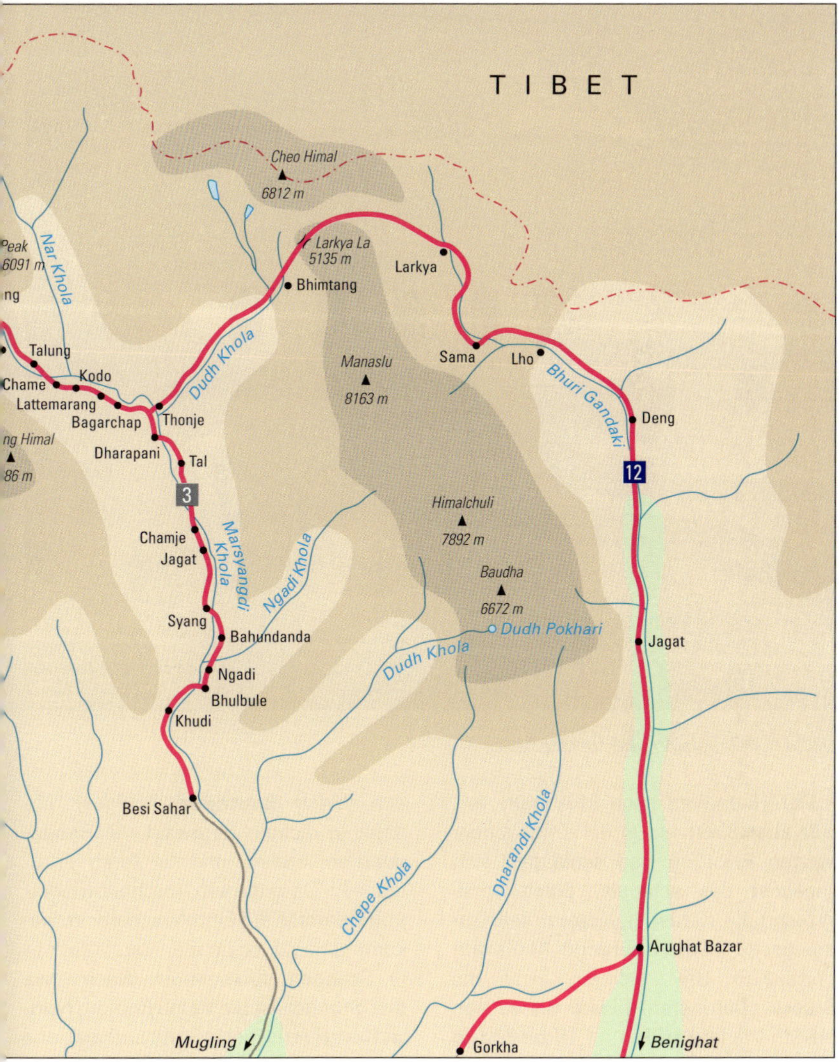

gende Ort ist durch sein warmes Klima und die Infrastruktur (Post, Bank, Gartenrestaurant, Bäckerei) bei Trekkern trotz seiner etwas bedenklichen Hygiene sehr beliebt, dies um so mehr, als man ihn heute fast mit dem Fahrzeug erreichen kann. Die Straße Pokhara – Baglung führt nur 20 Fußminuten entfernt vorbei. Folgt man dem Modi Khola von der Hängebrücke aus auf gutem Weg flußaufwärts, gelangt man in eineinhalb Stunden nach Syauli Bazar (Lodge) und von dort steil bergan in drei weiteren Stunden nach Gandruk (s. S. 187ff.).

Sikha mit Dhaulagiri und Tukche Peak

Der Hauptweg nach Muktinath verläßt aber Birethanti in der entgegengesetzten Richtung und schlängelt sich zunächst das schmale, durch seine Wasserfälle (Bademöglichkeit) sehr romantische Tal des Bhurungdi Khola (am nördlichen Ufer bleiben, nicht die Brücke überqueren) hinauf bis zu den beiden Weilern **Hille** und **Tikhedunga** (1563 m; 3 Std., mehrere Lodges). Man sollte die sich hier bietenden Erfrischungsmöglichkeiten wahrnehmen, – eventuell auch übernachten –, denn nun beginnt ein steiler, kräftezehrender Treppenanstieg über 500 Höhenmeter hinauf nach **Ulleri** (2073 m; 2 Std., mehrere Lodges).

Der Weg schlängelt sich dann am Hang entlang weiter bergauf, berührt den Weiler **Banthanti** (Lodges), um dann in dichten Bergwald mit Rhododendren, Azaleen und Koniferen einzutauchen. Da in diesem Abschnitt wiederholt Überfälle auf Einzelwanderer vorgekommen sind, sollte man den Wald nur in Gruppen durchqueren. Nach etwa drei Stunden ist die kleine Rodung **Nangethanti** erreicht (2450 m; Lodges), ehe der Weg wieder durch dichten Wald verläuft. Nach gut eineinhalb Stunden liegt **Ghorepani** vor uns, eine der Schlüsselstellen des Treks (2855 m; mehrere Lodges unterhalb und am Paß). Das eigentliche Ortszentrum befindet sich direkt auf dem Paß und bietet eine großartige Sicht auf Annapurna und Dhaulagiri (zahlreiche Lodges, u. a. »Dhaulagiri View Lodge«). Unverzichtbar ist hier der

Aufstieg zum **Poon Hill** (3250 m; 45 Min.), von dem sich vor allem bei Sonnenaufgang ein grandioser Blick auf die Bergwelt mit Annapurna (8091 m), Hiunchuli (6441 m), Dhaulagiri (8167 m), Tukche Peak (6920 m) und Nilgiri (6940 m) bietet.

In Ghorepani zweigt neben der »Dhaulagiri View Lodge« der sehr schöne Weg nach Gandruk und Chomrong ab (s. S. 244f.). Die Hauptroute führt nun aber steil bergab durch Wald nach **Chitre** (einfache Lodge), wo ein einsamer, von der Route Ghorepani – Gandruk kommender Weg einmündet (s. S. 245). Wir aber bleiben auf der breiten, auch von zahlreichen Maultierkarawanen begangenen Hauptroute, die weiterhin bergab führt, nunmehr aber den Blick freigibt auf dicht besiedeltes Bauernland mit Terrassenfeldern vor der Kulisse von Dhaulagiri und Tukche Peak. Nach etwa zwei Stunden liegt die nächste größere Ortschaft **Sikha** (1920 m; einige Lodges, Elektrizität) am Wege. Nach einer Stunde durchquert man den sehr pittoresken Weiler **Ghara** (1690 m; einige Lodges, Elektrizität). Bald ist ein kleiner Paß erstiegen, hinter dem der nun sehr steinige Weg in Serpentinen steil ins Kali-Gandaki-Tal hinabführt, das man etwa zwei Stunden nach Verlassen Gharas erreicht. An der ersten, einen Nebenfluß des Kali Gandaki überquerenden Hängebrücke mündet der von Baglung und Beni kommende Weg ein (s. S. 238f.). Wenige Minuten später überquert man auf einer langen Hängebrücke den Kali Gandaki selbst und erreicht kurze Zeit später den Checkpost von **Tatopani**, wo das Trekking Permit kontrolliert wird.

Die sich am rechten Ufer des Flusses in nur 1200 m Höhe entlangziehende Ortschaft hat die für den Wanderer wohl beste Infrastruktur im Annapurna-Gebiet aufzuweisen (Licht, Bank, zahlreiche Lodges, z. T. mit Gartenrestaurants und hervorragender Küche) und erfreut sich schon deshalb besonderer Beliebtheit. Größte Attraktion sind allerdings die heißen, im Flußbett austretenden Quellen, die man für die Besucher in gemauerte Becken geleitet hat. Ihnen verdankt der Ort auch seinen Namen (»heißes Wasser«).

Der Weg folgt von nun an dem Kali Gandaki flußaufwärts, wobei auf Brükken mehrfach das Ufer gewechselt wird. Nach etwa eineinhalb Stunden erreicht man zunächst die langgestreckte Ortschaft **Dana** (1400 m; einfache Lodges). Nach einer weiteren Stunde kommt der beeindruckende Wasserfall **Rupse Charo** in Sicht, bei dem man den Kali Gandaki kreuzt. Die schwankende Brücke gewährt einen großartigen Blick in den schmalen, ausgewaschenen Cañon, aus dem der Fluß hervorbricht. Der normale Weg führt nun am linken Flußufer entlang. Da an dieser kritischen Stelle häufig Bergrutsche auftreten, muß man zuweilen einen Umweg machen oder den höher, am rechten Ufer verlaufenden Weg nehmen. Nach 45 Minuten durchquert man den Weiler **Kopchepani** (einfache Lodge), hinter dem ein kurzer steiler Aufstieg beginnt. Der Weg verläuft nun hoch über dem Kali Gandaki und wechselt nach ungefähr drei Stunden wieder auf das rechte Ufer. Unmittelbar danach betritt man den langgestreckten, aus mehreren Siedlungskernen bestehenden Ort **Ghasa** (2040 m). Es gibt mehrere Lodges, die beste (»Eagles Nest«) befindet sich am südlichen Ortseingang. Das ›Stadttor‹ *(kani)* der Hauptsiedlung deutet an, daß man sich nunmehr in einem vom Tibetischen Buddhismus geprägten Siedlungsraum befindet. Die häufig mit Malereien, Gebetsmühlen und Wächterfiguren ausgestatteten Tore sollen die Orte vor bösen

Geistern schützen. Auch die Landschaft beginnt sich nun merklich zu wandeln. Die üppige Vegetation des unteren Kali-Gandaki-Tals geht allmählich in Nadelwald über, so daß man sich beim Beginn der nächsten Etappe fast in die heimische Bergwelt versetzt fühlt. Bald tauchen nun auch wieder die Schneeberge auf, die man seit Tatopani nicht mehr gesehen hat, allen voran das mächtige Dhaulagiri-Massiv. Erschreckend hingegen sind die Auswirkungen der Erosion am gegenüberliegenden Flußufer. Nach Überquerung eines Nebenflusses erreicht man etwa zwei Stunden hinter Ghasa die »Namaste Lodge«. Ein kurzer steiler Anstieg bringt den Wanderer in die weit gestreute Ortschaft Lete (Checkpost, einige Lodges). Besser übernachten kann man allerdings im nur 30 Minuten entfernten **Kalopani** (2530 m). Der Blick auf die Bergwelt gehört zu den besten im ganzen Annapurna-Gebiet.

Man folgt zunächst weiter dem rechten Ufer des Kali Gandaki, kreuzt diesen dann und setzt den Weg mit wundervoller Sicht auf Dhaulagiri und Tukche Peak (6920 m) am linken Ufer fort. Der Fluß hat nun fast die Breite eines Sees und bietet sich in der Trockenzeit als ausgedehntes Geröllbett, durch das Abkürzungspfade führen. Am Wege liegt der Weiler **Kokhetanti,** hinter dem man den Kali Gandaki erneut auf einer großen Hängebrücke kreuzt. Sie gibt den Blick frei auf das breite Tal des Kali Gandaki, überragt vom Nilgiri-Massiv (6940 m) und gesäumt von dichten Nadelwäldern, eine großartige Szenerie, die an Kanada erinnert. In ständigem Auf und Ab folgt der Weg nun dem Ufer. Bei Trockenheit läßt sich eine Abkürzung quer über das Flußbett nehmen, so daß man die Ortschaft **Larjung** (2560 m; einfache Lodges) zwei Stunden nach Verlassen Kalopanis erreicht. Kurz danach durchschreitet man die engen Gassen des noch mittelalterlich wirkenden **Khobang.** Eine weitere Stunde benötigt man bis zum typisch buddhistischen Ort **Tukche** (2591 m; Elektrizität). Früher lag hier ein wichtiges, von den Thakali beherrschtes Zentrum des Salz- und Getreidehandels entlang der Tibet-Route. Der Name (*tuk* = Getreide, *che* = flacher Platz) bezieht sich noch auf diese Aktivitäten. Mit dem Aufblühen des Tourismus hat die Geschäftstüchtigkeit der Bewohner ein neues Betätigungsfeld gefunden und zahlreiche sehr schöne Lodges entstehen lassen (u. a. »Himali«, »Laxmi«, »Sunil«), die in ehemaligen Handelshäusern eingerichtet wurden. Beherrscht wird der Ort von dem buddhistischen Kloster »Insel des religiösen Segens«, das bereits aus dem Jahre 1621 stammen soll. Auf gut ausgebautem Weg führt die Wanderung nunmehr weiter nach **Marpha** (2590 m; 1,5 Std., Elektrizität), einer der schönsten Siedlungen im ganzen Tal. Enge gepflasterte Gassen und kubische Häuser mit flachen Dächern bestimmen das Bild. Einen besonders schönen Blick hat man von den Chörten oberhalb der Ortschaft, zu denen ein schmaler Fußpfad emporführt.

Unmittelbar nach Verlassen Marphas nimmt die Landschaft wüstenhafte Züge an. Man sollte die nun folgende etwa eineinhalb Stunden dauernde Etappe nach **Jomosom** (2713 m) möglichst am frühen Morgen zurücklegen, um den Nachmittagsstürmen zu entgehen, die man auf dem Hinweg zwar im Rücken hat, die aber gewaltige Staubwolken aufwirbeln und zuweilen Kieselsteine wie Geschosse durch die Luft schleudern. Obwohl Distrikthauptort, kann sich Jomosom in keiner Weise mit Marpha oder Tukche messen. Von Bedeutung ist vor allem der Flugplatz im südlichen

Stadtbezirk, von dem aus täglich Verbindungen nach Pokhara bestehen, zuweilen auch Charterflüge nach Kathmandu. Hier liegen auch die meisten Hotels und Lodges sowie das Büro der Royal Nepal Airlines und der Checkpost für das Trekking Permit. Ein schöner Ausflug läßt sich zum Kloster von **Thini** unternehmen, das zu den ältesten besiedelten Plätzen im oberen Kali-Gandaki-Tal zählt und bereits vor Ankunft der Thakali existiert haben soll. Der Ort liegt etwa eine Stunde südöstlich oberhalb des Tals, an einem Weg, der nach Marpha führt.

Die letzte Etappe der Wanderung durch das Kali-Gandaki-Tal folgt zunächst für eineinhalb Stunden dem breiten staubigen Flußbett zur Gabelung von **Chhancha Lhumba,** von wo aus es sich lohnt, den linken, etwas längeren Weg zu nehmen, auf dem man in etwa 30 Minuten **Kagbeni** (2810 m; einige Lodges) erreicht. Die urwüchsige tibetische Ortschaft ist die letzte Siedlung im Kali-Gandaki-Tal, die derzeit von Fremden ohne Sondergenehmigung besucht werden darf. Ein Polizeiposten wacht streng darüber, daß nur Touristen mit entsprechendem Permit der Hauptroute nach Mustang folgen, die jenseits des Flusses nach Norden verläuft (s. S. 253ff.). Eineinhalb Stunden steigt man nun bergauf, um dann in etwa 3100 m Höhe wieder auf den Hauptweg nach Muktinath zu stoßen. Nach weiteren eineinhalb Stunden liegt die Ruine der Festung von **Jharkot** (3600 m; einige Lodges) vor dem Wanderer. Am gegenüberliegenden Berghang sind die Ruinen der Festung von **Dzong** zu erkennen, der ehemaligen ›Hauptstadt‹ dieser Region. Von Jharkot liegt das Ziel **Muktinath** (3802 m) nur noch eine Stunde entfernt. Der überwiegende Teil der Lodges und Pilgerherbergen befindet sich in Ranipauwa, dem unteren Teil des Ortes, während die Tempelanlagen gut 100 m höher liegen.

Kubische Häuser mit flachen Dächern bestimmen das Ortsbild von Marpha

Schon in den frühen hinduistischen Schriften des Mahabharata wird dieser Platz als heiliger Ort erwähnt und nach wie vor von vielen Pilgern aus Indien besucht. Ihr Ziel ist vor allem das auf dem Wasser brennende Feuer, eine Manifestation Brahmas, der hier die beiden sonst unvereinbaren Elemente zusammengeführt hat. Der Name, abgeleitet aus *Muktichhetra* (»Platz der Erlösung«), deutet bereits darauf hin, daß die Pilger hier durch ein Bad auf Rettung nach dem Tode hoffen dürfen. Der Buddhismus, der in dieser Region erst im 15. Jh. Einzug hielt, verknüpfte die heilige Stätte hingegen mit dem Besuch Padmasambhavas (755–797), dem Begründer des Tibetischen Buddhismus. Zu den wichtigsten Kultstätten zählt die **heilige Quelle,** die zum angrenzenden **Vishnu-Tempel** geleitet wird und dort durch 108 vergoldete Wasserspeier austritt. Die Zahl bezieht sich auf die 108 Erscheinungsformen des transzendenten Buddha Avalokiteshvara, von denen eine nach buddhistischem Glauben den Hindu-Gott Vishnu darstellt, dessen Figur den Tempel ziert. Eingebettet ist der dreistufige, im Newar-Stil gebaute Tempel in einen heiligen Hain aus Pipal-Bäumen.

Der andere wichtige Kultplatz, der unscheinbare Schrein **Salamebar** mit der ewig brennenden Flamme, hat seinen Platz ein gutes Stück entfernt, südlich des Polizeipostens. Viele der übrigen Tempel, darunter auch das Kloster Sarwa, das erst in diesem Jahrhundert entstand, sind im Verfall begriffen, wohl auch hier ein Zeichen zurückgehender Religiosität. Die heiligen Stätten stehen übrigens unter der Obhut buddhistischer Nonnen der nahegelegenen Dörfer Dzar, Purang und Khyinkar, deren Bewohner auch zum finanziellen Unterhalt beitragen. Die Belange der hinduistischen Gläubigen werden traditionsgemäß von einem Brahmanen aus der Region von Beni wahrgenommen. Die größte Pilgerschar versammelt sich an dieser berühmten Wallfahrtsstätte während des Vollmondes im siebten Monat des tibetischen Kalenders (August/September).

Von Muktinath aus läßt sich in einem anstrengenden Marsch der Thorong La erreichen, der 5400 m hohe Paß, der nach Manang hinüberführt. Da von Muktinath aus mehr als 1600 Höhenmeter ohne Unterkunftsmöglichkeit zu überwinden sind, ist es ratsam, den Paß in umgekehrter Richtung zu queren (s. u.).

Bei der Rückkehr von Muktinath durch das Kali-Gandaki-Tal nach Pokhara ergeben sich, wie oben bereits erwähnt, mehrere Variationsmöglichkeiten. Bis Tatopani allerdings muß man denselben Weg zurückgehen.

Tatopani – Beni – Pokhara

Diese Alternativ-Route zu dem Weg über Ghorepani führt entlang des Kali Gandaki und stößt bei Tatopani auf den Hauptweg. Durch Fertigstellung der Straße nach Baglung, die bis Beni weitergeführt werden soll, gewinnt die früher selten begangene Route als schnellster Zugang zum oberen Tal des Kali Gandaki zunehmend an Bedeutung, da der steile Anstieg nach Ghorepani umgangen wird. Der Weg zieht sich in Höhen von weniger als 1000 m durch tropische Landschaft beiderseits des Flusses nach Süden. Teilweise ist er recht schmal und halbtunnelartig aus dem Berg geschlagen und mit Stufen versehen. Die Unterkunftsmöglichkeiten beschränken sich derzeit noch auf Beni und Baglung, dürften aber zügig ausgebaut werden. Beschrieben wird die

Tatopani

Route hier vom Kali-Gandaki-Tal in Richtung Pokhara, da die meisten Trekker sie für den Rückweg wählen.

Man überquert von **Tatopani** aus zunächst den Kali Gandaki auf der großen Hängebrücke und wendet sich nach Überquerung der zweiten, über den Nebenfluß führenden Brücke nach rechts (links beginnt der Aufstieg nach Ghorepani). Für gut drei Stunden folgt man dem Kali Gandaki an seinem westlichen Ufer, wechselt dann hinüber und erreicht die erste größere Ortschaft **Tiplyang.** Vier weitere Stunden benötigt man bis **Beni** (Unterkunft), dem Verwaltungszentrum dieser Region, wobei man zuvor die Dörfer Beghakola und Galashor durchquert. Ganze vier Stunden sind es dann nur noch von Beni bis Baglung, wo die Straße nach Pokhara ihren Anfang nimmt.

Abstecher zum Annapurna Base Camp

2 (S. 328) Nirgends sonst kann man in der Umgebung von Pokhara den höchsten Bergen der Welt auf recht unbeschwerte Weise so nahe kommen wie bei diesem Abstecher zum knapp 4000 m hoch gelegenen Basislager des Annapurna. Für Unterkunft und Verpflegung entlang der Route ist überall gesorgt. Der Weg ist zwar recht anstrengend, aber leicht und gefahrlos zu begehen, sofern kein Schnee liegt. Dann jedoch besteht ein beträchtliches Risiko durch Lawinen, die an mehreren Stellen immer wieder von den steilen Bergflanken ins Tal des Modi Khola donnern. Im Winter sind die meisten Lodges oberhalb von Chomrong überdies geschlossen.

Die Erstbesteigung des Annapurna

Unmittelbar nach Öffnung des Landes rüsteten sich die Bergsteiger in aller Welt zum Wettlauf auf die höchsten Gipfel der Erde. Zwar hatten die Briten schon seit den 20er Jahren von Tibet aus versucht, den Mount Everest zu bezwingen, waren jedoch trotz aufwendiger Expeditionen immer wieder gescheitert.

Im Jahre 1950 war die Hochgebirgsregion Nepals eine noch völlig unerforschte Welt im Herzen des Himalaya. Zuverlässige Karten gab es nicht, und keiner der Achttausender war jemals bestiegen worden. Im Frühjahr 1950 machten sich sechs Franzosen im Auftrag des nationalen Himalaya-Komitees auf den Weg nach Nepal, um die Erstbesteigung von Dhaulagiri oder Annapurna zu versuchen.

Nach einer mühevollen Wanderung von der indischen Grenze durch das Kali-Gandaki-Tal wird am 21. April 1950 in Tukche das Hauptlager aufgeschlagen. Die ersten Wochen vergehen mit Erkundung der Anmarschrouten zu den Bergen, wobei der »French Pass«, der Hauptzugang zum Dhaulagiri Base Camp, entdeckt wird (s. S. 252f.). Von der Besteigung des Berges nehmen die Franzosen angesichts der drohenden Eiswände bald Abstand und wenden sich dem Annapurna zu. Der Versuch, sich dem neuen Ziel von Tukche aus über den Tilicho-Paß zu nähern, scheitert zunächst. Statt zur Nordflanke des Annapurna führt er zu einem bis dahin noch unbekannten, in einem abgeschlossenen Tal liegenden See (Tilicho-See, s. S. 248) und über einen weiteren Paß nach Manang. Keiner der Bewohner des damals noch ärmlichen Dorfes hat jemals etwas vom Annapurna gehört! Enttäuscht kehrt die Expedition über den Thorong La nach Tukche zurück. Von Lete aus erkämpft man sich schließlich über einen neu entdeckten Paß (Thulobugin, 4300 m) den Zugang

Der direkte Weg von **Pokhara** führt zunächst entlang der neuen nach Baglung führenden Straße bis **Phedi.** Dort steigt man rechts einen steilen bewaldeten Hang empor und erreicht nach etwa eineinhalb Stunden einen kleinen Weiler, wo man nicht dem in die falsche Richtung weisenden Schild »Dhampus« folgt, sondern rechts hinauf zu den Häusern steigt (»Tiny Hotel«). Von dort zieht sich der Weg teilweise über Treppen noch weitere 30 Minuten bergauf zum Gebirgsgrat, auf dem **Dhampus** (1580 m) liegt. Bei gutem Wetter hat man eine ausgezeichnete Sicht auf das Annapurna-Massiv und den heiligen Berg Macchapuchare. Die Ortschaft zieht sich mit mehreren Siedlungskernen über einige Kilometer. Unterkunftsmöglichkeiten bestehen in mehreren Lodges. Man sollte davon jedoch nach Möglichkeit nicht Gebrauch machen, da

zum Oberlauf des Miristi Khola und weiter zur Nordostflanke des Berges (das heutige Base Camp liegt hingegen im Süden).

Am 19. Mai endlich kann die Besteigung beginnen. Lager um Lager schiebt sich die Expedition den Berg empor, ermöglicht erst durch die übermenschlichen Leistungen der schlecht ausgerüsteten Träger. In der Dämmerung des 3. Juni brechen Maurice Herzog und Louis Lachenal zum Gipfelsturm auf. Um 14 Uhr stehen sie als erste Menschen auf einem Achttausender. Den Sieg aber müssen sie sich teuer erkaufen. Herzog verliert beim Abstieg die Handschuhe, erfriert sich die Hände, Lachenal beide Füße. Nur die Amputation kann den Männern noch das Leben retten. Zwei andere Mitglieder leiden unter Schneeblindheit. In einer Gletscherspalte werden sie schließlich noch von einer Lawine verschüttet, aus der sie sich mit letzter Kraft befreien können. Auf Tragen und auf dem Rücken der Sherpa verlassen die Sieger schließlich die Stätte des Triumphes. Vielleicht waren sie sich bewußt, daß sie ihren Erfolg und ihr Leben nur der ›Gnade‹ des Berges verdankten, grenzt es doch an ein Wunder, daß bei der Erstbesteigung des Annapurna keine Toten zu beklagen waren.

Maurice Herzog auf dem Gipfel des Annapurna

Dhampus etwas in Verruf geraten ist (Diebstahlgefahr). Auf eine große Auswahl guter Lodges trifft man nach zwei Wegstunden im Weiler **Photana** (1870 m). Ein Stück dahinter kann man in Richtung Chandrakot abzweigen. Der Hauptweg steigt jedoch durch Wald in einer Stunde nach **Deurali** (2000 m; Lodges) mit großartiger Sicht auf das Annapurna-Massiv. Nun geht es etwa 300 m steil bergab auf rutschigem Waldweg zu der kleinen Hängebrücke von **Berikarka.** Ohne größere Höhenunterschiede zieht sich der Weg dann durch Terrassenfelder den Hang entlang nach **Tolka** (1710 m; mehrere Lodges). Zwei weitere Stunden benötigt man nach **Landrung** (1550 m; mehrere Lodges). Immer wieder hat man von diesem Weg einen weiten Blick auf die gegenüberliegenden Hänge von Gandruk und das allmählich immer

näherrückende Annapurna-Massiv. Von Landrung aus besteht die Möglichkeit, steil ins Modi-Khola-Tal abzusteigen, den Fluß auf einer Brücke zu kreuzen und auf dem gegenüberliegenden Ufer ebenso steil nach Gandruk hinaufzuwandern (s. S. 187). Der Weg zum Annapurna Base Camp verläuft hingegen weiterhin auf dem linken Ufer hoch über dem Modi Khola und windet sich erst nach eineinhalb Stunden zum Fluß hinab, den man in **New Bridge** (1340 m; drei Lodges) kreuzt (nicht zu verwechseln mit New Bridge bei Birethanti).

Nun beginnt ein sehr anstrengender Aufstieg nach Chomrong. Nach etwa zwei Stunden erreicht man eine sehr schön gelegene Lodge, von wo aus sich ein Abstecher zu heißen Quellen unternehmen läßt. Eine gute Stunde geht es weiter bergauf bis zu den Häusern von **Thaulu** (2050 m), wo eine Route nach Ghorepani abzweigt (s. S. 245). Der Weg wechselt jetzt die Hangseite und gibt den Blick frei auf das Annapurna-Massiv

Man folgt nun dem scharf eingeschnittenen, engen Tal des Modi Khola an seinem rechten Ufer flußauf, zumeist durch feuchten Wald ohne Blick auf die Berge. Riesige Bambusbestände säumen den oft rutschigen Weg, der nach zweieinhalb Stunden die Lodges von **Khuldi** (2350 m) erreicht. Treppen führen nun bergab in dichten Bambuswald, bis man nach einer Stunde auf die in einer Lichtung liegenden Unterkünfte von **Bamboo Lodge** (2190 m) trifft. Wiederum eine Stunde benötigt man von dort auf felsigem Pfad durch Bambuswald zur einfachen Lodge **Tiger Tops,** eine weitere Stunde bis zu den beiden etwas auseinanderliegenden Unterkünften von **Dovan** (2430 m). Eineinhalb Stunden ist man von hier aus zum **Himalayan Hotel** (2680 m; zwei Lodges, häufig überfüllt) unterwegs, einem populären, aber recht gefährlichen Übernachtungsplatz. Im April 1989 riß eine Lawine auf dem Vorplatz kampierende Sherpa in die Tiefe. Wer im Frühjahr unterwegs ist, sollte Auskünfte über die Schneeverhältnisse der nächsten Etappe einholen, die aufgrund der Lawinengefahr ausgesprochen gefährlich sein kann.

und das obere Modi-Khola-Tal. Eine halbe Stunde nach Verlassen Thaulus trifft man auf die ersten Häuser der bedeutenden Ortschaft **Chomrong** (2040 m), die sich weit den Abhang bis auf etwa 1930 m hinunterzieht. Die schönsten Unterkünfte liegen im oberen Teil (u. a. »Chomrong Guest House«, »Himchuli Lodge«). Durch den Ortskern (erster und einziger Checkpost auf dem Weg ins Base Camp) geht es hinab zum Fluß und auf der Gegenseite zwei Stunden steil bergauf zur Lodge von Sinuwa (2200 m).

Unmittelbar hinter dem Himalayan Hotel beginnt ein steiler, einstündiger Aufstieg, zunächst noch durch Wald, dann über eine Geröllhalde, hinauf zum berühmten **Hinko Cave** (2950 m). Ein Felsüberhang wurde hier zu einer einfachen, aber urtümlichen Lodge umgebaut. Der Pfad verläuft jetzt oberhalb der Waldgrenze talaufwärts über **Deorali** (3000 m; 30 Min., zwei Lodges) nach Bagar. Das bisher schmale Kerbtal weitet sich zu einem Trogtal, Indiz früherer Gletschertätigkeit. Kurz vor **Bagar** (3125

Blick auf Chomrong

m; 1 Std., einige Lodges) hat man erstmals wieder einen freien Blick auf das Annapurna-Massiv, während sich rechter Hand der Macchapuchare zum Greifen nah über die Vorberge schiebt. Mit dem Blick auf die Schneegipfel wandert man nun allmählich steigend in zwei Stunden zum **Macchapuchare Base Camp** (3480 m), einer Ansammlung von Unterkünften in einem Hochtal. Ein leichter, nur allmählich ansteigender Weg führt von hier aus zum **Annapurna Base Camp** (3920 m), dem Ziel der Wanderung. Drei neu gebaute Lodges gewähren recht komfortable Unterkunft vor der atemberaubenden Kulisse eines von 7000 und 8000 m hohen Bergen umschlossenen Talkessels, durch den sich ein schuttbedeckter Gletscher seinen Weg bahnt.

Bis Chomrong muß man auf demselben Weg zurückwandern. Von dort kann man ins Kali-Gandaki-Tal wechseln oder über Gandruk und Birethanti in 3–4 Tagen nach Pokhara zurückkehren (s. S. 230ff.).

Die Querverbindung von Chomrong ins Kali-Gandaki-Tal

Wer vom Annapurna zurückkehrt und weiter ins Kali-Gandaki-Tal will, kann auf diesem sehr schönen Weg in zwei Tagen von Chomrong aus nach Ghorepani wandern.

Die erste Etappe beginnt kurz hinter Chomrong im Weiler **Thaulu** (2050 m; s. S. 242). Gut ausgebaut und eben zieht sich der Weg durch Terrassenfelder zunächst am Hang über einem Nebental des Modi Khola entlang bis zu einer Abzweigung (1 Std.), bei der man steil zum Kyumunu Khola hinabsteigen kann, um nach Gandruk oder Tadopani zu gelangen. Der kürzere Weg nach Tadopani verbleibt hingegen auf dieser Talseite und berührt nach etwa zwei Stunden eine schön gelegene Lodge als geeigneten Rastplatz für eine Mittagspause. Danach windet sich der Pfad bergab zu einer Brücke, hinter der sich ein steiler Aufstieg durch Terrassenfelder anschließt. Nach etwa einer Stunde taucht man in einen faszinierenden Märchenwald aus Rhododendren, Flechten und Moosen. Eine weitere Stunde benötigt man, um die Lichtung von Tadopani (2540 m; mehrere Lodges, Wassermangel, schöner Blick auf Annapurna) zu erreichen.

Durch dichten Wald verläuft die Route mit einigen Steigungen nun in nordwestlicher Richtung. Nach zwei Stunden berührt man die in einem Tal liegenden Lodges von **Banthanti** (nicht zu verwechseln mit dem gleichnamigen Ort bei Ulleri). Durch ein enges romantisches Tal mit Wasserfällen und üppiger Vegetation geht es nun, zum Schluß recht steil, etwa zwei Stunden bergauf nach **Deurali** (3030 m; Lodge, Restaurants). Hier zweigt ein einsamer Waldweg nach Chitre ab, der den Ort Ghorepani umgeht und etwas unterhalb davon auf die Hauptroute ins Kali-Gandaki-Tal trifft. Wer Zeit hat, kann von Deurali aus einen neu errichteten Aussichtsturm besuchen, der eine bessere Sicht auf die Berge verspricht als der berühmte Poon Hill über Ghorepani.

Nochmals zwei Stunden benötigt man von Deurali bis zum Tagesziel **Ghorepani** (s. S. 234f.), wobei man auf dem letzten Abschnitt bei gutem Wetter einen herrlichen Blick auf Dhaulagiri, Tukche Peak und Nilgiri genießt. In Ghorepani trifft man wieder auf die von Pokhara kommende, eingangs beschriebene Hauptroute ins Kali-Gandaki-Tal.

Besi Sahar – Thorong La – Muktinath

3 (S. 328) Zu den besonderen Herausforderungen für die Bergwanderer gehört die Umrundung des Annapurna. Während die bisher beschriebenen Routen entlang der, allerdings schöneren, Westseite verlaufen, berührt man bei der Umrundung auch die Ostseite des Massivs. Die Nahtstelle bildet der Thorong La, ein 5400 m hoher Paß nördlich der Annapurna-Kette. Obwohl technisch einfach, ist dieser Übergang wegen der Höhe und der oft schwierigen Wetterbedingungen nicht zu unterschätzen und fordert jedes Jahr das Leben unvorsichtiger Trekker. Wer ohne Träger und Zelte unterwegs ist, sollte die Wanderung gegen den Uhrzeigersinn von Ost nach West unternehmen, da auf der Westseite zwischen Muktinath und dem bereits hinter dem Paß gelegenen Phedi keine Übernachtungsmöglichkeiten bestehen und man mehr als 1700 Höhenmeter überwinden muß. Zwar finden sich auch auf der Ostseite des Annapurna genügend Unterkünfte, diese können sich bezüglich des Komforts allerdings noch nicht mit denen des Kali-Gandaki-Tals messen.

Ausgangspunkt für den insgesamt dreiwöchigen Rund-Trek ist die am Ende einer 62 km langen, von Mugling in die Berge führenden Stichstraße liegende Ortschaft **Besi Sahar** (823 m, Checkpost, Lodges). Bis zur Eroberung durch das benachbarte Gorkha im Jahr 1781 war der Ort unter dem Namen Lamjung

Besi Sahar - Muktinath

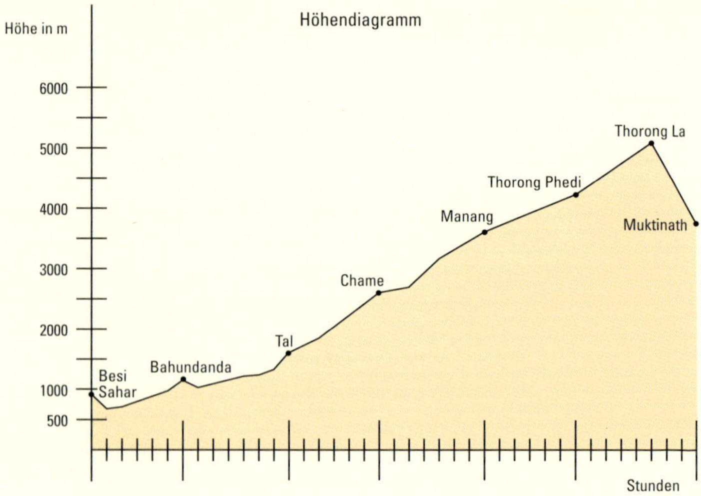

Tagesetappen

1. Tag Besi Sahar - Bahundanda (6 Std.)
2. Tag Bahundanda - Tal (7 Std.)
3. Tag Tal - Chame (6 Std.)
4. Tag Chame - Braga/Manang (6-7 Std.)
5. Tag Manang - Thorong Phedi (5-6 Std.)
6. Tag Thorong Phedi - Thorong La - Muktinath (7-9 Std.)

Zur Höhenanpassung ist ein zusätzlicher Rasttag in Manang einzulegen. Wer langsamer gehen will, kann als Etappenziele Chamje (2. Tag), Bagarchap (3. Tag), Chame (4. Tag), Pisang (5. Tag), Manang (6. Tag), Letdar (7. Tag), Thorong Phedi (8. Tag), Muktinath (9. Tag) wählen.

Zentrum eines der kleinen Chaubisi-Königstümer. Die Ruinen der 500 m höher gelegenen Festung von Gaonsahar künden noch von diesen fernen Zeiten der Unabhängigkeit.

In stetem Auf und Ab geht es in etwa zwei Stunden zur Hängebrücke von **Khudi** (825 m), die man überquert und dann dem Marsyangdi-Tal mit schönem Blick auf den Himalchuli (7879 m) folgt, bis man nach einer weiteren Brücke nach etwa 45 Minuten **Bhulbule** (846 m; Lodges) erreicht. An einem hohen Wasserfall vorbei zieht sich die Route nun am linken Ufer des Marsyangdi Khola entlang und gibt den Blick auf den majestätischen Manaslu (8162 m) frei. Nach etwa einer Stunde trifft man auf den Weiler **Ngadi** (930 m; Lodges). Auf einer Hängebrücke überquert der Weg bald darauf den Ngadi Khola, wo man sich an der Gabelung links halten muß, um in etwa eineinhalb Stunden nach **Bahundanda** (1300 m; Checkpost, Lodges) aufzusteigen. Von dieser auf einem Sattel gelegenen Brahmanensiedlung geht es in 45 Minuten durch Terrassenfelder 200 m hinab zu einer Brücke über den Marsyangdi Khola (Lodges). An einem steilen Berghang steigt der Pfad, teilweise aus dem Fels geschlagen, nunmehr in einem engen Tal durch die Ortschaften **Khanegaon** (1190 m; 1 Std.) und **Syang** (1130 m; 45 Min., Lodges) zur recht urtümlichen Siedlung **Jagat** (1250 m; 1,5 Std. von Syang) empor und weiter durch Wald nach **Chamje** (1435 m; 1 Std. von Jagat, Lodge). Zunächst zwängt sich der Weg noch durch die Schlucht, um nach etwa eineinhalb Stunden in eine Hochebene einzumünden, wo man bald darauf zu Füßen eines großen Wasserfalls auf die Ortschaft **Tal** (1700 m; Lodges) stößt, die wohl schönste Ansiedlung auf der Route zum Thorong La.

Am linken Ufer des Marsyangdi Khola geht es weiter talaufwärts. Nach zwei Stunden kreuzt der Weg den Fluß auf einer neuen Hängebrücke und führt hinauf nach **Dharapani** (1943 m; Checkpost, Lodges). Kurz hinter dem Ort mündet das Dudh-Khola-Tal, durch das ein Weg über den 5135 m hohen Larkya La zur Nordostflanke des Manaslu (8156 m) führt, dessen Massiv sich im Osten über die Vorberge schiebt (s. S. 249ff.). Schräg gegenüber liegt die pittoreske Ortschaft **Bagarchap** (2160 m; Lodge). Die flachen Terrassendächer vieler Häuser deuten nicht nur auf den nunmehr stärker werdenden tibetischen Einfluß hin, sie geben auch zu erkennen, daß allmählich der Regenschatten der Himalaya-Hauptkette wirksam wird. Durch Mischwald, der dem Raubbau immer weiter zum Opfer fällt, zieht sich der Weg nun dem Fluß folgend nach Nordwesten durch die kleinen Dörfer **Danagyu** (2300 m; Lodges), **Lattemarang** und **Kodo** (2600 m; Checkpost). Nicht mehr weit ist es nun bis zum Verwaltungszentrum **Chame** (2635 m; ca. 4 Std. von Dharapani, Elektrizität, zahlreiche Lodges, u. a. »Kamala«). Auf einer großen Brücke wechseln wir nun das Ufer und wandern weiter flußauf nach Nordwesten. Zunächst steigt der Weg durch Felder und Obstplantagen bis zum Weiler **Talung** (2775 m; Lodges), um nach etwa eineinhalb Stunden eine alte Brücke zu erreichen, die hinüberführt zum heute fast verlassenen **Bhratang** (2919 m). Früher erhoben die hier ansässigen Kampa mitten auf der Brücke Wegeabgaben, seit einigen Jahren hingegen umgeht die Route den Ort auf einem schmalen Waldweg am linken Ufer, um den Fluß erst ein Stück oberhalb zu kreuzen. Steil geht es nun durch Nadelwald, begleitet von Annapurna II und Pisang Peak, aus dem schmalen Tal nach **Pisang** hinauf (3190 m; zahlreiche Lodges), das bereits im Regenschatten der Berge liegt. Der Pisang Peak (6041 m) war 1995 Schauplatz einer Tragödie, bei der eine deutsch-schweizerische Touristengruppe den Tod fand.

Zwei Wege hat man nun zur Auswahl. Die Hauptroute verbleibt am südlichen Ufer, berührt die Flugpiste von Manang bei **Hongde** (Checkpost) und den Ort Braga. Eine landschaftlich schönere, aber auch etwa zwei Stunden längere Strecke folgt als Höhenweg dem Nordufer mit großartigem Blick auf das Annapurna-Massiv, um dann wieder zum Fluß hinabzuführen und bei **Braga** (3470 m; Lodge) in den Hauptweg einzumünden. Lohnend ist der Besuch der mit Thankas und Statuen reich ausge-

Richtig Reisen *Tip*

Abstecher zum Tilicho-See

Der geheimnisvolle, 5000 m hoch gelegene Gletschersee am östlichen Fuß des Tilicho Peak (7134 m) wurde erst 1950 von der französischen Annapurna-Expedition entdeckt (s. S. 240f.) und war bis vor kurzem noch militärisches Sperrgebiet. Heute kann man diesen grandiosen Talkessel auf einem steilen, meist über Schutthänge führenden schmalen Weg durch das Tal des Khangsar Khola von Manang aus erreichen. Für den zwei- bis dreitägigen Ausflug sind Zelt, Verpflegung und ein ortskundiger Führer notwendig, der sich problemlos in Manang anwerben läßt.

statteten Gompa dieses typisch tibetischen Dorfes. In knapp einer Stunde ist von hier aus das wichtige Ziel **Manang** erreicht (3535 m; zahlreiche Lodges). Vor dem Aufstieg zum Thorong La sollte man hier einen Ruhetag zur Akklimatisierung einlegen. Wer Probleme mit der Höhenanpassung hat, findet Rat und Hilfe bei der *Himalayan Rescue Association,* die hier während der Saison einen Posten unterhält. Obwohl Manang regelmäßig von Pokhara aus angeflogen wird, zuweilen sogar von Kathmandu im Charterverkehr, ist die Chance auf einen Platz noch geringer als von Jomosom aus.

Hinter Manang beginnt der schwierigste Abschnitt der Annapurna-Umrundung, die Überquerung des 5400 m hohen Thorong La hinüber ins Kali-Gandaki-Tal. Bei schlechtem Wetter in Verbindung mit mangelhafter Ausrüstung birgt dieser Paß durchaus tödliche Gefahren. Bereits mehrfach haben unvorsichtige Bergwanderer ihren Leichtsinn mit dem Leben bezahlen müssen. Am einfachsten läßt sich die Überquerung des Thorong La im Herbst (Oktober) durchführen, wohingegen im Frühjahr bis in den Mai hinein mit Schlechtwettereinbrüchen zu rechnen ist, die sich hier oben nicht selten als heftige Schneestürme austoben.

Etwa 30 Minuten hinter Manang läßt man im Weiler **Tengi** (3640 m) die Siedlungsgrenze hinter sich und biegt in das Jarsang-Khola-Tal ein. Durch alpine, baumlose Landschaft zieht sich der Weg stetig steigend nach Norden und berührt einige kleine Sommersiedlungen, die zum Teil auch einfache Unterkunft bieten. Am bedeutendsten ist der Weiler **Letdar** (4200 m; zwei Lodges), den man von Tengi aus in zweieinhalb Stunden erreicht. Der weitere Anstieg führt in etwa zwei Stunden über eine Brücke in 4300 m Höhe zur Wiese von **Thorong Phedi** (4420 m), der letzten Unterkunftsmöglichkeit vor dem Paß. In der Hochsaison liegen die Trekker hier wie die Ölsardinen zusammengepfercht und warten auf den Tagesanbruch. Spätestens dann muß man sich auf den Weg machen, um die schwere Etappe über den Paß bis nach Muktinath innerhalb eines Tages zu bewältigen, denn eine Unterkunft gibt es unterwegs bisher nicht. In Serpentinen steigt der Pfad steil zum Paß empor. Je nach Kondition und Anpassung benötigt man vier bis sechs Stunden für die 1000 Höhenmeter, ehe man, gute Sicht vorausgesetzt, mit einem überwältigenden Panoramablick belohnt wird. Er umfaßt das Dhaulagiri-Massiv im Südwesten, die Annapurnas mit Nilgiri und Tilicho im Süden und Thorungtse (6482 m) im Norden. Durch ein steiles Moränenfeld geht es 1800 m bergab, bis man nach etwa drei Stunden den Pilgerort **Muktinath** erreicht (s. S. 237).

Der weitere Weg folgt nun dem Kali-Gandaki-Tal in umgekehrter Richtung, wie oben beschrieben.

Um den Manaslu

12 (S. 329) Die anspruchsvolle dreiwöchige Wanderung abseits ausgetretener Pfade, die nur in organisierter Form gestattet ist und ein spezielles Trekking Permit erfordert, führt in die bis vor kurzem dem Touristen noch verschlossene Bergwelt des bis 8163 m hohen Manaslu Himal. Die Trekkingtour läßt sich als eine Rundwanderung um den Manaslu durchführen oder lediglich als eine Streckenwanderung von Gorkha oder Benighat nach Thonje. Hier, an der Mündung des Dudh Khola in den Marsyangdi, trifft man auf den östlichen Abschnitt der Hauptroute um den Annapurna und folgt diesem bis nach Besi Sahar.

Als Ausgangspunkt kann man den Ort Gorkha wählen oder die verkehrsgünstiger an der Hauptstraße Kathmandu – Pokhara liegende Siedlung Benighat. Beide Strecken vereinigen sich in **Arughat Bazar,** etwa zwei bis drei Tagesmärsche vom jeweiligen Ausgangspunkt entfernt. Allmählich von 400 m auf 1200 m ansteigend, folgt der Weg von Arughat Bazar dem Tal des Bhuri Gandaki, der zusammen mit seinen zahlreichen Nebenflüssen die Schmelzwasser des Ganesh Himal und Himalchuli nach Süden leitet. Steile Bergflanken säumen das Tal, die im südlichen Abschnitt noch mit dichter Vegetation bedeckt sind. Wie am Oberlauf des Kali Gandaki dient auch hier das kiesige Flußbett in der Trockenzeit als recht bequemer Weg. Wo sich das Tal etwas erweitert, haben kleine Dörfer mit bescheidener Landwirtschaft ihren Platz, deren Bewohner die Fremden nach wie vor bestaunen.

Ein Stück hinter **Jagat,** einer pittoresken Siedlung mit eng verschachtelten Steinhäusern, verengt sich der Bhuri Gandaki zu einer schmalen Schlucht. Hoch über dem tosenden Wasser zieht sich nun der Pfad am Berghang entlang, hin und wieder durch ›Bauarbeiten‹ und Erdrutsche unterbrochen, die zu mehr oder weniger halsbrecherischen Kletterpartien zwingen. Dramatisch wie die Veränderung der Landschaft ist auch der Wandel der Vegetation. Das immergrüne tropische Pflanzenkleid macht Nadelhölzern Platz, die schließlich in Almen übergehen, ein Zeichen, daß wir nun in den Regenschatten der Bergketten eingetreten sind, die den von Süden andrängenden Monsunwolken Einhalt gebieten.

Aber auch ein neuer Kulturkreis erwartet uns. Ist der von Süden her leicht zugängliche Unterlauf überwiegend von Bauern hinduistischer Religionszugehörigkeit bewohnt, so künden nun Mani-Mauern, Chörten und Gompas vom Einfluß des Tibetischen Buddhismus.

Entkernen von Mais

Träger bei der Rast

Weiter durch das sich nun wieder etwas öffnende, aber immer noch von steilen Hängen gesäumte Flußtal führt die Route durch kleine tibetisch anmutende Dörfer mit Namen wie Deng, Ghap, Namru und Bengsam immer weiter ansteigend zur stattlichen Siedlung Lho (3150 m). Man sollte hier einen Tag Rast einlegen, um sich für die bevorstehende Paßüberquerung zu akklimatisieren.

Die folgenden zwei Tage sind die schwierigsten dieses Treks, gilt es doch den 5135 m hohen Paß des Larkya La zu überwinden. Während der Anstieg von Osten her allmählich erfolgt, muß man nach der Paßüberquerung zunächst steil über häufig verschneite Hänge absteigen, ehe man die erste Ortschaft Bhimtang erreicht. Bald darauf führt der Weg dann wieder durch Wälder, nun am Dudh Khola entlang, Richtung Westen, wo er in **Thonje** auf die gut ausgebaute Route um den Annapurna stößt (s. S. 247).

Dhaulagiri-Umrundung

8 (S. 328) Die Umrundung des Dhaulagiri-Massivs kann als das Gegenstück zur oben beschriebenen Route um den Annapurna gesehen werden. Die etwa dreiwöchige Tour führt von Beni durchs Myagdi-Khola-Tal zum Basislager des Dhaulagiri, quert dann zwei über 5000 m hohe Pässe, um schließlich in Marpha auf die Kali-Gandaki-Route zu stoßen.

Die Wanderung stellt allerdings wesentlich höhere Anforderungen als der Weg um den Annapurna und darf ohne Übertreibung als Trek im Expeditionsstil bezeichnet werden. Ungenügend ausgerüstete Trekker, die hier in einen Schlechtwettereinbruch geraten, haben kaum Überlebenschancen. Absolute Höhentauglichkeit, aber auch Schwindelfreiheit und Trittsicherheit sind wichtige Voraussetzungen. Da es keine Unterkunftsmöglichkeiten gibt, ist man überdies auf eine Trägermannschaft angewiesen. Als bevorzugte Jahreszeit gel-

Richtig Reisen *Thema*

Die Gurung

Die kleinen, sich die Hänge entlangziehenden Dörfer der Gurung prägen mit ihren Terrassenfeldern ganz wesentlich das abwechslungsreiche Erscheinungsbild der Kulturlandschaft zu Füßen des Annapurna-Massivs. Der etwa 200 000 Mitglieder zählende Volksstamm ist vor einigen hundert Jahren in mehreren Wellen von Tibet zugewandert, ein Tatbestand, der sich sowohl anhand der Sprache, einem tibetisch-burmanischen Dialekt, als auch durch den tibetisch beeinflußten Glauben unschwer nachweisen läßt. Ethnologisch eng verwandt sind die Gurung mit den ebenfalls im Annapurna Gebiet siedelnden Tamang und Thakali. Das Volk teilt sich in zwei große Gruppen, den »Clan der Vier« und den »Clan der Sechzehn«, eine Aufspaltung, die wahrscheinlich auf vergangene Auseinandersetzungen zurückgeht. Innerhalb des »Clans der Vier« bestand bis vor kurzem noch eine ausgeprägte Hierarchie, die durch Kontakte zur Außenwelt nunmehr an Bedeutung verloren hat.

Ursprünglich siedelten die Gurung in den höheren Lagen als Viehhirten, dehnten dann jedoch ihren Lebensraum auf die tieferen Regionen aus, wo noch Naßreis angebaut werden kann, so daß eine jahreszeitliche Wanderung zwischen Alm und Talsiedlung den Lebensrhythmus fortan bestimmte. Durch Einschränkung der Handelsbeziehun-

ten die Oktoberwochen, obwohl auch dann mit großer Kälte und ergiebigem Schneefall zu rechnen ist. Um die Akklimatisierung zu erleichtern, sollte man die Tour im Uhrzeigersinn durchführen. Ausgangspunkt ist in diesem Fall der Ort **Beni**, wo die letzte Übernachtungsmöglichkeit in einer Lodge besteht (s. S. 239). Zunächst geht es in einer Höhenlage um die 1000 m noch durch dicht besiedeltes Bauernland bis hinter **Darbang.** Dann beginnt ein langer Aufstieg durch die Ortschaft **Dharapani** nach **Phalai Gaon.** Kurz vor **Muri** (2000 m) rücken die hohen Berge ins Blickfeld, Dhaulagiri I (8167 m) und Gurja Himal (7193 m). In stetem Auf und Ab zieht sich der Pfad zum Ghorban-Dhara-Paß hinauf, um sich dann wieder zum Myagdi Khola hinabzuwinden. Nun führt ein sehr schmaler Pfad aus dem engen Tal hinaus nach Boghara (2080 m) und weiter nach **Jyardan,** einer der letzten Siedlungen im Tal. Hinter dem Plateau von **Chartare** (2850 m) wird die Vegetation langsam schütterer und geht schließlich in alpine Matten und vegetationslose Geröllandschaft über. Am Rande des Chhonbarban-Gletschers steigt die Route weiter zum Basislager (4750 m) an.

Auf der nächsten Etappe gilt es nochmals 600 m zu überwinden, bis am **French Col** (French-Paß, 5360 m) der höchste Punkt der Wanderung bezwungen ist. Als Lohn für die Strapazen winkt

gen mit Tibet und einen Preisverfall für Wolle ist die Viehzucht mittlerweile in den Hintergrund getreten, zumal sich mit dem Wehrdienst beim Gurkha-Regiment, vor allem aber mit dem Tourismus, neue, lukrativere Einkommensquellen erschließen ließen. Aber immer noch kann man vor allem auf dem Weg zum Annapurna Base Camp Hirten mit ihren Schafherden und den tibetischen Mastiff-Hunden begegnen, und die Hirtenunterkünfte *(goth)* bieten nach wie vor dem Wanderer abseits der Hauptrouten einen bescheidenen Schutz. Während sich die Schafweiden bis auf 4500 m Höhe erstrecken, bevorzugen Kühe und Wasserbüffel die schattigen Bergwälder unterhalb 3300 m. Im Mittelpunkt des Erwerbslebens steht heute die Landwirtschaft, insbesondere der Anbau von Reis, Mais und Hirse, sofern nicht gerade die Trekkingroute mitten durchs Dorf läuft und sich jedes zweite Haus in eine Lodge verwandelt.

Der hohe Bevölkerungsdruck und der nur begrenzt zur Verfügung stehende Boden hat nicht nur zu einer Ausweitung der Brandrodung geführt, sondern seit über einhundert Jahren auch zu einer Abwanderung der männlichen Bewohner in die Militärlager der Gurkha-Regimenter.

eine großartige Hochgebirgsszenerie, dominiert von den Gipfeln des zum Greifen nahen Dhaulagiri-Massivs, von Sita Chuchura (6611 m), Tashi Kang (6386 m) und Tukche Peak (6920 m). Der Paß wurde 1950 von der französischen Annapurna-Expedition auf der Suche nach einem Zugang zum Dhaulagiri entdeckt (s. S. 240f.). Die Bergsteiger nahmen damals den Weg, der den Wanderer jetzt weiter ins Kali-Gandaki-Tal hinabführt. Nach einem kurzen Abstieg in den oberen Teil des Hidden Valley geht es erneut bergauf zum **Dhampus-Paß** (Thapa-Paß, 5250 m), einer Senke zwischen Thapa Peak im Norden und Tukche Peak im Süden. Über Yak Kharka (3962 m) und Alubari (3600 m) erfolgt nun ein sehr schneller Abstieg in die Zivilisation von Marpha, von wo aus man bequem durch das Kali-Gandaki-Tal Richtung Pokhara zurückwandern kann (s. S. 230).

Ins verbotene Königreich Mustang

11 (S. 329) Erst vor wenigen Jahren lüftete Nepal für Fremde den Schleier über den von Geheimnissen umwobenen Distrikt Mustang am Oberlauf des Kali Gandaki. Bis Ende 1991 hatten nur eine Handvoll Ausländer einen Blick in das abgelegene Königreich hinter den hohen Bergen unmittelbar an der chinesischen Grenze werfen können.

Chörten bei Tsarang

Nicht der Wunsch nach Bewahrung buddhistischer Traditionen war die Ursache für die hermetische Abriegelung, sondern die politisch brisante Grenzlage. Im 14. Jh. wurde das Königreich Mustang an Tibet angeschlossen, später von Nepal annektiert, konnte aber seine Autonomie als Königtum bewahren. Heute ist es ein Stück Tibet auf nepalesischem Territorium, das von den Schrecken der chinesischen Kulturrevolution verschont geblieben ist und damit zum Bewahrer buddhistischer Traditionen wurde. Die Zeugnisse der religiösen Kultur in Verbindung mit der großartigen Weite der trockenen Hochgebirgslandschaft jenseits der Hauptkette des Himalaya machen die besondere Faszination dieser gern zum *Shangri La* verklärten Region aus.

Technisch stellt die Tour den Trekker vor nicht allzu große Probleme, folgt man doch im wesentlichen der seit Jahrhunderten begangenen Handelsroute durch das Tal des Kali Gandaki; das stete Auf und Ab erfordert jedoch eine gute Kondition, zumal man sich überwiegend in Höhen zwischen 3500 und 3800 m bewegt. Für die meisten dürfte die größte Hürde allerdings die finanzielle Belastung sein, denn die Tour darf nur organisiert durchgeführt werden.

Die Wanderung beginnt im allgemeinen mit einem Flug von Pokhara nach Jomosom am oberen Kali Gandaki (s. S. 236f.). Von dort geht es zunächst nach **Kakbeni,** wo man nach strenger Kontrolle die Hauptroute nach Muktinath verläßt und ehemals verbotenes Gebiet betritt. Am Osthang des Kali Gandaki führt der Pfad steil bergauf und erreicht nach etwa vier Stunden die Ortschaft **Tangbe.** Der Weg folgt immer noch steigend weiterhin der Ostseite des Kali Gandaki bis zu einem kleinen Paß (3100 m) mit großartigem Blick auf rötlich schimmernde Cañonwände, durch die sich der Fluß seinen Weg bahnt. Steil geht es nun bergab zum Kali Gandaki, vorbei an der Ortschaft **Chuksang,** begleitet von senkrechten Felswänden am anderen Ufer. Auf einer Brücke wechselt man schließlich auf die

Westseite und steigt hinauf zum Ort **Chele** (2900 m; ca. 7 Std. von Kakbeni).

Weiter ansteigend führt der Pfad an der Wand eines beeindruckenden tiefen Cañons zu einem Paß in 3500 m Höhe, von dem sich ein weiter Panoramablick auf die Bergwelt im Süden eröffnet. Nach etwa drei Stunden treffen wir auf die kleine Siedlung **Samar** (3400 m), die sich als Rastplatz für die Akklimatisation anbietet, denn von nun an verbleibt man in Höhen zwischen 3500 und 3700 m. Durch Seitentäler des Kali Gandaki, die ein stetes, kräftezehrendes Auf- und Absteigen erfordern, geht es weiter nach Norden. Nächstes Etappenziel ist das in Terrassenfelder eingebettete Dorf **Geling** (3500 m; ca. 5 Std. von Samar), überragt von den Ruinen eines Forts.

Wir queren bald nach Verlassen des Ortes auf einer Hängebrücke einen Nebenfluß des Mustang Khola, steigen dann allmählich bergauf, vorbei an einer langen Mani-Mauer, zu einem Paß in 3800 m Höhe und erreichen zwei Stunden später unser nächstes Tagesziel **Tsarang** (3500 m; ca. 5 Std. von Geling), ein herrlich gelegenes Dorf mit den für Mustang typischen Chörten und einer wehrhaften Festung am Ende eines Grates.

Wieder beginnt der Tag mit einem Anstieg, zunächst zu zwei Chörten in 2600 m Höhe und schließlich zu einem Paß von über 3800 m, bewacht vom Kloster von Namgyal. Dahinter öffnet sich das Tal von Lho mit der Hauptstadt **Lho Manthang** im Zentrum (3700 m; ca. 5 Std.). Man sollte hier einige Tage verweilen und die Gelegenheit zu Ausflügen in die nähere Umgebung nutzen, beispielsweise zur westlich liegenden Gompa von Namgyal oder zum Höhlendorf von Chosar und dem abgelegenen Kloster von Nyphu im Norden.

Der Marsch zurück nach Jomosom erfolgt entweder auf derselben Route oder einem schwierigeren Weg, der bei Tsarang nach Osten abzweigt und in drei Tagen über Tange und Tetang nach Muktinath führt. Lange Etappen und Höhen von mehr als 4000 m erfordern eine sehr gute Kondition für diese lohnende Variante.

Dolpo – Tarap

13 (S. 328) Diese sehr anspruchsvolle Tour führt in eine bis vor wenigen Jahren ebenfalls noch für Fremde verschlossene Welt, die sowohl in ihrer Natur wie auch Kultur ganz von Tibet geprägt ist. Die im Nordwesten Nepals hinter dem Dhaulagiri-Massiv liegende Region gilt mit Höhenlagen zwischen 4000 und 5000 m als das höchste permanent besiedelte Plateau der Welt. In 35 Dörfern leben hier etwa 3500 Menschen tibetischer Herkunft, die zwar im 18. Jh. unter die formale Herrschaft des Königs von Gorkha gerieten, aufgrund der Unzugänglichkeit ihrer Heimat aber niemals dem direkten Einfluß der Newar-Kultur ausgesetzt waren. Bis 1990 war der Besuch nur in Verbindung mit einer organisierten Trekkingtour möglich, seither ist der Weg bis zum Südufer des Shey-Phoksundo-Sees auch für den Individualtouristen offen, der allerdings kaum ohne Führer und Träger auskommen wird.

Blick auf Samar

Das nördlich des Sees gelegene Ober-Dolpo darf hingegen nur in Form einer organisierten Tour besucht werden, wobei die gleichen Einschränkungen wie bei Mustang bestehen. Höhepunkt der über mehrere 5000 m hohe Pässe führenden Wanderung ist der Besuch des einsam gelegenen Klosters Shey Gompa.

Der 3625 m hoch gelegene **Shey-Phoksundo-See** am südlichen Rand des 1984 gegründeten **Shey Phoksundo National Park,** mit 3555 km^2 Nepals größtes Naturschutzgebiet, ist heute relativ leicht zu erreichen, obwohl der Anmarsch sehr anstrengend ist. Für den Weg von Jumla zum See benötigt man etwa 10 Tage und hat mehrere Pässe zu überqueren.

Als Ausgangspunkt kann man die Ortschaft **Jumla** (2370 m) wählen, die regelmäßig von Nepalgunj aus angeflogen wird, zu dem wiederum täglich eine Flugverbindung von Kathmandu aus besteht. Einmal pro Woche kann man sogar direkt von Kathmandu nach Jumla fliegen. Reisende mit weniger

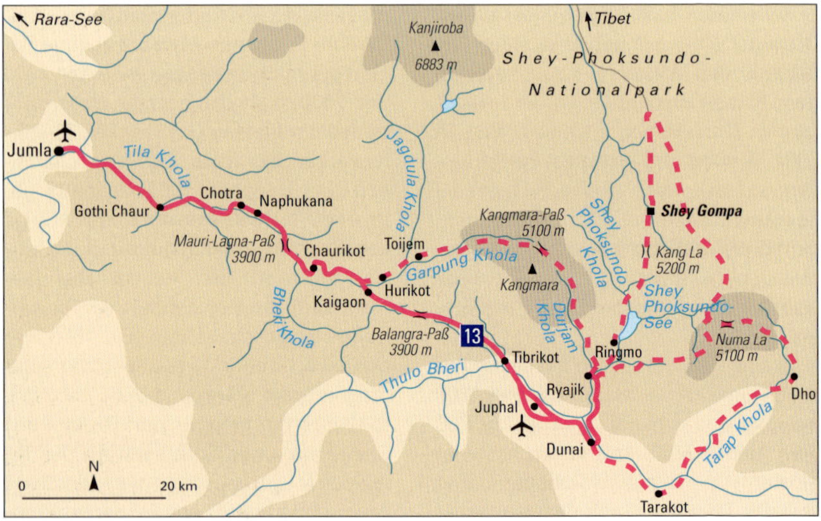

Dolpo – Tarap

Zeit können auch von Nepalgunj viermal pro Woche direkt bis Juphal (s. u.) fliegen, das vier Fußstunden von Dunai entfernt liegt und sieben Tage Anmarsch erspart.

Von Jumla aus folgt der Weg zunächst dem Tila-Khola-Tal und steigt alsbald zum 2900 m hohen Pattyata-Paß, hinter dem sich ein großartiges Tal öffnet, in das der Weg, vorbei an der Viehzuchtstation von Gothi Chaur, hinabführt. Nach Verlassen der Hochalm stößt man wieder auf den Tila Khola und folgt diesem durch eine recht dicht besiedelte Landschaft. Einige der Dörfer, wie Chotra und Naphukana (3050 m), zeigen bereits deutlich das Bild tibetischer Siedlungen mit Eingangstoren (Kani), Mani-Mauern und Gompas. Der Weg steigt nun steil zum Mauri-Lagna-Paß an (ca. 3900 m), von dem aus man einen weiten Blick auf das Kanjiroba-Massiv hat. Nach dem Abstieg schwenkt der Pfad in das Bheri-Khola-Tal und erreicht die Ortschaft **Chaurikot** (3050 m).

In stetem Auf und Ab führt die Route nach **Kaigaon** (2600 m) am Bheri Khola. Von hier aus ergeben sich zwei Möglichkeiten, den Nationalpark zu erreichen. Eine nördliche Route verläuft über den 5100 m hohen Kangmara-Paß. Die südliche quert den 3900 m hohen Balangra-Paß und wird wegen der relativ geringen Höhe häufiger begangen. Nach der Überwindung des Passes zieht sich der Weg bis tief hinunter zum malerischen Ort **Tibrikot** (2100 m), dem tiefsten Punkt der Wanderung. Nicht mehr weit entfernt liegen die Flugpiste **Juphal** und die Ortschaft **Dunai** (2160 m; mehrere Lodges). Die größte Siedlung der Region ist auch Sitz der Parkverwaltung. Von Dunai folgt man einem teilweise sehr schwierigen Pfad (Schwindelfreiheit erforderlich!) das Thulo-Bheri-Tal aufwärts und erreicht nach zwei Tagen im Weiler Ryajik (2900 m) den Eingang zum Nationalpark. Auch die nördliche Route über den Kangmara stößt hier wieder auf den Hauptweg. Überdies zweigt nach Osten eine interessante Route ins Tarap-Tal ab, die über den 5100 m hohen Numa La führt. Noch einmal geht es in einem anstrengenden Tagesmarsch steil bergauf, ehe in **Ringmo** (3500 m) das Ufer des **Shey-Phokundo-Sees** erreicht ist. Der 5 km lange und 2 km breite See ist über 600 m tief und aufgrund seiner Nährstoffarmut völlig ohne Leben. Um seine Entstehung rankt sich eine Legende, die als Metapher für die Auseinandersetzung zwischen Buddhismus und dem in dieser Region lange dominierenden Bön-Glauben interpretiert werden kann. Danach soll eine Dämonin auf der Flucht vor Buddha in der Region Zuflucht gesucht und den Bewohnern für ihr Stillschweigen einen großen Türkis versprochen haben. Buddha aber verwandelte den Edelstein in Büffeldung und veranlaßte somit die Dorfbevölkerung, ihr Versprechen zu brechen. Aus Rache überflutete die betrogene Dämonin das Land und ließ den türkisfarbenen See entstehen.

Am Shey-Phoksundo-See beginnt auch der Weg nach Ober-Dolpo, der zunächst über den 5200 m hohen, sehr schwierigen Kang La nach Shey Gompa (4250 m) führt. In einem weiten Bogen verläuft die Route über weitere Pässe nach Osten zur Hochgebirgsoase Shimen (3940 m), um schließlich in die steile Tarap-Schlucht einzumünden, der man nach Süden folgt, bis man in Dunai wieder die Zivilisation erreicht hat.

Einfacher läßt sich das interessante Tarap-Tal auch von Dunai in einer viertägigen Wanderung bis zum Hauptort Dho besuchen, der noch nicht unter die für Ober-Dolpo geltenden Restriktionen fällt.

Malerei in einem buddhistischen Schrein in Ringmo

Der Everest-Trek

4 (S. 328) Im Osten Nepals, der Region von Khumbu, erreicht die Kette der Himalyas ihre größten Höhen und verdichtet sich zu dem wohl eindrucksvollsten Gebirgspanorama der Welt, überragt vom Mount Everest (8848 m), dem höchsten Berg unserer Erde.

Lebensbedrohende Gletscher, steile Bergflanken und eisige Winter haben die Menschen nicht davon abgehalten, ihre Siedlungen bis zum Fuß der Bergriesen vorzuschieben und sich eine Heimat unvergleichlicher Schönheit am Rand der Existenzfähigkeit zu schaffen. Bis heute sind es aber nur die Sherpa (s. S. 266f.), ein aus Tibet zugewandertes Volk, das diese harten Lebensbedingungen in den Höhenlagen zwischen 3000 m und 5000 m auf sich nimmt.

Mit der Öffnung Nepals im Jahre 1950 zog das Khumbu-Gebiet zunächst die Bergsteiger in seinen Bann, wenig später folgten die ersten Wanderer, die sich anfangs noch mit bescheidenen Unterkünften und einfachster Kost begnügen mußten. Heute hat sich eine touristische Infrastruktur entwickelt, die den Zugang auch dem weniger abenteuerlustigen Reisenden problemlos ermöglicht.

1979 wurde der Kernraum Khumbus auf einer Fläche von ca. 1200 km² zum Sagarmatha National Park erklärt, nicht zuletzt, um das empfindliche Ökosystem der Hochgebirgsregion wirksam zu schützen. Immerhin durchwandern heute jedes Jahr allein während der viermonatigen Saison etwa doppelt so viele Touristen das Everest-Gebiet, wie die ganze Region Einwohner zählt! Darum sei jedem Trekker nochmals ans Herz gelegt, sich der Natur gegenüber nicht nachlässig und gedankenlos zu verhalten. Jede heiße Dusche, jedes Kaminfeuer vernichten ein Stück Bergwald, und jedes Stück weggeworfenes Plastik ist ein kleiner Beitrag, eine der schönsten Regionen der Welt allmählich in eine Müllkippe zu verwandeln. An einigen Stellen, insbesondere an den Basislagern der Bergsteiger, ist dies bereits geschehen. Den Naturliebhaber muß es betrüben, daß gerade die großen Expeditionen, die ihre Ausrüstung tonnenweise einfliegen lassen, nur vom sportlichen Ehrgeiz besessen sind und nach dem Gipfelsturm ihre Abfälle ungerührt zurücklassen. Immerhin verlangt die Regierung Nepals nunmehr von jeder Expedition eine Kaution, die den Rücktransport der Abfälle sicherstellen soll. Für den Mount Everest beträgt sie 4000 US-$, für andere Achttausender 3000 US-$.

Die wichtigste Route in dieser Region führt zum Basislager des Mount Everest, wobei mehrere Abstecher möglich sind. Weniger begangene, teilweise sehr anspruchsvolle Touren haben die Basislager von Makalu und Kanchenjunga zum Ziel.

Der Trek zum Kala Pattar, dem Aussichtsberg zu Füßen des Mount Everest, und weiter bis zum Basislager der großen Expeditionen, gilt als die ›Königsdisziplin‹ unter den Wanderrouten nicht nur Nepals. Mittlerweile weist die viel begangene Strecke allerdings eine recht gute Infrastruktur auf, die Zelt und selbst Isoliermatte überflüssig macht, sofern man sich an die Hauptwege hält. In regelmäßigen Abständen finden sich Lodges, die häufig sogar Doppelzimmer anbieten, dazu eine abwechslungsreiche Küche, die dem Niveau der Annapurna-

Träger im Everest-Gebiet, im Hintergrund das Kwangde-Ri-Massiv

Region nicht nachsteht. Hervorzuheben ist die amerikanisch-nepalesische Kette der »Sherpa Guide Lodges«, die einen über dem Durchschnitt liegenden Komfort bieten.

Technisch ist der lange Trek leicht, die Anforderungen an den Körper sind allerdings beträchtlich. Ausreichende Zeit für die Höhenanpassung ist der wohl beste Reisebegleiter. Als wichtigste Ausgangspunkte dienen die Ortschaften Jiri und Lukla, obwohl auch andere, allerdings weitaus schwierigere Wege ins Everest-Gebiet führen, so etwa durch das Tal von Arun (s. S. 268f.).

Jiri ist von Kathmandu aus leicht und preiswert in einer zehnstündigen Busfahrt zu erreichen, erfordert aber einen anstrengenden acht- bis zehntägigen Fußmarsch bis Namche Bazar, dem wichtigsten Ort der Hochgebirgsregion. Ein einstündiger Flug nach Lukla verkürzt diese ›Anreisezeit‹ um mehr als eine Woche, kann jedoch aufgrund der Ausgangshöhe (2800 m) zum körperlichen und durch die wetterabhängigen Flugverbindungen auch zum nervlichen Streß werden. Mehrtägige Wartezeiten sind einzukalkulieren, da die sehr schwierige Piste nur bei guter Sicht und geringen Turbulenzen von kleinen Maschinen (20 Personen) angeflogen werden kann. Seit Großraumhubschrauber russischer Bauart im Liniendienst eingesetzt werden, hat sich die Situation allerdings deutlich gebessert. Eine Alternative für Eilige bietet der Flug zwischen Kathmandu und Phaplu, etwa zwei Tagesmärsche von Lukla entfernt. Die Verbindungen (3 × wöchentlich) sind zwar weniger wetterabhängig, aber häufig ausgebucht.

Jiri – Lukla

Wer es sich zeitlich leisten kann, sollte mindestens eine Strecke zwischen Lukla und Jiri laufen, eröffnet sich dem Wanderer doch hier der ganze Reiz der Mittelgebirgslandschaft mit ihren Wäldern, tiefen Tälern, Terrassenfeldern und kleinen Bauerndörfern. Wählt man den Hinweg über Jiri, erreicht man die höheren Lagen gut durchtrainiert, nimmt man sich die Route für den Rückweg vor, entfällt die Unsicherheit hinsichtlich der Flugverbindung von Lukla. Die 180 km von Kathmandu entfernte Ortschaft **Jiri** liegt 1900 m hoch am Ende einer kurvenreichen, 110 km langen Stichstraße, die bei Lamosangu von der nach Tibet führenden Hauptstraße, dem Kodari Highway, abzweigt. Von Jiri ausgehend führt der Weg mäßig ansteigend zunächst durch Wald, dann offenes Grasland zu einem etwa 2400 m hohen Paß und von dort bergab zum Fluß Khimti Khola, der auf einer Brücke gequert wird, die den Ortseingang von **Shivalaya** markiert (1767 m; ca. 3 Std., mehrere Lodges mäßiger Qualität).

Jiri - Lukla

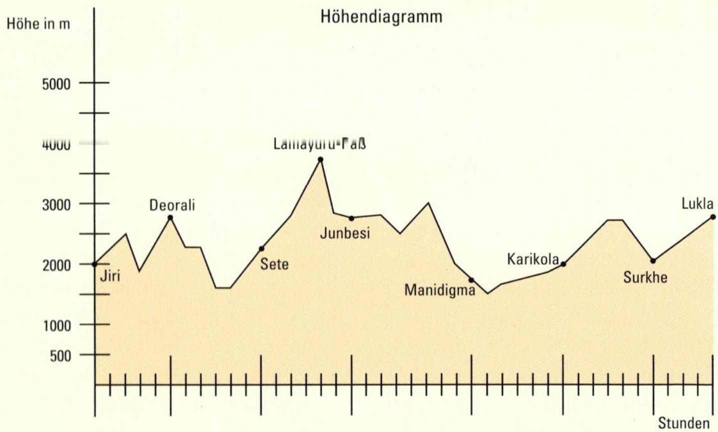

Tagesetappen

1. Tag Jiri - Deorali-Paß (5 Std.)
2. Tag Deorali-Paß - Sete (6 Std.)
3. Tag Sete - Lamayuru-Paß - Junbesi (5-6 Std.)
4. Tag Junbesi - Tragshindo-Paß - Manidigma (7-8 Std.)
5. Tag Manidigma - Karikola (6 Std.)
6. Tag Karikola - Surkhe (5-6 Std.)
7. Tag Surkhe - Lukla oder Phagding (3-4 Std.)

Mönche vor dem Kloster Thupten Choling

Unmittelbar hinter dem Ort beginnt ein steiler, langer Anstieg. Er führt durch den Weiler Sangbadanda (2240 m; ca. 1 Std., einfache Unterkunft) mit schöner Aussicht zurück ins Tal und auf die Terrassenfelder am gegenüberliegenden Hang hinauf zum **Deorali-Paß** (2705 m; ca. 5 Std. von Jiri, mehrere Lodges). Bei klarer Sicht hat man einen weiten Blick bis zu den noch fernen Schneebergen im Osten. Wer Zeit hat, kann einen lohnenden Abstecher zur einsam gelegenen Käserei von **Todong** unternehmen (ca. 1 Std., Übernachtungsmöglichkeit). Wie die anderen Käsereien in dieser Region wurde auch Todong mit Schweizer Hilfe aufgebaut. Den ausgezeichneten und preiswerten Yak-Käse sollte man als ideale Wegzehrung nicht verachten!

Von Deorali windet sich der Weg steil bergab nach **Bandhar,** einer sich über eine wellige Hochfläche weit hinstrekkenden Ortschaft (2200 m; 1 Std., mehrere Lodges).

Über die Kante der Hochebene verläuft der Pfad abwärts entlang eines bewaldeten Hangs zum Fluß Likhu Khola (1600 m), dem man eine Weile folgt und ihn dann auf einer großen Hängebrücke überquert. Weiter am Ufer entlangwandernd erreicht man schließlich die sehr schöne Ortschaft **Kenja** (1634 m; ca. 3 Std. von Bandhar, mehrere Lodges). Sonntags ab 10 Uhr wird ein sehenswerter Markt abgehalten. Beim Ortseingang befindet sich der erste Kontrollposten, bei dem sich der Trekker registrieren lassen muß (sofern besetzt).

Direkt hinter den letzten Häusern beginnt das schwerste Stück des Weges, ein über fast 2000 Höhenmeter führender, langer und teilweise schlecht ausgebauter Anstieg. Glücklicherweise gibt es mehrere Möglichkeiten zur Unterbre-

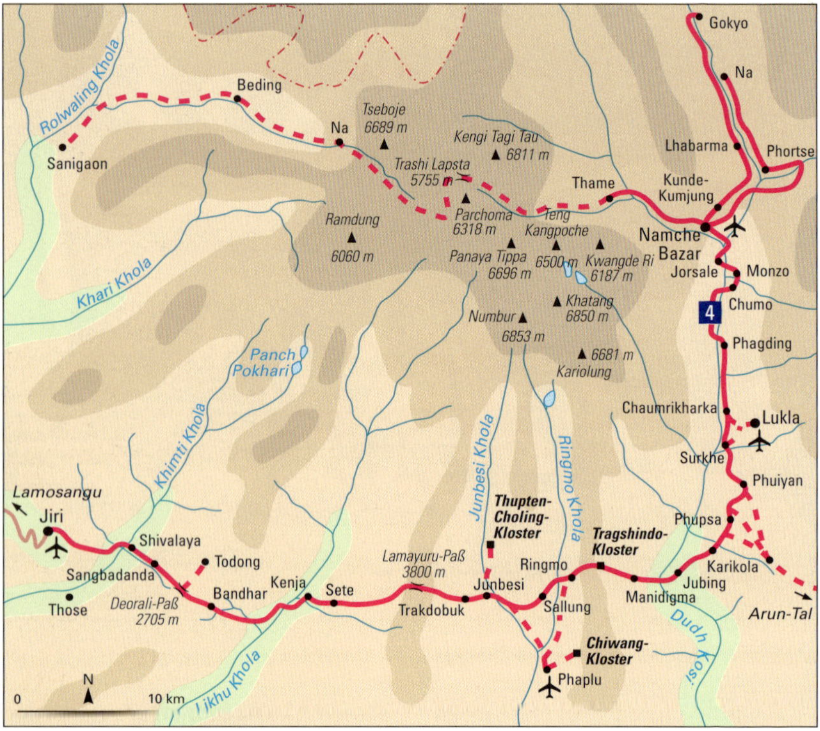

Jiri – Lukla – Namche Bazar

chung. Am geeignetsten sind die drei Lodges in Sete (2575 m; 2 Std.). Einfachere Unterkünfte findet man auch im Weiler Goem (3000 m; 1,5 Std.). Von dort führt der Weg steil bergauf durch Nebelwald zum Lamayuru-Paß (3800 m; 2 Std.), der höchsten Erhebung bis Namche Bazar. Je nach Kondition und Höhenverträglichkeit müssen für den Aufstieg von Kenja aus fünf bis sieben Stunden veranschlagt werden. Der Paß markiert die Grenze zur Region Solu und damit zum Lebensraum der Sherpa, die von nun an das Bild der Bevölkerung bestimmen (s. S. 266f.).

Steil bergab gehend gelangt man in einer Stunde zum Weiler **Trakdobuk** (2860 m; einfache Unterkunft) und in weiteren 50 Minuten auf einfachem, leicht fallendem Weg nach **Junbesi** (2675 m; mehrere Lodges, Elektrizität!). Der kleine von einem buddhistischen Tempel und einem Stupa beherrschte Ort liegt sehr malerisch in einem weiten grünen Tal, das im Norden vom 6853 m hohen Numbur überragt wird. Man sollte hier einen Ruhetag einlegen und das am nördlichen Talende liegende Kloster **Thupten Choling** besuchen (3 Std. hin und zurück, einfacher Weg). Es handelt sich um eine sehr aktive, von Mönchen und Nonnen bewohnte Neugründung durch einen Lama aus dem tibetischen Kloster Romuk. Im März/April wird im ebenfalls in der Nähe gelegenen **Chiwang-Kloster** das Dumje-

Fest begangen, das Ähnlichkeit mit den berühmten Mani-Rimdu-Festen (s. S. 280f.) von Thame und Tengboche hat.

Nach Überquerung des Flusses steigt der Pfad zunächst durch Wald-, dann Wiesenlandschaft allmählich an und bietet einen sehr schönen Blick über die Täler und Berge. Nach etwa eineinhalb Stunden erreicht man die einsam gelegene »Everest View Sherpa Lodge«, von der aus man bei guter Sicht erstmals den Mount Everest sehen kann. Den Konturen des Hanges folgend, führt der Weg weiter nach **Sallung** (1953 m; ca. 3 Std. von Junbesi, einige Lodges), das, hoch am Berg gelegen, einen weiten Blick über das Tal von Ringmo gewährt. Den aus einigen verstreut liegenden Häusern bestehenden Weiler **Ringmo,** ein berühmtes Apfelanbaugebiet, erreicht man in etwa eineinhalb Stunden auf einem schönen bergab führenden Waldweg (ca. 2600 m; einige Lodges, u. a. das populäre »Apple House«, im Herbst hervorragender Apfelkuchen, nahebei Käseladen).

Durch Waldgebiet steigt der gut ausgebaute Weg in einer Stunde zur Käserei von Ringmo (Verkauf an Trekker nur in geringen Mengen) und in weiteren 30 Minuten zum **Tragshindo-Paß** (ca. 3000 m; Tea Shops). Bei klarer Sicht hat man einen sehr schönen Blick u. a. auf Makalu, Chamlang und Everest. Nun geht es steil bergab zum Kloster von **Tragshindo** (Übernachtungsmöglichkeit) und weiter durch Wald und an Terrassenfeldern vorbei nach **Manidigma** (auch Nunthala, 2134 m; ca. 2 Std. vom Paß, zahlreiche Lodges).

Der Weg windet sich weiter bergab (ca. 1,5–2 Std.) zum mächtigen, weiß schäumenden Dudh Kosi (»Milchfluß«, 1500 m), den eine große Hängebrücke überspannt. An diesem tiefsten Punkt der Wanderung schwenkt die Route nach Norden, um dem Dudh-Kosi-Tal zu folgen. Nun geht es wieder steil bergauf durch das kleine Dorf **Jubing** (1676 m; ca. 1 Std., einige kleine Lodges) nach **Karikola,** einer recht hübsch inmitten von Terrassenfeldern gelegenen größeren Ortschaft (2000 m; ca. 3 Std. von Jubing, zahlreiche Lodges, Elektrizität).

Nach der Überquerung des Flusses auf einer Hängebrücke führt der Pfad in Serpentinen steil bergauf zu dem auf einem Grat gelegenen **Phupsa** (2300 m; ca. 1,5 Std., einige Lodges), dessen weiß leuchtender Chörten schon von Karikola aus sichtbar ist. Hoch über dem Dudh Kosi wandern wir nun meist ohne größere Steigungen überwiegend durch Wald den Hang entlang und passieren kurz hinter Phupsa die Abzweigung zum Arun-Tal (s. S. 268f.). Die tieffliegenden kleinen zweimotorigen Maschinen und Hubschrauber kündigen bereits die Nähe zum Flugfeld Lukla an, das man bald nach Durchquerung der Ansiedlung **Phuiyan** (2835 m; einfache Unterkunft) im Norden sehen kann, aber erst in einer weiteren Tagesetappe erreichen wird. Nach einem etwa dreistündigem Marsch (von Phupsa aus) schlängelt sich der Weg hinab zum Dudh Kosi, auf den man an der Ortschaft **Surkhe** trifft (2339 m; 4–5 Std. von Phupsa, einige Lodges).

Einige hundert Meter unterhalb von Lukla zieht sich der Weg allmählich steigend nach Norden und mündet nach etwa zwei Stunden bei **Chaumrikharka** in die Hauptroute Lukla – Namche Bazar. Um nach Lukla zu gelangen, biegt man nach rechts ab (Wegweiser; ca. 1 Std.), will man direkt ins Everest-Gebiet, bleibt man auf dem nach Norden verlaufenden Weg Richtung **Phagding** (ca. 1,5 Std.), auf dem man von nun an weitaus mehr Touristen antreffen wird als zuvor.

Die Sherpa

So sehr hat sich der Begriff »Sherpa« durch den Einfluß der Europäer gewandelt, daß seine ursprüngliche Bedeutung zumindest bei den Fremden verlorenzugehen droht. Vor allem bei den Bergsteigern ist »Sherpa« bereits zum Synonym für »Lastenträger« geworden, hätte doch ohne deren tatkräftige Unterstützung keine Expedition ihr Ziel erreicht. Zwar beweist dies die bewundernswerte Anpassung der Bewohner von Solu und Khumbu an die neuen Verhältnisse, läßt aber zu leicht vergessen, daß sich hinter dem Wort Sherpa in erster Linie eine Volksgruppe verbirgt, die in den Hochtälern Nepals ihre Heimat hat.

Wichtigste Siedlungsräume sind die Distrikte Solu, Pharak und Khumbu. Verstreut und durchmischt mit anderen Volksgruppen finden wir die Sherpa aber auch in Langtang, Helambu, Rolwaling und Yelmu. Ihre Gesamtzahl wird auf etwa 30 000 geschätzt, von denen nur etwa 3000 im Everest-Gebiet von Khumbu siedeln. Der Name Sherpa kommt aus dem tibetischen *shar-pa* und bedeutet »die, die aus dem Osten«, wobei sich die geographische Angabe auf die ost-tibetische Region Kham Salmo Gang bezieht, aus der die ersten Zuwanderer wahrscheinlich stammten. Ethnisch zählen die Sherpa zur mongoloiden Rasse der Bhotia, der tibetstämmigen Bevölkerung, die in den nördlichen Randzonen des Himalaya beheimatet ist und als gemeinsames Merkmal nach wie vor wirtschaftliche und kulturelle Kontakte zu Tibet pflegt, wobei als wichtigste Klammer der

Buddhismus in seiner Ausprägung als Lamaismus dient. Die Religion spielt noch immer eine zentrale Rolle im täglichen Leben der Sherpa und manifestiert sich auch äußerlich durch Chörten, Gebetsfahnen, Mani-Mauern, Gompas und Klöster nach tibetischem Muster, denen der Besucher überall in den höheren Regionen begegnet.

Die Sherpa von Khumbu, die nach wie vor eine homogene Gruppe bilden, kamen etwa Mitte des 16. Jh. von Tibet über den Nangpa La und ließen sich zunächst im Bhote-Kosi-Tal nieder. Im Laufe der Zeit entwickelten sich mehrere permanent bewohnte Siedlungen, die bis auf eine Höhe von 4300 m reichen (Dingboche) und, mit Ausnahme von Namche Bazar, an Stellen entstanden sind, die einen bescheidenen Ackerbau ermöglichen. Ergänzt werden diese Dauersiedlungen durch höhergelegene ›Almhütten‹ *(yersa),* die nur während der Sommermonate von Hirten bewohnt werden.

Bis in die 50er Jahre, als sich Nepal den Fremden öffnete, bildeten Handel, Landwirtschaft und etwas Viehzucht die einzige Existenzgrundlage der Sherpa von Khumbu. Mit Einzug der Touristen und Bergsteiger ist ein deutlicher Wandel eingetreten, der dem der Alpen durchaus vergleichbar ist. Denn wie dort ist der Fremdenverkehr nun auch in Khumbu zum wichtigsten Wirtschaftszweig aufgestiegen. Der größte Teil der jüngeren männlichen Bevölkerung verdingt sich während der Saison als Träger oder Bergführer für ausländische Touristen und Expeditionen, zahlreiche Unterkünfte (Lodges) wurden errichtet und werden noch immer gebaut. Nicht wenige Sherpa haben einen zweiten Wohnsitz in Kathmandu, um von dort aus die Bergwanderungen zu organisieren.

Diese wirtschaftliche Neuorientierung blieb nicht ohne Auswirkungen auf die Sozialstruktur. Während der Trekkingsaison liegt nun die Haus- und Feldarbeit ausschließlich in den Händen der Frauen. Als zusätzliche Belastung wird ihnen nicht selten auch noch die Führung einer Lodge abverlangt.

Trekker vor einer Lodge in Lukla

Durch das Arun-Tal nach Lukla

Der Marsch durch das Arun Tal bis Lukla ist eine lohnende, wenn auch anstrengende und längere Alternative zu der in Jiri beginnenden Route. Die Unterkünfte sind einfacher und liegen weiter auseinander, so daß ein Zelt angebracht ist. Da die Strecke in einer Höhe von nur 300 m beginnt, ist im unteren Abschnitt mit hohen Temperaturen zu rechnen. Gut ausgerüstete Trekker (Führer, Verpflegung, Zelt) mit Abenteuergeist und Kondition können vom Arun-Tal aus einen Abstecher zum Basislager des Makalu (8010 m) unternehmen (s. S. 289f.).

Als Ausgangspunkt für den Arun-Trek kann man die Ortschaft **Hille** wählen, die über **Dharan** mit dem Bus von Kathmandu aus in ein bis zwei Tagen erreichbar ist (einige Lodges). Zwei Wandertage lassen sich einsparen, wenn man statt dessen direkt nach **Tumlingtar** fliegt (3 × wöchentlich, 457 m; Lodges), von wo aus man in etwa zehn Tagen bis Lukla wandern kann.

Bereits etwas nördlich der Ortschaft gabelt sich der Weg. Die Route zum Makalu führt rechter Hand hoch nach Khandbari (s. S. 289), die nach Lukla folgt zunächst weiter dem Arun-Tal durch die Ortschaft Chiyabesi und überquert den Fluß in nur 300 m Höhe auf einer neuen Brücke bei Katike, um von dort aus den Irkhua Khola flußauf zu begleiten. Der Weg führt durch Dhubidanda (760 m), kreuzt den Fluß wiederholt auf einfachen Brücken und steigt ständig an, bis er bei **Phedi** (Lodge) das Tal verläßt und steil zu einem bewaldeten Bergrücken emporklimmt. Man kann den Arun auch schon kurz hinter Tumlingtar kreuzen und über **Dingla** westwärts wandern, um kurz hinter **Balawabesi** wieder auf die ursprüngliche Route zu stoßen.

Durch unbesiedelte Landschaft führt der Weg von Phedi auf den 3349 m hohen, von einem Chörten gekrönten

Salpa-Paß zu, der Wasserscheide zwischen den Tälern von Arun und Hongu und gleichzeitig die höchste Erhebung auf dieser Route. In 2850 m Höhe durchquert man die Ortschaft **Sanam** (einfache Unterkunft), steigt weiter über **Limsolar** (Lodge) ab bis **Gudel** (2000 m; Unterkunft) und überquert kurz darauf den Hongu Khola (1316 m). Durch Bambuswald zieht sich der Weg nun erneut steil bergauf zur wohlhabenden Ortschaft **Bung** (1700 m; Lodges). Vorbei am Weiler Khiraunle und den Ruinen der Boksom Gompa geht es nun hinauf zum **Surkie-Paß** (3050 m), der Wasserscheide zwischen den Flüssen Hongu und Hinku. Nun beginnt ein langer Abstieg durch den Weiler **Naji Digma** (2650 m; Lodge) bis zur Hängebrücke über den Hinku in 1855 m Höhe. In Serpentinen verlassen wir jetzt das Hinku-Tal und erreichen nach mühevollem Aufstieg den **Pangum-Paß** (3173 m), der zum Dudh-Kosi-Tal hinüberleitet, durch das auch der von Jiri nach Namche Bazar führende Weg verläuft. Wir gelangen zunächst nach **Shibuche** (2800 m; Lodge), wenig später nach **Pangkongma** (2850 m; Lodges) und stoßen schließlich in **Phupsa** oder **Phuiyan** auf die oben beschriebene Hauptroute Jiri – Lukla, um von dort in zwei Tagen Lukla zu erreichen.

Lukla – Namche Bazar

Die Ortschaft Lukla (2800 m; zahlreiche Lodges) besteht im wesentlichen aus einer leicht ansteigenden, 1964 von Sir Edmund Hillary angelegten Landepiste, die auf der einen Seite steil zum Dudh-Kosi-Tal abfällt, auf der anderen vor einer Bergwand endet. Die sich beiderseits der Flugpiste erstreckende Siedlung ist kaum von Interesse, hat sie doch außer zahlreichen Unterkünften und einer kleinen Bazargasse nichts zu bieten.

Der Flugreisende, der ja bereits frühmorgens in Lukla eintrifft, kann noch am gleichen Tag zu seiner Wanderung aufbrechen, sofern sich die Höhe nicht ne-

Mani-Stein bei Phagding

gativ bemerkbar macht und eine Ruhepause ratsam erscheinen läßt. Der gut ausgebaute, leicht bergauf und bergab verlaufende Weg führt ihn durch das immer enger werdende Tal des Dudh Kosi auf die Schneeberge im Norden zu, von denen zunächst die Spitzen des Kwangde Ri (6187 m) und Khumbila (5761 m) ins Blickfeld treten. Die Region, ebenfalls von Sherpa bewohnt, trägt den Namen Pharak. Nach etwa einer Stunde trifft man auf die Einmündung des von Jiri kommenden Weges (s. S. 265), nach etwa zwei weiteren Stunden ist **Phagding** erreicht, eine Ansammlung von Häusern am Ufer des Dudh Kosi (2652 m; mehrere Lodges). Recht eben folgt der Weg weiter dem Fluß, überquert ihn bei einem Kloster auf einer Hängebrücke kurz hinter dem Weiler Jubing und begleitet ihn nunmehr auf der rechten Seite durch teilweise schöne Waldlandschaft, deren Bestand jedoch bedroht ist, da die Rodung nach wie vor mit großer Intensität betrieben wird. Die verheerenden Folgen lassen sich an vielen Stellen ablesen, wo ganze Hangteile abgerutscht sind und der blanke Fels zutage tritt. Kurz vor dem Ort **Chumo** überquert man erneut den Dudh Kosi, diesmal auf einer Holzbrücke. Am Ortseingang liegt die kleine saubere »Trekkers Lodge«, ein Stück weiter die berühmte, von dem japanischen Aussteiger Hagayuki gegründete, aber nicht mehr geführte »Hatage Lodge« (2800 m; 2 Std. von Phagding). Man quert nach kurzem Abstieg den Khyashar Khola auf einer Holzbrücke, von der aus man einen freien Blick auf die nur wenige Kilometer entfernten Gipfel von Thamserku (6608 m) und Kang Taiga (6685 m) hat und neben der eine Wassermühle in Betrieb ist. Der Pfad zieht sich nun durch den Wald empor zur Ortschaft **Monzo** (2835 m; 20 Min. von Chumo, mehrere Lodges). Nur zehn Minuten sind es von hier aus zum Eingang des Sagarmatha National Park (Überprüfung des Trekking Permits, Zahlung der Eintrittsgebühr für den Park von 650 NRs, falls nicht bereits vorher entrichtet und hohe Gebühr für die Videokamera). Kurz darauf führt eine lange Hängebrücke über den Fluß zur Ortschaft Jorsale (2805 m; einige nicht besonders gute Lodges). Nach Überquerung einer weiteren Brücke wandert man ein Stück im Geröllbett flußaufwärts, ehe der Pfad den Hang emporsteigt und auf einer spektakulären, von Hillary gebauten Hängebrücke den tief eingeschnittenen Dudh Kosi quert, der sich hier mit dem von Nordwesten kommenden Bhote Kosi vereint. Die Einmündung stellt auch die natürliche Grenze zwischen der vom Klima noch begünstigten Tallandschaft Pharak und der Hochgebirgsregion Khumbu dar. So beginnt auch unmittelbar an der Brücke der steile, anstrengende Aufstieg aus dem Flußtal nach Namche Bazar, wobei der Weg nunmehr dem Bhote-Kosi-Tal folgt. Nach ungefähr eineinhalb Stunden bietet der »Everest View Tea Shop« eine willkommene Unterbrechung und einen lohnenden Blick auf den höchsten Berg der Welt. Nach weiteren 45 Minuten auf gutem, stetig ansteigendem Waldweg ist Namche Bazar erreicht (3450 m; ca. 6 Std. von Phagding).

Namche Bazar

Diese heute größte und wichtigste Ortschaft im Khumbu-Gebiet liegt wie ein Amphitheater über dem Bhote-Kosi-Tal. In einem Halbrund scharen sich die Häu-

Namche Bazar vor dem Kwangde-Ri-Massiv

Richtig Reisen *Tip*

Der Markt von Namche Bazar

Nach Möglichkeit sollte man seinen Besuch so einrichten, daß man den farbenfrohen und lebhaften Markt am Samstag vormittag miterlebt. Nicht nur die Bewohner der Umgebung treffen sich, selbst aus Tibet reisen abenteuerlich aussehende Nomaden mit Yak-Karawanen an, um chinesische Haushaltsartikel gegen Mehl, Fleisch und Salz zu tauschen. Die größte Konzentration von Käufern und Verkäufern findet man am Ortsausgang in Richtung Lukla.

ser um einen steilen hufeisenförmigen Talkessel mit Blick auf das Massiv des Kwangde Ri (6187 m) im Westen sowie die Gipfel von Thamserku (6608 m) und Kang Taiga (6685 m) im Osten.

Seine Existenz verdankt der Ort, den die Sherpa *Nauje* nennen, der historischen Handelsroute zwischen den fruchtbaren Tälern des Dudh Kosi und den Hochflächen Tibets über den drei Tagereisen entfernten Nangpa La (5741 m). Die Händler von Namche hatten lange Zeit ein Monopol im Handel mit Tibet, obwohl die Herrscher im fernen Kathmandu versuchten, durch Erhebung von Abgaben am profitablen Geschäft teilzuhaben. So erließen sie 1828 eine Verordnung, die tibetischen Händlern den Zugang nur bis Namche gestattete und ihnen zur Auflage machte, ihre Waren an Sherpa zu verkaufen. Die Sherpa selbst durften während der Saison (Juni bis Oktober) ihre ›Tibetgeschäfte‹ nur in Namche unter Aufsicht eines Regierungsbeauftragten abwickeln. Im 19. und beginnenden 20. Jh. wurde vor allem Roheisen aus den Minen von Those (bei Jiri) nach Tingri in Tibet transportiert. Mit dem Ausbau einer Straßenverbindung zwischen der Ganges-Ebene und Gangtok kam dieser Handel zum Erliegen, konnte aber durch Salzimporte aus Tibet aufgefangen werden, die bis Ende des Zweiten Weltkriegs den Reichtum der Sherpa von Namche mehrten.

Völlig unterbrochen wurde der Güteraustausch mit dem nördlichen Nachbarn im Jahre 1959, als China Tibet okkupierte und die Grenze schloß. Heute hat sich die Lage wieder einigermaßen normalisiert, und Yak-Karawanen aus Tibet besuchen regelmäßig den Markt von Namche, um chinesische Billigprodukte gegen Lebensmittel einzutauschen.

Es war ein Glück für Namche, daß sich nach dem Niedergang des Karawanenhandels mit Öffnung des Landes für fremde Besucher eine neue lukrative Einnahmequelle auftat. Seit der Flugplatz von Lukla den Zugang zum Khumbu-Gebiet erleichtert, hat sich der Ort ganz auf die Reisenden eingestellt und ist stark angewachsen. Die Einführung von Elektrizität und der Bau komfortabler Lodges haben die Attraktivität beträchtlich erhöht und den Besucherstrom anschwellen lassen.

Trotz seiner regionalen Bedeutung war Namche zuvor eine bescheidene, aus wenigen Häusern bestehende winzige Ortschaft. Man darf nicht vergessen, daß die Besiedlung des Khumbu-Gebiets immer sehr dünn gewesen ist. Im Jahre 1836 existierten ganze 169 Haushalte in der gesamten Region, 1957 waren es knapp 600. Selbst das Kloster, Zeichen einer größeren Siedlung, entstand erst zu Beginn unseres Jahrhunderts, lange nach Errichtung der Gompas von Pengboche (1860) und Thame (1870).

Als Sehenswürdigkeit im klassischen Sinne läßt sich nur das Museum anführen, untergebracht im Hauptquartier des Nationalparks hoch über der Ortschaft, etwas abseits des nach Tengboche führenden Weges. In anschaulicher Weise wird der Besucher hier mit Geologie, Flora, Fauna und Geschichte der Khumbu-Region vertraut gemacht.

Ausflüge von Namche Bazar

Um sich für den weiteren Weg zum Everest zu akklimatisieren, sollte man ein oder zwei Tage in Namche verbringen und die Zeit zu kleinen Ausflügen nutzen. Sehr lohnend ist ein Abstecher zur recht wenig besuchten Klostersiedlung Thame, der einen nachhaltigen Einblick in das tägliche Leben der Sherpa-Gemeinschaften vermittelt. Der etwa drei bis vierstündige, abwechslungsreiche und einfache Weg beginnt am Kloster von Namche und zieht sich allmählich ansteigend das Bhote-Kosi-Tal hinauf mit schönem Blick auf das gegenüberliegende Massiv des Kwangde Ri (6187 m). Gelegentlich begegnet man Yak-Karawanen aus Tibet, die nach Öffnung der Grenze wieder vermehrt auf dieser alten Handelsroute den Warenaustausch pflegen. Am Wege liegen kleine Dörfer wie **Gonghla, Tesho** und **Thamo** (Restaurant). Schließlich überquert man auf einer stabilen Eisenbrücke den Fluß am Ausgang einer Klamm und steigt hinauf nach **Thame** (3810 m), wo man noch vor Erreichen des Ortes auf die bisher einzige, recht einfache Lodge trifft. Die Siedlung liegt verkehrsgünstig an der Einmündung des Thame Khola in den Bhote Kosi auf einer Schwemmebene, die bescheidenen Ackerbau ermöglicht, früher aber vornehmlich von der Karawanenroute nach Tibet profitierte. Für Touristen war dieser historische, am Cho Oyu (8153 m) vorbei über den Nangpa La (5741 m) führende Handelsweg hinter Thame bisher leider gesperrt, soll aber mittlerweile geöffnet worden sein, die Grenze dürfen Individualtouristen jedoch nicht überschreiten.

Überragt wird Thame vom gleichnamigen **Kloster,** das sich hoch an einen steilen Felsen klammert (45 Min. Aufstieg). Die Gompa gehört zusammen mit denen von Pengboche und Kyerok zu den ältesten im Khumbu-Gebiet, obwohl das angegliederte Kloster erst aus dem Jahre 1870 stammt. Aber schon vor etwa 350 Jahren, so will es die Legende, gründete Rolpa Dorje das Heiligtum, das bis in die 60er Jahre von seinen traditionsgemäß verheirateten Nachfahren geleitet wurde. Als mit Aussterben der Linie ein Lama aus Rolwaling die Leitung übernahm, verwandelte er das Kloster in eine dem Zölibat verpflichtete Mönchsgemeinschaft nach dem Vorbild von Tengboche (s. u.). Berühmt ist Thame für sein Mani-Rimdu-Fest (Mai/Juni), ein Tanz-Drama, das aus den tibetischen Cham-Riten hervorgegangen ist und den Sieg des Buddhismus über die ursprüngliche Naturreligion feiert. Es folgt damit der gleichen Tradition wie die großen Klosterfeste in Ladakh (Hemis) und Bhutan (Paro).

Vom Kloster führt ein Pfad nach Westen über Kure (4229 m; 1,5 Std.) nach Tengpoche (4321 m; 40 Min.). Nach einem weiteren etwa eineinhalbstündigen Anstieg auf etwa 4700 m hat man einen umfassenden Blick zurück mit Ama Dablam und Makalu in der Ferne. Die Route verläuft weiter über den **Trashi-Lapsta-Paß** (5755 m) ins Rolwaling-Tal. Durch Steinschlaggefahr und einen senkrechten Gletscherabbruch in Paßnähe bleibt dieser schwere

Felsmalerei bei Thame

Der Yak, Reit- und Lasttier in den Bergen

und gefährliche Weg aber nur gut ausgerüsteten und erfahrenen Bergwanderern vorbehalten (Zelt, Verpflegung für fünf Tage, Eisausrüstung, Führer, Sondergenehmigung). Wiederholt war der Paß wegen zahlreicher Todesfälle für Touristen sogar völlig gesperrt.

Ein anderer, etwa dreistündiger Ausflug, den man sich nicht entgehen lassen sollte, führt von Namche Bazar hinauf nach **Shangboche,** zum berühmten Hotel »Everest View«. Ausgangspunkt ist wiederum das Kloster in Namche, von dem aus man nunmehr rechter Hand steil bergauf steigt und nach etwa einer Stunde den Rand des Talkessels am nordwestlichen Ende der Flugpiste erreicht. Erstmals hat man nun einen freien, atemberaubenden Blick auf die Berge im Osten (Thamserku 6608 m, Kang Taiga 6685 m und Ama Dablam 6856 m). Man geht die Landebahn entlang und quert diese am anderen Ende, um zum Hotel zu gelangen, von dem aus man tatsächlich den Mount Everest als kleine Pyramide hinter Nuptse und Lhotse sehen kann. Die von einer japanischen Gesellschaft betriebene Luxusherberge ist die sicherlich schönste Unterkunft weit und breit, verlangt aber auch entsprechende Preise jenseits der 200-DM-Grenze. Die meisten Gäste, überwiegend ältere Japaner, lassen sich trotz der gesundheitlichen Risiken (Höhenkrankheit) von kleinen Maschinen oder Hubschraubern einfliegen. So gehören Arzt und Sauerstoffdusche zur selbstverständlichen Ausrüstung dieser einzigartigen Unterkunft, die dem ›normalen‹ Ausflügler freilich eine willkommene Gelegenheit für eine wohlverdiente Teepause bietet. Für den Rückweg nach Namche überquert man wieder die Landepiste nahe dem südöstlichen Ende und steigt von dort steil bergab, um etwa in Höhe des Museums auf den Hauptweg Namche – Tengboche zu stoßen.

Everest-Gebiet

Die Wanderung nach Shangboche läßt sich nach Kunde-Kumjung ausdehnen und von dort in das Everest-Gebiet fortsetzen, ohne nach Namche zurückkehren zu müssen. Die Doppelortschaft **Kunde-Kumjung** (3790 m; ca. 2 Std. von Namche, mehrere Lodges) gehört zu den größten und ältesten Siedlungen im Khumbu-Gebiet. Da sie etwas abseits der Hauptroute zum Everest liegt, wird sie von Touristen nicht sehr häufig besucht, obwohl der Umweg durchaus lohnt. Denn weitaus mehr als Namche hat Kunde-Kumjung sein traditionelles Gesicht bewahrt und ist die neben Pengboche wohl eindrucksvollste Sherpa-Niederlassung in Khumbu.

Man folgt zunächst dem oben beschriebenen, vom Kloster Namche ausgehenden Weg zum Flugfeld von Shangboche, überquert dieses am Nordende und gelangt kurz darauf zu einigen Chörten, die einen kleinen Paß markieren, von dem aus man einen weiten Blick zu den Bergen im Nordosten hat und tief unten bereits die Häuser von Kunde-Kumjung sehen kann. Nach steilem Abstieg geleiten Mani-Mauern den Wanderer in die fast allseitig von Bergen umschlossene Sherpa-Siedlung. Der Neubaukomplex auf der rechten Seite beherbergt die von Sir Edmund Hillary 1962 errichtete Schule. Dem Erstbesteiger des Everest ist auch das Krankenhaus von Kunde-Kumjung zu verdanken, das von kanadischen und neuseeländischen Ärzten geführt wird und sich aus freiwilligen Spenden finanziert. Trotz seiner Größe von etwa 100 Häusern und seinem relativ hohem Alter erhielt der Ort erst 1923 ein Kloster, das Lama Gulu, der Gründer Tengboches, am Hang oberhalb der Siedlung mit Hilfe der Dorfbewohner nach tibetischem Vorbild errichtete. Als besondere Sehenswürdigkeit wird dem Besucher gegen eine kleine Spende ein Yeti-Skalp gezeigt. Obwohl die Bewohner von der Echtheit überzeugt sind, dürfte es sich um eine aus Tierfell geformte ›Haube‹ handeln. Von Kunde-Kumjung aus kann man in Richtung Gokyo (s. S. 288f.) abzweigen oder in etwa 30 Minuten zum Hauptweg Namche – Tengboche absteigen, auf den man bei Sanasa trifft.

Namche Bazar – Mount Everest

Der direkte Weg von Namche Bazar nach Tengboche, der nächsten wichtigen Station auf dem Weg zum Everest, verläßt Namche durch einen kleinen Sattel im Nordosten. Die vier- bis fünfstündige Tagesetappe ist trotz des gut ausgebauten Pfades für den Ungeübten recht anstrengend. Vom Rand des Talkessels folgt die Route zunächst ohne große Höhenunterschiede den Hang hoch über dem Dudh Kosi und erreicht nach etwa eineinhalb Stunden die Häuser von **Sanasa** (3650 m; Lodge, schöner Blick nach Tengboche). Bald darauf führt der Weg durch schattigen Wald mit Blick auf das Dorf Trashinga zum Weiler **Loshasa** hinab (ca. 40 Min.) und weiter zum Dudh Kosi, den man auf einer Hängebrücke in 3247 m Höhe kreuzt, um kurz darauf die Häuser von **Pungo Tenga** zu erreichen (30 Min., Restaurants). Zahlreiche wassergetriebene Gebetsmühlen begleiten nun den Beginn des steil durch Wald bergauf führenden Pfades, der beeindruckende Sicht auf die zum Greifen nahen Gipfel von Kang Taiga (6685 m) und Thamserku (6608 m) bietet. Nach mühsamen eineinhalb bis zwei Stunden erreicht man das kleine Plateau von **Tengboche** (3867 m; einige Lodges).

Beherrscht wird die leicht geneigte Freifläche vom gleichnamigen Kloster, das durch seine religiöse Bedeutung, vor allem aber auch durch die grandiose Lage vor der Kulisse schneebedeckter Berge, einen weit über die Region hinausreichenden Ruf als Zentrum des Buddhismus von Khumbu genießt.

Die Geschichte des Klosters geht nur zurück bis ins Jahr 1916, als Lama Gulu, dessen Initiative auch die Gompa von Kunde-Kumjung ihre Existenz verdankt, mit dem Bau des Klosters unter tatkräftiger Mithilfe der umliegenden Sherpa-

Klimatabelle Tengboche

Monat	Temp. max. in °C	Temp. min. in °C	Niederschlag in mm
Januar	2,0	–9,5	12
Februar	4,5	–9,0	25
März	8,5	–5,8	24
April	12,2	–3,8	28
Mai	13,7	–0,5	29
Juni	14,4	3,5	155
Juli	14,2	4,5	277
August	14,2	4,5	265
September	13,0	2,5	140
Oktober	11,8	–1,5	70
November	8,3	–6,8	5
Dezember	6,0	–7,4	1

Richtig Reisen *Tip*

Mani-Rimdu-Fest

Das alljährlich zum Vollmond im November stattfindende Klosterfest von Tengboche gehört sicherlich zu den herausragenden kulturell-religiösen Ereignissen der Khumbu-Region. Höhepunkt der dreitägigen Veranstaltungen sind die am zweiten Tag im Hofe des Klosters stattfindenden Maskentänze, zu der sich die Bewohner der gesamten näheren und weiteren Umgebung versammeln. Um einen Platz zu bekommen, sollte man sich sehr früh einfinden und sich auf einen langen Tag einstellen (Verpflegung und Getränke mitbringen).

Die klösterlichen Mysterienspiele, die ausschließlich von den Mönchen aufgeführt werden, gehen auf die Zeit zurück, als sich die neue Religion gegen den animistischen Bön-Kult behaupten mußte. Vor den andächtigen Zuschauern wird der Sieg des Buddhismus über die Geisterwelt des Bön-Kults mit schreckenseinflößenden Masken, dumpfen Hörnerklang und bunten Gewändern wirkungsvoll in Szene gesetzt.

Jeder Tanz hat seine kultische Bedeutung. Die vier Götter der Himmelsrichtungen sollen die von überall einfallenden bösen Geister abwehren. Zu den Höhepunkten gehört der Auftritt Padmasambhavas in besonders eindrucksvoller Maske. Der von den Sherpa als Gott verehrte Mystiker verschmolz im 8. Jh. den Bön-Kult des Himalaya mit dem traditionellen Buddhismus zum Lamaismus oder Tibetischen Buddhismus. In die Veranstaltung wurden aber auch unterhaltsame Elemente eingeflochten, so z. B. der Auftritt des Greises, der einen verdutzten Touristen auf den Tanzplatz zieht und mit ihm

Gemeinden begann. Als Vorbild diente das tibetische Kloster von Rombuk, in dem der Begründer einige Zeit verbracht hatte. So war bei der Einweihung im Jahre 1919 auch Ngawang Tenzin Norbu, der Abt von Rombuk, zugegen, der in Lama Gulu eine Inkarnation des Lama Bundachendzen erkannt und damit dessen Weg zum Vorsteher einer Klostergemeinschaft geebnet hatte, die ja nur von einem inkarnierten Abt geführt werden kann. Tenzin Norbu galt im übrigen als die 5. Inkarnation des legendären Lama Sangwa Dorje, der vor über 350 Jahren den Buddhismus nach Khumbu brachte und auch als Gründer der Gompa von Pengboche gilt. Erstmals wurden bei der Einweihung auch die Mani-Rimdu-Tänze aufgeführt, die seither zum festen Bestandteil im religiösen Jahresablauf gehören. Das große Erdbeben von 1933 vernichtete auch Tengboche, wobei der damals 85jährige Lama Gulu durch Schock den Tod fand. Nach drei Jahren wurde seine

◁ *Kloster Tengboche*

zum Ergötzen der Einheimischen seinen Schabernack treibt. Dann wirbeln Skelette mit Totenmasken über den Hof, die Herren der Leichenäcker, die an die Vergänglichkeit des irdischen Lebens gemahnen. Auch der fremde Besucher wird gefangengenommen von den Farben der prächtigen Gewänder, den ausdrucksvollen Masken, den Weihrauchgerüchen und monotonen Klängen der Instrumente und versinkt in eine Art Trance.

Reinkarnation in einem Jungen aus Namche gefunden, der nach der Ausbildung seit 1956 als Rinpoche dem Kloster vorsteht. Am 19. Januar 1989 wurde das Kloster erneut von einem Schicksalsschlag getroffen, als ein Kurzschluß in einem gespendeten Generator einen Großbrand auslöste, dem fast die gesamte Anlage zum Opfer fiel. Dank tatkräftiger Unterstützung aus aller Welt konnte aber recht zügig mit dem Wiederaufbau begonnen werden. 1993 erstrahlte der gesamte Komplex wieder in neuem Glanz.

Von Tengboche aus windet sich der Weg steil bergab (bei Regen und Schnee sehr schlammig), begleitet ein Stück den Imja Khola, dessen Tal wir nun folgen, und überquert ihn auf einer Hängebrücke. Nach etwa eineinhalb Stunden nähert man sich der Ortschaft **Pengboche** (3900 m). Eilige nehmen die untere, in Flußnähe entlangführende Hauptroute, die den Ort umgeht. Wer mehr Zeit hat, sollte bei dem Wegweiser »Gompa« (auf den Felsen gemalt) die links den Hang hinaufführende Abzweigung wählen, auf der er, vorbei an eini-

Richtig Reisen *Thema*

Der Yeti

Seit Beginn der großen Himalaya-Expeditionen in den 20er Jahren geistert der Yeti, der geheimnisumwitterte »Schneemensch«, durch die Medien der Welt, nicht anders als das sagenumwobene Ungeheuer von Loch Ness. In den Mythen der Himalaya-Bewohner hat das Fabelwesen freilich schon immer seinen festen Platz gehabt, nicht nur bei den Sherpa, die es Yeti (*ye* = Fels, *the* = Tier) nennen. In Tibet heißt es *gung mi* (»Gletschermann«), bei den Lepcha von Sikkim wiederum *chumung* (»Schneegeist«). Lange bevor die ersten Menschen über den Nangpa La nach Khumbu vordrangen, so berichten die Sagen der Sherpa, lebten in den Tälern die Yeti-Gemeinschaften. Mit Verwunderung und Neugier beobachteten sie die ersten Siedler und fanden bald Gefallen an deren Vorräten. Den Sherpa war diese Dreistigkeit verständlicherweise ein Dorn im Auge. So entsannen sie schließlich eine List, sich der aufdringlichen Gesellen zu entledigen. Da sie wußten, daß die Yetis jeden ihrer Schritte von den Hängen beobachteten, um ihn später zu imitieren, veranstalteten sie ein Fest. Reichlich floß der Chang, das tibetische Bier, dann lieferten sich die Sherpa mit hölzernen Waffen einen Scheinkampf. Von den Yetis unbemerkt tauschten sie sodann den Chang gegen den stärkeren Rakshi und ersetzten die harmlosen Knüppel durch scharfe Waffen. Wie erwartet, stiegen die Yetis nachts von den Bergen, um das Fest der Sherpas in gleicher Weise nachzuvollziehen. Sehr schnell waren sie betrunken und fielen mit den tödlichen Waffen übereinander her. Nur eine Yeti-Familie, die sich ferngehalten hatte und das Gemetzel nun von weitem mit ansehen mußte, überlebte und flüchtete weiter hinauf in die unzugängliche Bergwelt. Seither meiden die Yetis die Menschen und nähern sich nur hin

gen Chörten, in gut 30 Minuten die Ortschaft erreicht. Beherrscht von der ältesten Gompa Khumbus scharen sich die Häuser in einem Halbrund mit sehr schönem Blick auf die Sechstausender Thamserku, Kang Taiga und Ama Dablam. Das Kloster im tibetischen Stil soll der Legende nach bereits von Lama Sangwa Dorje gegründet worden sein und auch seine Reliquien enthalten, nachdem diese von einigen Dorfbewohnern aus dem tibetischen Kloster Cho-Phung entwendet worden waren.

Zumeist ist der Komplex, der heute keine Mönche mehr beherbergt, sondern nur noch als einfache Gompa dient, verschlossen; nach einigem Fragen findet sich jedoch immer jemand, der den Besucher gegen eine kleine Spende einläßt. Zur Zeit ist die Anlage recht verwahrlost, zaghafte Renovierungen sind jedoch im Gange. Lohnend ist

und wieder den Siedlungen, töten ein Yak oder erschrecken ein schönes Sherpa-Mädchen. Namhafte Bergsteiger aus den Pioniertagen, wie Harold W. Tilman, Eric Shipton und Chris Bonnington, waren ebenso fest von der Existenz des geheimnisvollen Schneemen-

»Yeti-Skalp«

schen überzeugt, wie einige Zeitgenossen aus unseren Tagen es noch immer sind. 1974 wurde ein Sherpa-Mädchen von einem dunkelhaarigen Wesen mit tiefliegenden Augen angegriffen, das auch fünf ihrer Yaks tötete. Die Polizei konnte Spuren sichern, kam aber der Lösung des Rätsels nicht näher. Ebenso erging es dem Direktor der BBC, der im April 1988 nahe dem Everest Base Camp ein geheimnisvolles Wesen gesichtet haben will, oder einem kalifornischen Biologen, der nur wenige Wochen später in abgelegener Region zwei gehäutete Bergziegen ohne Hörner und Füße entdeckte. Aber auch großangelegte Suchexpeditionen mit 300 Trägern oder gar mit Hubschraubern vermochten das Geheimnis um den Yeti nicht zu lüften.

Die Legende mag dennoch einen wahren Kern haben. Nach Ansicht vieler Biologen deuten die immer wieder auftauchenden Beschreibungen eines rotbehaarten, teils aufrecht gehenden Wesens, das als Einzelgänger an der Grenze zwischen Bergwald und Hochgebirgsregion lebt, auf einen Vertreter aus der Familie der Bären oder gar der Orang-Utang. Fossile Funde in Südnepal beweisen, daß Menschenaffen in grauer Vorzeit bis in Randgebiete des Himalaya vorgedrungen waren, so daß durchaus die Möglichkeit besteht, daß Nachfahren dieser ausgestorbenen Rassen bis heute in abgelegenen Tälern des Himalaya überlebt haben. Bleibt nur zu hoffen, daß die Legende weiterhin Bestand hat und nicht durch eine banale Realität entmystifiziert wird.

der Blick in den Gebetsraum mit seinen alten Thankas und Ritualgegenständen. Berühmt war die Gompa für einen hier aufbewahrten Yeti-Skalp, der 1992 leider entwendet wurde.

Von Pengboche steigt man in 30 Minuten wieder zu dem am Fluß entlangführenden Hauptweg hinab, der mit stetigem Anstieg das Tal begleitet. Im Tea Shop der Hochalm Orsho (ca. 2 Std.) kann man sich nochmals erfrischen. Vorbei an Chörten führt die Route nun zu einer Gabelung (Wegweiser), an der man links abbiegt (der geradeaus verlaufende, besser ausgebaute Pfad führt nach Dingboche, s. u.) und zunächst ansteigend in das Tal des Lobuche Khola einschwenkt, den man bald darauf auf einer Brücke überquert, um kurz darauf das Tagesziel **Periche** zu erreichen (4243 m; ca. 3 Std. von Pengboche, mehrere Lodges). Auch wer früh angekom-

men ist und sich fit fühlt, sollte hier einen Rasttag einlegen. Der Ort verfügt über eine Station der *Himalayan Rescue Organisation* zur Behandlung von Höhenkrankheiten und anderen, kleineren ›Wehwehchen‹ (gegen Barzahlung). Ein lohnender Ausflug läßt sich zur 500 m höher gelegenen **Nang Kharga Gompa** unternehmen. Vom Grat hat man einen weiten Blick zum Khumbu-Gletscher, zum Makalu (8463 m) und ins Imja-Khola-Tal.

Von Periche aus zieht sich der Weg weiter bergauf über Phulung Kharga (4365 m) nach **Dughla** (4595 m; Lodge) am Fuße der Endmoräne des Khumbu-Gletschers und steigt von dort steil an. Den Wegesrand säumen Gedenksteine für tödlich verunglückte Bergsteiger und Träger. Mit herrlichem Blick auf die Eiswände des Nuptse (7861 m) zieht sich der Pfad am Westrand des Gletschers entlang nach **Lobuche** (4928 m; ca. 4 Std. von Periche, einige Lodges, während der Saison kann es zu Engpässen kommen).

Hier enden die zivilisierten Unterkünfte. Gut akklimatisierte Wanderer können von Lobuche aus in einem Tagesausflug die Endpunkte des Treks, den Aussichtsberg Kala Pattar oder das **Mount Everest Base Camp** besuchen. Die einzige Unterbrechungsmöglichkeit mit sehr primitiver Unterkunft besteht in **Gorak Shep** (5100 m; 2 Std.). Dort beginnt der steile Aufstieg zum **Kala Pattar** (5545 m), wofür man mit der besten Aussicht auf den nur 10 km entfernten Mount Everest und den Khumbu-Gletscher belohnt wird. Von Ghorak Shep aus gelangt man in etwa 2 Stunden auch zum Basislager (kein markierter Weg), das allerdings keinen besseren Blick gewährt. Der mit 8848 m höchste Berg der Welt hat seinen internationalen Namen im Jahre 1856 durch die *Royal Geographic Society* aus England zu Ehren Sir George Everest (1790–1866) erhalten, der zwischen 1823 und 1843 die geodätische Vermessung Indiens geleitet hatte. Erst 1852 hatte man bei der Auswertung der Meßergebnisse entdeckt, daß Berg »No XV« die höchste Erhebung der Welt war. Die Einheimischen hatten ihrem Berg freilich lange zuvor bereits einen viel treffenderen Namen gegeben, als sie ihn *Chomolongma,* »Muttergottheit der Erde« nannten. Die Erstbesteigung erfolgte am 29. Mai 1953 durch den Neuseeländer Edmund Hillary und den Sherpa Tenzing Norgay, nachdem bereits zahlreiche Expeditionen gescheitert waren.

Mount Everest (8848m)

Von Lobuche und Dughla aus besteht eine direkte Verbindung nach Gokyo über den 5420 m hohen Nyiamagawa-Paß (schwierig, 2 Tage, Zelt, Verpflegung und Führer erforderlich). In umgekehrter Richtung ist die Route einfacher.

Abstecher nach Chukung

Die winzige Siedlung Chukung, am oberen Ende des Imja-Khola-Tals gelegen, fasziniert durch die sie umschließenden Gebirgswände von Nuptse (7861 m), Lhotse (8506 m), Lhotse Shar (8386 m) und Ama Dablam (6856 m). Am einfachsten erreicht man das Tal, wenn man bei der oben beschriebenen Abzweigung nahe der Alm von Orsho statt links hinauf nach Periche rechts ins Imja-Khola-Tal abbiegt. Hoch am Hang verläuft der Weg zunächst nach **Dingboche** (4358 m; 1 Std. von der Abzweigung, zahlreiche gute Lodges), einer etwas größeren Ortschaft mit herrlichem Blick auf den gegenüberliegenden

Tal von Chukung mit dem Lhotse-Massiv

Ama Dablam. Zwischen Periche und Dingboche besteht auch eine direkte Verbindung. Man steigt zu dem mit Chörten und Mani-Steinen markierten Grat hinauf und trifft dort auf den unter Periche beschriebenen Pfad zur Nang Kharga Gompa (s. S. 283f.). Vom Grat aus kann man bereits die Häuser von Dingboche erkennen, das man in etwa 45 Minuten auf einem gut ausgebauten Fußpfad erreicht.

Von Dingboche aus führt der Weg mäßig ansteigend weiter talauf bis **Chukung** (4753 m; 2,5 Std., zwei einfache Lodges). Wählt man diesen Punkt nur als Tagesausflug, sollte man früh aufbrechen, da ab mittags meist Wolken aufziehen. Wer in Chukung übernachtet, kann einige lohnende Ausflüge mit großartiger Aussicht unternehmen. In vier bis fünf Stunden gelangt man auf den Gipfel des Chukung Ri (5417 m) mit atemberaubendem Blick auf die Gletscher und Gipfel von Nuptse, Lhotse und Ama Dablam. Etwa drei Stunden benötigt man bis Pareshya Gyab (5100 m), dem Basislager des Island Peak (6173 m) an der Endmoräne des Lhotse-Shar-Gletschers. Der Berg selbst, der als leichtester Sechstausender gilt, darf offiziell allerdings nur mit Genehmigung bestiegen werden (Eisausrüstung erforderlich). Auf schwierigem Weg kann man von Chukung aus bei gutem Wetter über den 5535 m hohen Paß Kongma La direkt nach Lobuche gelangen (Zelt, Verpflegung und Führer erforderlich).

Zu den Seen von Gokyo

Der Ausflug zu den Seen von Gokyo ist in den letzten Jahren immer beliebter geworden, und es gibt nicht wenige, die den Panoramablick von hier aus dem vom Kala Pattar vorziehen. Die von dem mächtigen Ngozumpa-Gletscher gespeisten, smaragdgrünen Gewässer liegen in Höhen zwischen 4700 m und 5000 m.

Gut ausgerüstete und erfahrene Bergwanderer können zwar, wie oben erwähnt, direkt von Lobuche nach Gokyo hinüberwechseln, wobei sie den 5420 m hohen Nyiamagawa-Paß queren müssen. Die normale Route führt jedoch das reizvolle Dudh-Kosi-Tal hinauf, dem wir auf dem Weg zum Everest bereits bis kurz vor Tengboche gefolgt waren, ehe wir dort in das Imja-Khola-Tal abgebogen sind. Man hat die Wahl zwischen zwei Routen. Die eine führt westlich des

Am Gokyo-See

Flusses entlang, ausgehend von Kunde-Kumjung, die andere verläuft am Ostufer und beginnt in Phortse. Für den bergauf führenden Hinweg empfiehlt sich die westliche Route, da hier mehr Unterkünfte zur Verfügung stehen. Beide Wege sind in der Trockenheit leicht begehbar, wenn auch schmaler als die zum Everest. Eine besondere Gefährdung besteht durch die Höhe. Mit schönem Blick auf Ama Dablam und Kang Taiga folgt der westliche Pfad zunächst dem Hang des Khumbila (5761 m), zu dessen Füßen Kunde-Kumjung liegt. Wer nicht schwindelfrei ist, sollte die kurze treppenartige Abkürzung meiden, die von den Einheimischen vor allem beim Rückweg bevorzugt wird, und statt dessen den etwas längeren Yak-Pfad wählen, der um den Berg herumführt. Kurz nach dem Zusammentreffen der beiden Wege passieren wir einen Chörten, der einen Grat in 3973 m Höhe krönt (ca. 2 Std. von Kunde-Kumjung, Tea Shop). Am gegenüberliegenden Ufer kann man die Siedlung Phortse (3840 m) erkennen, durch die der östliche Weg nach Gokyo verläuft. Unser zunächst von schönem, durch Rodung aber gefährdeten Bergwald begleiteter Pfad führt nun steil bergab zum Dudh Kosi, den man von hier auch nach Phortse queren kann und folgt dann wieder ansteigend dem Tal. Nach gut zwei Stunden ist die Hochalm **Dole** erreicht, wo man zur Akklimatisierung eine Pause einlegen sollte (4100 m; »Himalayan Lodge« u. a.).

Am steilem nunmehr unbewaldeten Hang, von dem man einen großartigen Rundblick hat, führt der Weg weiter talaufwärts über **Lhabarma** (4320 m; ca. 1 Std., Tea Shop) nach **Luza** (4370 m; 2 Std., Lodge). Über einen kleinen, mit Mani-Steinen markierten Paß (4425 m) gelangen wir in weniger als einer Stunde zu dem an der Einmündung eines Gletscherbaches gelegenen Weiler **Machhermo** (4410 m; Lodge).

An den westlichen Ausläufern des Machhermo Peak (6073 m) windet sich der Weg nun hinauf zur Alm **Pangka** (4548 m; ca. 1 Std.). Die dortige Lodge wurde während des großen Schneesturms im November 1995 unter einer Lawine begraben, wobei 13 japanische Trekker und 13 nepalesische Träger den Tod fanden. Wir queren nun einen kleinen Paß und steigen auf einer Moränenschulter weiter bergauf zum Gokyo-Paß (4680 m), der zum Seenplateau überleitet. Zunächst trifft man auf den kleinen Longpongo-See, gefolgt vom Taoche-See und schließlich dem Dudh Pokhari, an dessen Ostufer **Gokyo** liegt (4750 m; ca. 2,5 Std. von Pangka, 3 Lodges).

Um das Bergpanorama in seiner ganzen Schönheit zu genießen, bedarf es jedoch nochmaliger Anstrengung. In zwei bis drei Stunden führt ein zunächst sehr steiler, im Zickzack verlaufender Pfad zum **Gokyo Peak** (5360 m) hinauf, der in Anlehnung an den Aussichtsberg bei Lobuche ebenfalls Kala Pattar genannt wird. Tief unten liegt der türkis leuchtende Gokyo-See mit dem zerklüfteten Gletscher, ringsum erheben sich die höchsten Berge der Welt, darunter so bekannte Namen wie Cho Oyu (8153 m; Norden), Pumori (7165 m; Nordosten), Mount Everest (8848 m; Nordosten), Nuptse (7861 m; Osten), Lhotse (8501 m; Osten) und Makalu (8470 m; Osten).

Expeditionsmäßig ausgerüstete Touristen mit bergsteigerischer Erfahrung (Zelt, Verpflegung, Eisausrüstung, Führer) können über den 5345 m hohen Renjo-Paß in zwei Tagen in das Bhote-Kosi-Tal hinüberwechseln und Thame erreichen (s. S. 273f.).

Weitere Touren in Ostnepal

Die Region um die höchsten Gipfel der Welt bietet noch weitere, allerdings meist schwierige Touren, die sich nur organisiert durchführen lassen und zumeist durch einsame Landschaften abseits der Zivilisation verlaufen.

Durch das Arun-Tal zum Makalu Base Camp

9 (S. 329) Die zweite von Tumlingtar (s. S. 268f.) ausgehende Trekkingroute führt in etwa neun Tagen zum 4800 m hoch gelegenen Basislager des Makalu (8463 m) zu Füßen des Barun-Gletschers. Für die anspruchsvolle Wanderung von/bis Tumlingtar sind etwa drei Wochen einzuplanen.

Der Weg verläßt kurz nach Tumlingtar das Arun-Tal in Richtung **Khandbari** (Unterkunft, Samstagmarkt) und folgt einem Gebirgszug bis Bhote Bash (1720 m), wo er nach Nordosten abknickt und weiter entlang eines Gebirgszuges durch schönen Bergwald hoch über dem Arun-Tal verläuft. Hinter dem Ort **Num** steigt man ab und quert den Fluß auf einer Brücke in 680 m Höhe.

Nach steilem Anstieg erreicht man den etwas größeren Ort **Sedua** (1480 m) und gelangt auf einfacher, durch bewaldete Berglandschaft führender Route in einem halben Tag nach **Tashigaon** (2050 m), der letzten Siedlung auf dem Weg zum Makalu.

Von nun an wird der viertägige Marsch zum Basislager anstrengender und man ist völlig auf sich selbst gestellt. Zudem ist zu jeder Jahreszeit mit Eis und Schnee zu rechnen. Einem Gebirgsgrat folgend, steigt die Route nun zum **Shipton-Paß** (4127 m) und dem kurz dahinter liegenden **Barun-Paß** (4040 m), die hinüberleiten ins Barun-Tal. Der teilweise steinschlaggefährdete Pfad führt bis zum Barun-Fluß auf eine Höhe von 2600 m hinab, um dann auf 4600 m bis **Shershon** anzusteigen, einem flachen Gelände mit eindrucksvollem Blick auf Peak 6 (6477 m) und Makalu. Eine noch bessere Sicht auf den Achttausender hat man vom **Basislager** in 4800 m, das man in einer Stunde erreicht. Der Rückmarsch nach Tumlingtar erfolgt entlang derselben Route und dauert etwa sieben Tage.

Zum Kanchenjunga

10 (S. 328) Diese außergewöhnliche Wanderung zu dem größtenteils auf dem Territorium von Sikkim liegenden Kanchenjunga-Massiv zählt sicherlich zu den großartigsten und mit drei bis vier Wochen auch zu den längsten organisierten Trekkingtouren in Nepal. Für Touristen ist das Gebiet erst seit 1989 geöffnet. Man kann sowohl das sehr abgelegene nördliche, wie auch das einfacher zu erreichende südliche Basislager

besuchen. Die Touren sind aufgrund des steten Auf und Ab sehr anstrengend und erfordern gute Höhenverträglichkeit, da man bis über 5000 m aufsteigt. Zudem muß man mit etlichen Erdrutschen rechnen, die es auf schmalen, manchmal halsbrecherischen Pfaden zu umgehen gilt. Beschrieben werden soll hier nur die häufiger begangene Route zum südlichen Basislager.

Der lange Anmarsch beginnt in etwa 2400 m Höhe am Flugfeld von **Lali Kharka** oberhalb des Ortes Taplejung, den man auch in 35stündiger Busfahrt von Kathmandu aus erreichen kann. Abkürzen läßt sich die Anreise durch den Flug nach Tumlingtar (3 × wöchentlich). Über einen Paß (2570 m) geht es von dort zum recht bedeutenden Ort **Thembewa** (1880 m) und weiter bergab zu einer Brücke über den Pha Khola (1700 m). Über 300 m muß man nun wieder zur Ortschaft **Bhanjiang** aufsteigen, wo man in das Tal des Kabeli Khola wechselt, dem man nun für etliche Tage folgt, wobei man immer wieder tief eingeschnittene Seitentäler queren muß. Erst hinter **Yamphudin** (2100 m), vier Tagesmärsche von Suketar entfernt, queren wir über den Lase-Banyang-Paß (3500 m) hinüber in das noch ursprüngliche, dicht bewaldete Yalung-Tal, dem wir nun nach Norden durch kaum besiedelte Landschaft folgen. Ziel ist die Quelle am 20 km langen, schuttbedeckten **Yalung-Gletscher** (4400 m), überragt von den Berggipfeln Kabru (7350 m) und Ratong (6678 m). Mit der Überquerung des von Geröllbrocken übersäten Passes **Lapsang La** (5050 m) liegt nun die schwierigste Etappe des Treks vor uns. Nach dem steilen Abstieg erwartet den Wanderer im Dorf **Ghunsa** (3350 m) wieder ein Stück bescheidene Zivilisation. Zwei Wandertage sind es von hier noch entlang des Ghunsa Khola zum atemberaubend gelegenen **Basislager** auf der Alm von Pangpema in knapp über 5000 m Höhe.

Der Rückweg gestaltet sich etwas einfacher und führt in etwa sechs Tagen am Ghunsa Khola entlang über Phole, Lepsung, Linkhim und Phurumbuk zurück zum Ausgangspunkt Lali Kharka.

Auf dem Wasser durch die Berge

Es war nur eine Frage der Zeit, bis sich in diesem Land des Aktivurlaubs weitere Formen sportlicher Fortbewegung zum Trekking gesellten.

Schon bald nachdem europäische und nordamerikanische Abenteurer in den 70er Jahren Nepals Flüsse als ideales Revier für Wildwasserfahrten entdeckt hatten, wurde die Idee von einigen Agenturen touristisch verwertet. Der Erfolg war so groß, daß *rafting,* so die Bezeichnung für Schlauchbootfahrten, mittlerweile zum begehrten Devisenbringer geworden ist. Über 10 000 Touristen vertrauen sich heute jedes Jahr den Gummibooten an. Die Auswahl an geeigneten Revieren ist groß und reicht von beschaulicher Bootsfahrt bis zu halsbrecherischer Akrobatik. Zum Einsatz kommen Schlauchboote unterschiedlicher Ausführung.

Für Flußfahrten eignen sich am besten die Monate Oktober/November und Februar bis April. Im Winter kann es auf dem Wasser ungemütlich kalt werden, im Sommer verwandeln Monsun und

Schmelzwasser die Flüsse in reißende Wassermassen. Die Touren werden von mehr oder minder zuverlässigen Gesellschaften organisiert. Ähnlich wie bei den Trekkingagenturen gibt es hier viele schwarze Schafe vor allem unter den billigen Anbietern. Sie operieren häufig mit völlig unzulänglichem Gerät und lassen alle Sicherheitsmaßnahmen außer acht. Gute Agenturen (S. 231) stellen Boote, Rettungswesten, Zelte, Verpflegung, Transfer zu und von den Flüssen, Führer und auf Wunsch auch die Paddler. Bei preiswerten Touren muß man selbst in die Riemen greifen, bei Billigangeboten sich überdies auch um die An- und Abreise zu den Landeplätzen bemühen. Wie beim Trekking will der Staat auch vom Rafting profitieren und schreibt ein kostenpflichtiges Rafting Permit vor, das von den Agenturen besorgt wird (Paßbild erforderlich) und im Pauschalpreis enthalten ist. Touren auf eigene Faust sind nicht erlaubt.

Weitaus beliebtester Fluß ist der westlich von Kathmandu fließende **Trisuli,** da man auf ihm bis zum Royal Chitwan National Park (s. S. 201ff.) gelangen kann. Zahlreiche Reisebüros in Kathmandu haben diese Kombination bereits im Programm. Bis Mugling verläuft er parallel zur Straße nach Pokhara, nimmt dort den von Westen kommenden Marsyangdi auf und wendet sich nach Süden, wo er später in den mächtigen **Narayani** mündet, der durch den Nationalpark fließt. Da der Fluß auf einem langen Stück von der nach Pokhara führenden Straße begleitet wird, hat man die Wahl mehrerer Ausgangspunkte. Je weiter flußauf man startet, desto länger dauert die Reise und desto wilder sind die Stromschnellen. Im unteren Abschnitt zwischen Mugling und dem Chitwan-Park gilt der Fluß als leicht zu befahren. Da er durch dicht bewohntes, verkehrsmäßig gut erschlossenes Gebiet führt, darf man allerdings nicht mit einem großartigen Naturerlebnis rechnen.

Ganz anders der östlich von Kathmandu fließende **Sunkosi**, der abenteuerlicheres Rafting bietet und schwerer zugänglich ist. Nur auf dem Abschnitt nördlich von Dolalghat wird er von der zur chinesischen Grenze führenden Straße begleitet. Bis zu diesem Ort kann man eine Tagestour unternehmen; wer weiter will, muß sich dem Sunkosi für etwa 10 Tage anvertrauen, ehe er bei Dharan im Terai wieder die Zivilisation erreicht. Die Route ist sehr abwechslungsreich und landschaftlich reizvoll, beinhaltet aber auch einige rauhe Passagen.

Weitaus schwieriger zu realisieren und daher auch teurer ist das Befahren des **Bheri** in Westnepal, der von Surkhet (Straßenanschluß von Pokhara) zum Royal Bardia National Park (s. S. 196f.) hinabführt und als zahm gilt.

Zu den abenteuerlichsten und abwechslungsreichsten Touren zählt ohne Zweifel die Befahrung des **Karnali**, des mächtigsten und längsten Flusses Nepals. Die zweiwöchige Tour startet in Surkhet, weit im Westen des Landes nahe der Flugpiste von Nepalgunj, von wo aus man zwei Tage bis zum Karnali trekken muß, ehe man sich den Booten anvertraut. In einer wilden Fahrt geht es durch weitgehend unberührte Landschaft bis nach Chisapani an der Nordgrenze des Chitwan-Nationalparks.

Seit Fertigstellung der Straße Pokhara – Baglung steht auch die Befahrung des **Kali Gandaki** auf dem Programm zahlreicher Agenturen. Anders als beim Trisuli wird der Fluß nicht von einer Straße begleitet, führt aber dennoch durch besiedelte Regionen mit interessanten Einblicken in das dörfliche

Rafting auf dem Trisuli bei Mugling

Leben und stellt nicht zu hohe Anforderungen an die Paddler.

Eine der größten Herausforderungen erwartet den Wildwasserfahrer hingegen auf dem **Marsyangdi,** der mit einer fast ununterbrochenen Folge schäumender Stromschnellen vom Annapurna-Massiv zu Tal schießt. Die Fahrt beginnt in Ngadi, einen Tagesmarsch entfernt von Besi Sahar, dem Ausgangspunkt der Rundwanderung um den Annapurna, führt in fünf Tagen bis Bimalnagar und läßt sich mit dem Besuch des Royal Chitwan National Park verbinden.

Noch steiler ist die Fahrt den **Bhote Kosi** hinab, eine zweitägige Tour, die in Barabise, 95 km östlich von Kathmandu am Kodari Highway beginnt und bis zum Staudamm von Lamosangu führt.

Einheimische vor einer Lodge in Lobuche, Everest-Gebiet ▷

WELCOME
TO
SHERPA
LODGE

Information

Unterkunft

Restaurants

Sehenswürdigkeiten

Feste

Aktivitäten

Einkaufen

Flugzeug

Bahn

Bus

Auto

Serviceteil

Serviceteil

So nutzen Sie den Serviceteil richtig

▼ Das erste Kapitel, **Adressen und Tips von Ort zu Ort**, listet die im Reiseteil beschriebenen Orte in alphabetischer Reihenfolge auf. Zu jedem Ort finden Sie hier Empfehlungen für Unterkünfte und Restaurants sowie Hinweise zu Verkehrsverbindungen, zu den Öffnungszeiten von Museen und anderen Sehenswürdigkeiten, zu Festen, Unterhaltungsangeboten etc. Piktogramme helfen Ihnen bei der raschen Orientierung.

▼ Die **Reiseinformationen von A bis Z** bieten von A wie ›Anreise‹ bis Z wie ›Zollbestimmungen‹ eine Fülle an nützlichen Hinweisen – Antworten auf Fragen, die sich vor und während der Reise stellen.

Bitte, schreiben Sie uns, wenn sich etwas geändert hat!
Alle in diesem Buch enthaltenen Angaben wurden von dem Autor nach bestem Wissen erstellt und von ihm und dem Verlag mit größtmöglicher Sorgfalt überprüft. Gleichwohl sind – wie wir im Sinne des Produkthaftungsrechts betonen müssen – inhaltliche Fehler nicht vollständig auszuschließen. Daher erfolgen die Angaben ohne jegliche Verpflichtung oder Garantie des Verlages oder des Autors. Beide übernehmen keinerlei Verantwortung und Haftung für etwaige inhaltliche Unstimmigkeiten. Wir bitten daher um Verständnis und werden Korrekturhinweise gerne aufgreifen:
DuMont Buchverlag,
Mittelstraße 12–14, 50672 Köln

Inhalt

Adressen und Tips von Ort zu Ort

Bhairahawa

(s. a. Lumbini)
Telefonvorwahl: 0 71

Unterkunft: Hotel Nirvana, neues Luxushotel in der Pakhuawa Rd. am Stadtrand, Pool, japanisches Bad, Restaurant, Bar, ✆ 2 08 37, Fax 2 12 62
Himalayan Inn, New Rd., nahe Hotel Yeti, preiswert, ✆ 2 03 47
Hotel Yeti, Bank Rd., im Zentrum, preiswert, ✆ 2 05 51, Fax 2 08 93
Shambala, Bank Rd., im Zentrum, Billigunterkunft, ✆ 2 01 67

Restaurants: Kasturi, Nebenstraße der Bank Rd., im Zentrum Im Hotel **Yeti**

Verkehrsverbindungen: Flugzeug tägl. Verbindungen (Royal Nepal Airlines, Necon Air, Nepal Airways, Everest Air)
Bus u. a. von Kathmandu (Fahrzeit ca. 12 Std.) und Pokhara (Fahrzeit ca. 9 Std.)
Nur Rikscha oder Taxi bis zur nahegelegenen nepalesisch-indischen Grenze in Sunauli (4 km)

Bhaktapur

Telefonvorwahl: 01

Unterkunft: Pagoda Guest House, neues Gästehaus mittlerer Preisklasse am Taumadhi Tole mit schönem Dachrestaurant, ✆ 61 31 27, Fax 61 02 90
Badgaon Guest House, neues, preiswertes Gästehaus unmittelbar am Taumadhi Tole, ✆ 61 04 88, Fax 61 04 81
Golden Gate Guest House, ältere, preiswerte Unterkunft zwischen Taumadhi Tole und Durbar Square, ✆ 61 05 34
Nyatapola Inn, neues preiswertes Gästehaus zwischen Taumadhi Tole und Durbar Square, ✆ 61 13 23
Dattatreya Guest House, einfache Unterkunft am Dattatreya Tole mit schönem Blick vom Dachrestaurant
Shiva Inn, Billigunterkunft am Durbar Square, ✆ 61 07 40

Restaurants: in den Hotels **Pagoda** (empfehlenswert), **Badgaon, Golden Gate** und **Dattatreya** (s. o.),
Café de Peacock, am Dattatreya Tole

Sehenswürdigkeiten: National Gallery, im Palast am Durbar Square, tägl. außer Di 10–16.45 Uhr, Fr nur bis 14.45 Uhr, Kameragebühr
Woodcarving Museum, Dattatreya Square, tägl. außer Di 10–16 Uhr, Fr nur bis 15 Uhr, Kameragebühr

Fest: Newarisches Neujahr, Mitte April

Verkehrsverbindungen: Trolley-Bus (Vorsicht Taschendiebe!) vom Nationalstadion in Kathmandu (Tripureshwar Marg, 7–20 Uhr) bis zur Endhaltestelle, dann noch 20 Min. zu Fuß ins Zentrum

Minibus vom Bagh Bazar Kathmandu bis Nähe Durbar Square
Tagesausflug mit dem **Fahrrad** von Kathmandu aus vorzugsweise über die wenig befahrene alte Handelsstraße via Thimi mit leichten kurzen Steigungen (Fahrzeit ca. 1,5 Std.)

Besonderheit: Beim Betreten der Stadt wird von Touristen eine ›Eintrittsgebühr‹ von 50 NRs erhoben.

Bodnath (Boudha)

Telefonvorwahl: 01

Unterkunft: Hotel Stupa, an der Hauptstraße, in Nähe der Tempel, mittlere Preisklasse, ✆ 47 83 86, Fax 22 79 19 (c/o Stupa)
Maya Guest House, nahe der Tempel, mittlere Preisklasse, kleiner Garten, gepflegt und ruhig, ✆ 47 86 68, Fax 47 02 62
Lotus Guest House, nahe der Tempel, abseits der Straße, preiswert, Garten, ✆ 47 24 32

Restaurant: Stupa View, unmittelbar am Stupa, vegetarisch

Verkehrsverbindungen: Minibusse vom Rani Pokhari (Tundhikel) in Kathmandu, oder auch **Taxi, Fahrrad**

Bungamati

Verkehrsverbindungen: Regelmäßige Verbindung mit dem meist überfüllten **Bus** von Patan, oder besonders zu empfehlen mit dem **Mountain Bike** (stärkere, kurze Anstiege). Verbindet man den Abstecher mit dem Besuch der Chobar-Schlucht, die man über die Weiler Magargau und Thanagau erreicht und auf einer Hängebrücke überquert, läßt sich eine schöne Rundfahrt durchführen. Auf einem Fußweg kann man von Bungamati aus auch den Weiler Sunakothi an der Straße nach Chapagaon erreichen.

Dakshinkali

Sehenswürdigkeit: Das Opferritual erreicht morgens zwischen 7 und 8 Uhr seinen Höhepunkt und ebbt dann langsam ab.

Verkehrsverbindungen: Anfahrt mit dem **Taxi** oder **Fahrrad** (anstrengend); organisierte Busausflüge

Daman

Telefonvorwahl: 0 57

Unterkunft: Everest Panorama Resort, mittlere Preisklasse, ✆ 2 12 46; Buchung in Kathmandu, Lazim Path, ✆ 01/41 53 72, Fax 41 60 29

Dhulikel

Telefonvorwahl: 0 11

Unterkunft (Buchung ratsam): **Himalayan Horizon**, an der Straße nach Banepa, gehobene Preisklasse, schöne Lage, ✆ 6 12 95, Fax 6 14 76; Buchung in Kathmandu, Durbar Marg, ✆/Fax 01/22 50 92
Dhulikel Mountain Resort, ca. 4 km außerhalb, an der Straße zur Grenze (Busstop), mittlere Preisklasse, schöne Lage, Buchung in Kathmandu, ✆ 01/22 00 31

Dhulikel Lodge, Billigunterkunft im Zentrum, populär, ✆ 6 11 14

Aktivitäten: Wanderungen in die Umgebung, u. a. nach Namo Buddha und Panauti

Verkehrsverbindungen: Bus vom Central Bus Park in Kathmandu über Banepa oder **Taxi**

Gorkha

Telefonvorwahl: 0 64

Unterkunft: Gorkha Hill Resort, neue Bungalowanlage gehobener Preisklasse, 5 km vor dem Ort gelegen, Buchung in Kathmandu, Durbar Marg, ✆ 01/22 79 29
Hotel Gorkha Bisauni, einzig annehmbare und preiswerte Unterkunft im Ort, schöner Blick, Restaurant, ✆ 2 01 07
Rhododendron Lodge, an der Busendhaltestelle, sehr einfach, ✆ 2 01 22
Tower Lodge, ebenfalls an der Busendhaltestelle, sehr einfach

Verkehrsverbindungen: Busse 7× tägl. nach Kathmandu, 2× tägl. nach Pokhara, zahlreiche Minibusse ins 15 km entfernte, an der Hauptstraße Kathmandu–Pokhara liegende Dorf Khirauni

Janakpur

Telefonvorwahl: 0 41

Information: Touristoffice, Station Rd., nahe Bahnhof, ✆ 2 70 55

Unterkunft: Hotel Welcome, etwas heruntergekommenes, preiswertes, einziges Hotel mit klimatisierten Zimmern, an der Station Rd. im Zentrum, ✆ 2 06 46, Fax 2 09 22
Rama, Bhanu Chowk, preiswert, ✆ 2 00 57
Kathmandu Guest House, Bhanu Chowk, billig, sauber, zentral aber laut, ✆ 2 02 95
Janak Lodge, Billigunterkunft an der Station Rd., Zimmer ohne Bad, ✆ 2 07 67

Restaurant: im Hotel **Welcome** (gut)

Feste (Hotelreservierungen sind erforderlich): **Rama Navami** im März/April, Tempelfest zu Ehren Ramas
Vivaha Panchami im November/Dezember, ›Hochzeit‹ von Rama und Sita, mit Umzügen, Hochzeitszeremonien

Verkehrsverbindungen: mit dem **Flugzeug** 5 × wöchentl. nach Kathmandu (Royal Nepal Airlines, Necon Air), der Flugplatz liegt 3 km außerhalb (erreichbar nur mit Fahrradrikscha!)
Busse mehrfach tägl. über Bhairahawa und Mugling nach Kathmandu (Fahrzeit ca. 13 Std.)
Schmalspurbahn nach Indien (Touristen dürfen die Grenze nicht überschreiten)

Kakani

Unterkunft: Hotel Taragaon Kakani, gehobene Preisklasse, Buchung in Kathmandu, Kanti Path, ✆ 01/22 58 98

Kathmandu

Telefonvorwahl: 01

Information: Department of Tourism, Basantapur, nahe Durbar Square, tägl. außer Sa 9–18 Uhr, Fr nur bis 16 Uhr, ✆ 21 45 19, Fax 22 73 81. Ein weiterer Schalter befindet sich im Flughafen, ein neues Touristenzentrum ist im Bau.

Himalayan Rescue Association, Hotel Tilicho, Tridevi Marg, tägl. außer Sa und an Feiertagen 10–17 Uhr, sehr gute Tips für Trekker, Betreiber der beiden Erste-Hilfe-Stationen in Manang und Periche, ✆ 41 87 55

Immigration Office (Visaverlängerungen und Trekking Permits), Tridevi Marg, zwischen Thamel und Palast, tägl. außer Sa 10–16 Uhr, Fr nur bis 15 Uhr, ✆ 41 23 37, 41 85 73. Anträge werden allerdings nur So–Do bis 13 Uhr und Fr bis 12 Uhr entgegengenommen.

Unterkunft (Auswahl): **L'Annapurna**, günstig gelegenes Luxushotel am Durbar Marg mit zwei Restaurants (indisch, chinesisch), einer Bar und einer Cafeteria, Geschäfte, Pool, abendliche Folkloreveranstaltungen, Spielcasino, ✆ 22 34 79, Fax 22 52 36

The Everest Hotel, modernes Luxushotel 5 km außerhalb in Flughafennähe an vielbefahrener Hauptstraße nach Bhaktapur gelegen, mit Pool, zwei Restaurants und zwei Bars, Spielcasino, Diskothek, ✆ 22 66 50, Fax 41 74 43

Soaltee Holiday Inn Crowne Plaza, Luxusherberge mit allem Komfort im westlichen Vorort Tahachal, drei Restaurants, zwei Bars, Coffeeshop, Spielcasino, Pool, ✆ 27 02 44, Fax 27 12 44

Yak & Yeti, günstig am Durbar Marg gelegenes legendäres Hotel des Russen Boris, berühmtes Chimney-Restaurant, zwei Bars, Spielcasino, Pool, ✆ 41 00 07, Fax 22 39 33

Hotel Malla, am Leknath Marg, Nordrand von Thamel, gehobene Preisklasse, in großem Garten gelegen, drei Restaurants (französisch, italienisch, chinesisch), Pool, Coffeeshop, Bar, ✆ 41 83 85, Fax 41 83 82

Hotel Manang, neues Hotel der gehobenen Preisklasse im Stadtteil Thamel, Restaurant, Bar, Dachterrasse, ✆ 41 09 93, Fax 41 58 21

Hotel Vajra, auf dem Weg nach Swayambunath gelegenes, in traditionellem Newar-Stil gehaltenes modernes Hotel mit viel Atmosphäre unter deutscher Leitung, mittlere bis gehobene Preisklasse, Kulturzentrum mit regelmäßigen Ausstellungen und Veranstaltungen, gutes Restaurant, ✆ 27 27 19, Fax 27 16 95

Hotel Marshyangdi, neueres Hotel mittlerer Preisklasse im Stadtteil Thamel, neben Hotel Manang, Restaurant, Bar, Coffeeshop, Folklore, ✆ 41 41 05, Fax 41 00 08

Hotel Garuda, preiswerte, bei Bergsteigern sehr beliebte Unterkunft im Stadtteil Thamel unter tibetischer Leitung, ausgesprochen freundlich, Restaurant, Snacktheke mit europäischen Spezialitäten, ✆ 41 41 05, Fax 41 00 08

Hotel Iceland, saubere preiswerte Unterkunft gegenüber Hotel Manang, ✆ 41 69 56

Kathmandu Guest House, legendärer Globetrottertreffpunkt im Herzen von Thamel, preiswert, Newari-Restaurant, ✆ 41 36 32, Fax 41 71 33

Hotel Lily, neue preiswerte Unterkunft in Thamel in einer Seitengasse nahe Hotel Manang, ✆ 41 56 40

Earth House, beliebte Billigunterkunft nahe Kathmandu Guest House, ✆ 22 91 93

Restaurants: Sehr gute, aber auch teure Restaurants in den Luxushotels **L'Annapurna, The Everest, Soaltee Holiday Inn** und **Yak & Yeti,** günstiger im Hotel **Vajra** (s. o.)
Ghar-e-Kabab, Durbar Marg neben Hotel L'Annapurna, hervorragende indische Küche, gehobene Preisklasse
Thamel House, Thamel Tole, gepflegte einheimische Küche in authentischem Ambiente, gehobene Preisklasse
G's Terrace, neben Kathmandu Guest House im 1. Stock, deutsches Restaurant mit Sauerbraten, Bier vom Faß, ›Spiegel‹, ›Focus‹ und ›Stern‹, Treffpunkt heimwehkranker Globetrotter und Entwicklungshelfer, mittlere Preisklasse
Las Kus, im Kathmandu Guest House, Newari-Küche, mittlere Preisklasse
Mandap, in Thamel, nahe Hotel Marshyangdi, schönes Restaurant um einen zentralen Kamin, mittlere Preisklasse
Old Vienna Inn, Trideri Marg nahe Immigration Office, alteingesessenes österreichisches Restaurant mittlerer bis gehobener Preisklasse
Bistro, neben G's Terrace, Gartenrestaurant, beliebt für Frühstück, preiswert
Dolce Vita, gegenüber G's Terrace in Thamel, gute italienische Küche, recht preiswert
Everest Steak House, in Thamel nahe Chetrapati, das Eldorado für Nichtvegetarier, es gibt auch beef (hier »Calcutta meat« genannt), preiswert
Green Leaves, neues Gartenrestaurant an der Hauptstraße von Thamel, preiswert
K C's, eine Institution in Thamel, nach wie vor beliebter Treffpunkt, obwohl stickig und düster, gutes Essen, noch preiswert
Northfield Café, nahe Kathmandu Guest House, großes Gartenrestaurant mit mexikanischen Spezialitäten, preiswert
Tashi Delek, in Thamel, beliebtes Tibet-Restaurant, preiswert
Third Eye, in Thamel, beliebter Globetrotter-Treffpunkt, preiswert
The Bit, Imbiß/Verkaufstheke am Eingang zum Hotel Garuda in Thamel, Ableger vom Old Vienna Inn (Schinken- und Salamibrötchen!)
La Chimbali, zwischen Thamel und Thahiti Tole, kleines Café mit echtem Espresso und Cappuccino
Rum Doodle, ehemals berühmte, nunmehr aber laute, etwas heruntergekommene Kneipe in Thamel

Sehenswürdigkeiten: Hanuman-Dhoka-Palast, tägl. außer Di 10.30–15 Uhr, Fr nur bis 14 Uhr (Fotoverbot im dazugehörigen Tribhuvan Memorial Museum)
Kaisar Library, tägl. außer Sa 10–16 Uhr, freier Eintritt
National Museum, nahe Swayambunath, tägl. außer Di 10.30–15 Uhr, Fr nur bis 14 Uhr, Kameragebühr
Royal Palace (Königspalast), Do 11–13 und 14–16 Uhr

Feste (Auswahl): **Shiva Ratri** im Februar/März (ein Tag vor Neumond), ein Tag, großes Hindufest in Pashupatinath
Seto Matsyendranath Rath Yatra im März/April (achter Tag des zunehmenden Mondes), Dauer mindestens drei Tage, mit einer großen Wagenprozession des Weißen Matsyendranath zwischen den Tempeln am Kel Tole und Lagan Tole
Buddha Jayanti im April/Mai (Vollmond), ein Tag, Geburtstag Buddhas, Feiern insbesondere in Swayambunath
Indra Yatra im August/September (Vollmond), eine Woche währendes Wagenfest, Maskentänze, Auftreten der Kumari

Aktivitäten: Meditation im **Kloster Kopan**, tägl. buddhistische Kurse durch westliche Lehrer, sehr populär, ✆ 22 67 17, Fax 29 07 42; Kontaktanschrift in Deutschland: Aryatara Institut, Barerstr. 70, 80799 München, ✆ 0 89/27 81 72 27, Fax 27 81 72 26 und bei **Shiva Yoga Niketan**, Pul Chowk, hinduistisch orientierte Kurse, ✆ 52 54 23; man achte auch auf Anschläge an den schwarzen Brettern, z. B. im Kathmandu Guest House

Kulturelle Veranstaltungen im Hotel Vajra, unregelmäßige Darbietungen von Musik, Theater, Ausstellungen einheimischer Künstler, ✆ 27 27 19 und 27 15 45; Ankündigungen an den schwarzen Brettern der Hotels in Thamel (u. a. Kathmandu Guest House)

Tägl. **Rundflüge** bei gutem Wetter, einstündige ›Mountainflights‹ (Royal Nepal Airlines, Everest Air)

Einkaufen (Auswahl): **New Road**, Apotheken, Kosmetika, Fotobedarf, Musikgeschäfte, Elektronik, modernes Shopping Centre (Bishal Bazar)

Durbar Square, zahlreiche Thanka- und Souvenirgeschäfte

Basantapur Square, Souvenirs (Massenware)

Hotel L'Annapurna (Einkaufspassage), ausgewählte Souvenirs

Durbar Marg, Schmuck und Edelsteine

In **Thamel** zahlreiche Souvenirläden unterschiedlicher Qualität, hervorragender Buchladen (Pilgrim's, neben Kathmandu Guest House), Ausrüsterläden für Bergsteiger und Trekker

Verkehrsverbindungen: Die Abfertigungsgebäude des internationalen und nationalen **Flughafens** liegen nebeneinander etwa 6 km vom Zentrum entfernt nahe der Tempelanlage von Pashupatinath, mit dem Taxi zu erreichen.

Der **Hauptbusbahnhof** befindet sich im nordöstlichen Abschnitt der Ring Road etwa 5 km vom Zentrum entfernt. Lokale Busse verkehren auch vom alten Busbahnhof und von Haltestellen rings um den Tundhikel, die blauen staatlichen Busse haben ihre Endhaltestelle an der Hauptpost.

Taxi-Service: Night Taxi Service, ✆ 22 43 74; Blue Cab, ✆ 47 50 93

Khokna

s. Bungamati

Lumbini

(s. a. Bhairahawa)

Telefonvorwahl: 0 71

Unterkunft: Lumbini Hokke, japanisches Hotel, ca. 4 km von den Ruinen von Lumbini gelegen, gehobene Preisklasse, ✆/Fax 2 02 36

Lumbini Village Lodge, ca. 1 km von den Ruinen entfernt, preiswert

Lumbini Garden New Crystal (im Bau), ca. 1 km von den Ruinen entfernt

Pilgerherberge, am Tempelkomplex, einfach (Spende, Schlafsack erforderlich)

Restaurants: einfache Restaurants in Mahilawar (Lumbini Village), 1 km von den Ruinen entfernt

Verkehrsverbindungen: etwa stündl. **Busse** nach Bhairahawa (23 km)

Mietjeeps in Bhairahawa (über Hotel Yeti)

Nagarkot

Telefonvorwahl: 01

Unterkunft: The Fort, neues Mittelklassehotel in traditionellem Stil mit freier Sicht auf die Berge, ✆ 29 08 69, Fax 22 80 66
Nagarkot Farmhouse, geschmackvolle Dependance des Hotels Vajra in Kathmandu, mittlere Preisklasse, großartige Sicht, ✆ 22 80 87 oder Hotel Vajra, ✆ 01/27 27 19, Fax 27 16 95
Hotel Space Mountain, mittlere Preisklasse, zwei Restaurants, ✆ 23 18 12
Green Peace Horizon, einfache Unterkunft in Bambushütten

Verkehrsverbindungen: Minibusse ca. alle 2 Std. von Bhaktapur (voll);**Taxi** und organisierte Ausflüge von Kathmandu

Narayanghat-Bharatpur

(nahe Royal Chitwan National Park)
Telefonvorwahl: 0 56

Unterkunft: Hotel Safari Narayani, gepflegte Anlage mittlerer Preisklasse mit großem Garten und Pool, nahe dem Flugplatz, klimatisiert, Restaurant, Bar, Ausflüge in den Royal Chitwan National Park mit eigenen Jeeps, ✆ 2 01 30, Fax 2 10 58; Buchung in Kathmandu, c/o Hotel Narayani, ✆ 01/52 50 15, Fax 52 12 91
Hotel Keyman, nahe Hotel Safari Narayani, Richtung Narayanghat, preiswert, ✆ 2 23 00

Restaurants: im Hotel **Safari Narayani**
Etliche bescheidene Restaurants an der großen Kreuzung in Narayanghat (Haltestelle der Fernbusse)

Verkehrsverbindungen: mit dem **Flugzeug** tägl. Verbindungen mit Kathmandu (Royal Nepal Airlines, Everest Air, Nepal Airways, Necon Air)
Gute Verbindungen mit dem **Bus** von Narayanghat–Bharatpur nach Bhairahawa, Pokhara und Kathmandu

Patan (Lalitpur)

Telefonvorwahl: 01

Unterkunft: Hotel Himalaya, Shahid Shukra Marg, Kupandole, Luxushotel außerhalb des Zentrums nahe der Brücke nach Kathmandu, Pool, Restaurant, Bar, Folkloredarbietungen Mi und Sa, ✆ 52 39 00, Fax 52 39 09
Hotel Summit, Kupandole, ca. 1,5 km vom Durbar Square entfernt, gehobene Preisklasse, unter Schweizer Leitung, schöner Garten mit Pool, ✆ 52 18 94, Fax 52 37 37
Aloha Inn, sauberes kleines Mittelklassehotel in Jawalakhel, ca. 20 Fußmin. vom Zentrum, ✆ 52 64 14, Fax 52 45 71
Hotel Clarion, kleineres neues Mittelklassehotel mit hübschem Garten in Jawalakhel, nahe Aloha Inn, ✆ 52 45 12, Fax 22 44 64

Restaurants: Chalet, im Hotel Himalaya
Im Hotel **Aloha Inn**
Café de Patan, zentral am Durbar Square
Serene Hut Café, gegenüber St. Xavier's School in Jawalakhel

Fest: Rato Matsyendranath Rath Yatra im April/Mai, spektakuläres mehrtägiges Wagenfest, Auftreten der Kumari

Verkehrsverbindungen: Von Kathmandu aus am einfachsten mit dem **Taxi** (5 km) oder **Minibusse** vom Ratna-Park

Pokhara

Telefonvorwahl: 0 61

Information: Tourist Office, gegenüber Flughafen neben Hotel New Crystal, tägl. außer Sa 17.01.–12.02. 10–16 Uhr, 13.02–16.11. 10–17 Uhr, Fr immer nur bis 15 Uhr, ✆ 2 00 28
Immigration Office (Visaverlängerungen und Trekking Permits), zwischen Lake Area und Flugplatz, Öffnungszeiten wie Tourist Office, ✆ 2 11 67

Unterkunft (Auswahl): **Fish Tail Lodge**, sehr schön und ruhig am jenseitigen Ufer des Sees in üppigem Garten gelegenes Luxushotel, Zufahrt mit kleiner Fähre, ✆ 2 00 71, Fax 2 00 72
Mount Annapurna, großes Hotel älterer Bauart, am Flugplatz gelegen, gehobene Preisklasse, ✆ 2 00 37, Fax 2 00 27
New Hotel Crystal, modernes Hotel in großem Garten am Flugplatz, gehobene Preisklasse, ✆ 2 00 35, Fax 2 02 34
Hungry Eye, alteingesessenes, renoviertes Mittelklassehotel, zentral in der Lake Area gelegen, ✆ 2 09 08, Fax 2 30 89
Monal, gepflegtes Mittelklassehotel unter deutsch-nepalesischer Leitung in der Lake Area, ✆/Fax 2 14 59
Monalisa, neues Mittelklassehotel in der Dam Area mit großartigem Blick auf See und Berge, ✆/Fax 2 08 63
Snowland, trotz neuer Fassade eines der ersten Hotels in der Lake Area, neben Hungry Eye, mittlere Preisklasse, ✆ 2 03 84, Fax 2 09 58
Nepal Guest House, preiswerte Unterkunft in schönem Garten an der Lake Area, ✆ 2 26 92, Fax 2 28 52
Tranquility Lodge, in großem Garten in der zweiten Reihe der Lake Area gelegene preiswerte Unterkunft, ✆ 2 10 30
Chhetri Sisters Guest House, sehr freundliche, von drei Schwestern betriebene Billigunterkunft neben Hotel Monal, insbesondere alleinreisenden Frauen empfohlen (auch Vermittlung von weiblichen Trägern und Führern), ✆ 2 14 23
New Laxmi Guest House, fast am Ende der Lake Area gelegene, saubere Billigunterkunft mit schönem Blick auf den See
Campingplatz, großer, schattenloser Platz am Ufer im zweiten Drittel der Lake Area, Treffpunkt der Globetrotter mit eigenem Wagen, bewacht, Toiletten, Duschen nur kalt

Restaurants: Fish Tail, im gleichnamigen Hotel, nepalesisch und europäisch, abends Folklore, gehobene Preisklasse
Flying Dragon, im Hotel Mount Annapurna, nepalesisch, indisch, chinesisch und europäisch, gehobene Preisklasse
New Crystal, im gleichnamigen Hotel, nepalesisch, europäisch, indisch, abends Folklore, gehobene Preisklasse
Hungry Eye, im gleichnamigen Hotel, abends Folklore, mittlere Preisklasse
Monal, neben dem gleichnamigen Hotel, deutscher Kuchen, mittlere Preisklasse
Moon Dancing, neben Hungry Eye, laute Musik, populär, preiswert
Gartenrestaurants unmittelbar am See in der Lake Area, u. a. Fewa Park, Beam Beam, Elegant View, alle preiswert

Sehenswürdigkeiten: Natural History Museum, tägl. außer So 10–17 Uhr
Pokhara Museum, tägl. außer Di und an Feiertagen 10–16 Uhr

Aktivitäten: Bootsfahrten auf dem See
Tägl. außer Do und So **Rundflüge**, 30minütige ›Mountainflights‹ (Everest Air, Abflug 8.20 Uhr)

Verkehrsverbindungen: mit dem **Flugzeug** mehrfach tägl. nach Kathmandu (Royal Nepal Airlines, Necon Air, Everest Air, Nepal Airways) und Jomosom (Royal Nepal Airlines, Everest Air)
Zahlreiche **Busse** direkt nach Kathmandu, darunter auch bequemere und etwas teurere Touristenbusse, auch ›swiss bus‹ genannt (Tickets dafür erhält man in den Reisebüros der Lake Area). Mehrfach tägl. Verbindungen mit Tansen, Butwal und zur indischen Grenze nach Sunauli. Der Busbahnhof liegt in der Neustadt ein Stück nördlich des Flugplatzes.

Royal Bardia National Park

Information: 650 NRs Eintritt, gilt für drei Tage

Unterkunft: Tiger Tops Karnali Lodge, teures, recht komfortables urtümliches Dschungelhotel am Rande des Parks; die gleiche Gesellschaft unterhält auch noch ein Zeltcamp im Park, Buchung in Kathmandu, Kanti Path, P.O. Box 242, ✆ 01/22 27 06, Fax 41 40 75
Forest Hideaway Hotel & Cottages, Thakudarawa, außerhalb des Parks, mittlere Preisklasse, einfach, ✆ 0 56/2 93 63 (c/o Hotel Shiva's Dream in Sauraha). Kontaktanschrift in Deutschland: Zwerger GmbH, Freiburger Str. 31, 79856 Hinterzarten, ✆ 0 76/52 54 94, Fax 52 54 04

Verkehrsverbindungen: Flugzeug tägl. ab Kathmandu nach Nepalgunj, von dort Busverbindung nach Thakudarawa (Abfahrt tägl. 14.30 Uhr, Fahrzeit ca. 4 Std.)
Busse direkt von Kathmandu (Fahrzeit ca. 17 Std.) und Narayanghat-Bharatpur (Fahrzeit ca.12 Std.) oder Linienbusse Richtung Mahendranagar bis Ambassa (11 km vom Park entfernt). Gegen 18 Uhr Bus von Ambassa nach Thakudarawa

Royal Chitwan National Park

(s. a. Narayanghat-Bharatpur und Sauraha)

Information: Alle im Park gelegenen Lodges haben eigene Informations- und Buchungsbüros in Kathmandu, die meisten auf dem Durbar Marg oder Kanti Path. Es empfiehlt sich, dort zu buchen und nicht in den Reisebüros in Thamel, die nur als Agenten tätig sind.
650 NRs Eintritt, gilt für zwei Tage

Unterkunft: Die Unterkunft innerhalb des Parks ist teuer, beinhaltet immer aber auch den Eintritt, volle Verpflegung und alle Aktivitäten (Elefantenausritte, Bootsfahrten, Spaziergänge im Urwald).
Tiger Tops, erste und noch heute feudalste und teuerste Unterkunft, bestehend aus den drei Lodges Jungle Lodge, Tented Camp und Tharu Village, Buchung in Kathmandu, Durbar Marg, ✆ 01/41 56 59, Fax 41 40 75

Chitwan Jungle Lodge, rustikal im urtümlichen Wald gelegen, Badegelegenheit, Buchung in Kathmandu, Durbar Marg, ✆ 01/22 89 18, Fax 22 83 49
Gaida Wildlife Camp, Bungalows und Zelte, Buchung in Kathmandu, Durbar Marg, ✆ 01/22 74 25, Fax 22 72 92
Machan Wildlife Resort, Bungalows, Zelte, Badegelegenheit, Buchung in Kathmandu, Durbar Marg, ✆ 01/22 50 01, Fax 22 04 75
Temple Tiger, Bungalows am westlichen Parkrand, freier Blick aufs Grasland, Buchung in Kathmandu, Kanti Path, ✆ 01/22 15 85, Fax 22 01 78

Verkehrsverbindungen: Die Camps liegen überwiegend abseits im Dschungel und haben keinen direkten Anschluß. Die Zufahrt erfolgt meist mit dem gemieteten Wagen bis zur Grenze des Parks, wo man mit **Jeeps, Elefanten** oder einem **Boot** abgeholt wird. Nur das Gaida Wildlife Camp im Norden des Nationalparks befindet sich nahe der auch mit öffentlichen Verkehrsmitteln erreichbaren Ortschaft Sauraha. Es besteht auch die Möglichkeit bis Narayanghat – Bharatpur zu fliegen (tägl. von Kathmandu) und von dort mit dem Taxi zu den Eingängen des Parks zu fahren. Sehr beliebt ist überdies die Anreise mit dem Schlauchboot (Rafting) auf dem Narayani (s. S. 292).

Royal Suklaphanta National Park

Unterkunft: Silent Safari Resort, 6 km von Mahendranagar entfernt, sehr einfach, nur Zelte, keine Führungen, Informationen und Buchungen über Silent Safari, Kathmandu, Thamel, ✆ 01/21 32 68

Verkehrsverbindungen: Flugzeug mehrfach wöchentl. nach Kathmandu. Der nächste Flugplatz liegt in Mahendranagar, 10 km entfernt.
Die Straße nach Westen ist noch im Ausbau begriffen, sehr beschwerliche Fahrt mit dem **Bus** über Bhairahawa und Mugling.

Sauraha

(nahe Royal Chitwan National Park)
Telefonvorwahl: 0 56

Unterkunft: Hotel Jungle Camp, Bungalowanlage unter dichten Bäumen, französisch-nepalesische Leitung, gehobene Preisklasse, ✆ 2 93 66; Buchung in Kathmandu, Durbar Marg, ✆ 01/24 06 69, Fax 22 21 32
Royal Park Hotel, großzügige gepflegte Bungalowanlage am Rapti, deutsch-nepalesische Leitung, gehobene Preisklasse, ✆ 2 93 61; Buchung in Kathmandu, Thamel, ✆ 01/41 29 87, Fax 41 21 66
Chitwan Resort Camp, mittlere Preisklasse, ✆ 2 93 63 (Zentralvermittlung der Hotelassoziation); Buchung in Kathmandu, c/o Mandala Book Point, Kanti Path, ✆ 01/22 77 11, Fax 22 73 72
Rhino Lodge, aus zwei Komplexen bestehende, alteingesessene Bungalowanlage, mittlere Preisklasse, ✆ 2 93 65; Buchung in Kathmandu, c/o Rhino Travel Hotel Buddha, Thamel, ✆ 01/42 03 16, Fax 41 71 46
Jungle Lagoon Safari Lodge, am Ortsrand Richtung Elefant Breeding Station gelegene ruhige Lodge in Flußnähe, preiswert, ✆ 2 93 63 (Zentralvermittlung der Hotelassoziation); Buchung

in Kathmandu, c/o Eco Trek, Thamel, ✆ 01/42 41 12, Fax 41 31 18

Restaurants: in den **Lodges** (s. o.)
Zahlreiche **Dachrestaurants** im Ort, u. a. Sunset View, Tiger, Rooftop und Jungle View

Verkehrsverbindungen: mit dem **Flugzeug** tägl. nach Kathmandu (Royal Nepal Airlines, Everest Air, Nepal Airways, Necon Air). Der nächste Flugplatz liegt in Narayanghat-Bharatpur, 18 km entfernt. Wer in Kathmandu bucht, wird mit dem Jeep abgeholt.
2 × tägl. **Touristenbus** von/bis Kathmandu, Buchung in Kathmandu über Baba Travel, Thamel, nähe Hotel Garuda. Mit dem **Linienbus** fährt man über Bhaktapur bis Tadi Bazar (12 km an der Hauptstraße nach Westen) und von dort mit einem Jeep bis Sauraha (6 km). Bei hohem Wasserstand muß man eventuell zwischendrin umsteigen und einen Nebenfluß des Rapti auf einer Fußgängerbrücke überqueren.

Tansen
Telefonvorwahl: 0 75

Unterkunft: Hotel Srinagar, etwa 2 km vom Zentrum oberhalb des Ortes gelegen, etwas abgewohnt, aber schöner Blick auf die Berge und die Ortschaft, mittlere Preisklasse, ✆ 2 00 45, Fax 2 04 67
Hotel Bajra, im Zentrum oberhalb des Busbahnhofs, einfach, ✆ 2 04 43
Kumbini Rest House, neben Hotel Bajra, einfach, ✆ 2 04 55

Restaurants: annehmbares Restaurant im Hotel **Srinagar**
Einfache **Garküchen** am Busbahnhof im Zentrum

Aktivitäten: Wanderungen in die Umgebung. Informationen und Organisation im Hotel Srinagar (s. o.)

Verkehrsverbindungen: Busse 2 × tägl. nach Pokhara und Kathmandu, 26 × nach Butwal, 1 × nach Sunauli. Bessere Verbindungen bestehen vom 5 km entfernten, an der Hauptstraße liegenden Bartung.

Thimi

Unterkunft: nächste Unterkunft in Bhaktapur (s. dort)

Fest: Bal Kumari Yatra, Mitte April, einen Tag nach dem Newarischen Neujahr, Umzug mit Schreinen, eines der wildesten Feste in Nepal

Verkehrsverbindungen: Trolley-Bus (Vorsicht Taschendiebe!) vom Nationalstadion in Kathmandu (Tripureshwar Marg, 7–20 Uhr) Richtung Bhaktapur und 10 Min. zu Fuß
Minibus vom Bagh Bazar Kathmandu Richtung Bhaktapur ins Zentrum

Reiseinformationen von A bis Z

Anreise

... mit dem Flugzeug

Nepal wird von zahlreichen internationalen Gesellschaften im Linien- und Charterverkehr angeflogen.

Direktflüge aus Deutschland: Lufthansa 3 × wöchentl. ab Frankfurt; Büro in Kathmandu, Durbar Marg, neben Hotel L'Annapurna, ✆ 01/22 30 52. Royal Nepal Airlines 3 × wöchentl. ab Frankfurt; Büro in Deutschland: Royal Nepal Airlines, Justinianstr. 22, 60322 Frankfurt, ✆ 0 69/24 55 32 15; in Kathmandu, New Road/Kanti Path, ✆ 01/22 07 57. Charterflüge mit LTU von Oktober bis April jeweils 1 × wöchentl. ab München und Frankfurt mit Zubringer von Düsseldorf über Goa; Büro in Kathmandu: Yeti Travels, Durbar Marg, neben Lufthansa.

Individualtouristen sollten Direktflüge möglichst früh buchen (mindestens 6 Monate im voraus), da Reiseorganisationen große Sitzplatzkontingente reservieren.

Flüge mit Umsteigen: Relativ kurzfristig kann man noch einen Platz bekommen, wenn man eine Unterbrechung in Kauf nimmt. Am einfachsten ist der Weg über Delhi, das von vielen Gesellschaften angeflogen wird. Nachteilig sind aber dann die langen Wartezeiten auf dem Flugplatz (8 Std. und mehr) und die umständliche Handhabung des Gepäcks (ein Durchchecken von Deutschland nach Kathmandu ist nicht möglich). Von Delhi gibt es mehrfach tägl. Flüge nach Kathmandu (Indian Airlines, Royal Nepal Airlines). Da Verspätungen häufig sind, sollte man beim Rückflug auf ausreichend Zeit zum Umsteigen achten. Beliebt ist die preiswerte Verbindung mit der Fluggesellschaft Biman über Dhaka. Pakistan International fliegt über Karachi nach Kathmandu, Aeroflot über Moskau.

Verbindungen zwischen Kathmandu und den asiatischen Ländern: Bangkok (Thai International/Royal Nepal Airlines); Bhutan (Druk Air); Delhi, Calcutta, Bombay, Patna und Varanasi (Indian Airlines/Royal Nepal Airlines); Dhaka (Biman); Hongkong (Royal Nepal Airlines); Lhasa (China Southwest Airlines); Singapur (Singapore Airlines/Royal Nepal Airlines).

Der **Flughafen** in Kathmandu liegt etwa 5 km östlich der Stadt. Noch vor der Gepäckabfertigung befindet sich ein Bankschalter (Privatbank). In der Vorhalle gibt es eine Taxivermittlung (fester Preis pro Taxi) und eine Hotelvermittlung. Vor dem Gebäude starten Busse in die Innenstadt. Häufiger verkehren allerdings sehr volle Stadtbusse vom benachbarten Lokalterminal (ca. 200 m entfernt).

Mindestens 72 Std. vor der Abreise muß man seinen **Rückflug** bestätigen lassen *(reconfirmation)*. Man kann dies gegen eine kleine Gebühr durch die Rezeption seines Hotels erledigen lassen, sollte aber den entsprechenden Vermerk auf dem Ticket prüfen. Von der telefonischen Rückbestätigung ist abzuraten. Die Flughafengebühr für Flüge in die Nachbarländer beträgt derzeit 600 NRs, in alle übrigen 700 NRs.

... auf dem Landweg

Für den Individualtouristen ist Nepal zur Zeit nur von Indien aus auf dem Landweg zu erreichen. Die Verbindung mit Tibet über den Kodari Highway bleibt Gruppenreisenden vorbehalten (s. u.). Der Grenzübertritt von Indien kann an mehreren Stellen erfolgen, wurde jedoch bei Spannungen zwischen den Nachbarländern wiederholt eingeschränkt, deshalb vorher Erkundigungen einholen. Der wichtigste Übergang liegt in Sunauli, gefolgt von Birganj und Kakarbhitta.

Für Touristenfahrzeuge wird bei Vorlage des *carnet de passage* eine vorübergehende Einfuhrerlaubnis erteilt (für max. 4 Monate). Mit dem eigenen Fahrzeug ein- und ausreisen darf man allerdings nur über Birganj. Genauere Auskünfte über die Befahrbarkeit der Asien-Route (ca. 11 000 km) erhält man vom ADAC, der auch das benötigte Carnet de Passage ausstellt. Derzeit ist es relativ einfach, ein Transitvisum durch den Iran zu bekommen. Bis auf ein kurzes Stück im Grenzgebiet von Iran/Pakistan ist die Hauptroute durchgehend asphaltiert. Die Durchquerung Afghanistans ist derzeit nicht möglich.

Von Varanasi (Touristbungalow gegenüber Bahnhof) und Delhi (Campground zwischen Old und New Delhi) verkehren in unregelmäßigen Abständen sogenannte Touristenbusse (Umsteigen an der Grenze in Lokalbusse). Zuweilen findet man in Kathmandu auch Privatbusse auf dem Weg nach Europa (Anschläge in den Restaurants von Thamel, besonders im Kathmandu Guest House).

Apotheken

Gut sortierte Apotheken gibt es nur in Kathmandu, besonders auf der New Road und mit Einschränkungen auch in Pokhara. Die Medikamente sind wesentlich preiswerter als bei uns. Selbst Antibiotika sind rezeptfrei. Die Apotheker haben zum Teil erstaunliche Kenntnisse, die denen eines Arztes nicht nachstehen. Da die Medikamente häufig unter anderem Namen gehandelt werden als bei uns, empfiehlt sich die Mitnahme von deutschen Beipackzetteln.

Ärztliche Versorgung

Eine gute ärztliche Versorgung ist nur in Kathmandu und mit Einschränkungen auch in Pokhara gewährleistet, wo in einigen Krankenhäusern europäische und amerikanische Ärzte tätig sind. Den besten Ruf genießt die CIWEC Clinic in Kathmandu.

Krankenhäuser in Kathmandu: Ayurvedig Clinic, Mahabouddha, ✆ 01/22 39 60; CIWEC Clinic, Durbar Marg, ✆ 01/22 85 31; Homeopathoic Clinic, Kalimati, ✆ 01/27 18 73; Nepal International Clinic, Hitti Durbar, ✆ 01/41 28 42; Patan Hospital, Lagankhel, ✆ 01/52 22 95

Krankenhaus in Pokhara: Shining Hospital (Mission Hospital), Tundhikel, ✆ 061/20111

Die **Himalayan Rescue Association** unterhält in Kathmandu ein Büro im Hotel Tilicho, Tridevi Marg, tägl. außer Sa und an Feiertagen 10–17 Uhr, ✆ 01/41 87 55 und betreibt während der Saison zwei Krankenstationen in den Gebieten von Annapurna (Manang) und Everest (Periche).

Auskunft

Nepal unterhält bisher kein Informationsbüro in der Bundesrepublik Deutschland, Österreich oder der Schweiz. Bescheidene Auskünfte erteilen die diplomatischen Vertretungen (Adressen s. dort). Hingewiesen sei auf die Deutsch-Nepalesische Gesellschaft e. V., Postfach 190 327, 50500 Köln und den Freundeskreis Nepal, Ursulaweg 4, CH-8404 Winterthur, Schweiz, die als Informationsquellen naturgemäß vor allem den Mitgliedern offenstehen (bei Anfragen Rückporto beilegen).

In Kathmandu gibt es ein dürftig bestücktes Department of Tourism am Ganga Path an der Ostecke des Basantapur-Platzes hinter dem Durbar-Palast. Ein neues Touristeninformationszentrum ist im Bau.

Sehr informativ ist die kostenlose Zeitschrift Nepal Traveller, die in vielen Hotels ausliegt. Den genauesten kartographischen Gesamtüberblick vermittelt die Nelles-Karte Nepal (1:500 000). Hinsichtlich des übrigen Kartenmaterials s. Trekking, Karten S. 325.

Besuch der Nachbarländer Bhutan, Tibet und Indien

Der Besuch **Bhutans** ist nur in organisierter Form möglich, wobei die kleinste Gruppe aus nur einer Person bestehen kann. In Kathmandu gibt es zahlreiche Reisebüros, die den Abstecher in das Nachbarland anbieten, jedoch nur als Agenten bhutanischer Veranstalter tätig sind. Im Gegensatz zu Nepal schottet sich Bhutan gegen fremde Einflüsse ab und reglementiert den Zugang durch extrem hohe Kosten von etwa 200 US-$ pro Person und Tag bei Gruppenreisen und 250 US-$ bei Einzelpersonen zuzüglich der Flugkosten von etwa 350 US-$ ab/an Kathmandu. Pro Jahr besuchen weniger als 5000 Touristen das Land. Wichtigste Sehenswürdigkeit sind die Klöster *(dzong)*, von denen aber viele nur von außen besichtigt werden dürfen, kultureller und religiöser Höhepunkt das alljährlich im März/April stattfindende Paro-Fest. Nähere **Auskünfte** erteilt die offizielle Vertretung des Tourismus Bhutans

Aviation & Tourism International
Wasserloser Str. 3a
63755 Alzenau
✆ 0 60 23/3 00 24
Fax 41 05

Auch der Besuch **Tibets** ist, sofern die politische Lage es zuläßt, von Kathmandu aus problemlos zu organisieren. Individualreisen sind offiziell allerdings nicht erlaubt. Selbst wer ein gültiges China-Visum besitzt, darf von Nepal nicht nach Tibet einreisen. Eine Ausnahme wird manchmal gewährt, wenn man nicht wieder nach Nepal zurückreist, sondern weiter z. B. nach Peking fliegt. Das Minimum für eine Gruppenreise beträgt 4 Personen. Die Einreise ist sowohl auf dem Land- als auch auf dem Luftweg möglich. Zahlreiche Reisebüros in Kathmandu haben sich auf Tibet-Reisen spezialisiert, die vom 4tägigen Besuch Lhasas (ca. 660 US-$) bis zu aufwendigen und teuren 3wöchigen Fahrten mit dem Geländewagen zum Kailash reichen (ca. 4500 US-$). Von Simikhot in Westnepal ist es neuerdings auch möglich, eine etwa 3wöchige Trekkingtour zum Kailash zu unternehmen (ca. 4000 US-$).

Auskünfte und Buchungen
in Kathmandu u. a. über
Eco Trec
Thamel
✆ 01/41 38 28
Fax 41 31 18

Tibet Travel & Tours
Tridevi Marg
✆ 01/23 11 30
Fax 22 89 86

Hinsichtlich des Besuch **Indiens** ist die Erforderlichkeit eines gültigen Visums zu beachten. Ferner sind vorher Erkundigungen einzuholen, welche Grenzübergänge geöffnet sind. Außer mit Touristenbussen gibt es die Möglichkeit auf eigene Faust hinzufahren.

Diplomatische Vertretungen

... in der Bundesrepublik Deutschland

Botschaft von Nepal
Im Hag 15
53179 Bonn
✆ 02 28/34 30 97
Fax 85 67 47

... In Österreich

Keine eigene Vertretung. Die Interessen werden von der Botschaft in Bonn (s. o.) wahrgenommen.

... in der Schweiz

Generalkonsulat von Nepal
Asylstraße 81
8030 Zürich
✆ 01/2 61 59 93
Fax 2 51 91 52

... in Nepal

Botschaft der Bundesrepublik Deutschland
Gyaneshwar
Kathmandu
✆ 01/41 27 86 und 41 65 27
Fax 41 68 99

Honorarkonsulat von Österreich
Hattisar Naxal
Ward No. 1
GHA 2-200
Kathmandu
✆ 01/41 08 91
Fax 22 68 20

Honorarkonsulat der Schweiz
Ekanta Kuna
Jawalakhel
Patan
✆ 01/52 34 68
Fax 22 68 20

Drogen

Nepal galt lange als das Drogenparadies Südasiens. Die Zeiten, als man noch Haschisch in staatlichen Läden kaufen konnte, sind allerdings längst vorbei. Während der Besitz kleiner Mengen innerhalb des Landes noch weitgehend toleriert wird, stehen auf Handel sowie Ein- und Ausfuhr hohe Strafen.

Einreisebestimmungen

Zum Besuch des Landes ist ein kostenpflichtiges Visum notwendig. Man erhält es entweder vor Reiseantritt von den nepalesischen Auslandsvertretungen (Botschaften und Konsulate) oder bei der Einreise an der Grenze (nur gegen offizielle Tauschquittung oder US-$ in bar!). Erforderlich ist ein Paßfoto. Folgende Visa werden ausgestellt:
Transitvisum ist 48 Std. gültig (5 US-$).
Touristenvisum für 15 Tage mit einmaliger Einreise (15 US-$), verlängerbar bis zu 30 Tagen (25 US-$); für 30 Tage mit zweimaliger Einreisemöglichkeit (40 US-$); für 60 Tage mit mehrfacher Einreisemöglichkeit (60 US-$). Wer länger bleiben will, muß pro Tag 1 US-$ zahlen. Die maximale Aufenthaltsdauer

ist auf 5 Monate innerhalb eines Kalenderjahres beschränkt.
Geschäftsvisum für 1 oder 5 Jahre (350/1500 US-$).

Elektrizität

Die Stromspannung beträgt 220 Volt/ 50 Hz Wechselstrom, mit Stromausfall ist aber immer zu rechnen. Europäische Flachstecker passen. Auf den Trekkingrouten gibt es nur im Ausnahmefall elektrischen Strom, daher ist eine Taschenlampe durchaus sinnvoll.

Essen und Trinken

Kathmandu und Pokhara verfügen über ein weit gefächertes Angebot vegetarischer und nicht vegetarischer Restaurants hervorragender Qualität (Hinweise s. Adressen und Tips von Ort zu Ort). Nicht vergessen sollte der Tourist jedoch die prekären hygienischen Bedingungen insbesondere in Kathmandu. Das dortige Leitungswasser darf als verseucht gelten und sollte nicht einmal zum Zähneputzen benutzt werden. Größte Vorsicht ist bei frischen Salaten geboten, auch wenn das Restaurant versichert, die Produkte wären in Kaliumpermanganat gebadet.

Das einheimische Nationalgericht *daal bhat* (Reis mit Bohnen) wird der Besucher in den Zentren des Tourismus kaum finden, statt dessen sind Müsli, Pizza, Steak, Spaghetti und Lasagne im Angebot selbst kleiner Lodges fernab der Zivilisation. Beliebt sind auch die tibetischen Gerichte, vor allem *momos*, gedünstete Teigtaschen mit Füllung (Gemüse oder Fleisch), und *tibetan bread*, eine Art Fladenbrot, das vielfach in den Lodges angeboten wird. Ansonsten wird man oft auf Fleisch von Wasserbüffeln treffen.

Auch das durchaus oft wohlschmekkende Bier hat sich einen festen Platz erobert und wird in Lizenz in mehreren Sorten im Lande gebraut, das traditionelle *chang* befriedigt jedoch unsere Geschmacksnerven im allgemeinen nicht so ganz. Während der einheimische Whisky kaum als solcher zu erkennen ist, erfreut sich der *khukri*-Rum vor allem in der klirrenden Kälte der Berge besonderer Beliebtheit. Auch der einheimische Gerstenschnaps *rakshi* ist ein Versuch wert.

Feilschen

Feilschen ist Teil der asiatischen Mentalität, und es gibt nur wenige Gelegenheiten, bei denen das Handeln um den Preis nicht möglich ist, etwa beim Erwerb von Fahrkarten oder Briefmarken. Schon bei den Hotels lohnt in der Nebensaison die Frage nach einem Rabatt und auch in Geschäften mit dem unübersehbaren Schild ›fixed prices‹ ist der Inhaber oftmals durchaus flexibel, wenn der Käufer Anstalten macht, sich achselzuckend abzuwenden. Je nach Mentalität kann man das Feilschen als Sport oder als Ärgernis auffassen. Um keine Enttäuschungen zu erleben, sollte man sich den Grundsatz zu eigen machen: »Was ist mir die Leistung oder das Produkt im Moment wert« und nicht »was würde ein Nepali dafür zahlen«. Für die Spanne des Feilschens eine allgemeingültige Norm zu finden, ist kaum möglich. Händler in Touristenzentren werden den Ausgangspreis sehr hoch ansetzen, so daß sie selbst bei einem Nachlaß von 50 % noch auf ihre Kosten kommen. Preisvergleiche sind hier die beste Art, den wahren

Wert zu ermitteln. Die Untergrenze erfährt man, wenn man den Laden unter dem Hinweis verläßt, sich noch woanders umzusehen. Besonders lästig ist das notwendige Feilschen vor jeder Taxifahrt. Wer die vor einem Luxushotel wartenden Taxis besteigt, zahlt immer mehr als derjenige, der einige Schritte geht und einen Wagen heranwinkt. Bei Dienstleistungen muß man grundsätzlich den Preis vor der Inanspruchnahme aushandeln.

Feste und Feiertage

Nepal ist ein Land der Feste, die hier in einer uns völlig fremden Weise voller Begeisterung gefeiert werden. Einem der großen Feste beizuwohnen, gehört sicherlich zu den eindrucksvollsten Erlebnissen eines Nepal-Aufenthalts. Um den Rahmen nicht zu sprengen, werden nur die für den Touristen interessantesten aufgeführt. Da der Festkalender überwiegend auf dem Mondzyklus basiert, sind die Daten beweglich (s. u.).

Tibetisches Neujahr (Neumond Februar) in Bodnath und Swayambunath. Umzug der Lamas.

Shiva Ratri (ein Tag vor Neumond Februar/März, Falgun) in Pashupatinath. Bis tief in die Nacht dauerndes Fest zu Ehren Shivas mit zahlreichen Pilgern aus Indien, darunter vielen Sadhus.

Seto Matsyendranath Rath Yatra (8. Tag des zunehmenden Mondes März/April, Chaitra, Dauer mindestens 3 Tage) in Kathmandu. Große Wagenprozession des Weißen Matsyendranath zwischen den Tempeln am Kel Tole und Lagan Tole.

Bisket Yatra (4 Tage vor bis 4 Tage nach dem Newarischen Neujahr, Mitte April) in Bhaktapur. Wagenprozession mit Tieropfern.

Bal Kumari Yatra (1. Tag nach dem Newarischen Neujahr) in Thimi. Volksfest mit Schreinprozession.

Rato Matsyendranath Rath Yatra (Beginn 4. Tag nach Neumond April/Mai, Baisakh, Ende unbestimmt) in Patan. Große Wagenprozession des Roten Matsyendranath.

Buddha Jayanti (Vollmond April/Mai, Baisakh) in den buddhistischen Klöstern. Feierlichkeiten anläßlich des Geburtstages Gautama Buddha.

Mata Ya (2. Tag nach Vollmond August/September, Bhadra) in Patan. Ganztägige Prozession in bunten Kostümen zu Ehren des Siegs Buddhas über Mara, Auftreten der Kumari.

Indra Yatra (Vollmond August/September, Bhadra, Dauer 8 Tage) besonders in Kathmandu. Aufrichtung des heiligen Banners im Palast, Prozession der Kumari.

Dasain oder **Durga Puja** (Neumond bis Vollmond im Oktober, Ashwin). Großes Opferfest mit zahlreichen Puja, Massenschlachtung von Hühnern, Ziegen und Büffeln.

Vollmond- und Kalenderdaten

Die meisten Feste richten sich nach dem brahmanischen Mondkalender, der jeweils von Vollmond bis Vollmond reicht, wobei jeder Monat in eine dunkle Hälfte zwischen Vollmond und Neumond und eine helle zwischen Neumond und Vollmond unterteilt wird. Dadurch finden die Feste zu einem jeweils anderem Datum unseres gregorianischen Kalenders statt. Erschwerend für die Vorausberechnung ist die zusätzliche Berücksichtigung von ›Schaltmonaten‹, wodurch sich alle paar Jahre die Feste sprungartig um einige Tage verschieben. Das Jahr der Nepali beginnt am 13./14. April und eilt unserem Jahr um 57 Jahre voraus (1996 = 2053).

Vollmonddaten

	1996	1997	1998
Januar	6.	23.	12.
Februar	4.	22.	11.
März	5.	24.	13.
April	4.	23.	12.
Mai	3.	22.	11.
Juni	2.	21.	10.
Juli	1.	23.	12.
August	28.	18.	8.
September	27.	17.	6.
Oktober	26.	16.	5.
November	25.	14.	4.
Dezember	25.	14.	3.

Nepalesischer Kalender

Jan./Febr.	Magh	(10. Monat)
Febr./März	Falgun	(11. Monat)
März/April	Chaitra	(12. Monat)
April/Mai	Baisakh	(1. Monat)
Mai/Juni	Jyestha	(2. Monat)
Juni/Juli	Ashad	(3. Monat)
Juli/Aug.	Srawan	(4. Monat)
Aug./Sept.	Bhadra	(5. Monat)
Sept./Okt.	Ashwin	(6. Monat)
Okt./Nov.	Kartik	(7. Monat)
Nov./Dez.	Mansir	(8. Monat)
Dez./Jan.	Paush	(9. Monat)

Auf folgende wichtige **Nationalfeiertage** sei noch hingewiesen:

11.01.	Tag der Einheit
9.11.	Tag der Verfassung
28.12.	Geburtstag des Königs

Fotografieren

Nepal ist ein Fotoparadies ohnegleichen, so daß man genügend Filmmaterial mitnehmen sollte. Allerdings sind in Kathmandu frische Filme der wichtigsten Hersteller zu annehmbaren Preisen im Handel, und Papierabzüge werden mit modernsten Geräten preiswert in guter Qualität hergestellt. Da die Filmsicherheit der Röntgengeräte auf den Flughäfen Nepals fraglich ist, sollte man seine Filme im Handgepäck mit sich führen und um eine Handkontrolle bitten. Im Gegensatz zu Deutschland kommen die Sicherheitsbeamten in Nepal dieser Bitte in der Regel auch nach.

Bei aller Exotik und der generellen Bereitwilligkeit der Bevölkerung vermeide man es jedoch, sich wie ein Jäger auf die Menschen zu stürzen und zu versuchen, die Schattenseiten des Alltags einzufangen. Man sollte niemals versuchen, Menschen gegen ihren Willen abzulichten. Insbesondere gilt dies für Frauen. Westliche Zigaretten sind ein gutes Mittel, Einvernehmen zwischen Fotografen und ›Modell‹ herzustellen. Ungehindert läßt sich hingegen bei den vielen Festen fotografieren. Einige Sadhus in Kathmandu vermarkten sich bereits recht professionell als Modelle; man sollte den Preis vor dem Foto aushandeln. Zu respektieren sind auch die heiligen Stätten, die nicht als Kulisse für Familienfotos gedacht sind.

Frauen als Alleinreisende

Nepal ist eines der wenigen Länder, in denen sich auch alleinreisende Frauen ohne Belästigung frei bewegen können, sofern sie sich an den Moralkodex halten. Die jungen Nepali sind recht zurückhaltend und versteigen sich, sofern in einer Gruppe, höchstens zu einer rein verbalen Kontaktaufnahme. Eine allzu luftige Bekleidung wird von den Nepali eher als eine Beleidigung denn als ›Anmache‹ aufgefaßt und meist mit Verachtung gestraft.

Geld und Banken

Die Landeswährung lautet auf Nepalische Rupien (NRs), unterteilt in 100 Paisa. Im Umlauf sind Noten in den Werten 1, 2, 5, 10, 20, 50, 100, 500 und 1000 NRs und seltener Münzen von 5, 10, 25 und 50 Paisa. Infolge der Inflation ändert sich der Wechselkurs ständig, derzeit (Sommer 1996) erhält man für 1 DM etwa 36 NRs. Reiseschecks haben bei den staatlichen Banken einen etwas höheren Kurs als Bargeld, bei Privatbanken muß hingegen eine Gebühr von 2 % oder mindestens 200 NRs für das Eintauschen entrichtet werden. Kreditkarten werden vor allem von den größeren Hotels und Geschäften in Kathmandu akzeptiert, kaum jedoch außerhalb. Bei den Niederlassungen der Kreditkartengesellschaften in der Hauptstadt kann man gegen beträchtliche Gebühren auch Bargeld erhalten: für Visacard und Mastercard ist Alpine Travel, Durbar Marg zuständig (✆ 01/22 50 20), American Express hat ein eigenes Büro im Stadtteil Jamal (✆ 01/22 61 72); beide sind So–Do 8–20 Uhr und Fr 9.30–16 Uhr geöffnet. Zum Teil wird auch Bezahlung in US-$ erwartet (S. 312 und S. 327). Die Ein- und Ausfuhr einheimischer Währung ist verboten.

Da sich am Flughafen nur eine Privatbank befindet, sollte man auch Bargeld mitnehmen. Die staatliche Bank (Nepal Bank) in Kathmandu liegt an der New Road nahe Durbar Square und hat einen Touristenschalter mit zügiger Abfertigung (tägl. 8–19 Uhr). Tauschquittungen sind sorgfältig aufzubewahren, da sie bei Rücktausch in Devisen vorgelegt werden müssen. Außerhalb der großen Städte ist der Tausch von Schecks problematisch. Wer auf Trekkingtour geht, sollte sich mit kleinen Scheinen (10, 20 und 50 NRs) eindekken, da größere Noten nicht immer gewechselt werden können. Auf eine Bank trifft man während des Trekking nur selten, kann aber Bargeld (keine Schecks) auch in den Lodges tauschen.

Gesundheit

Sehr hilfreiche Angaben zu Vorbeugung und Behandlung von Reisekrankheiten enthält das ›Medizinische Handbuch für Fernreisen‹ von Dr. Wolf Lieb (DuMont Reisetaschenbücher). Genaue **Auskünfte** über den jeweils aktuellen Stand und die empfohlenen Impfungen erteilt gegen Gebühr das
Zentrum für Reisemedizin
Oberrather Str. 10
40472 Düsseldorf
✆ 02 11/9 04 29-0
Fax 9 04 29 99
Die folgenden Hinweise und Empfehlungen wurden zwar sorgfältig zusammengetragen, sind aber ohne Gewähr.

Darmerkrankungen

Es gibt wohl kaum einen Reisenden, der in Nepal einer Durchfallerkrankung entgeht. Sie kann sowohl durch Bakterien als auch Parasiten hervorgerufen werden. Beste Wirkung erzielen die in Kathmandu erhältlichen Medikamente *Norbactin 400* (Norfloxacin) bei bakteriellem und *Tinebar 500* (Tinidazole) bei parasitärem Durchfall. Eine ähnliche Wirkung verspricht das in Deutschland erhältliche, rezeptfreie Mittel *Tannacomp*. Bei blutigem Stuhl ist die Einnahme von Antibiotika wie z. B. *Baktrim forte* und das Aufsuchen eines Arztes angebracht.

Unumgänglich ist die Desinfizierung von Trinkwasser durch *Micropur* (rezeptfrei in deutschen Apotheken). Wo immer möglich, sollte man auf Mineralwasser ausweichen, auch zum Zähneputzen, und auf den Verzehr von Salaten ganz verzichten. Nicht unproblematisch ist auch das sehr beliebte Curd (mit Joghurt). Man achte darauf, daß die Speisen möglichst frisch zubereitet und noch heiß sind.

Erkältungen
Aufgrund der starken Temperaturunterschiede gehören diese zum Reisealltag. Vor allem in großen Höhen können sie unangenehm und auch gefährlich werden. Eine gute therapeutische Wirkung wird dem ätherischen Öl-Präparat *Gelomyrtol forte* zugeschrieben.

Höhenkrankheit
Darauf geht das Kapitel Trekking ein, S. 325f.

Impfungen
Derzeit sind in Nepal keine Impfungen vorgeschrieben, sofern man nicht aus Infektionsgebieten anreist. Jedoch wird empfohlen, sich diesbezüglich eingehend beim Gesundheitsamt oder dem Zentrum für Reisemedizin (s. o.) beraten zu lassen. Um eventuell auftretende Nebenwirkungen kurieren zu können, vor allem aber, um schon bei Reisebeginn die volle Schutzwirkung zu haben, sollten alle Impfungen 10 Tage vor Reiseantritt abgeschlossen sein. In Betracht kommen:
Cholera: Die Impfung gewährt nur mäßigen Schutz (60 %). Die Wirksamkeit beginnt am 6. Tag und reicht etwa 6 Monate mit einem starken Nachlassen nach dem 3. Monat. Bei Reisen in endemische Gebiete sind zwei Impfungen mit je 0,5 ml ratsam, sonst reicht eine.
Hepatitis (Gelbsucht): Typ A (infektiöse Hepatitis) ist sehr verbreitet und wird vor allem durch unsaubere Speisen und Toiletten übertragen. Ansteckungsgefährdet sind besonders jüngere Personen, die noch keine Immunität erworben haben. Mit dem neuen Impfstoff *Havrix* ist die Gefahr gebannt (3 Impfungen über einen Zeitraum von insgesamt 1 Jahr). **Typ B** (Serumhepatitis) tritt sehr selten auf und wird durch Blut übertragen, meist durch verunreinigte Nadeln. Der Krankheitsverlauf ist schwerer, 10 % der infizierten Personen behalten Dauerschäden, 3 % sterben. Neuerdings ist eine wirksame, aber teure Schutzimpfung mit dem Serum *H-B-Vax* möglich.
Malaria: Sie tritt in Nepal nur in den tiefer liegenden Regionen des Terai, vornehmlich als *Malaria tertiana* auf (z. B. im Royal Chitwan National Park), die sich nach wie vor mit *Resochin* (Chloroquin) wirksam bekämpfen läßt. Aber die gefährliche *Malaria tropica* breitet sich immer mehr aus, gegen sie gibt es derzeit keinen 100%igen Schutz. Da der Krankheitsüberträger, die Anophelesmücke, nur nach Einbruch der Dämmerung sticht, liegt die wichtigste Vorsichtsmaßnahme in geeigneter Kleidung, der Verwendung von Mückenschutzmitteln (z. B. *Autan*) und gegebenenfalls Moskitonetzen. Durch diese ›Expositionsprophylaxe‹ wird der Risikofaktor bereits um das 10fache gemindert.

Als prophylaktische Basisversorgung gegen beide Malaria-Typen hat sich die Einnahme von *Resochin* und *Paludrin* bewährt. Für die ›Stand-by-Therapie‹ im akuten Fall sollten die neuen Mittel *Halofantrin* oder *Mefloquin* in der Reiseapotheke nicht fehlen. Sie ersetzen das durch seine Nebenwirkungen berüchtigte *Fansidar*. Da viele Malariastämme eine zunehmende Resistenz gegen die Medikamente zeigen, sollte man sich vor der Abreise mit dem Gesundheitsamt oder einem der Tropeninstitute in Verbindung setzen, um den aktuellen Stand der notwendigen Prophylaxe zu erfahren. Bekommt man auf der Reise Fieber, ohne daß eine umgehende Malariadiagnose durch einen Arzt möglich ist, sollte man auf jeden Fall sofort mit der Einnahme dieser Mittel beginnen. Auch wer innerhalb von 4 Wochen nach Rückkehr von der Reise über erhöhte Temperatur klagt, muß umgehend eine Untersuchung auf Malaria durchführen lassen. Immerhin sterben in Deutschland jährlich noch etwa 10 Menschen an *Malaria tropica* infolge falscher Diagnose.

Meningitis: Gegen die in Nepal recht verbreitete Form der Gehirnhautentzündung gibt es neuerdings auch in Deutschland zugelassene Impfstoffe.

Tetanus und Polio: Beide Impfungen sind nicht nur in Hinblick auf Fernreisen lebenswichtig. Die Wirkungsdauer beträgt 10 Jahre.

Typhus: Eine Schluckimpfung mit *Typhoral* ergibt eine sehr hohe Sicherheit. Der Schutz erstreckt sich über 1–2 Jahre, beginnt aber erst 2 Wochen nach der Einnahme von je einer Kapsel an 3 aufeinanderfolgenden Tagen. Wichtig ist die Kühlhaltung der Lebendviren.

Medien

Radio und Fernsehen: Englische Nachrichten werden im Radio auf Mittelwelle täglich um 8 Uhr und um 20 Uhr gesendet, im Fernsehen um 21.40 Uhr. Die Deutsche Welle läßt sich, abgesehen von regionalen Schwankungen, nach Einbruch der Dunkelheit auf mehreren Kurzwellenbändern empfangen (besonders auf 15 275 kHz im 19-m-Band und 17 845 kHz im 25-m-Band). Eine Liste der Frequenzen und Programme erhält man kostenlos von der Deutschen Welle, Postfach, 50586 Köln.

Zeitungen und Zeitschriften: Als englischsprachige Tageszeitungen erscheinen Rising Nepal, Everest Herald und Kathmandu Post, als wöchentliche Publikationen die Magazine Spotlight und Independent. Vor allem im Kathmanduer Ortsteil Thamel gibt es eine reichhaltige Auswahl internationaler Zeitungen und Zeitschriften.

Öffentliche Verkehrsmittel

Flugzeug

Das Land verfügt über ein recht enges Netz unbefestigter Pisten, die mehr oder weniger regelmäßig von kleinen Maschinen angeflogen werden. Seit der Staat sein Monopol aufgegeben hat, konnten sich zahlreiche private Gesellschaften etablieren, so daß es relativ leicht ist, auch kurzfristig einen Flug zu den wichtigsten Zielen zu reservieren. Problematisch sind nach wie vor jedoch die Verbindungen zu abgelegenen Orten, die nur gelegentlich von einer Gesellschaft angeflogen werden. Der Ausfall von Flügen gehört aber immer noch zur Tagesordnung, sei es aufgrund der Wetterbedingungen, sei es wegen mangelnder Zahl von Passagieren. Die Inlandflüge werden in Kathmandu vom alten Flughafengebäude abgefertigt. Speziell für Touristen veranstalten Royal Nepal Airlines und Everest Airlines für etwa 100 US-$ täglich einen sogenannten *Mountain Flight*, der nahe an die Berge heranführt und bei gutem Wetter eine großartige Sicht auf die Himalaya-Kette bietet. Einen kürzeren derartigen Flug bietet Everest Air auch von Pokhara aus an.

Die bei Trekkern sehr beliebte Verbindung nach **Lukla**, dem Ausgangspunkt für die Wanderungen im Everest-Gebiet, ist mit zahlreichen Unwägbarkeiten behaftet, die vor allem in der Wetterabhängigkeit liegen, aber auch organisatorische Gründe haben. Die staatliche Gesellschaft Royal Nepal Airlines (RNAC) fliegt täglich mit zweimotorigen Maschinen des kanadischen Typs Twin Otter, die Gesellschaften Everest Air, Asian Airlines und Nepal Air Service mit russischen Großraumhubschraubern MI 18. Da Hubschrauber weniger wetterabhängig sind, ist diesen Verbindungen der Vorzug zu geben. Mit den Hubschraubern von Asian Airlines ist auch ein Rückflug von Shangboche oberhalb von Namche Bazar möglich. Für den Hinflug sollte man von dieser Möglichkeit wegen der Höhe und den damit verbundenen gesundheitlichen Problemen jedoch keinen Gebrauch machen.

Die Tickets für das Flugzeug bzw. die Hubschrauber sollten direkt bei den Fluggesellschaften in Kathmandu gekauft werden. Um einigermaßen sicher einen Platz zu erhalten, genügt ein bestätigter Termin allerdings nicht, denn selbst bei guten Wetterbedingungen werden aus Kostengründen nicht ausgebuchte Flüge storniert. Man versuche deshalb schon bei der Buchung eine Reservierung für eine der ersten beiden Maschinen (RA 121/RA 123) oder Hubschrauber zu bekommen. Ist dies nicht möglich, sollte man dennoch vor dem Start der ersten Flüge (gegen 6.30 Uhr) am Abfertigungsschalter vorsprechen. Einzelreisende haben dann eine recht gute Chance, einen freien Platz auf einem der frühen Flüge zugeteilt zu bekommen. Zu beachten ist, daß offiziell nur 15 kg Gepäck befördert werden. Treten wetterbedingte Verzögerungen auf, werden erst die Flüge des laufenden Tages abgefertigt, dann die ausgefallenen, wobei Reisegruppen den Vortritt haben. Dies gilt auch für die Hubschrauber. Es ist dringend geraten, auch für den Rückflug bereits in Kathmandu eine feste Buchung sowohl für die Flugzeuge wie für die Hubschrauber vorzunehmen, da dies in Lukla nicht möglich ist. Wer sich erst unterwegs zum Rückflug entscheidet, kann sich in Lukla nur auf eine Warteliste setzen lassen, was man bereits zu Beginn des Treks tun sollte und dann den Lodgebesitzer um Hilfe bei der Reservierung bitten.

Folgende **Fluggesellschaften** mit Sitz in Kathmandu verkehren derzeit auf den Inlandstrecken:

Royal Nepal Arlines Corporation (Kanti Path, ✆ 01/22 65 74), eine staatliche Gesellschaft, fliegt zu allen Zielen, gilt aber eher als unzuverlässig.

Everest Air (Durbar Marg, ✆ 01/22 41 88), fliegt mit modernen Dornier 228 14 Orte an, mit russischen Hubschraubern 9 Ziele, darunter auch Lukla.

Nepal Airways (Hattisar, ✆ 01/41 01 34, Fax 41 65 74), fliegt u. a. nach Lukla, Pokhara und Jomosom, mit Hubschraubern auch zu abgelegenen Zielen wie Mustang, Shangboche und Langtang.

Necon Air (Flughafen Kathmandu, ✆ 01/21 63 40, Fax 47 16 79), verkehrt mit großen Turbo-Prop-Maschinen zwischen Kathmandu und Pokhara, Bhairahawa, Biratnagar, Janakpur und Nepalgunj, gilt als sehr zuverlässig und pünktlich.

Hinzu kommen noch einige Chartergesellschaften mit Helikoptern, u. a. Dynasty Aviation, Asian Airlines Helicopters (Kanti Path, ✆ 01/41 37 32), Nepal Air Service (Kamalpokhari, ✆ 01/41 82 14) und Himalayan Helicopters, die vor allem für Expeditionen von Bedeutung sind.

Bus
Das Straßennetz hält sich zwar in Grenzen, wird aber von einer großen Busflotte bedient. Die Fahrzeuge weisen einen sehr unterschiedlichen Standard auf, wobei grundsätzlich zwischen staatlichen und privaten Linien zu unterscheiden ist. Die staatlichen, blauen, von Japan gestifteten sogenannten *Sajha*-Busse sind etwas teurer, aber auch weniger überfüllt als die privaten. Dafür gelten die Fahrer als besonders risikofreudig. Die meist hoffnungslos vollgestopften Privatbusse stammen nicht selten aus den Beständen der Touristen, die sie über Land hierhergefahren haben. Auf langen Strecken kann und sollte man eine Reservierung vornehmen.
Je nach Ziel gibt es in Kathmandu unterschiedliche Abfahrtsstellen, eine wichtige ist der neue Gongabu Bus Park an der Ring Road zwischen Kathmandu und Patan. Bei der Benutzung öffentlicher Verkehrsmittel ist eine erhöhte Diebstahlgefahr einzukalkulieren. Insbesondere gilt dies für Rucksäcke auf dem Dach.

Auf wichtigen Routen (etwa nach Pokhara, zum Royal Chitwan National Park oder zur indischen Grenze) verkehren sogenannte Touristenbusse, die von den Einheimischen aufgrund der höheren Tarife nicht benutzt werden. Man kann die Tickets in den kleinen Reisebüros in Thamel (Kathmandu) erwerben und dort auch die Reservierungen vornehmen.

Taxi und Rikscha
Als relativ preiswertes Verkehrsmittel innerhalb der Städte empfiehlt sich das Taxi. Den Tarif muß man in der Regel vorher aushandeln (im Hotel fragen). Ist der Fahrer allzugern bereit, sein Taxameter zu benutzen, ist Vorsicht geboten. Einige Geräte lassen sich auf doppelte Geschwindigkeit umschalten!
Vom Flughafen aus besteht ein Taxi-Service zum festen Preis (pro Taxi nicht pro Person!).

Eine Sonderform sind die dreirädrigen Motorrikschas für zwei Personen. Auch hier gilt es zu handeln. Im innerstädtischen Bereich sind auch Fahrradrikschas unterwegs.

Mietwagen
Privatwagen (nur mit Fahrer) kann man sich über die Hotels vermitteln lassen. Sie bieten sich als recht preiswerte und bequeme Möglichkeit zum Besuch der Sehenswürdigkeiten im Tal von Kathmandu. Da die Angebote beträchtlich schwanken, ist Marktforschung unerläßlich.

Motorräder
An einigen Stellen in Thamel (Kathmandu) werden leichte Motorräder zu günstigen Preisen vermietet (der Führerschein muß vorgelegt werden).

Fahrräder
Auf diese Transportmöglichkeit wurde ausgiebig eingegangen (s. S. 173ff.). Das Angebot ist groß. Für den innerstädtischen Bereich kommt man mit Rädern ohne Schaltung gut zurecht. Für längere Ausflüge in die Umgebung sind Mountain Bikes (15 oder 18 Gänge) zu empfehlen.

Himalayan Mountain Bikes (Kathmandu, Thamel, neben Kathmandu Guest House, ✆ 01/41 65 96, Fax 41 10 55) bietet Touren mit modernen amerikanischen Rädern zwischen 1 und 14 Tagen an, die bis ins Terai hinunterführen. Für Fahrten im Kathmandu-Tal abseits der großen Straßen empfiehlt sich besonders die Karte Schneider ›Kathmandu Valley‹ (S. 325).

Öffnungszeiten

Behörden, Post und Luftverkehrsgesellschaften sind am Samstag geschlossen, von Sonntag bis Donnerstag jeweils 10–16 Uhr geöffnet, am Freitag nur bis 14 oder 15 Uhr. Privatgeschäfte halten sich nicht streng an diese Regel, die meisten öffnen auch am Samstag und schließen erst abends gegen 18 oder 19 Uhr. Restaurants sind selten länger als bis 23 Uhr, Banken normalerweise von Sonntag bis Donnerstag 10–14 Uhr geöffnet, einige in den Touristenzentren aber auch bis 16 Uhr oder gar 20 Uhr. In privaten Wechselstuben kann man täglich 8–20 Uhr Geld tauschen.

Post

Die Hauptpost (General Post Office) befindet sich in Kathmandu am südlichen Ende des Tundhikel zu Füßen des Bhimsen Tower, daneben das für die Versendung von Päckchen und Paketen zuständige Foreign Post Office. Den Weg zur Post, verbunden mit langer Ansteherei an mehreren Schaltern, kann man sich ersparen, wenn man seine Karten und Briefe in den kleinen privaten Post- und Telefonbüros in Thamel abliefert, die sie gegen geringe Gebühr mit Frankiermaschinen abstempeln und weiterleiten. Die Büros sind bis spätabends geöffnet (s. auch Telefon/Telefax, S. 323). Pakete kann man von den zahlreichen Speditionen auf dem See- oder Luftweg versenden lassen.

Preisniveau

Nepal gehört zu den billigen Reiseländern, auch wenn die internationalen Hotels die auf der ganzen Welt üblichen Preise verlangen. Für ein Mittelklassehotel bezahlt man etwa 10–25 US-$ (Doppelzimmer), Billigunterkünfte gibt es ab 4 US-$, Unterkunft auf den Trekkingrouten kostet weniger als 1 US-$ pro Person. Für 4–5 US-$ kann man in Kathmandu bereits gut essen. Ein Mietwagen mit Fahrer ist pro Tag für etwa 67 US-$ zu haben, abhängig von Route und Schwierigkeitsgrad kostet ein Tag organisiertes Trekking mit voller Verpflegung 15–50 US-$. Für ein Mietfahrrad sind etwa 4 US-$ pro Tag zu veranschlagen.

Rafting

Zu den Rafting-Agenturen mit gutem Ruf zählen das unter neuseeländischer Leitung stehende Ultimate Descends (Kathmandu, Thamel) und das Himalayan Encounter (Kathmandu, Kathmandu Guest House).

Reisezeit

Die Wahl der richtigen Reisezeit hängt vor allem von den zu besuchenden Regionen ab. Von einem Besuch Nepals generell Abstand nehmen sollte man in den Monsunmonaten Juni bis Mitte September, wenn mit ausgiebigen Regenfällen zu rechnen ist (Kathmandu verzeichnet im Juli 21 Regentage) und Bergrutsche das Reisen erschweren.

Wer nur die Täler von Kathmandu und Pokhara sowie das südliche Tiefland des Terai bereisen möchte, sollte die Wintermonate mit klarer Bergsicht wählen, obwohl die Temperaturen nachts bis auf den Gefrierpunkt absinken können.

Für Trekkingtouren eignet sich am besten die Zeit unmittelbar vor Einsetzen des Monsuns (März/April) und die Herbstmonate Oktober/November, wobei dem Herbst aufgrund der stabileren Wetterlage der Vorzug zu geben ist.

Sicherheit

Nepal ist sicherer als die meisten Länder Europas. Gewaltverbrechen sind die Ausnahme, und man kann selbst in dunkler Nacht unbehelligt durch die Straßen Kathmandus gehen. Betrügereien und Taschendiebstähle sind hingegen in den Städten durchaus keine Seltenheit. Vorsicht ist vor allem in den öffentlichen Verkehrsmitteln geboten. Auch das auf dem Dach verstaute Gepäck ist vor Langfingern nicht sicher. Abschließen und Anketten sind recht probate Mittel dem vorzubeugen.

Leider sind auf einigen Trekkingrouten auch Raubüberfälle mit tödlichem Ausgang zu verzeichnen gewesen. Betroffen ist hier vor allem die Annapurna-Route auf dem Streckenabschnitt zwischen Hille und Ghorepani, der durch dichten Wald verläuft. Nach Möglichkeit sollten sich Einzelwanderer einer Gruppe von Einheimischen oder anderen Touristen anschließen.

Souvenirs

Nepal ist ein wahres Paradies für Souvenirjäger, die Auswahl ist vor allem in Kathmandu und Pokhara außerordentlich groß, wobei tibetisch geprägte Andenken einen beträchtlichen Anteil ausmachen. Die Flüchtlingslager haben sich im Laufe der letzten Jahrzehnte zu wahren Kunsthandwerksstätten mit zum Teil sehr guter Qualität entwickelt. Die Möglichkeiten zum Einkauf sind in Kathmandu vielfältig. Ausgesuchte, aber auch entsprechend teure Stücke findet man in den Einkaufspassagen der internationalen Hotels und in den Geschäften entlang des Durbar Marg. Preiswerter kauft man in den vielen Läden des Touristenviertels Thamel. Billigprodukte unter freiem Himmel findet man auf dem Basantapur Square neben dem Durbar Square im Herzen Kathmandus. In Pokhara sind Souvenirs in der Lake Area zu erhalten.

Antiquitäten: Das auf den ersten Blick so große Angebot antiker Stücke täuscht. Die Ausfuhr von Antiquitäten ist streng verboten, so daß sich auf dem freien Markt wohl kaum eine echte Statue auftreiben läßt. Das ›Altern‹ haben die nepalesischen Handwerker zu einer wahren Perfektion entwickelt, ohne die Stücke allerdings auch immer als echt antik anzubieten.

Bücher: Kathmandu ist ein Eldorado für den auf Asien spezialisierten Bücherfreund. Die Auswahl an Tibet-, Nepal- und Himalaya-Literatur ist kaum noch zu überblicken und beinhaltet viele bei uns bereits vergriffene Werke. Da es keine Preisbindung gibt, sind die Bücher teilweise billiger als in Europa. Antiquarische Bücher hingegen sind unverhältnismäßig teuer und zumeist schlecht erhalten. Am besten sortiert, aber auch am teuersten ist Pilgrim's in Thamel (neben dem Kathmandu Guest House), empfehlenswert sind auch die Buchläden Mandala Book Point (auf dem Kanti Path) und Tibet Book House (in der Tridevi Marg).

Holzschnitzerei: Zentrum dieser hoch entwickelten Kunst ist die Stadt Bhaktapur, wo man auch die größte Auswahl hat. Empfohlen sei das dortige ›Handicraft Centre‹ (s. S. 148).

Kleine Kostbarkeiten: Tibetische Gebetsmühlen (gutes Angebot in Bodnath), klingende Schalen, Reispapier, asiatische Musikinstrumente, *khukri*-Messer.

Schmuck und Edelsteine: Das Angebot an Schmuck ist kaum zu überblicken und reicht von einfachen Ketten bis zu schweren Silberreifen. Eine Spezialität Patans sind die kleinen ›Silberperlen‹ *(beads)*, die sich zu Ketten aufreihen lassen und häufig in Verbindung mit Koralle und Türkis verwendet werden. Die beste Auswahl hat man im Touristenviertel Thamel.

Für den Fachmann gilt Nepal als Paradies der Edelsteine. Berühmt sind die Turmaline, Aquamarine und Amethyste. Auch Lapislazuli aus Afghanistan läßt sich finden. Die Korallen und Türkise, die überall sehr billig angeboten werden, zum Teil als Ketten, zum Teil als ›Perlen‹, sind hingegen künstlich hergestellt, wenn auch täuschend echt und sehr dekorativ. Je mehr man für Steine anlegen will, desto erfahrener muß man sein. Am besten beraten ist man wohl in einem der großen Juweliergeschäfte.

Statuen: Es gibt wunderschöne Stücke tibetischen oder newarischen Stils, von denen viele nach alten Verfahren und Vorbildern vor allem in Patan hergestellt werden. Größere Figuren kann man mit Speditionen nach Hause schicken lassen.

Tanzmasken: Die Nachbildungen der rituellen Masken findet man in vielen Geschäften Thamels. Auch hier gilt: Altes sieht nur alt aus.

Teppiche: Dank tatkräftiger ausländischer Unterstützung hat sich Nepal in den letzten Jahren zu einem der führenden Teppichproduzenten Asiens entwickelt. Das Angebot reicht von traditionellen Mustern bis zu neo-tibetischen Design. Die besten Teppiche bestehen aus tibetischer, handgesponnener Wolle und weisen etwa 15 Knoten pro cm^2 auf. Pflanzenfarben werden nur bei sehr teuren Stücken verwendet. Zumeist steht die europäische Chemie bei der Farbgebung Pate. Die größte Auswahl hat man in den kleinen Läden in der Nähe des tibetischen Flüchtlingslagers in Patan.

Thankas: Diese handgemalten Meditationsbilder des Tibetischen Buddhismus gehören zu den beliebtesten Andenken und werden in zahlreichen Varianten unterschiedlicher Qualität angeboten. Die größte Auswahl findet man in den kleinen Shops an der Nordseite des Durbar Square in Kathmandu. Bei der Betrachtung mit der Lupe kann auch der Laie das Maß der Kunstfertigkeit leicht feststellen. Die Behauptung, die Figuren seien mit echtem Gold gemalt, ist bei preiswerten Thankas allerdings ebenso unglaubwürdig wie die Versicherung, daß ausschließlich Naturfarben verwendet wurden. Alt aussehende Thankas haben ihre Patina mit größter Wahrscheinlichkeit über einem qualmenden Herdfeuer erhalten.

Telefon/Telefax

Die Zeiten, als die Verbindung mit der Außenwelt noch Glücksache war, verbunden mit langer Warterei, gehören seit einigen Jahren der Vergangenheit an. Vor allem in Thamel (Kathmandu) haben sich private Telefonbüros mit langen Öffnungszeiten etabliert, von denen aus man auch Fax-Mitteilungen verschicken kann und die eingehende Fax annehmen und aufbewahren. Wie oben erwähnt, nehmen sich die Büros auch der Post an. Der Service ist preiswerter als in den Hotels, die Wartezeit wesentlich kürzer als im Telegraph Office (gegenüber dem Stadion). Ein dreiminütiges Ferngespräch nach

Europa kostet etwa 10 US-$. Die Vorwahl nach Deutschland lautete 00 49, nach Österreich 00 43, in die Schweiz 00 41. Nepal erreicht man unter der Vorwahl 0 09 77. Die Ortsnetzkennzahl folgt dann ohne die Null.

Trekking

Ausrüstung

Der Umfang der Ausrüstung hängt im wesentlichen von der Wahl der Tour in Verbindung mit der Jahreszeit ab. Auf den ausgebauten Trekkingrouten genügt für die Nacht ein Schlafsack. Warme Kleidung und Regenschutz sind fast überall erforderlich. Ausgesprochen wichtig ist die Wahl des richtigen Schuhwerks. Viele Trekker begnügen sich zwar mit normalen Turnschuhen, setzen sich aber damit der Gefahr einer Knöchelverletzung aus und strapazieren die Bänder übermäßig. Ein hochgeschlossener leichter Trekkingschuh mit Vibram-Sohle ist die beste Wahl – aber eingelaufen muß er sein! Überdies ist es ratsam, in die etwas teuren speziellen Trekkingsocken zu investieren, die durch ihre partiellen Verstärkungen ein sehr komfortables Gehen ermöglichen und vor Blasen schützen. Die oft sehr langen und steilen Auf- und Abstiege belasten die Kniegelenke außerordentlich stark. Nicht wenige Trekker mußten deshalb schon ihre Wanderung frühzeitig abbrechen. Eine große Hilfe sind Kniebandagen, die in keinem Rucksack fehlen sollten. Wesentlich billiger als in unseren Sanitätshäusern kann man *knee bandage* in den Apotheken Kathmandus oder Pokharas erwerben. Nicht minder wichtig erscheinen dem Autor Teleskopstöcke (z. B. Leki Makalu), die man allerdings paarweise einsetzen muß, um den gewünschten Effekt zu erzielen. Auf schmalen Wegen geben sie Sicherheit und entlasten die Gelenke beim Abstieg erheblich. Wäsche sollte man zum Schutz vor Feuchtigkeit in Plastikbeutel verpacken.

Aber auch wer unvorbereitet nach Nepal kommt, kann zu anspruchsvollen Bergwanderungen aufbrechen. Spezielle Trekkingläden bieten die gesamte Skala vom Handschuh über das Zelt bis zum Eishaken. Oftmals tragen die Produkte, insbesondere Rucksäcke, bekannte Namen. Man sollte jedoch genau hinsehen, denn nicht selten sind es nachgemachte Artikel minderer Güte. Für den ernsthaften Bergsteiger sind die Ausrüster Nepals längst zur Fundgrube geworden, lassen sich hier doch aus Expeditionsbeständen sehr günstig hochwertige Eisäxte, Titanhaken usw. erwerben.

Vieles an Ausrüstung kann man auch leihen, insbesondere Schlafsäcke und Daunenkleidung (niemals den Paß als Sicherheit hinterlegen!). Insgesamt ist das Angebot in Kathmandu am größten, aber auch in Pokhara und Namche Bazar haben sich einige Läden etabliert.

Ausrüstungsliste für Trekkingtouren

Allgemeines

Rucksack
Regenschutz
Wanderschuhe, eingelaufen
Trekkingsocken
Schlafsack
Teleskopstöcke
Anorak
Pullover
T-Shirts
Sonnenhut
Taschenlampe/Stirnlampe
Kniebandagen
Vorhängeschloß (für Lodge)
Wasserflasche
gute Sonnenbrille

elastische Binde
Feuchttücher
Sonnencreme/Lippenschutz
Pflaster
Micropur-Tabletten

bei Kälte und Schnee
Gamaschen
Daunenjacke
Mütze
Handschuhe
Thermounterwäsche

Karten

Für jede Region gibt es einschlägiges, detailliertes Kartenmaterial, das meiste davon allerdings recht ungenau. Am weitaus besten sind die Schneider-Karten der Arbeitsgemeinschaft für vergleichende Hochgebirgsforschung München. Leider liegen sie nicht für alle Trekkinggebiete vor und sind bereits über 20 Jahre alt. Aufgrund der sich seither oftmals geänderten Routenführung sind sie deshalb trotz ihres Detailreichtums nur mit Vorbehalt zu empfehlen. Für das Kathmandu-Tal ist die Schneider-Karte ›Kathmandu Valley 1:50 000‹ hingegen nach wie vor durch nichts zu ersetzen. Die Schneider-Karten werden in Deutschland über den Nelles-Verlag (Schließheimer Str. 371, 80935 München) vertrieben, sind aber auch in den Buchhandlungen Kathmandus erhältlich. Weit verbreitet sind die einfarbigen, preiswerten, nur in Nepal erhältlichen Mandala-Karten. Genauere Angaben zu den Trekkingkarten finden sich unter dem Stichwort Trekking, Routen S. 328.

Medizinische Betreuung

Ausreichende ärztliche Versorgung ist auf den Trekkingrouten nur an wenigen Stellen gewährleistet. Besonders hervorzuheben sind das ganzjährig von ausländischen Ärzten betreute Krankenhaus von Kunde-Kumjung in der Nähe von Namche Bazar (s. S. 276) und die beiden nur während der Saison ebenfalls mit ausländischen Ärzten besetzten Hilfsposten in Periche (s. S. 283f.) und Manang (s. S. 248). Die beiden letzteren sind vor allem auf die Behandlung der Höhenkrankheit eingestellt und verfügen über Funkverbindung mit Kathmandu. Ins Leben gerufen wurden sie von der Himalayan Rescue Association (Adresse s. Ärztliche Versorgung, S. 310). Das Krankenhaus von Kunde untersteht hingegen Edmund Hillarys Himalayan Trust. Weitere Informationen s. Gesundheit, S. 316.

Höhenkrankheit

Die Höhenkrankheit stellt für den Trekker die größte Gefahr dar und sollte nicht unterschätzt werden. Symptome ungenügender Anpassung des Organismus an die Höhe, die bereits in 2500 m auftreten können, führen bei falscher Einschätzung nicht selten zum Tod. Es sei ausdrücklich auf den Irrglauben hingewiesen, durchtrainierte Sportler seien weniger anfällig. Eher das Gegenteil ist der Fall! Da sie aufgrund ihrer guten Gesamtkondition schneller aufsteigen können als untrainierte Bergwanderer und damit versucht sind, große Höhendifferenzen in relativ kurzer Zeit zu bewältigen, gewähren sie ihrem Körper nicht die notwendige Anpassung an die verminderte Sauerstoffaufnahme. Bisher ist noch nicht geklärt, warum die Menschen unterschiedlich auf die Höhe reagieren. Wer bei der Wanderung erkennt, daß er anfälliger ist als andere, muß die Konsequenzen ziehen und im Notfall die Tour abbrechen. Er ist dann eben nicht höhentauglich und sollte sich deshalb auch keine Vorwürfe machen. Es ist ähnlich wie mit der Seekrankheit – dem einen wird schon beim Anblick eines Schiffs übel, dem anderen machen auch heftigste Bewegungen nichts aus.

Als Grundregel gilt, daß man in Höhen über 3000 m, bezogen auf die nächste Übernachtung, nicht mehr als 300 m pro Tag aufsteigen soll. Während des Tages lassen sich durchaus auch größere Höhendifferenzen überwinden, etwa bei einer Paßüberquerung oder einer Bergbesteigung, da der Körper mit einem gewissen *time lag* auf die Veränderungen reagiert. Somit ist ein anstrengender Tagesausflug in große Höhe weniger kritisch als ein relativ langsamer Aufstieg mit anschließender Übernachtung in dieser Höhe.

Bei fast jedem macht sich die zunehmende Höhe zunächst durch leichte Kopfschmerzen bemerkbar, ein durchaus normales, meist vorübergehendes Symptom. Wenn der Schmerz bis zum nächsten Tag anhält, ohne daß man weitere Höhe gewonnen hat, ist ein Ruhetag ratsam. Ist der Schmerz schlimmer geworden, muß man soweit absteigen, bis man eine deutliche Erleichterung verspürt.

Wichtige Indizien beginnender Höhenkrankheit sind überdies verminderte Urinproduktion, Benommenheit, Appetitlosigkeit, Schlafstörungen und Kurzatmigkeit bei leichten Anstrengungen. Dringend gewarnt sei vor Schlafmitteln. Sie bewirken eine langsamere Atemfrequenz und damit geringere Sauerstoffaufnahme. Die Folge ist akute Atemnot während des Schlafs. Statt dessen wird von den Ärzten das Medikament *Diamox* (Acetatsolamide, erhältlich in den Apotheken Kathmandus) empfohlen, das für genügend Sauerstoffaufnahme sorgt. Um ernsthaftere Symptome nicht zu verdecken, sollte man das Mittel nur nachts anwenden (Höhenbergsteiger nehmen es allerdings auch tagsüber). Auf die Nebenwirkungen wie Ohrensausen und taube Finger sei hiermit hingewiesen.

Lebensbedrohliche Anzeichen der Höhenkrankheit sind unter anderem: röchelnder Atem, schwere Hustenanfälle, hohe Pulsfrequenz auch im Ruhezustand, Erbrechen und bleierne Müdigkeit. Rettung bringt hier nur der **sofortige Abstieg**, wobei der Betroffene in Begleitung sein muß, da er zur Orientierungslosigkeit tendiert. Wie bereits mehrfach erwähnt, unterhält die Himalayan Rescue Association zwei auf Höhenkrankheit spezialisierte Stationen in Manang (Annapurna-Gebiet) und Periche (Everest-Gebiet).

Verhalten

Der Trekker sollte sich immer bewußt sein, daß er sich in einem ökologisch höchst gefährdeten Gebiet bewegt und sich nicht jene ›Nach-mir-die-Sintflut-Mentalität‹ zu eigen macht, die leider bei vielen zu beobachten ist. Der Bergwanderer sei hier jedoch etwas in Schutz genommen, denn der ›schwarze Peter‹ muß vor allem den Expeditionen zugeschoben werden, die in der einzigartigen Natur Nepals vornehmlich ein Betätigungsfeld für ihren sportlichen Ehrgeiz sehen. 50 t zum Teil hochgiftigen Mülls am Mount Everest legen ein beredtes Zeugnis ab für die naturverachtenden Materialschlachten am Berg.

Die Problematik des Trekking liegt vor allem im konzentrierten Auftreten, gewissermaßen einer ›touristischen Überweidung‹ bestimmter Regionen. Folgende Regeln sollte der Trekker deshalb beherzigen: Minimierung des wertvollen Brennholzes durch Verwendung von Kerosin und Bevorzugung solcher Lodges, die damit kochen. Verzicht auf unnötige Duschorgien mit heißem Wasser und auf romantische Lagerfeuer. Schonung der Fauna und Flora, die vor allem in großen Höhen sehr empfindlich ist.

Trekking Permit

Das Trekking Permit wird für jede Region (Everest, Annapurna, Helambu etc.) von den Immigration Offices in Kathmandu und Pokhara gesondert ausgestellt (unterschiedliche Antragsformulare; s. Adressen und Tips von Ort zu Ort, S. 301 und S. 305). In Kathmandu sollte man früh eintreffen, da mit langer Wartezeit gerechnet werden muß, in Pokhara ist weniger los. Wer organisiert trekt, ist von dieser bürokratischen Hürde befreit, da die Trekkingbüros diese besorgen. Voraussetzung für die Erteilung ist ein über die gesamte Trekkingzeit gültiges Visum, das man bei Bedarf zusammen mit dem Trekkingantrag verlängern lassen kann. Wer von Beginn an eine längere Trekkingtour plant, sollte sich bereits vor Abreise ein *multiple entry visa* für 60 Tage bei der Botschaft besorgen (60 US-$).

Die **Gebühren für die Trekkingbewilligung** richten sich nach der Region. Für Annapurna, Helambu/ Langtang und Everest zahlt man derzeit 5 US-$ pro Woche für die ersten vier Wochen, danach 10 US-$. Für Kanchenjunga und Lower Dolpo (Phoksundo-See) 10 bzw. 20 US-$, für Manaslu 75 US-$ außerhalb der Saison und 90 US-$ während der Saison September bis November. Für Mustang und Inner Dolpo sind jeweils 700 US-$ für die ersten zehn Tage fällig, danach 70 US-$ pro Tag. Die Gebühren für Manaslu, Mustang und Inner Dolpo müssen in US-$ bezahlt werden.

Kanchenjunga, Lower Dolpo, Inner Dolpo, Mustang und Manaslu dürfen nur mit einem **anerkannten Trekkingveranstalter** besucht werden; bis auf Kanchenjunga und Lower Dolpo ist zusätzlich die **Mitnahme eines Verbindungsoffiziers** vorgeschrieben (gegen Extrakosten).

Das **Besteigen von Bergen** ist genehmigungs- und gebührenpflichtig. Zuständig für Expeditionen ist das Ministry of Tourism & Civil Aviation, Kathmandu, Singha Durbar, ✆ 01/21 12 86, für die leichteren sogenannten Trekkinggipfel die Nepal Mountaineering Association, Kathmandu, Kamaladi, ✆ 01/41 15 25. Zu den Trekkinggipfeln zählen u. a. Island Peak (6153 m), Mehra Peak (5820 m), Pisang (6091 m) und Tent Peak (5500 m). Für das Besteigen von Bergen unter 6500 m wird eine Pauschale von 1000 US-$ erhoben (bis zu 9 Mitglieder). Wer höher hinaus will, zahlt entsprechend mehr. Ein Achttausender kostet bereits 8000 US-$, der Mount Everest stolze 50 000 US-$ für fünf Personen. Hinzu kommt im Everest-Gebiet eine Kaution von 2000–4000 US-$, die sicherstellen soll, daß die Bergsteiger ihren Müll wieder mit zurücknehmen.

Trekkingveranstalter: Derzeit gibt es in Nepal über 500 Trekkingbüros, darunter nicht wenige schwarze Schafe. Ohne Risiko ist die Buchung bei deutschen Reiseveranstaltern. Dazu zählen:
Amical Alpin, Bühler Seite 83, 77815 Bühl-Altschweier, ✆ 0 72 23/2 77 79, Fax 2 79 26
DAV Summit Club (ein Ableger des Deutschen Alpenvereins), Am Perlacher Forst 186, 81545 München, ✆ 0 89/65 10 72-0 und 01 80/5 22 11 35, Fax 65 10 72 72
Hauser Exkursionen, Marienstr. 17, 80331 München, ✆ 0 89/23 50 06-0, Fax 2 91 37 14
Wikinger Reisen, Kölner Str. 20, 58135 Hagen, ✆ 0 23 31/90 47 50, Fax 90 47 04

Aber auch in Kathmandu gibt es zahlreiche vertrauenswürdige Agenturen, deren Touren in der Regel preiswerter sind, als die bereits in Deutschland gebuchten:

Asian Trekking, Kathmandu, Tridevi Marg, ✆ 01/41 55 06, Fax 41 18 78
Eco Trek, Kathmandu, Thamel, P.O., ✆ 01/42 41 12, Fax 41 31 18
Himalayan Encounters, Kathmandu, Thamel, Kathmandu Guest House, ✆ 01/41 74 26, Fax 41 71 33
Himalayan Journeys, Kathmandu, Kanti Path, ✆ 01/21 21 30, Fax 22 89 86
Shambala Travel & Tours, Kathmandu, Durbar Marg, ✆ 01/22 51 66, Fax 22 72 29

Routen

Annapurna Base Camp: Dauer ca. 9 Tage ab/bis Pokhara, technisch einfach, anstrengend, bei Schnee Lawinengefahr, zahlreiche Hütten, max. Höhe 4000 m, beste Zeit Mitte September bis Mitte November, Karten: ACAP Annapurna, schön aber ungenau, Mandala (Annapurna Round)

Annapurna Round: Dauer ca. 3 Wochen ab Besi Sahar/bis Pokhara, technisch einfach, aber sehr anstrengend, zahlreiche Hütten, max. Höhe 5400 m (Thorong La), beste Zeit Mitte September bis Mitte November, Krankenstation mit europäischen Ärzten in Manang, Karten: ACAP Annapurna, schön aber ungenau, Mandala (Annapurna Round)

Dhaulagiri: Dauer ca. 3 Wochen ab/bis Beni (Bus), sehr schwer und anstrengend, Führer und Träger erforderlich, keine Hütten, max. Höhe 5300 m, beste Zeit Oktober, Karten: ACAP Annapurna, schön aber ungenau, Mandala (Annapurna Round)

Dolpo (Phoksundo-See): Dauer ca. 2 Wochen ab Jumla (Flugpiste)/bis Juphal (Flugpiste), schwierige, anstrengende Tour, Führer und Träger notwendig, Hütten nur in Ausnahmefällen, max. Höhe 3900 m, beste Zeit Juni bis Oktober, Karte: Mandala (Jomosom, Jumla und Surkhet).

Ober-Dolpo: Dauer ca. 3 Wochen ab/bis Juphal, sehr schwer und anstrengend, nur organisiert durchführbar, keine Hütten, max. Höhe 5100 m, beste Zeit Juni bis Oktober, Karte: Mandala (Jomosom, Jumla und Surkhet)

Everest: Dauer ca. 2–3 Wochen ab/bis Lukla (Flugpiste), 4 Wochen ab Jiri (Bus) bis Lukla, technisch einfach, sehr anstrengend, zahlreiche Hütten, max. Höhe ca. 5300 m (Kala Pattar, Base Camp, Gokyo), beste Zeit Mitte September bis Mitte November und Mitte März bis April, Krankenstationen mit europäischen Ärzten in Kunde und Periche, Karten: Schneider Karten (Hinku und Khumbu), National Geographic (Mt. Everest), Mandala (Lamosangu to Mt. Everest); Luxushotel Everest View, Buchung in Kathmandu über Trans Himalayan Tours, Durbar Marg, ✆ 01/22 38 71, Fax 22 72 89

Helambu: Dauer ca. 7 Tage ab Sundarijal (Taxi)/bis Malemchi (Bus), einfach, etwas anstrengend, zahlreiche Hütten (Lodges), max. Höhe 2700 m, beste Zeit September bis November und Ende März bis Mitte Mai, Karten: Schneider (Helambu – Langtang), Mandala (Helambu – Langtang)

Kanchenjunga: Dauer ca. 3 Wochen ab/bis Tumlingtar (Flugpiste), schwierig und anstrengend, nur organisiert durchführbar, max. Höhe 5000 m (Lapsang La), Karte: Mandala (Kanchenjunga – Makalu – Everest)

Langtang: Dauer 8–10 Tage ab/bis Dhunche (Bus), einfach, aber anstrengend, zahlreiche Hütten, max. Höhe 3800 m, mit Abstechern 4980 m, beste Zeit Oktober/November und Ende März bis Mitte Mai, Karten: Alpenverein, 2 Blatt (1:50 000), Schneider und Mandala (s. Helambu)

Makalu: Dauer 3 Wochen ab/bis Tumlingtar (Flugpiste), schwierig und anstrengend, Führer und Träger notwendig, keine Hütten, max. Höhe 5000 m, beste Zeit Oktober/November und April/Mai, Karten: Schneider (Khumbu Himal), Mandala (Kanchenjunga – Makalu – Everest)

Manaslu: Dauer ca. 3 Wochen, ab Gorkha (Bus)/bis Besi Sahar (Bus), Anschluß an Annapurna Round möglich, schwierig und anstrengend, nur organisiert durchführbar, keine Hütten, max. Höhe 5050 m (Larkya La), beste Zeit September/Oktober und April bis Juni, Karte: Mandala (Trisuli/Gorkha)

Mustang: Dauer ca. 2 Wochen ab/bis Jomosom (Flugpiste), mittelschwer, aber anstrengend, nur organisiert durchführbar, keine Hütten, max. Höhe 4000 m, beste Zeit April bis November, Karten: ACAP Annapurna, schön aber ungenau, Mandala (Pokhara – Jomosom – Manang)

Trinkgeld

Trinkgelder sind ein wichtiger und üblicher Teil des Einkommens der unterbezahlten Beschäftigten im Dienstleistungsbereich. Dies sollten Sie besonders gegenüber dem Hotel- und Restaurant-Personal, Taxifahrern und Trägern beachten.

Unterkunft

Die Luxushotels und Unterkünfte der gehobenen Preisklasse beschränken sich bisher auf Kathmandu, Pokhara und Lumbini. Mittelklassehotels in großer Zahl findet man in Kathmandu und Pokhara, vereinzelt auch in anderen größeren Orten des Landes, preiswerte Unterkünfte in nahezu jeder Stadt.

Auf den wichtigsten Trekkingrouten haben sich sogenannte Lodges etabliert, Privatunterkünfte mit recht unterschiedlichem Standard. Auf den meist begangenen Routen um Annapurna und Everest werden bereits Doppelzimmer angeboten, ansonsten Schlafräume für mehrere Personen *(dormitories)*. Die Toiletten und Duschen befinden sich fast immer außerhalb der Gebäude. Sehr zu empfehlen sind die »New Sherpa Guide Lodges« auf der Route Jiri–Namche Bazar, gute Unterkunft gibt es auch in Gandruk, Chomrong, Tatopani, Tuckche und Marpha (alle im Annapurna-Gebiet).

Verhaltensregeln

Die Respektierung der einheimischen Sitten erfolgt durch angemessene Kleidung und zurückhaltendes Auftreten. Wenn Fotografieren nicht erwünscht ist, sollte darauf verzichtet werden. Von freizügiger Medikamentenverteilung sollte man ohne entsprechende Sachkenntnis Abstand nehmen, da die korrekte Einnahme der Medizin nicht überprüft werden kann. Zu empfehlen aber sind Desinfektionsmittel und Pflaster, mit denen man oftmals wirksame Hilfe leisten kann.

Da das Verhalten der Nepali sehr von der Zuordnung zu ›rein‹ und ›unrein‹ geprägt ist (s. S. 53f.), gibt es für den Touristen besonders zu beachtende Regeln: Man achte darauf, Mönche nicht zu berühren, niemandem die Füße entgegenzustrecken und nicht die Küche eines Privathauses ohne Aufforderung zu betreten, gilt sie doch als der ›reinste‹ ausschließlich Familienmitgliedern vorbehaltene Raum. Vor dem Betreten von Häusern sind die Schuhe auszuziehen, dies gilt absolut für den Essensbereich. Nicht üblich ist ferner der Austausch von Zärtlichkeiten. Da das Feuer eine besondere Bedeutung erfährt, sollte nicht achtlos Abfall verbrannt werden.

Zeit

Der Zeitunterschied beträgt + 4 Std. 45 Min. auf die europäische Winterzeit (MEZ) und + 3 Std. 45 Min. auf die europäische Sommerzeit. Der Zeitunterschied zum Nachbarn Indien beträgt nur – 15 Min., zu China hingegen + 2 Std. 15 Min.

Zollbestimmungen

Neben 200 Zigaretten und einem Liter Alkohol darf der Tourist alle persönlich benötigten Artikel vorübergehend zollfrei einführen, darunter zwei Kameras. Hochwertige elektronische Geräte, insbesondere Videokameras, werden in den Paß eingetragen. Die Ausfuhr von Antiquitäten ist untersagt. Im Zweifelsfall wende man sich an das Department of Archaeology. Auch die Ein- und Ausfuhr einheimischer Währung ist verboten.

Sprachführer

Amtssprache ist Nepali, das von mehr als der Hälfte der Bevölkerung gesprochen und von fast allen verstanden wird. Überdies gibt es zahlreiche lokale Sprachen und Dialekte. Mit Englischkenntnissen kann man das Tal von Kathmandu gut bereisen, Verständigungsschwierigkeiten sind aber auf dem Lande zu erwarten. Während die überwiegend für Ausländer tätigen Führer gut bis leidlich Englisch verstehen und sprechen, beherrschen nur wenige der einfachen Träger eine fremde Sprache, auch wenn dem einen oder anderen das bayerische »Gema langsam« recht flüssig über die Lippen geht (der Alpenverein läßt grüßen).

Nützliche Vokabeln und Redewendungen

Personen

Mann	manche
Frau	aimai
junger Mann	tanderi
junge Frau	taruni
Junge	keta
Mädchen	keti
Vater	babu
Mutter	ama
Freund	sahti
Bruder	dadtsu
Schwester	didi

Personalpronomen

ich	ma
du	tapai
er, sie, es	yini
wir	hami
ihr	timiharu
sie	yiniharu

Adjektive

gut	ramro
hier	yahaa
okay	tiik
teuer	mahango
billig	sasto
sauber	safaa

Wochentage

Sonntag	aitabar
Montag	sombar
Dienstag	mangalbar
Mittwoch	buddhabar
Donnerstag	bihibar
Freitag	shukrabar
Samstag	sanibar

Zahlen

1	ek
2	dui
3	tin
4	char
5	panch
6	chha
7	saat
8	aath
9	nau
10	das
20	bis
30	tis
40	chaalis
50	pachas
60	saathi
70	sattari
80	assi
90	nabbe
100	saya

Essen und Trinken

Mahlzeit	khaana
Reis	bhaat
Kartoffeln	aalu
Nudeln	nudal
Gemüse in Sauce	tarkari
Linsen	dhal
Ei	phul
Brot	roti
Fladenbrot	chapati
Joghurt	dahi
Zucker	chini
Salz	noon
Huhn	kukhura
Fleisch	masu
heiß	taato
gekocht	umaaleko
gefiltert	philtar
gebraten	taarako
Wasser	pani
Tee	chiay
Milch	dud
Kaffee	kafi
Bier	bir
ich habe Hunger	malai bok lagyu
Ich habe Durst	malai tirkha lagyu

Trekking

Weg	bato
Brücke	phul
Anstieg	ukao
Abstieg	oralo
Paß	la
Berg	parvat
Hügel	danda
Wald	ban
Gebirge	himal
Fluß/Flußtal	kosi/khola
Schnee	heum
Teehaus	bhatti/chia pasal
Träger	culi
rasten	aram basne
komm her	yea au
hinauf	matitier
hinab	talatier
rechts	daya
links	baya
ich brauche einen Träger	malai culi chahiyo
wieviel (Rupies) pro Tag?	dinko kati ho?
wo ist ...?	... kaaha chha?
wie komme ich nach ...?	... jaane bato kata parchha?
wo kann man übernachten?	baas basne thaau kaaha chha?

Krankheit

ich bin krank	birami chu
Magenschmerzen	pel dhukyo
Kopfschmerzen	tauko dhukyo
Durchfall	disa
Höhenkrankheit	lekh

Weitere nützliche Redewendungen

Guten Tag	namaste (förmlicher: namaskaar)
Auf Wiedersehen	namaste
wie geht es?	tapaailai kasto chha?
danke	dhanyabad
bitte	nuhos
weniger	kam
mehr	badhi
ich verstehe nicht	maile bujhina
ich heiße ...	mero naam ... ho
wie heißen Sie?	aaphuko naam ke ho?
wie heißt das?	naam ke ho?
ja	an
nein	na
wie spät ist es?	kati bajyo?
Tag	din
Woche	haptaa
Monat	mahinaa
heute	aaja
gestern	hijo
morgen	bholi
Rechnung	hisaap

Glossar

Anda	»Weltei«, Halbkugel des → Stupa
Asana	Sitzhaltung
Astamatrkas	acht Muttergottheiten des → Tantrismus
Atman	Seele des einzelnen, unsterbliches Selbst des Menschen
Bahal	mittelalterliche buddhistische Tempelanlage in Nepal
Bodhisattva	ein ›Erleuchteter‹, der bis zur Erlösung aller Wesen auf das Eingehen ins → Nirvana verzichtet
Bön	vorbuddhistische Ur-Religion mit animistischen Zügen
Brahman	das von Denken und Sprache nicht erfaßbare Absolute, die ewig unveränderliche Urkraft
Brahmanismus	nach → Vedismus auftauchende hinduistische Glaubensform, aus der der heute praktizierte Hinduismus entstand
Chatra	Schirm als Attribut des Herrschers, Spitze des → Stupa
Chörten	buddhistischer Reliquienschrein, tibetische Sonderform des → Stupa
Chowk	Innenhof
Dega	Heiligtum, Newari-Begriff für → Mandir
Dharma	im Hinduismus Grundlage der menschlichen Moral und Ethik, im Buddhismus in verschiedenen Bedeutungen, u. a. das kosmische Gesetz, die Lehre Buddhas, Verhaltensnormen, Daseinselemente
Durbar	Palast
Dyochhen	hinduistischer Tempel, der Wohnhäusern ähnelt
Ghat	Stufen am Flußufer, aber auch die gesamte, für rituelle Zwecke genutzte Uferanlage
Gompa	tibetisches Heiligtum, auch Kloster
Hinayana	»kleines Fahrzeug«, ursprüngliche, auf das Klosterleben beschränkte Form des Buddhismus, Vorläufer des → Mahayana
Jainismus	im 5. Jh. v. Chr. von Jina gegründete Weltreligion mit stark asketischer Ausprägung
Karma	gute und böse Taten wirken in die nächste Existenz und bestimmen damit die Art der Wiedergeburt, hinduistisches und buddhistisches Prinzip
Khola	größerer Fluß, Strom, Flußtal

Kosi	Fluß
Kurma	Schildkröte, Erscheinung Shivas, → Vahana der Flußgöttin Yamuna
La	Gebirgspaß
Lingam	Phallussymbol des Gottes Shiva, manchmal neben → Yoni dargestellt
Mahabharata	indisches Heldenepos mit Vishnu in Gestalt Krishnas als Hauptfigur
Mahayana	»großes Fahrzeug«, Weiterentwicklung der streng asketischen Urform des Buddhismus, des → Hinayana, zu einer Erlösungsreligion für alle
Makara	krokodilartiges Fabelwesen, → Vahana der Flußgöttin Ganga
Mandala	symmetrisches Diagramm aus konzentrischen Kreisen als symbolische Darstellung der Welt, Meditationshilfe im tantrischen Buddhismus
Mandir	Heiligtum, Nepali-Begriff für → Dega
Mani-Steine	mit dem → Mantra »Om mani padme hum« beschriftete Steine an Wegen und auf Pässen
Mantra	heilige Silben, dienen als Meditationshilfe und zur Beschwörung
Mithuna	Darstellung göttlicher Liebespaare im Hinduismus
Moksha	Erlösung von allen weltlichen Bindungen
Mudra	mit bestimmten Bedeutungen verbundene Handhaltung oder Gebärde
Naga	Schlange, eng mit Wasser und Fruchtbarkeit verbunden
Nirvana	»Verwehen, Erlöschen«, Zustand nach der Befreiung aus dem Kreislauf der Wiedergeburten (buddh.)
Pagode	hinduistische Tempelform bestehend aus mehreren Stockwerken mit jeweils einem ausschwingenden Dach
Paria	außerhalb der Kastenordnung angesiedelter sogenannter Unberührbarer
Pitha	aus Erdmulden bestehende Tempel für → Astamatrkas
Ramayana	Epos über das Leben Ramas, eine Inkarnation Vishnus
Sanktuarium	Tempelraum, der das Kultbild birgt
Shakti	weibliche Energie, die jedem hinduistischen Gott zugeschrieben wird
Shaktismus	auf den archaischen Muttergottheitskulten basierende tantristische Glaubensrichtung ursprünglich des Hinduismus, später dann auch im Buddhismus
Shikhara	nordindischer Baustil des sich nach oben verjüngenden Turms hinduistischer Tempel

Sthana	Standposition
Stupa	halbkugelförmige Urform des buddhistischen Heiligtums
Tank	künstlicher Wasserspeicher, häufig in Verbindung mit einem Tempel
Tantrismus	mit animistischen und magischen Elementen durchsetzte späte Ausprägung des Hinduismus und Buddhismus
Thanka	Meditationsbilder des Tibetischen Buddhismus, überwiegend mit → Mandala-Darstellungen
Tika	Zeichen des Göttlichen auf der Stirnmitte, bestehend aus einer Mischung von Joghurt, Farbpulver (Zinnober) und Reispuder
Torana	Zugangstore zum Stupa, auf die vier Himmelsrichtungen ausgerichtet
Trimurti	hinduistische Götterdreiheit bestehend aus Brahma, Shiva, Vishnu
Tympanon	Giebelfeld
Vahana	Reittier, jedem hinduistischen Gott ist ein ihn bestimmendes zugeschrieben
Vajra	im Hinduismus Zepter als Attribut Indras, im Buddhismus Donnerkeil u. a. als männliches Prinzip (Glocke ist weibliches Gegenstück) und Symbol des Absoluten
Vedika	steinerner Zaun um einen → Stupa
Vedismus	Frühform der hinduistischen Glaubenslehre
Yab-Yum	auf tibetischen Einfluß zurückgehende Sonderform der → Mithuna
Yak	auch Grunzochse *(Bos grunniens)*, Hochgebirgsrind des Himalaya
Yatra	religiöses Fest
Yogini	1. weibliche Himmelsboten in verführerischer Gestalt; 2. Frauen mit übernatürlichen Fähigkeiten
Yoni	weibliches Geschlechtssymbol für die Shakti Shivas, meist gemeinsam mit → Lingam dargestellt

Literaturauswahl

Aubert, H.-J.: Nepal (Begegnungen mit dem Horizont), München 1995

Bangdel, L. S.: 2500 Jahre nepalesische Kunst, München 1985

Banzhaf, B. R.: Nepal (Abenteuer Trekking), München 1995

Brauen, M.: Das Mandala, der heilige Kreis im tantrischen Buddhismus, Köln 1992

Brauen, M.: Nepal, Leben und Überleben, Zürich 1984

Donner, W.: Nepal (Beck'sche Reihe), München 1990

Funke, F.: Die Sherpa und ihre Nachbarvölker im Himalaya, Frankfurt 1978

Gaenszle, M./Schmidt-Vogt, D.: Nepal und die Himalaya-Region (Beiträge zur Südasienforschung), Stuttgart 1995

Gail, A. J.: Tempel in Nepal, 2 Bde., Graz 1988

Gerner, M.: Architekturen im Himalaya, Stuttgart 1987

Glauche, J. W.: Der Stupa, Kultbau des Buddhismus, Köln 1995

Gruber, U.: In den Tälern des Nepal Himalaya, München 1985

Hagen, T.: Nepal. Königreich am Himalaya, Bern 1980

Herligkoffer, K. M.: Mount Everest, Thron der Götter, München 1982

Herzog, M.: Annapurna, erster Achttausender, Wien 1955

Hillary, E.: Ich stand auf dem Everest, Wiesbaden 1974

Jung, E. (Hrsg.): Märchen aus Nepal, Basel 1976

Koch, P./Stehmüller, H.: Geheimnisvolles Nepal, buddhistische und hinduistische Feste, München 1983

Krämer, K. H.: Nepal – der lange Weg zur Demokratie, Bad Honnef 1991

Matthiessen, P.: Auf der Spur des Schneeleoparden, München 1980

Nairz, W.: Nepal, durchwandern und erleben, Innsbruck 1984

Paterson, D.: Berge des Himmels (Bildband), Stuttgart 1990

Rau, H.: Nepal (Kunst und Reiseführer), Stuttgart 1984

Schick, J.: Die Götter verlassen das Land, Kunstraub in Nepal, Graz 1989

Schumann, H. W.: Der historische Buddha, Köln 1982

Summers, D./Valli, E.: Bilder aus Nepal, Hannover 1994

Unbescheid, G.: Märchen aus Nepal, Köln 1987

Voßmann, H.: Nepali für Globetrotter (Kauderwelsch Bd. 9), Bielefeld 1986

Warth, D.: Der lange Abschied, 2000 km zu Fuß durch Nepal, Rosenheim 1987

Warth, H.: Tiefe überall, Menschen, Schluchten und Achttausender, Rosenheim 1989

Wiesner, U.: Nepal, Königreich im Himalaya (DuMont Kunstreiseführer), Köln 1992

Abbildungs- und Quellennachweis

Abbildungen

Roland Dusik, Lauf S. 7 oben, 57, 185, 222, 227
Peter Noczynski/IFA-Bilderteam, München Titelbild
Peter Rex, Heßdorf S. 254/255, 256
Ralf Röttjer, Köln S. 115
Hans-Ulrich Schlageter, Trossingen S. 6 oben, 284
Karl Schuppert, Bonn S. 259
Süddeutscher Verlag/Bilderdienst, München S. 241
Murat Türemis/laif, Köln S. 44
Ullstein Bilderdienst, Berlin S. 45

Abbildung S. 43: R. Ian Lloyd/Wendy Moore, Kathmandu, The forbidden valley, Seite 84, © R. Ian Lloyd Productions, Singapur, 1990
Abbildung S. 67: Martin Brauen/Peter Nebel, Das Mandala, Der Heilige Kreis im tantrischen Buddhismus, Abb. 47, © DuMont Buchverlag, Köln, 1995
Abbildung S. 96: R. J. Thapa, Ancient Nepal, Journal of the Department of Archaeology, Kasthamandapa, 1968
Abbildung S. 130: Jan Pieper, Die anglo-indische Station oder die Kolonialisierung des Götterberges, © Rudolf Habelt Verlag, Bonn, 1977
Abbildungs S. 209: Douglas Barrett/Basil Gray, Die Kunstschätze Asiens, Indische Malerei, Seite 184, © Editions d'Art Albert Skira, Genf, 1963

Alle weiteren Aufnahmen stammen vom Autor, **Hans-Joachim Aubert,** Bonn

Karten und Pläne

artic, Duisburg, Karlsruhe

Plan S. 119 entnommen: C. Pruscha (Hrsg.), Kathmandu Valley, The Preservation of Physical Environment and Cultural Heritage, © Anton Schroll Verlag, Wien, 1975
Plan S. 151 überarbeitet nach Vorlage aus: The Physical Development Plan for the Kathmandu Valley, 1969, © His Majesty's Government of Nepal, Dept. of Housing & Physical Planning, Kathmandu

Zitate

Die Zitate auf S. 29f. und 180 wurden mit freundlicher Genehmigung entnommen aus: Hans-Hasso von Veltheim-Ostrau, Tagebücher aus Asien, Hamburg 1956, © Maria Stephan, Köln

Register

Orte

Personen, Götter und Stichworte

PARIS
DIE SCHÖNSTEN RESTAURANTS
REISEFÜHRER
DUMONT visuell

NEW YORK
REISEFÜHRER
DUMONT visuell

WIEN
REISEFÜHRER
DUMONT visuell

LONDON
REISEFÜHRER
DUMONT visuell

THAILAND
REISEFÜHRER
DUMONT visuell

VENEDIG
REISEFÜHRER
DUMONT visuell

Umschlagvorderseite: Durbar Square in Bhaktapur
Umschlaginnenklappe: Tal von Chukung oberhalb von Dingboche
Umschlagrückseite: Rischka-Fahrer in Kathmandu
Seite 8: Hiunchuli (6441 m), Annapurna-Gebiet

Über den Autor: Hans-Joachim Aubert, geboren 1942, studierte Wirtschaftswissenschaften und promovierte mit einer wirtschaftsgeographischen Arbeit über Sri Lanka. Er ist seit über zehn Jahren als Sachbuchautor, Reisejournalist und Fotograf tätig und hat zahlreiche Bildbände und Reiseführer verfaßt. Bei DuMont sind bisher erschienen »Richtig Reisen: Tunesien« und »Richtig Reisen: Nord-Indien« sowie die Reise-Taschenbücher »Djerba und Südtunesien«, »Mallorca« und »Mexiko: Yucatán und Chiapas«.

Fremde Kulturen kennenlernen und gastfreundlichen Menschen begegnen – wie sehr genießen wir das auf Reisen. Zu Hause bei uns jedoch wird mancher Ausländer von einer kleinen Minderheit beschimpft und sogar mißhandelt. Alle, die in fremden Ländern Gastrecht genossen haben, tragen hier besondere Verantwortung. Deshalb: Lassen Sie uns gemeinsam für die Würde des Menschen einstehen.

Verlagsleitung, Mitarbeiterinnen und Mitarbeiter des DuMont Buchverlages

Die Deutsche Bibliothek – CIP-Einheitsaufnahme

Aubert, Hans-Joachim:
Nepal / Hans-Joachim Aubert. –
Köln: DuMont, 1996
(Richtig Reisen)
ISBN 3-7701-3548-2

Satz und Druck: Rasch, Bramsche
Buchbinderische Verarbeitung: Bramscher Buchbinder Betriebe

Printed in Germany ISBN 3-7701-3548-2

Nepal

Richtig Reisen

Hans-Joachim Aubert

DUMONT

Inhalt

Nepal – Königreich am Dach der Welt